权威读本

中华人民共和国
检察官法
解读

主编

王爱立

（全国人大常委会法制工作委员会刑法室主任）

中国法制出版社
CHINA LEGAL PUBLISHING HOUSE

前　言

党的十八大以来，以习近平同志为核心的党中央对深化司法体制改革和保障司法公正作出一系列重大决策部署，检察人员分类管理、员额制、检察官办案责任制等司法改革取得重大成果。修改检察官法，对于及时巩固改革成果，提高司法质量和公信力，具有十分重要的意义。

1995年2月28日第八届全国人大常委会第十二次会议通过了《中华人民共和国检察官法》，2001年6月和2017年9月全国人大常委会曾两次对检察官法进行了修正。2019年4月23日，第十三届全国人民代表大会常务委员会第十次会议对《中华人民共和国检察官法》进行了修订，并重新公布，自2019年10月1日起施行。本次修订是对检察官法的第三次修改。检察官法的立法、修改与施行，对于全面推进高素质检察官队伍建设，加强和规范检察官管理，维护检察官合法权益，提升检察队伍素质能力具有十分重要的意义

本次修改检察官法，将之前检察官法的十七章五十六条，调整为八章七十条。对检察官的职责、义务和权利、检察官的任职条件和遴选、检察官员额制、检察官的职业保障、检察官考核与奖惩等作了较为全面的修改完善。

为了使大家准确把握修改后的检察官法的内容，全国人大常委会法制工作委员会参加检察官法修订的同志结合参与检察官法修订研究工作的思考和体会，撰写了《中华人民共和国检察官法解读》一书。该书由全国人大常委会法制工作委员会刑法室主任王爱立同志任主编。参加撰写的有全国人大常委会法制工作委员会刑法室雷建斌、黄永、许永安、王宁、张义健、黄星、陈远鑫、伊繁伟、马曼、张金勇、董晴等同志。

该书从立法工作的角度，对立法背景、修订过程中的意见建议、条文内容等方面进行了较为详尽的阐述。希望该书的出版对于检察官依法履职、对检察官理论的研究以及社会各界理解和适用检察官法提供参考和帮助。由于水平和时间有限，不足之处敬请读者批评指正。

作　者

2019 年 5 月

目录

附　录

第一章　总　　则

第一条　为了全面推进高素质检察官队伍建设，加强对检察官的管理和监督，维护检察官合法权益，保障人民检察院依法独立行使检察权，保障检察官依法履行职责，保障司法公正，根据宪法，制定本法。

条文主旨

本条是关于检察官法的立法目的与立法根据的规定。

立法背景

1. 检察官法立法目的及意义

检察官法于1995年2月28日第八届全国人大常委会第十二次会议通过，2001年6月30日第九届全国人大常委会第二十二次会议对检察官法作了修改，进一步完善了担任检察官的学历等任职条件，明确规定，国家对初任检察官、法官和取得律师资格实行统一的司法考试制度。国务院司法行政部门会同最高人民检察院、最高人民法院共同制定司法考试实施办法，由国务院司法行政部门负责实施。2017年第十二届全国人民代表大会常务委员会第二十九次会议通过了《关于修改〈中华人民共和国法官法〉等八部法律的决定》，再次对检察官法等作了修改，主要是完善法律职业准入制度，健全国家统一法律职业资格考试制度，这也是党的十八届四中全会提出的重要任务。修改后规定：（1）初任检察官采用考试、考核的办法，按照德才兼备的标准，从通过国家统一法律职业资格考试取得法律职业资格并且具备检察官条件的人员中择优提出人选。（2）国家对初任检察官实行统一法律职业资格考试制度，由国务院司法行政部门商最高人民检察院等有关部门组织实施。以上检察官法的立法、修改与施行，对于加强和规范检察官管理，促进检察官队伍正规化、专业化、职业化建设，提升检察队伍素质能力具有十分重要的意义。随着全面依法治国的深入推进，检察工作和检察官队伍建设面临新的形势，对检察官队伍建设和管理体制提出了新的更高要求，需要对检察官法进一步作出修改完善。一是，贯彻落实党中央重大决策部署，巩固深化司法体制改革成果。党的十八大以来，以习近平同志为核心的党中央对深化司法体制改革和保障司法公正作出一系列重大决策部署，检察人员分类管理、员额制、检察官办案责任制等司法改革取得重大成果。修改检察官法，对于及时巩固改革成果，提高司法质量效率和公信力，具有十分重要的意义。二是，推进检察官队伍正规化专业化职业化建设的客观需要。党中央对政法队伍建设提出了新的要求。修改检察官法，对于提高检察官队伍专业素养、职业保障和规范化管理水平，保障依法履职，具有十分重要的意义。三是，完善中国特色社会主义法律体系的重要内容。近年来，刑事诉讼法、民事诉讼法、行政诉讼法相继修改完善，人民检察院组织法修订已取得阶段性成果。各项法律的修改紧密关联，相辅相成。检察官法的修改作为其中重要的一环，对完善中国特色社会主义法律体系具有十分重要的意义。

本条经过多次修改。1995 年检察官法第一条规定，为了保障人民检察院实施法律监督，依法独立行使检察权，提高检察官的素质，实现对检察官的科学管理，根据宪法，制定本法。2001 年修改时将本条修改为："为了提高检察官的素质，加强对检察官的管理，保障人民检察院实施法律监督，依法独立行使检察权，保障检察官依法履行职责，保障司法公正，根据宪法，制定本法。"2019 年修改检察官法时对本条做了三处修改：一是，将"提高检察官的素质"，修改为"全面推进高素质检察官队伍建设"。这主要是落实习近平总书记关于"要旗帜鲜明把政治建设放在首位，努力打造一支党中央放心、人民群众满意的高素质政法队伍"和党的十八届四中全会关于"建设高素质法治专门队伍"的要求，体现了对检察官队伍政治、业务等各方面素质的全面要求。二是，增加了加强对检察官监督的内容，将“加强检察官的管理”修改为“加强对检察官的管理和监督”。这是体现司法责任制改革精神，进一步加强对检察官履职的监督的要求。三是，增加了“维护检察官合法权益”的内容。近年来，社会上侵害检察官合法权益的违法犯罪行为时有发生，保护司法人员依法履行职责是司法体制改革的重要内容，因此在本条中增加了维护检察官合法权益的内容。在总则中增加这一规定，体现了对检察官合法权益的重视，以本条为统领，在具体章节中也增加了保护权益方面的内容：如，增加规定“检察官的职业尊严和人身安全受法律保护”；细化侵害检察官人身权益的情形，对检察官人身安全保护措施的规定作出进一步明确，以增强可操作性，等等。

2. 各方面提出的意见

2017年12月提请十二届全国人大常委会审议的检察官法修订草案第一条规定：“为了推进检察官正规化、专业化、职业化建设，加强对检察官的管理，保障人民检察院依法独立公正行使检察权，保障检察官依法履行职责，保障司法公正，根据宪法，制定本法。”有的建议，立法目的应先强调保障职责，建议调整表述的顺序，修改为：为了保障司法公正，保障人民检察院依法独立公正行使检察权，保障检察官依法履行职责，推进检察官正规化、专业化、职业化建设，加强对检察官的管理，维护检察官合法权益，根据宪法，制定本法。有的建议增加“维护检察官合法权益”的内容。有的建议将“推进检察官正规化、专业化、职业化建设”修改为“建设高素质检察官队伍”，以更准确更全面体现对检察官队伍建设的总体要求。有的建议增加对检察官监督的内容。

条文解读

本条规定的检察官法的立法目的包括六个方面的内容：

(1) 全面推进高素质检察官队伍建设。

本条规定的高素质既包括政治素质，也包括业务素质、道德素质等各方面的要求。全面推进高素质检察官队伍建设是实现全面依法治国、建设社会主义法治国家的人才保障，也是实现司法公正的前提。党的十八届四中全会《中共中央关于全面推进依法治国若干重大问题的决定》提出，全面推进依法治国，必须大力提高法治工作队伍思想政治素质、业务工作能力、职业道德水准，着力建设一支忠于党、忠于国家、忠于人民、忠于法律的社会主义法治工作队伍，为加快建设社会主义法治国家提供强有力的组织和人才保障。同时，提出建设高素质法治专门队伍。根据四中全会决定的要求，建设高素质检察官队伍要把思想政治建设摆在首位，加强理想信念教育，深入开展社会主义核心价值观和社会主义法治理念教育，坚持党的事业、人民利益、宪法法律至上。要抓住司法机关各级领导班子建设这个关键，突出政治标准，把善于运用法治思维和法治方式推动工作的人选拔到领导岗位上来。畅通立法、执法、司法部门干部和人才相互之间以及与其他部门具备条件的干部和人才交流渠道。在 2019 年中央政法工作会议上，习近平总书记再次强调要坚持党对政法工作的绝对领导，要求要旗帜鲜明把政治建设放在首位，努力打造一支党中央放心、人民群众满意的高素质政法队伍。加快推进政法队伍革命化、正规化、专业化、职业化建设。本法在第十二条检察官的条件中明确规定，检察官要"拥护中华人民共和国宪法，拥护中国共产党领导和社会主义制度""具有良好的政治、业务素质和道德品行"，在第三十二条中规定，"对检察官应当有计划地进行政治、理论和业务培训"。

关于建设包括检察官在内的高素质法治专门队伍，四中全会决定也提出了明确具体的要求：推进法治专门队伍正规化、专业化、职业化，提高职业素养和专业水平。完善法律职业准入制度，健全国家统一法律职业资格考试制度，建立法律职业人员统一职前培训制度。建立从符合条件的律师、法学专家中招录法官、检察官制度，畅通具备条件的军队转业干部进入法治专门队伍的通道，健全从政法专业毕业生中招录人才的规范便捷机制。加强边疆地区、民族地区法治专门队伍建设。加快建立符合职业特点的法治工作人员管理制度，完善职业保障体系，建立法官、检察官专业职务序列及工资制度。建立法官、检察官逐级遴选制度。初任法官、检察官由高级人民法院、省级人民检察院统一招录，一律在基层法院、检察院任职。上级人民法院、人民检察院的法官、检察官一般从下一级人民法院、人民检察院的优秀法官、检察官中遴选。以上都属于“全面推进高素质检察官队伍建设”的内容，在本法其他章中有具体地细化，这里不再展开。另外，本法还规定了检察官的条件、任免，以及检察官的管理、考核、职业保障等制度，这些规定都是提高检察官队伍素质的重要法律保障。2019 年中央政法工作会议上，习近平总书记提出，加快推进政法队伍革命化、正规化、专业化、职业化建设。

2017 年 1 月，中共中央出台《关于新形势下加强政法队伍建设的意见》，明确了新形势下政法队伍建设的指导思想、目标任务，提出了加强和改进政法队伍建设的政策措施，要求牢牢把握政治过硬、业务过硬、责任过硬、纪律过硬、作风过硬的总要求，坚持中国特色社会主义政法队伍正规化、专业化、职业化方向，深入推进思想政治、业务能力、纪律作风建设，努力建设一支信念坚定、执法为民、敢于担当、清正廉洁的政法队伍。具体包括加强思想政治建设，加强履职能力建设，加强纪律作风建设，加强政法领导班子和领导干部队伍建设，健全职业保障体系等具体内容。

（2）加强对检察官的管理和监督。

检察官是依法行使国家检察权的人员，为了保证国家检察权的正确行使，必须加强对检察官的管理和监督，并且要将这种管理和监督制度化、法律化，在此意义上可以说检察官法也是检察官管理法、监督法。关于加强对检察官的管理，本法总则明确要求，检察官应当勤勉尽责，清正廉明，恪守职业道德。本法还具体规定了一系列检察官的义务及制度：明确规定了检察官的义务，要求检察官必须严格遵守宪法和法律，秉公办案，不得徇私枉法，要依法接受法律监督和人民群众监督；明确规定了检察官条件、遴选与任免，检察官的考核、奖励和惩戒；明确规定了检察官的任职回避、工资福利、辞职辞退制度，等等。检察官法的这些规定确立了较为完备的检察官管理制度，使对检察官的各项管理工作有法可依，是加强对检察官管理的重要法律保障。1995 年检察官法曾在第一条中规定加强对检察官的科学管理，2001 年修改检察官法将科学管理改为管理，这并不是否定对检察官进行科学管理的重要性。检察活动自身特有的规律性决定了检察官的工作具有很强的专业性，因此检察官的管理必须反映其本身的工作性质和特点，实行科学管理。但是，科学管理只是在加强对检察官的管理中需要注意的一个方面，它并不能包括检察官管理的所有内容。2019 年修改检察官法将科学管理改为管理，其涵盖的面更广泛了。

2019 年修改检察官法时在加强对检察官管理的基础上，增加了加强对检察官监督的内容。司法责任制、员额制等是本轮司法体制改革的重要内容。这些改革要求构建公正高效的检察权运行机制，突出员额检察官办案主体地位与加强监督制约相结合，赋予独任检察官、检察官办案组等更大的权力，做到“谁办案谁负责、谁决定谁负责”。但从实践看，个别地方也出现了一些新问题，主要是对检察官充分授权后，独任检察官对案件经过审查后就可以决定是否提起公诉、犯罪数额多少，不再需要经过层层审批，人情案、关系案、金钱案的风险增加，影响司法公信力和司法权威，因此加强对检察官的监督是很有必要的。本法第七条规定了“检察官对其职权范围内就案件作出的决定负责”，较为全面规定了惩戒制度，这些规定既是司法责任制的体现，也是加强对检察官监督的具体要求。此外，加强对检察官的监督，还应充分发挥人民检察院组织法规定的检察委员会等制度，发挥检察长对司法办案工作的统一领导，以及完善包括案件分配在内的事前监督、事后惩戒等。

（3）维护检察官合法权益。

本条有关“维护检察官合法权益”的内容是本次修改检察官法新增的规定，也是本法立法的重要目的之一。维护检察官合法权益是确保检察官依法履职的基础，在此意义上可以说检察官法也是检察官权益保障法。近年来，社会上侵害检察官合法权益的违法犯罪行为时有发生，增加这一规定更有现实意义。尤其，保护司法人员依法履行职责是司法体制改革的重要内容，进一步完善检察官权益保障方面的规定也是落实司法体制改革要求的重要体现。除本条规定外，本法也相应完善了惩处对检察官实施打击报复行为的规定，增加规定检察官的“职业尊严和人身安全受法律保护”，并细化了侵害检察官人身权益的情形。如，第五十六条规定，检察官的职业尊严和人身安全受法律保护。任何单位和个人不得对检察官及其近亲属打击报复。对检察官及其近亲属实施报复陷害、侮辱诽谤、暴力侵害、威胁恐吓、滋事骚扰等违法犯罪行为的，应当依法从严惩治。第五十七条规定，检察官因依法履行职责遭受不实举报、诬告陷害、侮辱诽谤，致使名誉受到损害的，人民检察院应当会同有关部门及时澄清事实，消除不良影响，并依法追究相关单位或者个人的责任。第五十八条规定，检察官因依法履行职责，本人及其近亲属人身安全面临危险的，人民检察院、公安机关应当对检察官及其近亲属采取人身保护、禁止特定人员接触等必要保护措施。

（4）保障人民检察院依法独立行使检察权。

《中华人民共和国宪法》第一百三十六条规定，人民检察院依照法律规定独立行使检察权，不受行政机关、社会团体和个人的干涉。本条有关保障人民检察院依法独立行使检察权的规定也是贯彻宪法精神的直接体现。检察官作为人民检察院中依法行使国家检察权的检察人员，其职责、义务和权利的设置直接决定了人民检察院独立行使检察权这一宪法规定的实现程度与效果。

根据宪法和人民检察院组织法的规定，人民检察院是国家的法律监督机关，负有对有关国家机关、单位和个人执行和遵守国家法律的情况进行监督的职责。开展有效的法律监督是法律得以切实贯彻实施的重要保障，而人民检察院的法律监督是通过检察官依法开展各项检察工作实现的，因此检察官法的立法目的之一就是保障检察官依法履行法律监督职责，实施有效的法律监督。

保障人民检察院实施法律监督非常重要的一点就是要保障人民检察院依法独立行使检察权。人民检察院依法独立行使检察权包括三层含义。

首先，我国的检察权属于人民检察院，其他任何机关不得行使，这是由我国宪法确立的一项基本原则。

其次，人民检察院独立行使检察权，不受任何其他行政机关、团体和个人的干涉。这里的干涉是指非法干预和干扰，而不能将其与合法的监督相混淆。根据我国宪法和人民检察院组织法的规定，各级人民检察院向同级人民代表大会及其常务委员会负责，受其监督；上级人民检察院领导下级人民检察院的工作。人民群众和其他社会组织，对人民检察院的工作也有监督权、批评建议权。

最后，人民检察院必须依法行使检察权。独立性并非任意性，人民检察院的检察活动必须严格依照宪法、人民检察院组织法、与案件相关的实体法以及相应的程序法的规定进行。

本法关于全面推进高素质检察官队伍建设，加强对检察官的管理和监督，维护检察官合法权益的规定实质上有利于确保人民检察院依法独立行使检察权。确保人民检察院独立行使检察权，一个重要方面是要防止非法干涉司法活动的行为。党的十八届四中全会《中共中央关于全面推进依法治国若干重大问题的决定》提出，各级党政机关和领导干部要支持法院、检察院依法独立公正行使职权。建立领导干部干预司法活动、插手具体案件处理的记录、通报和责任追究制度。任何党政机关和领导干部都不得让司法机关做违反法定职责、有碍司法公正的事情，任何司法机关都不得执行党政机关和领导干部违法干预司法活动的要求。对干预司法机关办案的，给予党纪政纪处分；造成冤假错案或者其他严重后果的，依法追究刑事责任。完善惩戒妨碍司法机关依法行使职权等违法犯罪行为的法律规定。建立健全司法人员履行法定职责保护机制。非因法定事由，非经法定程序，不得将法官、检察官调离、辞退或者作出免职、降级等处分。以上要求对于保障人民检察院依法独立行使检察权具有非常重要的意义，为切实保障人民检察院依法独立行使检察权，本法在总则第六条中进一步明确规定，检察官依法履行职责，受法律保护，不受行政机关、社会团体和个人的干涉。在第五十五条中规定，任何单位或者个人不得要求检察官从事超出法定职责范围的事务。对任何干涉检察官办理案件的行为，检察官有权拒绝并予以全面如实记录和报告；有违纪违法情形的，由有关机关根据情节轻重追究有关责任人员、行为人的责任。第十一条关于检察官权利的规定中明确规定，非因法定事由、非经法定程序，不被调离、免职、降职、辞退或者处分。

（5）保障检察官依法履行职责。

检察官是人民检察院检察权的具体行使者，为检察官依法履行职责，开展检察活动提供必要的条件，是检察官正确、及时履行职责的前提，是人民检察院检察工作得以顺利进行的前提，也是保障人民检察院依法独立行使检察权的前提。因此，制定检察官法的目的之一，就是保障检察官有条件依法履行职责。本法规定了检察官的职责、义务和权利，检察官的条件和遴选，检察官的任免，检察官的管理，检察官的考核、奖励和惩戒，检察官的职业保障等，为保障检察官依法履职提供了法律依据。保障检察官依法履行职责还意味着要加强对检察官的依法监督和管理，保证检察官不得超越职权滥用职权违法办案，也不得懈怠法定职责，玩忽职守、不履行或不认真履行职责。

2016年7月，中共中央办公厅、国务院办公厅出台了《保护司法人员依法履行法定职责规定》，这一规定也是贯彻落实《中共中央关于全面推进依法治国若干重大问题的决定》有关要求，建立健全司法人员依法履行法定职责保护机制而制定的，相关内容也在本法中做出了具体规定，这里不再展开。

（6）保障司法公正。

《中共中央关于全面推进依法治国若干重大问题的决定》指出，公正是法治的生命线。司法公正对社会公正具有重要引领作用，司法不公对社会公正具有致命破坏作用。必须完善司法管理体制和司法权力运行机制，规范司法行为，加强对司法活动的监督，努力让人民群众在每一个司法案件中感受到公平正义。

人民检察院是国家法律监督机关，负有对其他国家机关执行国家法律的情况进行监督的职权，人民检察院依法行使对公诉案件审查起诉的职权，人民检察院还负责对其直接受理的案件的侦查工作，因此，人民检察院依法行使职权是实现司法公正的重要保障。具体来说，人民检察院通过对人民法院的审判活动的监督，保障和促进人民法院公正审判；通过对公安机关侦查活动的监督和对公诉案件审查起诉，打击犯罪、保护人民、保证无罪的人不受追究；通过对监狱等刑罚执行场所的监督，保证法院判决的正确执行，等等。人民检察院依法履行这些职责的过程，就是保障和实现司法公正的过程。公正的司法可以及时有效地化解社会矛盾，维护社会稳定和发展。司法不公甚至于司法腐败不仅不能维护社会稳定，而且会造成矛盾激化，影响人民群众对国家政权的信任和支持，后果非常严重。影响司法公正的因素是多方面的，保障司法公正也必须从各方面入手采取综合性措施。从法律监督的角度出发，建立一支高素质的公正廉洁的检察官队伍无疑是保障司法公正的重要环节。因此，检察官法的立法目的之一，就是要以法律手段来规范检察官的选任、管理、奖惩等活动，全面推进高素质检察官队伍建设，加强对检察官的管理和监督，维护检察官合法权益，保障人民检察院依法独立行使检察权，保障检察官依法履行职责，归根结底一句话，就是要保障司法公正。

关于立法依据，本条规定，“根据宪法，制定本法”。这包括两个方面的意思：一是，本法的制定根据来源于宪法。二是，本法的规定不得同宪法相抵触。宪法是国家的根本法，是中国特色社会主义法律体系的统帅、核心和基础，是一切立法活动的根据。一切法律、行政法规和地方性法规都不得同宪法相抵触。现行宪法第三章第八节第一百三十四条至第一百三十八条对人民检察院的设置、组织和职权作了规定。检察官是人民检察院中依法行使国家检察权的检察人员，其职权也来源于宪法，宪法第六十七条规定了检察员的任免。另外，检察官的有些权利义务也来自于宪法。如，《中华人民共和国宪法》第二十七条规定，一切国家机关实行精简的原则，实行工作责任制，实行工作人员的培训和考核制度，不断提高工作质量和工作效率，反对官僚主义。一切国家机关和国家工作人员必须依靠人民的支持，经常保持同人民的密切联系，倾听人民的意见和建议，接受人民的监督，努力为人民服务。国家工作人员就职时应当依照法律规定公开进行宪法宣誓。关于培训，本法第三十一条规定，初任检察官实行统一职前培训制度。第三十二条规定，对检察官应当有计划地进行政治、理论和业务培训。检察官的培训，贯彻理论联系实际、按需施教、讲求实效的原则。关于监督，本法除了在本条的立法目的中明确规定了要加强对检察官的监督的内容，还在本法第十条检察官的义务中规定，检察官要依法接受法律监督和人民群众监督。另外本法第十九条检察官在依照法定程序产生后在就职时应当公开进行宪法宣誓的规定也是直接源自宪法。关于宪法第五条规定的“一切法律、行政法规和地方性法规都不得同宪法相抵触”，本法在第二条关于检察官范围的规定中，保留了检察员的称谓，与宪法第六十七条有关检察员的规定是一致的。

相关规定

《中华人民共和国宪法》第 136 条；《中共中央关于全面推进依法治国若干重大问题的决定》；《中共中央关于新形势下加强政法队伍建设的意见》；《中共中央办公厅、国务院办公厅保护司法人员依法履行法定职责规定》

第二条　检察官是依法行使国家检察权的检察人员，包括最高人民检察院、地方各级人民检察院和军事检察院等专门人民检察院的检察长、副检察长、检察委员会委员和检察员。

条文主旨

本条是关于检察官范围的规定。

立法背景

1. 检察官范围修改的背景

1995 年、2001 年、2017 年的《中华人民共和国检察官法》第二条均规定:"检察官是依法行使国家检察权的检察人员，包括最高人民检察院、地方各级人民检察院和军事检察院等专门人民检察院的检察长、副检察长、检察委员会委员、检察员和助理检察员。"由此明确了检察官概念的内涵和外延，对检察官的法律地位、职责身份和人员范围做了一般性的界定。

2017 年 12 月提请全国人大常委会十二届全国人大常委会第三十一次会议审议的检察官法修订草案将本条修改为:"检察官依法行使检察权的国家公职人员。"取消了"检察员"和"助理检察员"这一修改主要涉及司法责任制、员额制为重要内容的司法体制改革。

在审议过程中，有的常委委员、地方和部门提出，检察员的称谓是宪法中使用的，2018 年 10 月通过的人民检察院组织法对检察院检察人员的组成作了规定，检察官法对检察官具体包括哪些人应当予以明确。经研究，依照人民检察院组织法有关规定，本条修改为:"检察官是依法行使国家检察权的检察人员，包括最高人民检察院、地方各级人民检察院和军事检察院等专门人民检察院的检察长、副检察长、检察委员会委员和检察员。"

2. 各方面提出的意见

修订草案初次审议时在第二条规定，"检察官是依法行使检察权的国家公职人员"。有的意见提出，根据宪法规定，全国人大常委会根据最高人民检察院检察长的提请，任免最高人民检察院检察员。在宪法尚未修改的情况下，建议慎重考虑草案第二条取消"检察官"的称谓，与宪法做好衔接。有的提出，员额制改革后，一些原检察官未能入额，有的尚未经原任命机关免去检察员职务，建议检察官法对这部分人员的身份问题予以明确。

条文解读

和2017年检察官法相比，本条规定取消了助理检察员的规定，这是司法责任制、员额制改革的重要体现，也是党中央关于司法队伍建设，以及司法人员分类管理制度改革的要求。

检察工作具有很强的专业性，因此作为检察活动的具体承担者的检察官必须是经过严格专业教育培训并经过严格的遴选和法定的程序而任命的专业人士担任。对检察官的管理也应考虑检察工作特有的规律性，实施专门化管理。本法第二十七条规定，检察官实行单独职务序列管理。《中华人民共和国人民检察院组织法》第四十条规定，人民检察院的检察官、检察辅助人员和司法行政人员实行分类管理。对检察官实行专门化管理，意味着检察官要与检察机关以外的其他国家机关如行政机关的工作人员的管理不同，要改变过去那种笼统的作为“干部”进行管理的做法，实现检察官队伍的正规化、专业化、职业化。党的十八届四中全会提出，要加快建立符合职业特点的法治工作人员管理制度，建立法官、检察官专业职务序列制度。明确各类司法人员工作职责，实行办案质量终身负责制。为更好保障人民检察院独立行使检察权，提高司法公信力，2015年《最高人民检察院关于完善人民检察院司法责任制的若干意见》，努力构建公正高效的检察权运行机制和公平合理的司法责任认定、追究机制，做到“谁办案谁负责、谁决定谁负责”。司法责任制改革是我们全面深化司法体制改革必须牢牢牵住的“牛鼻子”。完善司法责任制，是建立权责统一、权责明晰、权力制约的司法权运行机制的关键，也是深化司法体制改革的核心，对于促进严格公正司法具有十分重要的意义。要实现“谁办案谁负责，谁决定谁负责”的改革目标，关键在人。只有通过改革，科学合理配置人员，让优秀人才向办案一线集聚，通过竞争实现“能者上”，建立符合职业特点的司法人员管理制度，才能使检察官专注办案，不断提升办案效率，保障案件质量，破解“案多人少”矛盾，满足人民群众日益增长的多元司法需求，让人民群众有实实在在的获得感。因此，在人民检察院内部，也要实行科学的职位分类管理，对于人民检察院内直接行使国家检察权的人员与承担其他检察辅助等相关工作的人员要分别确定相应的符合各自工作特点的管理方式。这是推进司法人员分类管理改革中的检察官员额制改革的重要内容。本法第二十六条规定，检察官实行员额制管理。通过员额制，确保品行端正、经验丰富、专业水平较高的优秀法律人才成为员额检察官，为推进司法责任制改革夯实基础，也是推进检察官队伍正规化、专业化、职业化的基础。另外，还要不断完善员额检察官惩戒退出机制，实现司法队伍的良性循环。对于不能独立办案、案件质效较差等无法胜任工作的员额检察官，要通过科学考核、依法追责，使其有序退出员额。根据《中华人民共和国人民检察院组织法》第四十条的规定，人民检察院内部工作人员具体分为三个类别：检察官、检察辅助人员、司法行政人员。根据本条规定，检察官的范围为“依法行使国家检察权的检察人员”。根据这一规定，检察官仅限于人民检察院内，经依法任命的，具体承担检察工作的人员。人民检察院内从事司法行政工作的人员如行政、后勤人员，从事检察辅助工作的人员如法警、书记员等不属于检察官。为了进一步明确检察官的范围，本条还采用列举的方式规定，检察官包括最高人民检察院、地方各级人民检察院和军事检察院等专门人民检察院的检察长、副检察长、检察委员会委员、检察员。除了检察官法明确列举的人员以外，其他人员均不属于检察官。

与最高人民检察院提请常委会初次审议的检察官修订草案所规定的“检察官是依法行使检察权的国家公职人员”相比，本条保留了检察员的称谓，这是为了与宪法中的检察员的称谓相一致，也与人民检察院组织法的规定是一致的。《中华人民共和国人民检察院组织法》第三十五条规定：“人民检察院的检察人员由检察长、副检察长、检察委员会委员和检察员等人员组成。”

相关规定

《中华人民共和国宪法》第67条；《中华人民共和国人民检察院组织法》第35条；《中华人民共和国地方各级人民代表大会和地方各级人民政府组织法》第44条；《最高人民检察院关于完善人民检察院司法责任制的若干意见》；《中共中央组织部、最高人民检察院关于印发〈人民检察院工作人员分类管理制度改革意见〉的通知》

第三条　检察官必须忠实执行宪法和法律，维护社会公平正义，全心全意为人民服务。

条文主旨

本条是关于检察官的基本要求的规定。

立法背景

1995年《中华人民共和国检察官法》第三条规定：“检察官必须忠实执行宪法和法律，全心全意为人民服务。”据此明确了检察官的基本义务和基本要求。2001年、2017年的检察官法保留了这一规定。2019年检察官法为贯彻落实习近平总书记关于“努力让人民群众在每一个司法案件中都感受到公平正义”的指示要求，并立足检察官坚持公正司法、维护社会公平正义的职能，增加了“维护社会公平正义”这一基本要求。另外，保留了“检察官必须忠实执行宪法和法律”“全心全意为人民服务”这两个基本要求，以保持立法的连续性、稳定性和权威性，同时，也适应新时代的新要求，赋予其新时代的新内涵。立足新时代新的历史方位和发展要求看，本条规定既是对以习近平新时代中国特色社会主义思想为指导的新时代全面深化司法体制改革核心宗旨和使命的法律落实和体现，也与宪法、人民检察院组织法、公务员法以及本法第一条的规定相衔接。

新时代确立了司法体制改革新的历史征程和重大使命，突出强调了宪法作为治国理政总章程、党和人民意志集中体现的法律地位和法律权威，把坚持以人民为中心确立为新时代坚持和发展中国特色社会主义的基本方略之一，为检察职责使命的确定指明了方向，提供了基本遵循。《中华人民共和国宪法》第五条第四款、第五款规定："一切国家机关和武装力量、各政党和各社会团体、各企业事业组织都必须遵守宪法和法律。一切违反宪法和法律的行为，必须予以追究。任何组织或者个人都不得有超越宪法和法律的特权"。《中华人民共和国人民检察院组织法》第三条规定："人民检察院依照宪法、法律和全国人民代表大会常务委员会的决定设置"；第六条规定："人民检察院坚持司法公正，以事实为根据，以法律为准绳，遵守法定程序，尊重和保障人权"。《中华人民共和国公务员法》第十四条规定了公务员应当履行的义务，其中第一项包括"忠于宪法，模范遵守、自觉维护宪法和法律，自觉接受中国共产党领导"，第三项为"忠于人民，全心全意为人民服务，接受人民监督"。因此，为认真贯彻落实习近平总书记关于"努力让人民群众在每一个司法案件中都感受到公平正义"的指示要求，更好体现全面深化司法体制改革成果，确保党中央关于维护宪法实施、坚持人民主体地位的重要决策部署通过法定程序转化为国家意志，用法律制度明确检察官在新时代新的历史方位上所负有的重要职责和使命，并确保以宪法为核心的中国特色社会主义法律体系的系统性、稳定性和连续性，本条对 2017 年检察官法中体现这一意旨和要求的规定予以语词保留，并丰富其语义上的时代内涵，同时增加"维护社会公平正义"这一检察官的职责要求，规定："检察官必须忠实执行宪法和法律，维护社会公平正义，全心全意为人民服务"。

条文解读

本条包含如下几个方面的含义：

（1）关于检察官法对检察官的基本要求。这里对检察官的基本要求，也即检察官因其职位、职责所负有的基本义务。相对于本法第十条规定的检察官应当履行的义务来说，本条的义务更具根本性、一般性，是检察官在国家检察权的行使和实现过程中对国家、机构和组织、个人等一般性主体承担的一般性义务，体现的是检察官作为国家司法体系中的重要一环，所承载的对于实现司法目的和价值具有宗旨性、终极性的职责和使命；本法第十条规定的检察官义务相对更具具体性、特殊性，是检察官在具体案件办理及相关职务行为的履行过程中对特定法律关系主体所负有的特殊性义务，体现的是检察官在代表国家具体行使检察权的过程中必须遵守的强制性要求，是为确保检察权的每一次正确行使而对检察官设定的为或不为一定行为的必要尺度。这里的基本义务在理解上需要注意以下几点：

第一，这一基本义务所体现的法律关系的义务主体是所有检察官，也即本法第二条所规定的“包括最高人民检察院、地方各级人民检察院和军事检察院等专门人民检察院的检察长、副检察长、检察委员会委员和检察员”。检察官这一义务主体所对应的权利主体是不特定的一般人，包括国家、各类机构和组织，以及个人。

第二，该法律关系的客体，也即设定该基本义务的根据是检察官依法获得的代表国家行使检察权的职务权力，以及检察官作为国家检察机关的工作人员，所承载的实现国家司法制度价值和功能的职责和使命。因此就要对检察官手中掌握的检察权加以严格的规范和限制，通过设定基本的义务要求，来防止检察官在权力行使中可能的偏离宗旨和使命的不当行为，确保检察权所承载的制度价值和目标得到有效实现。

第三，该基本义务的内容是忠实执行宪法和法律，维护社会公平正义，全心全意为人民服务。也即该义务要求检察官要做出积极的作为行为，必须依法履行职责，忠实执行宪法和法律，维护司法公正和社会公平正义，维护国家、社会、组织和个人的合法权益，确保党全心全意为人民服务的宗旨得到根本实现。

第四，该基本义务具有强制性，检察官承担的是一种“应当”

行为的命令式义务，且是一种比“应当”要求更高更强的“必须”性义务，也即检察官必须使其行使检察权过程中的所有行为都致力于忠实执行宪法和法律，维护社会公平正义，全心全意为人民服务的根本宗旨和目标，不得偏离，不容推卸，不得拒绝。

（2）关于“检察官必须忠实执行宪法和法律”的基本要求。党的十九大报告强调，坚持党的领导、人民当家作主、依法治国有机统一是社会主义政治发展的必然要求，并指出，党的领导是人民当家作主和依法治国的根本保证，人民当家作主是社会主义民主政治的本质特征，依法治国是党领导人民治理国家的基本方式，三者统一于我国社会主义民主政治伟大实践。习近平总书记多次强调，依法治国是党领导人民治理国家的基本方略，法治是治国理政的基本方式，要更加注重发挥法治在国家治理和社会管理中的重要作用，全面推进依法治国，加快建设社会主义法治国家。习近平总书记指出，坚持依法治国，首先要坚持依宪治国；坚持依法执政，首先要坚持依宪执政；全面贯彻实施宪法，是建设社会主义法治国家的首要任务和基础性工作。宪法是国家的根本法，是治国安邦的总章程，是党和人民意志的集中体现。宪法作为国家各种制度和法律法规的总依据，确立了社会主义法制的基本原则，明确规定中华人民共和国实行依法治国，建设社会主义法治国家，国家维护社会主义法制的统一和尊严，具有最高的法律地位、法律权威、法律效力，具有根本性、全局性、稳定性、长期性。全国各族人民、一切国家机关和武装力量、各政党和各社会团体、各企业事业组织，都必须以宪法为根本的活动准则，并且负有维护宪法尊严、保证宪法实施的职责。任何组织或者个人，都不得有超越宪法和法律的特权。宪法的生命在于实施，宪法的权威也在于实施。检察官是依法行使国家检察权的检察人员、国家工作人员，是法治工作队伍、法治专门队伍的重要组成部分，负有严格贯彻实施宪法和法律的重要职责，其依法行使检察权本身既是贯彻实施宪法、确保法律正确有效实施的重要内容，也是其坚强保障。因此，检察官更应当明确依法治国主体责任，切实发挥法治实践、引领、示范和带头作用，牢固树立宪法至上的思想，自觉以宪法为最高行为规范，把法律作为基本的行为准则，切实通过检察活动将国家法律适用到现实生活中，切实保证司法公正，不断提高司法公信力，努力维护社会公平正义，实现国家各项事业和各项工作以及社会生活各个环节都纳入法治轨道。因此，本条将“忠实执行宪法和法律”作为对检察官的一项基本要求加以规定。具体来说，就是要求检察官必须保持对宪法和法律的忠诚，严格执行宪法和法律，以自己的全部智慧和才干维护宪法和法律的权威，以自己的一言一行来促进宪法和法律的正确有效实施，凡是有利于宪法和法律实施的事情都尽最大的力量去做，凡是有害于和不利于宪法和法律实施的事情都予以坚决反对，自觉弘扬宪法精神，切实维护宪法和法律的权威。

需要注意的是，本条所规定的“忠实执行宪法和法律的义务”与第十条第一项所规定的“严格遵守宪法和法律”是一般义务和特殊义务的关系，前者侧重强调的是检察官作为国家检察机关的检察人员，因其从事的检察活动和检察职责本身对不特定国家机关、社会组织和个人负有的基本义务，承载的是促进检察权和国家司法制度正确有效实施和实现的宗旨和使命；后者指的是检察官在具体案件的处理中，对具体案件的当事人负有的义务，强调的是检察官在具体案件的办理中应当严格在宪法和法律规定的范围内办事，严格依照法定职权、遵循法定程序，不得有超越宪法法律之外的特权，不得以言代法、以权压法、逐利违法、徇私枉法。

(3) 关于检察官必须“维护社会公平正义”的基本要求。习近平总书记多次强调，要努力让人民群众在每一个司法案件中感受到公平正义。公正是法治的生命线。司法是维护社会公平正义的最后一道防线，司法公正对社会公正具有重要引领作用，司法不公对社会公正具有致命破坏作用。所以说，司法的权威在于公正，人民群众评价司法工作合格不合格、效果好不好的标准也是公正。《中华人民共和国人民检察院组织法》第六条规定：“人民检察院坚持司法公正，以事实为根据，以法律为准绳，遵守法定程序，尊重和保障人权。”检察官作为司法机关的一员，作为直接行使检察权的检察人员，其工作的任务和目标就是实现和维护司法公正，并通过公正的司法检察活动维护社会公平正义。因此，本条把“维护社会公平正义”作为对检察官的一项基本要求加以规定。要做到这一要求，第一，要坚定理想信念，树立法治信仰，恪守司法良知，把对党的忠诚、对法治的坚守、对公正的维护，切实落实到热爱党的事业、践行党的宗旨上，体现在严格司法、公正司法的实际行动中，为党和人民掌好用好司法检察权。第二，要坚持以事实为根据、以法律为准绳，坚持程序公正与实体公正相统一，客观公正地行使审查起诉、支持公诉、案件侦查等职责，把法律监督落实到每一个办案环节，让每一起案件都经得起法律、历史和人民的检验。第三，要坚持原则、敢于担当、清正廉洁，不为人情所扰、不为利益所惑、不为权势所屈，永葆忠于党、忠于国家、忠于人民、忠于法律的政治本色，始终坚守公正廉洁司法的底线。第四，要恪守检察官职业道德，严守检察官行为规范，树立检察官良好形象，不断提升司法公信力，努力让人民群众在每一个司法案件中感受到公平正义。

（4）关于检察官必须“全心全意为人民服务”的基本要求。我国宪法规定，我们国家是人民民主专政的社会主义国家。人民民主专政的核心是一切权力属于人民，人民当家作主。习近平总书记多次强调指出，我国社会主义民主是维护人民根本利益的最广泛、最真实、最管用的民主；发展社会主义民主政治就是要体现人民意志、保障人民权益、激发人民创造活力，用制度体系保证人民当家作主。《中华人民共和国宪法》第二十七条第二款规定：“一切国家机关和国家工作人员必须依靠人民的支持，经常保持同人民的密切联系，倾听人民的意见和建议，接受人民的监督，努力为人民服务。”人民群众是社会主义国家的主人，国家机构及其工作人员的任务就是反映人民的愿望和要求，全心全意为人民服务。检察官作为直接行使国家检察权的检察人员，作为国家司法制度体系的重要一环，其所行使的权力是人民赋予的，当然也必须在行使权力的过程中全心全意为人民服务，保证人民当家作主落实到国家政治生活和社会生活之中。因此，本条把全心全意为人民服务作为一项对检察官的基本要求加以规定。要做到这一要求，第一，检察官在行使检察权时要始终坚持以人民为中心的发展思想，从内心深处打牢司法为民的服务理念和思想基础，不断增强对司法的人民性的理论认同、感情认同和实践认同，严格依法办事，公正司法，切实履行好维护国家政治安全、确保社会大局稳定、促进社会公平正义、保障人民安居乐业的职责使命，努力维护最广大人民根本利益，保障人民群众对美好生活的向往和追求。第二，检察官行使权力时，必须以人民公仆的身份，以事实为根据，以法律为准绳，兢兢业业，耐心细致，认真地办理每一起案件，依法公正对待人民群众的诉求，依法保障公民的合法权益得到维护，保证公民的各项合法权利得到落实，努力让人民群众在每一个司法案件中都能感受到公平正义，决不能让不公正的检察活动伤害人民群众感情、损害人民群众权益。第三，检察官在行使检察职权、办理案件的过程中，要认真履行以案释法主体责任，弘扬社会主义法治精神，努力培育社会主义法治文化，积极维护宪法和法律的权威，让广大人民群众充分相信法律、自觉运用法律，使广大人民群众认识到宪法和法律不仅是全体公民必须遵循的行为规范，而且是保障公民权利的法律武器。第四，检察官在为人民服务的过程中必须是全心全意的，而不是三心二意、敷衍了事，着力维护广大人民群众特别是弱势群体的合法权益，重点解决损害群众权益的突出问题，决不允许利用手中的权力谋取私利，不允许滥用权力侵犯群众合法权益。

相关规定

《中华人民共和国宪法》第 2 条、第 5 条、第 27 条；《中华人民共和国人民法院组织法》第 3 条、第 6 条；《中华人民共和国公务员法》第 14 条

第四条　检察官应当勤勉尽责，清正廉明，恪守职业道德。

条文主旨

本条是关于检察官的职业伦理的规定。

立法背景

关于检察官职业伦理的相关内容在2017年检察官法中有类似的规定。2017年检察官法第三章“义务和权利”第八条对检察官应当履行的义务作了规定。其中，第四项规定，检察官应当清正廉明，忠于职守，遵守纪律，恪守职业道德。2019年修订检察官法，将2017年检察官法“义务和权利”的该项内容调整补充到“总则”部分规定，形成了关于检察官职业伦理的单独规定。

此外，本条规定与公务员法的相关规定也有一定程度的衔接。检察官性质上仍属于公务员，具有普通公务员的共性。《中华人民共和国公务员法》第十四条对公务员应当履行的义务作了规定，其中第四项规定，公务员应当忠于职守，勤勉尽责，服从和执行上级依法作出的决定和命令，按照规定的权限和程序履行职责，努力提高工作质量和效率；第六项规定，公务员应当带头践行社会主义核心价值观，坚守法治，遵守纪律，恪守职业道德，模范遵守社会公德、家庭美德；第七项规定，公务员应当清正廉洁，公道正派。其中，“勤勉尽责”“恪守职业道德”“勤政廉洁”等属于公务员应当履行的义务。需要注意的是，检察官作为行使检察权的特殊公务员，又不同于普通公务员。《中华人民共和国公务员法》第三条第二款规定，法律对检察官的义务、权利和管理另有规定的，从其规定。因此，在2019年修订的检察官法中，根据司法人员管理和司法权运行的一般性规律，将上述符合检察属性和检察官职业特殊性的规范，如“勤勉尽责”“恪守职业道德”“勤政廉洁”等单独提炼和总结，形成符合检察官职业特色的职业伦理。检察官不仅要遵守公务员法规定的相关义务，还要着重遵守检察职业的职业伦理，这也契合了公务员法中将检察官归属于特殊性质公务员的精神。

2017 年 12 月，第十二届全国人大常委会第三十一次会议对检察官法修订草案进行了初次审议。修订草案稿在本条中规定，检察官应当“清正廉洁”。审议过程中，有的常委委员和有关方面提出，检察官作为司法工作人员，应具有实事求是、明辨是非的能力，建议保留 2017 年《中华人民共和国检察官法》第八条第四项中“清正廉明”的表述。2018 年 12 月，第十三届全国人大常委会第七次会议对检察官法修订草案二次审议稿进行了审议，修订草案二次审议稿采纳了上述建议。修订草案第三次审议时，对本条未再作修改。

条文解读

检察官作为行使国家检察权的公务员，除应具备一般公务员的条件、要求和素养外，还应具备相应的职业伦理。本条规定，检察官应当勤勉尽责，清正廉明，恪守职业道德。这里的“勤勉尽责”是指检察官的工作态度。本法第七条规定了检察官的具体职责，包括对由人民检察院直接受理的刑事案件进行侦查、对刑事案件进行审查逮捕、审查起诉、代表国家进行公诉、开展公益诉讼工作、开展对诉讼活动的监督工作以及履行法律规定的其他职责。其中每项职责都是检察官依法行使国家检察权的一个方面，关系重大，责任重大，任务繁重。将相关职责履行好，需要检察官时刻保持勤勉尽责。这里的“勤勉尽责”有两层意思，一是，检察官应主动履行职责，担当负责。如检察官在办理刑事案件的过程中，需要全面收集、固定、审查、运用各种证据材料，既包括犯罪嫌疑人、被告人有罪、罪重的证据材料，也包括无罪、罪轻的证据材料。检察官如果只注重犯罪嫌疑人、被告人有罪、罪重的证据材料，或者因各种原因而注重犯罪嫌疑人、被告人无罪、罪轻的证据材料，是不符合客观公正的标准的，未能做到尽职尽责。再如，检察官在开展民事、行政公益诉讼工作时，既要通过诉讼活动维护公共利益，也要开展大量的诉前工作，通过公告、检察建议等方式帮助相关主体主动维护权益，促进行政机关依法履职，这样能够以较少的司法投入获得最佳的社会效果。这也需要检察官在平时积极主动作为，勤勉尽责，不将问题拖延，不等危害放大，及时维护社会公共利益。二是，检察职业要求检察官应勤勉履职。新时代人民群众日益增长的对美好生活的需要，对检察工作提出了更高的要求。检察官办案量逐年增加，更依赖检察官在履行职责时勤勉尽责。

根据本条的规定，检察官还应“清正廉明”，这里有以下三层意思。其一，清正廉明是检察职业的基本要求。检察官不仅是国家公务员，而且是司法工作人员，依法行使国家检察权，从事对诉讼活动监督等重要工作，与人民群众有着密切联系。如果检察官品行不端，不仅有损自身形象，也会严重削弱检察机关的公信力。因此，从事检察职业需要清正廉明，要做到品行正派、廉洁奉公、不以权谋私、不徇私枉法、严格自律，认真践行社会主义核心价值观，保障检察工作顺利进行。其二，清正廉明是高素质检察队伍的内在要求。检察队伍职业的特殊性和职责的重要性，决定了检察官必须是清正廉明的典范，必须比其他公务人员有更高的清廉标准和要求。其三，清正廉明是高水平检察工作的重要保障。检察官在行使法律监督职责时，需要保证清正廉明。只有这样才能取得监督工作的主动权，才可以提升监督工作的公信力。检察官具有清正廉明的职业本色，可以增强其客观公正的立场，突出实事求是，明辨是非的能力，通过更加准确地适用法律，更好地维护公平正义，实现社会效果和法律效果的有机统一。

本条规定，检察官应当“恪守职业道德”。随着时代的发展，检察官职业道德的内容也在不断丰富和完善。2002 年最高人民检察院《检察官职业道德规范》规定，检察官应遵守以下四项道德规范：一是，忠诚。忠于党、忠于国家、忠于人民，忠于事实和法律，忠于人民检察事业，恪尽职守，乐于奉献。二是，公正。崇尚法治，客观求实，依法独立行使检察权，坚持法律面前人人平等，自觉维护程序公正和实体公正。三是，清廉。模范遵守法纪，保持清正廉洁，淡泊名利，不徇私情，自尊自重，接受监督。四是，严明。严格执法，文明办案，刚正不阿，敢于监督，勇于纠错，捍卫宪法和法律尊严。2009 年最高人民检察院《检察官职业道德基本准则（试行)》中对检察官职业道德规定了“忠诚、公正、清廉、文明”四项，每项中的内涵也更加丰富。2016 年最高人民检察院在进一步总结司法体制改革成果，结合检察机关司法办案的实际和检察机关职能的基础上，颁布新的《检察官职业道德基本准则》，要求检察官遵照执行，检察辅助人员参照执行。基本准则将检察官的职业道德重新概括为五条：一是，坚持忠诚品质，永葆政治本色；二是，坚持为民宗旨，保障人民权益；三是，坚持担当精神，强化法律监督；四是，坚持公正理念，维护法制统一；五是，坚持廉洁操守，自觉接受监督。总之，职业道德是检察官政治信仰、工作宗旨、职业伦理和道德品质的体现和重要载体，对引导和规范检察官正确履职尽责具有十分重要的作用，因此检察官应当恪守职业道德。

需要注意的是，检察官遵守职业伦理的情况将影响检察官的考核。本法第四十二条规定，对检察官考核的内容包括职业道德、工作作风等内容。检察官遵守职业伦理的情况将作为检察官晋升、选拔任用、培养教育的重要依据。

相关规定

《中华人民共和国公务员法》第 3 条、第 14 条；《中华人民共和国检察官法》第 42 条

第五条 检察官履行职责，应当以事实为根据，以法律为准绳，秉持客观公正的立场。

检察官办理刑事案件，应当严格坚持罪刑法定原则，尊重和保障人权，既要追诉犯罪，也要保障无罪的人不受刑事追究。

条文主旨

本条是关于检察官履行职责的基本原则、立场以及检察官办理刑事案件的原则的规定。

立法背景

本条是检察官法总则中新增加的规定。2017 年《中华人民共和国检察官法》第八条规定了检察官应当履行的义务。其中第二项规定，检察官“履行职责必须以事实为根据，以法律为准绳，秉公执法，不得徇私枉法”。在检察官法修订的过程中，有关方面提出，以事实为根据，以法律为准绳，应当是检察官履行职责的一项基本原则，建议在检察官法总则中对此作出规定。2019 年修订后的检察官法采纳了这一建议，将 2017 年检察官法“义务和权利”章中关于检察官义务的此项规定，调整补充到总则部分，明确为检察官履行职责的原则。

2018 年 12 月，全国人大常委会对检察官法草案进行了第二次审议。会后，有关部门和一些专家学者建议，增加体现检察官职业特色的规定，表明检察官客观公正的立场。该建议的理由包括以下几个方面：

一是，客观公正的立场是检察官履职的本质要求，也是检察官职责的根本定位。明确客观公正的立场可以避免检察官单纯从追诉立场或单纯从当事人立场开展工作，妨碍客观全面公正地处理案件，促进检察官更好地履行职责。

二是，检察官依法行使检察权，需要客观公正。我国检察官依法履行职责，不论是进行刑事诉讼活动，对刑事、民事、行政诉讼活动进行监督，还是开展民事、行政公益诉讼等工作，只有秉持客观公正的立场，才能顺利完成相应职责。

三是，世界上大多数国家都认可检察官具有客观公正的立场。德国、日本、意大利、美国、英国等国家均在法律上作出过类似的规定。综合这些国家的法律规定，主要反映在五个方面：其一，检察官应致力于发现事实真相，不以追求犯罪嫌疑人被追诉，被告人被定罪为唯一目的，明确检察官有责任防止清白无辜的人被定罪。其二，检察官应客观全面地收集、保全犯罪嫌疑人、被告人有罪、无罪、罪重、罪轻的各种证据，客观全面地向辩护方开示证据，毫无保留地向法庭提供证据。其三，检察官应根据事实和证据客观公正地决定是否起诉，可依法向法官请求无罪判决，可以为被告人的利益提出上诉。其四，检察官发现有违反客观公正立场的情况，应当主动回避，被告人也可以要求其回避。其五，检察官违反客观公正立场的，应追究相应的法律责任。需要注意的是，由于各国的法治传统、文化理念以及检察官的地位、性质、职能等不尽相同，各国对检察官客观公正义务的具体规定并不一致，但是都要求检察官应当坚持客观公正的立场。

四是，一些有关司法的国际准则要求检察官要秉持客观公正的立场。联合国《关于检察官作用的准则》第十二条规定，检察官应始终一贯迅速而公平地依法行事，尊重和保护人的尊严，维护人权从而有助于确保法定诉讼程序和刑事司法系统的职能顺利地运行。第十三条规定，检察官在履行其职责时应：（1）不偏不倚地履行其职能，并避免任何政治、社会、文化、性别或任何其他形式的歧视；（2）保证公众利益，按照客观标准行事，适当考虑到嫌疑犯和受害者的立场，并注意到一切有关的情况，无论是否对嫌疑犯有利或不利。

同时，本条的修改也注意了与司法体制改革任务的衔接。党的十八届四中全会通过的《中共中央关于全面推进依法治国若干重大问题的决定》中提出要“健全落实罪刑法定、疑罪从无、非法证据排除等法律原则的法律制度”。为贯彻落实上述精神，有必要规定检察官在办理刑事案件时，应坚持罪刑法定等原则。此外，《中华人民共和国人民检察院组织法》第六条规定，人民检察院坚持司法公正，以事实为根据，以法律为准绳，遵守法定程序，尊重和保障人权。考虑到应将人民检察院坚持司法公正的要求更多地转化为检察官履行职责的基本原则，以实现“尊重和保障人权”的目的，特别是根据人民检察院组织法中对人民检察院职责的规定，较多涉及刑事领域，如由人民检察院负责的侦查、审查批准逮捕、起诉、进行公诉、监督刑事案件等，也有必要对检察官办理刑事案件时应遵守相应原则作专门规定。在立法过程中，有的意见建议在检察官法中增加规定，要求检察官在办理刑事案件的过程中应坚持罪刑法定原则、尊重和保障人权，做到不枉不纵。通过后的法律作出本条规定，要求检察官履行职责，应当以事实为根据，以法律为准绳，秉持客观公正的立场。检察官办理刑事案件，应当严格坚持罪刑法定原则，尊重和保障人权，既要追诉犯罪，也要保障无罪的人不受刑事追究。

条文解读

本条共分为两款。第一款是关于检察官履行职责的基本原则和立场的规定。本款规定，检察官履行职责，应当以事实为根据，以法律为准绳，秉持客观公正的立场。

检察官应在法律规定的职责范围内履职。《中华人民共和国人民检察院组织法》第二十条规定了人民检察院的职权，包括依照法律规定对有关刑事案件行使侦查权；对刑事案件进行审查，批准或者决定是否逮捕犯罪嫌疑人；对刑事案件进行审查，决定是否提起公诉，对决定提起公诉的案件支持公诉；依照法律规定提起公益诉讼；对诉讼活动实行法律监督；对判决、裁定等生效法律文书的执行工作实行法律监督；对监狱、看守所的执法活动实行法律监督等。检察官根据人民检察院的职权范围履行相应职责。根据本法第七条的规定，检察官的职责包括：对法律规定由人民检察院直接受理的刑事案件进行侦查；对刑事案件进行审查逮捕、审查起诉、代表国家进行公诉；开展民事、行政公益诉讼工作；开展对诉讼活动的监督工作以及法律规定的其他职责。

检察官在履行上述职责时，应当“以事实为根据，以法律为准绳”。这里有两层意思：一是，检察官根据人民检察院的职权范围履行法定职责，应遵照人民检察院的工作要求和原则。《中华人民共和国人民检察院组织法》第六条规定：“人民检察院坚持司法公正，以事实为根据，以法律为准绳，遵守法定程序，尊重和保障人权。”检察官履行职责时应与人民检察院总体工作原则和要求相一致。二是，“以事实为根据，以法律为准绳”是检察官履行各项法定职责的基本原则。检察官根据人民检察院的工作安排，在办理刑事案件、开展公益诉讼工作、对诉讼活动进行监督等工作时，都应当坚持以事实为根据，以法律为准绳。这里的“事实”必须是检察官以客观存在的、经过调查属实、有证据证明的事实，而不是靠主观想象、推测、怀疑的所谓的“事实”。事实需以证据为基础，要遵循证据规则，用于认定事实的证据应当符合合法性、客观性、关联性。检察官对由人民检察院直接受理的刑事案件进行侦查、对刑事案件进行审查逮捕、审查起诉、进行公诉以及开展对诉讼活动的监督等职责的前提，必须是以事实为根据。以法律为准绳，是指检察官必须以法律为标准，要求检察官履行职责必须严格按照法律规定，以法律规定作为履职的依据。依照法定程序，客观全面收集证实犯罪嫌疑人、被告人有罪或者无罪，犯罪情节轻重的各种证据。既要严格按照实体法办理案件，又要根据法律规定的权限严格遵守程序法的规定开展工作。严禁刑讯逼供和以威胁、引诱、欺骗以及其他非法方法收集证据，不得强迫任何人证实自己有罪。发现以刑讯逼供等非法方式获取的证据，就算反映了事实真相，也应依据刑事诉讼法的规定予以排除。再如，在监察体制改革后，各级监察委员会依照监察法的规定对所有行使公权力的公职人员进行监察，调查职务违法和职务犯罪。根据刑事诉讼法的规定，对在诉讼活动实行法律监督中发现的司法工作人员利用职权实施的非法拘禁、刑讯逼供、非法搜查等侵犯公民权利、损害司法公正的犯罪，可以由人民检察院立案侦查。因此，检察官应限于法律规定由人民检察院直接受理的刑事案件进行侦查，不能超出范围进行侦查。在审查起诉工作中，应当查明犯罪事实、情节是否清楚，证据是否确实、充分，犯罪性质和罪名认定是否正确，有无遗漏罪行和其他应当追究刑事责任的人，是否属于不应当追究刑事责任的人，侦查活动是否合法等。检察官要严格依照法定的证明标准决定是否起诉。总之，以法律为准绳，需要检察官以法律为客观尺度，不能出现以言代法、以权代法的情况。

检察官履行职责还应“秉持客观公正的立场”。这里的“客观”要求检察官实事求是，不偏不倚，避免陷入当事方的立场。这里的“公正”要求检察官应维护公平、实现正义，既要追求实体公正，也要符合程序公正；既要公正履行职责，又要通过履职促进公正。检察官客观公正的立场充分体现在检察官履行每项职责当中。一是，对依照法律规定由人民检察院直接受理的刑事案件进行侦查时，应明确立案标准，全面收集、固定、审查、运用各种证据，以确定司法工作人员在诉讼活动中是否存在犯罪行为，以及行为是罪轻或是罪重。二是，对刑事案件进行审查批准逮捕、审查起诉，代表国家进行公诉时，应全面审查案件事实和证据，忠于事实真相，依法作出批捕或者不批捕、起诉或者不起诉的决定，客观公正提出量刑建议，在公诉时不以追求被告人定罪为目标，而应确保弄清真相，实现罚当其罪，维护司法公正。三是，在开展民事、行政公益诉讼工作时，应发挥社会公共利益代表的作用，及时发现问题，通过检察建议，提起民事、行政公益诉讼等方式及时维护社会公共利益。四是，在开展对刑事、民事、行政诉讼活动的监督工作时，对认为确有错误的刑事判决、裁定，不论是否发生法律效力，都应当也有权向人民法院提出抗诉，既包括有罪判无罪或罪重判罪轻，也包括无罪判有罪或轻罪重判的情形；对认为确有错误的民事、行政生效裁判、调解书也有权提出抗诉或再审检察建议。检察官秉持客观公正的立场对诉讼活动开展监督工作的，往往能够兼顾监督诉讼活动的实体内容和程序，关注到当事人诉求以外的内容，以充分保障公平正义。五是，检察官在从事法律规定的其他职责时，也应秉持客观公正的立场，如对判决、裁定等生效法律文书的执行工作实行法律监督；对监狱、看守所的执法活动实行法律监督，都需要保证客观中立，以胜任法律监督的任务，并通过法律监督促进客观公正。六是，对检察官违反客观中立立场的情况，应依法处理。如根据《中华人民共和国刑事诉讼法》第二十九条的规定，检察官具有法律规定的四种情形，可能影响案件公正处理的，应当自行回避，当事人及其法定代理人也有权要求其回避。根据本法第四十七条规定，检察官徇私枉法，隐瞒、伪造、变造或者故意损毁证据的应当给予处分，构成犯罪的，依法追究刑事责任。

本条第二款是关于检察官办理刑事案件应当坚持的原则的规定。本款规定，检察官办理刑事案件，应当严格坚持罪刑法定原则，尊重和保障人权，既要追诉犯罪，也要保障无罪的人不受刑事追究。这里的“检察官办理刑事案件”，可根据本法第七条关于检察官的职责中的规定认定，包括对法律规定由人民检察院直接受理的刑事案件进行侦查，主要涉及刑法上的14个罪名；对刑事案件进行审查逮捕、审查起诉，代表国家进行公诉；对刑事诉讼活动的监督工作等，都属于检察官办理刑事案件。根据本款规定，检察官办理刑事案件要贯彻以下原则性要求：

一是，检察官办理刑事案件要“严格坚持罪刑法定原则”。罪刑法定原则是刑法的基本原则，基本含义是“法无明文规定不为罪，法无明文规定不处罚”。罪刑法定原则是世界各国刑法的通行原则，虽然在表述上多少有些细微差别，但在句式和内涵上如出一辙，都是强调在法律没有明文规定的情况下不能定罪、不能处罚。《中华人民共和国刑法》第三条规定，法律明文规定为犯罪行为的，依照法律定罪处刑；法律没有明文规定为犯罪行为的，不得定罪处刑。从检察官的职责看，对法律规定由人民检察院直接受理的刑事案件进行侦查、审查批准逮捕、审查起诉、代表国家进行公诉，以及对刑事诉讼活动进行监督，都涉及运用罪刑法定原则判断犯罪嫌疑人、被告人能否定罪处罚的问题。检察官坚持罪刑法定原则，也是具体落实以事实为根据，以法律为准绳，秉持客观公正的立场的要求。从这个意义上说，坚持罪刑法定原则，需要检察官不以实现追诉、定罪为目的，需要根据犯罪嫌疑人的行为等事实和法律规定客观公正地办理刑事案件，保障对法律规定为犯罪的行为依法追究，不放纵罪犯，对法律没有规定为犯罪的，不作为犯罪予以追究，杜绝对刑法的擅权滥用。

二是，检察官办理刑事案件要“尊重和保障人权”。“尊重和保障人权”是我国宪法确立的重要原则。刑事诉讼法也明确规定了刑事诉讼要“尊重和保障人权”，并在程序设置和具体规定中贯彻了这一原则。考虑到检察官办理刑事案件必然关系到公民人身自由等基本权利，明确检察官在办理刑事案件时应遵守“尊重和保障人权”的原则，不仅将检察官履职纳入“尊重和保护人权”的法治体系，成为实现“尊重和保护人权”任务重要的法治途径，而且更有利于检察官正确理解自身职责，以“尊重和保障人权”为履职标尺，检验履行职责的成效。

三是，检察官办理刑事案件“既要追诉犯罪，也要保障无罪的人不受刑事追究”。检察官在坚持罪刑法定原则，尊重和保障人权的基础上，最终应实现不枉不纵的履职目的。这里检察官要“追诉犯罪”，是指在查明犯罪事实基础上，通过准确适用刑法和其他法律对犯罪嫌疑人启动追究刑事责任的诉讼活动。上述诉讼活动，包括刑事诉讼中的多个环节，如刑事诉讼法规定的对由人民检察院直接受理的刑事案件进行侦查；对刑事案件进行审查，决定是否提起公诉；对决定提起公诉的案件支持公诉；对一审判决认为确有错误的刑事案件予以抗诉；或者对已经发生法律效力的判决，如果发现确有错误，放纵了犯罪行为的，按照审判监督程序抗诉等。“保障无罪的人不受刑事追究”，是检察官履职的重要体现，同时也是“追诉犯罪”以外的另一任务。如果不能保障无罪的人不受刑事追究，就谈不上正确应用法律，也不能准确地惩罚犯罪。这里需要强调，检察官要正确应用法律，除要保证准确无误地查明犯罪事实外，还要设置、遵循刑事诉讼法并监督刑事诉讼各环节司法机关及其工作人员执行具体诉讼程序的情况，如审查批准逮捕、审查起诉等。只有严格依照刑事诉讼程序办案，保证程序公正，才能做到不枉不纵，保证刑法的正确执行，有效地惩罚犯罪，保护公民的合法权益，保障无罪的人不受追究。

相关规定

《中华人民共和国宪法》第33条；《中华人民共和国人民检察院组织法》第6条、第20条；《中华人民共和国检察官法》第7条、第25条、第29条、第47条、第54条；《中华人民共和国刑事诉讼法》第2条、第14条、第228条、第254条

第六条　检察官依法履行职责，受法律保护，不受行政机关、社会团体和个人的干涉。

条文主旨

本条是关于检察官依法履职受法律保护，以及履行检察职责不受干涉的规定。

立法背景

2017年《中华人民共和国检察官法》第四条规定“检察官依法履行职责，受法律保护”。第九条关于检察官应当享有的权利中第二项规定，检察官“依法履行检察职责不受行政机关、社会团体和个人的干涉”。2019年修订在原有规定基础上，既重申了检察官依法履职受法律保护，并将检察官依法履行职责不受行政机关、社会团体和个人干涉的内容移入总则部分，作为一项重要原则加以规定。这一修改充分体现了检察官法保障检察官依法履行职责，维护检察官合法权益的立法精神，也明确了各有关方面应当支持检察官依法履职，不得干涉检察官依法办理案件，并为检察官排除非法干预，

依法独立公正行使职权提供了法律依据。2019 年修订检察官法之所以作上述修改，主要考虑如下：

一是根据有关方面意见，对实践情况作出有针对性的回应。虽然 2017 年检察官法已经确立了检察官依法履职受法律保护的原则，并将检察官依法履行检察职责不受行政机关、社会团体和个人干涉明确为检察官的一项权利，但是在实践中，干涉检察官正常履职的情况仍时有发生。为此，有必要在法律中作进一步的明确和强调。

二是落实中央司法体制改革的要求。党的十八届四中全会通过的《中共中央关于全面推进依法治国若干重大问题的决定》中明确指出，要保证公正司法，提高司法公信力，需要完善确保依法独立公正行使审判权和检察权的制度。各级党政机关和领导干部要支持法院、检察院依法独立公正行使职权。建立领导干部干预司法活动、插手具体案件处理的记录、通报和责任追究制度。任何党政机关和领导干部都不得让司法机关做违反法定职责、有碍司法公正的事情，任何司法机关都不得执行党政机关和领导干部违法干预司法活动的要求。对干预司法机关办案的，给予党纪政纪处分；造成冤假错案或者其他严重后果的，依法追究刑事责任。同时，明确司法机关内部各层级权限，健全内部监督制约机制。司法机关内部人员不得违反规定干预其他人员正在办理的案件，建立司法机关内部人员过问案件的记录制度和责任追究制度。完善主审法官、合议庭、主任检察官、主办侦查员办案责任制，落实谁办案谁负责。建立健全司法人员履行法定职责保护机制。非因法定事由，非经法定程序，不得将法官、检察官调离、辞退或者作出免职、降级等处分。

三是总结和巩固有关保障检察官依法履职，防止非法干预检察职责的司法体制改革的成果。随着人民检察院司法体制改革的深入，保障检察官依法履职的政策文件也陆续出台，如《保护司法人员依法履行法定职责规定》《领导干部干预司法活动、插手具体案件处理的记录、通报和责任追究规定》《司法机关内部人员过问案件的记录和责任追究规定》等。这些都是司法体制改革中保障检察官依法履职，防止非法干预办案的重要成果，有必要上升为法律制度。

检察官法修订草案一审稿没有修改2017年检察官法关于检察官依法履职受法律保护，以及不得干涉检察官依法履行检察职责的规定，即在总则部分第五条规定，检察官依法履行职责，受法律保护；在“检察官的责任、义务和权利”一章中，第十一条第二项规定，检察官依法履行检察职责不受行政机关、社会团体和个人的干涉。在2017年12月全国人大常委会第一次审议中及会后，有的常委委员、地方、部门和社会公众提出，保护司法人员依法履行职责是司法体制改革的重要内容，近年来社会上侵害法官、检察官合法权益的违法犯罪行为时有发生，建议进一步完善法官、检察官权益保障方面的规定。全国人大宪法和法律委员会经研究，建议在检察官法修订草案二次审议稿中对该部分作出进一步的完善，将检察官法修订草案第十一条中规定的“依法履行检察职责不受行政机关、社会团体和个人的干涉”调整充实到总则第六条中加以规定。同时，在检察官法修订草案其他部分还增加了多处维护检察官合法权益的内容。

条文解读

检察官是具体行使国家检察权的人员，对检察官依法履行职责提供法律保护，是检察官正常开展检察工作的前提。检察官依法履职受法律保护可以从两个方面理解：一是，检察官履行职责的行为属于依法进行。检察官的职责是由宪法、人民检察院组织法、检察官法、刑事诉讼法、民事诉讼法、行政诉讼法等法律以及其他的程序的或实体的法律规定的。检察官必须在法律规定的范围内履行职责，开展工作，不得超越或者滥用职权，也不得放弃或者懈怠职守。检察官履行职责不仅实体上要于法有据，而且在程序上也必须严格依法进行。二是，检察官依法履行职责的行为，应当受到法律的保护。检察官是具体行使检察权的司法工作人员，如果检察官履行职责的活动不能得到法律的支持与保护，那么法律的权威性就无从树立，法律就无法得以贯彻执行。

本条规定具体包括以下几个方面的含义：

一是，要依法保障检察官切实拥有履行检察官职责所必需的职权，做到有职有权。比如在司法责任制改革中，人民检察院要明确负责办理案件的检察官的办案主体地位，确定人民检察院检察长、副检察长、检察委员会委员、检察员等检察官，以及人民检察院内设组织机构的权力清单，明确检察官依法办理案件的权限，保证检察官依法办案不受非法干涉。具体到各项检察工作，检察官应依照法律规定和检察长的委托履行职责。检察官执行检察长或分管副检察长的决定时，认为决定错误的，可以提出异议；检察长或分管副检察长不改变该决定，或要求立即执行的，检察官应当执行，执行的后果由检察长或分管副检察长负责，检察官不承担司法责任。但检察官执行检察长或分管副检察长明显违法的决定的，应当承担相应的司法责任。

二是，要依法为检察官顺利履行职责提供必要条件和保障。首先要在实体上保障检察官顺利履职，明确检察官具有不受干涉的权利。如本法第十一条第二项规定，检察官非因法定事由、非经法定程序，不被调离、免职、降职、辞退或者处分。第五十四条规定了非因法定情形，不得将检察官调离检察业务岗位等。这些规定，都是为了保障检察官依法履职，避免检察官被非法调离检察业务岗位。其次要在程序上保障检察官顺利履职。如惩戒检察官要依照法定程序，根据不同情形分别处理。对于错案的认定，应当由检察官惩戒委员会审议认定，提出审查意见。检察官有权对惩戒委员会提出的审查意见提出异议。考评检察官也要依照法定程序进行。检察官对考核结果如果有异议，可以申请复核等。

三是，为保障检察官依法履行好职责，要依法为其提供不断提升职业能力的机会和条件，如必要的工作条件、培训机会、福利待遇等，并随着经济的发展，不断改善检察官依法履职的必备条件，为检察官顺利开展工作提供良好的保障。同时，还应当依法保障检察官及其近亲属的人身安全、财产安全和住所安全。如对办理恐怖活动犯罪、黑社会性质组织犯罪、重大毒品犯罪、邪教组织犯罪等危险性高的案件的检察官及其近亲属，要根据情况按照有关规定采取出庭保护、禁止特定人员接触以及其他必要的保护措施；必要时，对检察官的近亲属还可以按照规定采取隐匿身份的保护措施等。为此，本法第五十六条规定，检察官的职业尊严和人身安全受法律保护。任何单位和个人不得对检察官及其近亲属打击报复。对检察官及其近亲属实施报复陷害、侮辱诽谤、暴力侵害、威胁恐吓、滋事骚扰等违法犯罪行为的，应当依法从严惩治。第五十八条规定，检察官因依法履行职责，本人及其近亲属人身安全面临危险的，人民检察院、公安机关应当对检察官及其近亲属采取人身保护、禁止特定人员接触等必要保护措施。

四是，明确任何行政机关、社会团体和个人不得干涉检察官依法履行职责。实践中过问、插手、干预检察官办理案件的情况时有发生，如有的通过“写条子”“打招呼”等方式干预案件，乃至直接插手案件，左右办案进程，影响办案结果等。这些非法干涉检察官依法履职的行为，直接影响司法公正，干扰检察官依法履职，应当予以严格禁止。为此，除本条中规定检察官依法履职不受干涉外，第五十五条还规定，任何单位或者个人不得要求检察官从事超出法定职责范围的事务。对任何干涉检察官办理案件的行为，检察官有权拒绝并予以全面如实记录和报告；有违纪违法情形的，由有关机关根据情节轻重追究有关责任人员、行为人的责任。

五是，检察官合法权益受到侵害的，要有有效的救济手段。检察官依法行使检察权，难免会使一些个人或者单位的利益受到影响，特别是拒绝非法干涉，可能遭到打击报复。为此，保障检察官依法履职，还需要为检察官在自身合法权益受到非法侵害时，提供有效的救济手段。如在调查核实对检察官履职的举报、控告和申诉的过程中，当事检察官享有知情、申辩和举证的权利。检察官惩戒委员会在审议检察官错案责任时，检察官有要求进行陈述、举证、要求相关人员回避等权利。检察官因依法履职遭受不实举报、诬告陷害、利用信息网络等方式侮辱诽谤，致使名誉受到损害的，有要求人民检察院会同有关部门及时澄清事实，消除不良影响，维护检察官良好声誉，并依法追究相关单位或者个人的法律责任的权利等。

此外，还需要明确的是，检察官依法履职既需要切实保障职权，还需要切实承担责任，职权和责任二者相互统一，缺一不可。有权无责，权力缺乏监督，容易导致权力滥用。在此意义上，检察官依法履职，受法律保护，不代表不接受法律监督和人民群众监督。如根据监察法，监察机关应对检察官履职行为进行监督，促进廉洁司法。

相关规定

《中华人民共和国检察官法》第 7 条、第 11 条、第 39 条、第 43 条、第 44 条、第 49 条、第 50 条、第 51 条、第 52 条、第 53 条、第 54 条、第 55 条、第 56 条、第 57 条、第 58 条、第 65 条、第 66 条；《中共中央关于全面推进依法治国若干重大问题的决定》；《保护司法人员依法履行法定职责规定》；《领导干部干预司法活动、插手具体案件处理的记录、通报和责任追究规定》；《司法机关内部人员过问案件的记录和责任追究规定》

第二章　检察官的职责、义务和权利

第七条　检察官的职责：

（一）对法律规定由人民检察院直接受理的刑事案件进行侦查；

（二）对刑事案件进行审查逮捕、审查起诉，代表国家进行公诉；

（三）开展公益诉讼工作；

（四）开展对刑事、民事、行政诉讼活动的监督工作；

（五）法律规定的其他职责。

检察官对其职权范围内就案件作出的决定负责。

条文主旨

本条是关于检察官的职责和办理案件责任的规定。

立法背景

2017 年《中华人民共和国检察官法》第六条规定，检察官的职责有：依法进行法律监督工作；代表国家进行公诉；对法律规定由人民检察院直接受理的犯罪案件进行侦查；法律规定的其他职责。检察官法修订草案对检察官的职责也作了相应的规定。修订的过程中，监察体制改革和司法体制改革深入推进，人民检察院的职权发生较大变化。与此同时，监察法、刑事诉讼法相继修改完善。根据刑事诉讼法的规定，人民检察院仍保留对司法工作人员利用职权实施的非法拘禁、刑讯逼供、非法搜查等侵犯公民权利、损害司法公正的犯罪进行侦查的权力。因此，检察官仍然具有“对法律规定由人民检察院直接受理的犯罪案件进行侦查”的权力。在此背景下，检察官法修订草案一次审议稿关于检察官职责的内容与2017 年检察官法规定的内容大致相同，即依法进行法律监督工作；代表国家进行公诉；对法律规定由人民检察院直接受理的犯罪案件进行侦查；法律规定的其他职责。同时，根据落实司法责任制的要求，在检察官的职责中增加“依法办理案件并对所办理案件负责”的规定。

在检察官法修订过程中，有的常委委员和有关方面对本条提出了以下意见：

一是，有的建议提出，在保障司法人员依法履职的任务下，需要充分考虑人民检察院体制机制的特殊性。人民检察院实施统一领导。检察官在检察长领导下开展工作，重大办案事项由检察长决定。检察长要求检察官作出超出其职权范围的决定时，检察官应当执行，但不应当对作出该决定承担法律责任。建议将检察官法修订草案本条中“依法办理案件并对所办理案件负责”的规定，作为本条的一款单独规定，并将其修改为检察官“对其职权范围内就案件作出的决定负责”，实现权责相当。通过后的检察官法采纳了上述意见。

二是，建议检察官法做好与人民检察院组织法的衔接。2019 年修订后的《中华人民共和国人民检察院组织法》第二十条规定，人民检察院行使下列职权：(1) 依照法律规定对有关刑事案件行使侦查权；(2) 对刑事案件进行审查，批准或者决定是否逮捕犯罪嫌疑人；(3) 对刑事案件进行审查，决定是否提起公诉，对决定提起公诉的案件支持公诉；(4) 依照法律规定提起公益诉讼；(5) 对诉讼活动实行法律监督；(6) 对判决、裁定等生效法律文书的执行工作实行法律监督；(7) 对监狱、看守所的执法活动实行法律监督；(8) 法律规定的其他职权。其中，对人民检察院的职权作了细化、调整和补充，如增加了人民检察院“依照法律规定提起公益诉讼”的规定等。有的意见提出，检察官的职责应将人民检察院组织法中确定的职责补充进来，比如“对刑事案件进行审查，批准或者决定是否逮捕犯罪嫌疑人”、开展“公益诉讼工作”等内容。还有的意见提出，人民检察院对民事、行政诉讼开展法律监督是民事诉讼法和行政诉讼法中明确规定的职责。实践中，检察机关往往重刑事案件监督，轻民事、行政案件监督，人民群众也不了解检察机关负有对民事、行政案件监督的职能。建议在检察官职责的部分对刑事、民事、行政诉讼的监督工作作出全面规定。修订后的检察官法采纳了上述建议，并根据人民检察院组织法对人民检察院职权的规定，对检察官职责的表述相应调整，增加开展公益诉讼工作等职责，并注意与人民检察院职权相区别。修订后的本条规定，检察官的职责：(1) 对法律规定由人民检察院直接受理的刑事案件进行侦查；(2) 对刑事案件进行审查逮捕、审查起诉，代表国家进行公诉；(3) 开展公益诉讼工作；(4) 开展对刑事、民事、行政诉讼活动的监督工作；(5) 法律规定的其他职责。检察官对其职权范围内就案件作出的决定负责。

条文解读

根据宪法和人民检察院组织法的规定，人民检察院依法行使宪法和相关法律规定赋予的各项职权，承担相应的责任。检察权作为一项重要的国家权力，应当由国家通过严格程序任命的司法人员行使，并由法律作出明确规定。这样既可以为检察官履行职责提供法律依据，也可以有效规范检察官履行职责的行为，以及防止检察权被其他机关、组织或者个人越权行使，侵害有关组织、个人的合法权益，损害司法权威。另一方面，在赋予检察官相应职权的同时，也有必要根据责权利统一的原则，对检察官履职责任作出规定，促使检察官依法履行职责，正确行使职权，保障其办案行为合法合理，以切实保障司法权威。司法体制改革关于司法责任制方面也对检察官承担责任的条件、情形等作了规定。有必要在总结实践经验的基础上，对司法责任制作出明确规定。

本条共分为两款。第一款是关于检察官的职责。本款规定，检察官的职责：（1）对法律规定由人民检察院直接受理的刑事案件进行侦查；（2）对刑事案件进行审查逮捕、审查起诉，代表国家进行公诉；（3）开展公益诉讼工作；（4）开展对刑事、民事、行政诉讼活动的监督工作；（5）法律规定的其他职责。本款共有五项，具体有以下内容：

1. 对法律规定由人民检察院直接受理的刑事案件进行侦查

2017 年检察官法中关于检察官的职责部分就有本项规定。这项权力来源于 2017 年人民检察院组织法和刑事诉讼法的规定，即人民检察院负有对贪污贿赂犯罪、国家工作人员的渎职犯罪、国家机关工作人员利用职权实施的非法拘禁、刑讯逼供、报复陷害、非法搜查等侵犯公民人身权利以及民主权利的犯罪进行直接侦查的职责。对于国家机关工作人员利用职权实施的其他重大的犯罪案件，需要由人民检察院直接受理的时候，经省级以上人民检察院决定，可以由人民检察院侦查。这里的贪污贿赂犯罪是指刑法分则第八章中规定的犯罪以及刑法分则其他章节中规定按照刑法分则第八章贪污贿赂罪的规定定罪处罚的犯罪。这里的国家工作人员的渎职犯罪是指刑法分则第九章规定的渎职罪。另外，刑法第二百四十八条规定的监管人员殴打、体罚、虐待被监管人罪也由人民检察院直接受理侦查。

国家监察体制改革后，人民检察院的职权发生了较大调整，并通过监察法和刑事诉讼法对改革的内容予以确定。2018 年 3 月 20 日，第十三届全国人大第一次会议通过了监察法，规定对于公职人员的职务犯罪由监察机关负责调查。其后，2018 年 10 月 26 日，第十三届全国人大常委会第六次会议通过了关于修改《中华人民共和国刑事诉讼法》的决定，对人民检察院的自行侦查的权力范围做出相应的调整，保留人民检察院在对诉讼活动实行法律监督中发现司法工作人员利用职权实施的非法拘禁、刑讯逼供、非法搜查等侵犯公民权利、损害司法公正的犯罪的侦查权，同时删去了人民检察院对“贪污贿赂犯罪、国家工作人员的渎职犯罪”的直接立案侦查权。2018 年 10 月 26 日，第十三届全国人大常委会第六次会议同时通过修订后的人民检察院组织法。人民检察院组织法在修订的过程中也兼顾到了与深化国家监察体制改革相衔接，将原人民检察院组织法中规定的人民检察院“对于直接受理的刑事案件，进行侦查”，修改为“依照法律规定对有关刑事案件行使侦查权”。基于以上情况，检察官法在规定检察官的职责时，根据人民检察院组织法的规定，保留了 2017 年检察官法的规定，即“对法律规定由人民检察院直接受理的刑事案件进行侦查”，同时调整了该项的位置，从原职责的第三项调整为第一项。

这里的“法律规定”是指上述《中华人民共和国刑事诉讼法》第十九条第二款的规定，即“人民检察院在对诉讼活动实行法律监督中发现的司法工作人员利用职权实施的非法拘禁、刑讯逼供、非法搜查等侵犯公民权利、损害司法公正的犯罪，可以由人民检察院立案侦查”的规定。2018 年 11 月 24 日《最高人民检察院关于人民检察院立案侦查司法工作人员相关职务犯罪案件若干问题的规定》对人民检察院直接受理的刑事案件作了明确列举。具体包括：刑法第二百三十八条“非法拘禁罪”（非司法工作人员除外）、第二百四十五条“非法搜查罪”（非司法工作人员除外）、第二百四十七条“刑讯逼供罪”、“暴力取证罪”、第二百四十八条“虐待被监管人罪”、第三百九十七条“滥用职权罪”、“玩忽职守罪”（非司法工作人员滥用职权侵犯公民权利、损害司法公正的情形除外）、第三百九十九条“徇私枉法罪”“民事、行政枉法裁判罪”“行政判决、裁定失职罪”“执行判决、裁定滥用职权罪”、第四百条“私放在押人员罪”“失职致使在押人员脱逃罪”；第四百零一条“徇私舞弊减刑、假释、暂予监外执行罪”共14个罪名。

2. 对刑事案件进行审查逮捕、审查起诉，代表国家进行公诉

这里的“刑事案件”是所有适用刑事诉讼法进行办理，根据刑法确定行为人是否承担刑事责任的案件。《中华人民共和国刑事诉讼法》第三条规定，检察、批准逮捕、检察机关直接受理的案件的侦查、提起公诉，由人民检察院负责。本款包含了检察官办理刑事案件的三项职责：

（1）对刑事案件进行审查逮捕。这里的“审查逮捕”包括审查批准或审查决定逮捕犯罪嫌疑人。根据刑事诉讼法的规定，公安机关要求逮捕犯罪嫌疑人的时候，应当移送同级人民检察院审查批准。检察官审查批准逮捕，可以讯问犯罪嫌疑人；有下列情形之一的，应当讯问犯罪嫌疑人：①对是否符合逮捕条件有疑问的；②犯罪嫌疑人要求向检察人员当面陈述的；③侦查活动可能有重大违法行为的。检察官审查批准逮捕，还可以询问证人等诉讼参与人，听取辩护律师的意见；辩护律师提出要求的，应当听取辩护律师的意见。人民检察院审查批准逮捕犯罪嫌疑人由检察长决定。重大案件应当提交检察委员会讨论决定。人民检察院对于公安机关提请批准逮捕的案件进行审查后，应当根据情况分别作出批准逮捕或者不批准逮捕的决定。对于批准逮捕的决定，公安机关应当立即执行，并且将

执行情况及时通知人民检察院。对于不批准逮捕的，人民检察院应当说明理由，需要补充侦查的，应当同时通知公安机关。

检察官对于法律规定由人民检察院直接侦查的刑事案件、由监察委员会移送的刑事案件中需要逮捕的犯罪嫌疑人进行审查决定逮捕。这里包括两种情形。其一，办理由监察机关移送起诉的已采取留置措施的案件。检察官根据人民检察院的安排，应对犯罪嫌疑人采取先行拘留，留置措施自动解除，并应当在拘留后的十日以内作出是否逮捕、取保候审或者监视居住的决定。在特殊情况下，决定的时间可以延长一日至四日。对于监察机关移送审查起诉但没有对犯罪嫌疑人采取留置措施的案件，也应依照刑事诉讼法的规定决定采取相应的强制措施，包括对依法应予逮捕的犯罪嫌疑人决定逮捕。其二，办理由人民检察院直接受理的案件，决定是否对犯罪嫌疑人予以逮捕。如果有证据证明有犯罪事实，可能判处徒刑以上刑罚的犯罪嫌疑人，采取取保候审尚不足以防止发生法律规定的社会危险性，应当予以逮捕的情形，可以决定逮捕，并由公安机关执行；如果对人民检察院直接受理的案件中被拘留的人，认为需要逮捕的，应当在十四日以内作出决定。对不需要逮捕的，应当立即释放；对需要继续侦查，并且符合取保候审、监视居住条件的，依法取保候审或者监视居住。

（2）对刑事案件审查起诉。检察官办理移送审查起诉案件的，需要审查相关内容，包括案件管辖、案件的基本情况、证据材料是否完备，有无异议等，检察官应当讯问犯罪嫌疑人，听取辩护人、被害人及其诉讼代理人的意见，并将笔录等相应的内容附卷；同时还可以询问证人、鉴定人等。检察官在审查起诉阶段，需要对证据是否存在非法收集的情形、犯罪事实是否清楚、证据是否充足、犯罪嫌疑人是否存在遗漏罪行、有无遗漏同案犯罪嫌疑人、有无附带民事诉讼等情况予以全面审查，需要补充侦查的，应当通知公安机关或本院侦查部门。如果检察官经审查认为犯罪嫌疑人的犯罪事实已经查清，证据确实、充分，依法应当追究刑事责任的，应当作出起诉决定并制作起诉书。犯罪嫌疑人认罪认罚的，检察官还应当就主刑、附加刑、是否适用缓刑等提出量刑建议。如果检察官经审查认为犯罪嫌疑人没有犯罪事实，或者符合《中华人民共和国刑事诉讼法》第十六条规定的情形之一的，包括情节显著轻微、危害不大，不认为是犯罪的；犯罪已过追诉时效期限的；经特赦令免除刑罚的；依照刑法告诉才处理的犯罪，没有告诉或者撤回告诉的；犯罪嫌疑人、被告人死亡的；以及其他法律规定免予追究刑事责任的，经检察长或者检察委员会决定，应当作出不起诉决定。对于犯罪事实并非犯罪嫌疑人所为，需要重新侦查的，应当在作出不起诉决定后书面说明理由，将案卷材料退回公安机关并建议公安机关重新侦查。对于监察机关移送起诉的案件，依照刑事诉讼法和监察法的有关规定进行审查，经审查认为需要补充核实的，应当退回监察机关补充调查，必要时可以由人民检察院自行补充侦查。如果有刑事诉讼法规定的不起诉的情形的，经上一级人民检察院批准，依法作出不起诉的决定。检察官对于人民检察院本院侦查部门移送审查起诉的案件，发现具有前述情形的，应当退回本院侦查部门，建议作出撤销案件的处理。对于二次退回补充侦查的案件，仍然认为证据不足，不符合起诉条件的，经检察长或者检察委员会决定，应当作出不起诉决定；对于经过一次退回补充侦查的案件，认为证据不足，不符合起诉条件，且没有退回补充侦查必要的，也可以作出不起诉决定。

（3）代表国家进行公诉。《中华人民共和国刑事诉讼法》第三条规定，“提起公诉，由人民检察院负责”。对犯罪进行公诉是刑事诉讼的重要阶段。依照我国刑事诉讼法的规定，对公诉案件，无论是适用简易程序还是普通程序审理，人民检察院都应当派员出席法庭支持公诉。检察官以国家公诉人的身份出席法庭审判，支持公诉，包括以下职责：出庭支持公诉前认真阅卷，熟悉案情和与本案有关的法律规定，制作公诉词；作为公诉人在法庭审理过程中，要通过宣读起诉书、讯问被告人、询问证人、出示物证和法庭辩论，控诉犯罪，证实犯罪，分析犯罪的根源，揭露犯罪的社会危害性，提高人民群众遵纪守法的自觉性和同违法犯罪行为作斗争的积极性；公诉人在庭审过程中，必须以事实为根据，以法律为准绳，对被告人的指控应该事实清楚，证据确凿，引用法律恰当、准确等。

3. 开展公益工作

根据《全国人民代表大会常务委员会关于授权最高人民检察院在部分地区开展公益诉讼试点工作的决定》，最高人民检察院自2015年7月起，在北京等13个省、自治区、直辖市开展为期两年的检察机关提起公益诉讼试点，该授权决定明确要求，试点期满后，对实践证明可行的，应当修改完善有关法律。根据党中央决策部署和全国人大常委会授权决定要求，最高人民检察院对检察机关提起公益诉讼试点工作进行全面总结。2017年6月27日，十二届全国人大常委会第二十八次会议通过了《关于修改〈中华人民共和国民事诉讼法〉和〈中华人民共和国行政诉讼法〉的决定》，对检察机关提起公益诉讼的案件范围、具体程序等作了规定。根据2017年修改的民事诉讼法与行政诉讼法，人民检察院组织法在检察院职权中增加规定“依照法律规定提起公益诉讼”。为与人民检察院组织法进行衔接，检察官法在本款检察官的职责中增加规定检察官“开展公益诉讼工作”。根据《中华人民共和国民事诉讼法》第五十五条的规定，人民检察院在履行职责中发现破坏生态环境和资源保护、食品药品安全领域侵害众多消费者合法权益等损害社会公共利益的行为，在没有相关机关和组织提起诉讼，或者法律规定的机关和组织不提起诉讼的情况下，可以向人民法院提起诉讼。法律规定的机关或者组织提起诉讼的，人民检察院可以支持起诉。《中华人民共和国行政诉讼法》第二十五条规定，人民检察院在履行职责中发现生态环境和资源保护、食品药品安全、国有财产保护、国有土地使用权出让等领域负有监督管理职责的行政机关违法行使职权或者不作为，致使国家利益或者社会公共利益受到侵害的，应当向行政机关提出检察建议，督促其依法履行职责。行政机关不依法履行职责的，人民检察院依法向人民法院提起诉讼。检察官应根据以上规定的案件范围开展公益诉讼工作。

4. 开展对刑事、民事、行政诉讼活动的监督工作

人民检察院是国家的法律监督机关。我国刑事诉讼法、民事诉讼法和行政诉讼法等对人民检察院对诉讼活动的法律监督权作了明确规定。根据上述几部法律规定，诉讼监督的对象范围应当包括刑事诉讼领域、民事诉讼领域和行政诉讼领域，涵盖案件受理、开庭审理、裁判的执行等各环节。刑事诉讼还包括对立案侦查、适用强制措施和侦查终结、刑罚执行、刑罚变更执行等环节的监督。民事诉讼和行政诉讼也包括人民法院在民事行政执行程序中执行不当或违法执行；人民法院拖延执行、执行不力或执行瑕疵及工作失误；人民法院执行工作人员在民事行政执行过程中涉嫌职务犯罪的等情况。检察官开展对诉讼活动的监督要遵循依法监督原则，不能超越现行的法律框架。

5. 法律规定的其他职责

本项为兜底条款，如果有关法律对人民检察院职权作了规定，需要检察官执行相应职责。如人民检察院组织法规定，人民检察院对监狱、看守所的执法活动实行法律监督。根据监狱法及其他相关法律的规定，监狱等监管机关对受刑人应当依法监管，执行刑罚，根据改造的需要组织受刑人从事生产劳动，对其进行思想教育、文化教育和技术教育。检察机关对执行机关的监管活动进行监督的内容包括：执行机关是否按照法律的规定对受刑人进行分管分押；是否按照法律的规定对受刑人进行管理及组织受刑人劳动并对其进行教育改造；有无侵犯受刑人合法权益的现象；警戒设备、戒具及武器的适用是否合法适当；有无存在监管不严导致越狱行为发生等情况。

本条第二款规定，检察官对其职权范围内就案件作出的决定负责。本轮司法体制改革的重点和难点是完善司法办案责任制体系，构建公正高效的检察官运行机制和公平合理的司法责任认定、追究

机制，做到谁办案谁负责、谁决定谁负责。《中华人民共和国人民检察院组织法》第十条规定，最高人民检察院领导地方各级人民检察院和专门人民检察院的工作，上级人民检察院领导下级人民检察院的工作。本法第九条规定，检察官在检察长领导下开展工作，重大办案事项由检察长决定。检察长可以将部分职权委托检察官行使，可以授权检察官签发法律文书。根据上述规定，检察系统是上下领导关系，检察官办理案件受检察长统一领导。因此，建立检察官办案负责制，首先需要明确其职权范围。本款规定的检察官，是指本法第二条规定的，人民检察院的检察长、副检察长、检察委员会委员和检察员。《最高人民检察院关于完善人民检察院司法责任制的若干意见》等一系列规范性文件，规范了检察长、副检察长、检察委员会委员和检察员的职责权限，健全了从检察长到检察员的管理和监督机制，同时落实了责任认定和追究的方式。这里的“就案件作出的决定”为检察官履行职责作出的各种决定，既包括为履行职责完成的决定，如决定询问证人和诉讼参与人，决定勘验、检查现场，组织实施搜查，组织实施查封、扣押、冻结，组织收集、调取、审核证据等；也包括对案件产生实体影响的决定，如作出同意逮捕、不同意逮捕、同意起诉、不予起诉、提出抗诉、提起公益诉讼的决定等。本款规定，检察官对其职权范围内就案件作出的决定负责。其初衷是为了保障检察官依法履职受法律保护。根据司法体制改革的要求，检察官在职责范围内对办案质量终身负责。对于不是检察官作出的决定，也就不应由其终身负责。具体到各项检察工作中，检察官应依照法律规定和检察长的委托履行职责。检察官根据检察长或分管副检察长的决定履职时，认为决定错误的，可以提出异议；如果检察长或分管副检察长不改变该决定，或要求立即执行的，检察官应当执行，但是执行的后果由检察长或分管副检察长负责，检察官不承担司法责任。但检察官执行检察长或分管副检察长明显违法的决定的，应当承担相应的司法责任。

相关规定

《中华人民共和国宪法》第134条；《中华人民共和国人民检察院组织法》第10条、第20条；《中华人民共和国刑法》第238条、第245条、第247条、第248条、第397条、第399条、第400条、第401条；《中华人民共和国刑事诉讼法》；《中华人民共和国民事诉讼法》第14条、第55条；《中华人民共和国行政诉讼法》第11条、第25条；《中华人民共和国监狱法》第6条；《中华人民共和国检察官法》第9条

第八条　人民检察院检察长、副检察长、检察委员会委员除履行检察职责外，还应当履行与其职务相适应的职责。

条文主旨

本条是关于人民检察院内担任一定职务的检察官履行职责的规定。

立法背景

1. 相关背景情况

本条是1995年制定检察官法时所作的规定。1995年《中华人民共和国检察官法》第七条规定："检察长、副检察长、检察委员会委员除履行检察职责外，还应当履行与其职务相适应的职责。"根据人民检察院组织法和本法的规定，人民检察院的检察长、副检察长、检察委员会委员本身是检察官，因此，履行检察职责是其基本职责。同时，人民检察院的检察长、副检察长、检察委员会委员又是检察管理职务，这些人员依法还承担与所担任职务相关的职责。因此，法律规定，这些人员除履行检察官的检察职责外，还应当履行与其所担任的职务相适应的职责。

当时的实践中，人民检察院检察长的其他职责主要有两类。一

类是与人民检察院检察活动直接相关的职责，如主持检察委员会会议；依法决定检察人员的回避；决定对犯罪嫌疑人采取逮捕措施等。另一类是与检察活动没有直接联系的职责，如处理人民检察院的日常行政事务性工作；依法提请权力机关任命本院的副检察长、检察员等。人民检察院副检察长的其他职责主要是根据分工协助检察长工作。人民检察院检察委员会委员的其他职责主要是指参加检察委员会，讨论决定本院重大案件和其他重大问题。

2019 年修订检察官法，对本条未作实际性修改，只是在表述上更加准确，但需要注意的是，在近年来开展的司法体制改革中，人民检察院的检察长、副检察长、检察委员会委员作为检察官的检察职责以外的其他职责，在内涵和外延上都发生了很大变化，需要结合司法体制改革的实践，重新认识和理解。主要是，随着全面依法治国方略深入推进，司法体制改革不断深化，特别是十八届四中全会要求，完善确保依法独立公正行使检察权，建立领导干部干预司法活动、插手具体案件处理的记录、通报和责任追究制度，人民检察院推出一系列改革措施，包括全面推进以司法责任制为核心的改革，完善司法办案责任体系，构建公正高效的检察权运行机制和公平合理的司法责任认定、追究机制，做到谁办案谁负责，谁决定谁负责，确保人民检察院依法独立行使检察权。按照这些改革要求，人民检察院的检察长、副检察长、检察委员会委员作为检察官的检察职责以外的，其他职责的范围也相应作了较大的调整和变化。为贯彻中央关于深化司法体制改革的总体部署，构建权责明晰、公正高效的检察权运行机制，完善人民检察院的司法责任制，确保检察官客观公正履行检察职责，同时，突出检察官主体地位与保证检察长对司法办案工作的领导相统一，立足不同层级人民检察院的职能和定位，科学界定人民检察院内部司法办案权限，2015 年 9 月 25 日公布的《最高人民检察院关于完善人民检察院司法责任制的若干意见》明确检察长、副检察长、检察委员会委员、检察官各自的职责。2017 年 3 月 28 日印发的《最高人民检察院关于完善检察官权力清单的指导意见》，进一步明确检察官、业务部门负责人、副检察长、检察长的职权。2018 年通过的人民检察院组织法进一步明确人民检察院实行检察官办案责任制，检察官对其职权范围内就案件作出的决定负责；检察长、检察委员会对案件作出决定的，承担相应责任。上述规定，既保证人民检察院检察长、副检察长、检察委员会委员依法履行相应的检察管理职责，又防止简单以行政化方式对案件进行干预，回到请示审批的老路上来。当然，司法体制改革还在不断深化，如何既发挥检察官依法行使职权的主观能动性，又加强对检察官依法履职的有效监督，确保司法公正，还需要根据检察工作实践的情况，合理确定和配置检察职权，并不断完善相关机制。为此，检察官法中对人民检察院检察长、副检察长、检察委员会委员检察职责以外的其他职权没有作细化的规定，为相关改革和实践留有一定空间，具体可在司法体制改革实践中不断探索和完善，但总的要求是依照人民检察院组织法和检察官法的规定，既要保障检察官有职有权，依法履行职责，又要有利于加强监督，保证检察官客观公正行使职权，真正做到谁办案谁负责、谁决定谁负责的要求。

2. 各方面提出的意见

在征求有关方面意见过程中，有的地方建议将“履行检察职责”修改为“履行检察官职责”。

有的专家学者提出，“与其职务相适应的职责”具体所指不清楚，需要进一步明确。有的地方建议将“与其职务相适应的职责”修改为“与其职务相适应的其他职责”。

条文解读

根据本条规定，人民检察院检察长、副检察长、检察委员会委员除履行检察职责外，还应当履行与其职务相适应的职责。这一规定包括以下两层意思：

第一，人民检察院检察长、副检察长、检察委员会委员应当履行检察职责。

《中华人民共和国人民检察院组织法》第三十五条规定，人民检察院的检察人员由检察长、副检察长、检察委员会委员和检察员等人员组成。本法第二条规定，检察官是依法行使国家检察权的检察人员，包括最高人民检察院、地方各级人民检察院和军事检察院等专门人民检察院的检察长、副检察长、检察委员会委员和检察员。根据上述规定，检察长、副检察长、检察委员会委员本身就是检察官，自然应当履行检察官最基本的职责，即检察职责。实际上，在近年来的司法体制改革中，强调人民检察院检察长、副检察长、检察委员会委员应当办理案件，是改革的重要内容。为了保证上述人员依法履行检察职责，《最高人民检察院关于完善人民检察院司法责任制的若干意见》规定，检察官必须在司法一线办案，担任院领导职务的检察官办案要达到一定数量。本条所说的“检察职责”，根据本法第七条规定，主要是对法律规定由人民检察院直接受理的刑事案件进行侦查；对刑事案件进行审查逮捕、审查起诉，代表国家进行公诉；开展公益诉讼工作；开展对诉讼活动的监督工作；以及办理法律规定的其他案件等检察职责。

第二，人民检察院检察长、副检察长、检察委员会委员还应当履行与其职务相适应的职责。

实践中，人民检察院检察长、副检察长、检察委员会委员作为检察官，除了应当履行检察职责外，本身又担任相关职务，因此还需要依法承担检察院的其他职责。同时，检察官履行其他职责，也应当与其职务相适应，而不能要求其履行与职务不相关的职责。关于上述人员的职责，人民检察院组织法对检察长、副检察长、检察委员会委员的职责有明确规定；《最高人民检察院关于完善人民检察院司法责任制的若干意见》对检察长、副检察长、检察委员会委员需要履行的与其职务相适应的职责也作了明确规定。

（1）检察长、副检察长的其他职责。人民检察院组织法和本法对人民检察院检察长、副检察长的职责作了具体明确的规定。如

《中华人民共和国人民检察院组织法》第二十六条规定，人民检察院检察长或者检察长委托的副检察长，可以列席同级人民法院审判委员会会议。第二十九条规定，检察官在检察长领导下开展工作，重大办案事项由检察长决定。检察长可以将部分职权委托检察官行使，可以授权检察官签发法律文书。第三十二条第二款规定，检察委员会会议由检察长或者检察长委托的副检察长主持。第三十三条第一款规定，检察官可以就重大案件和其他重大问题，提请检察长决定。检察长可以根据案件情况，提交检察委员会讨论决定。第三十六条规定，人民检察院检察长领导本院检察工作，管理本院行政事务。人民检察院副检察长协助检察长工作。第三十八条规定，地方各级人民检察院副检察长、检察委员会委员和检察员由检察长提请本级人民代表大会常务委员会任免。第三十七条规定，最高人民检察院副检察长、检察委员会委员和检察员由检察长提请全国人民代表大会常务委员会任免。本法第九条规定，检察官在检察长领导下开展工作，重大办案事项由检察长决定。检察长可以将部分职权委托检察官行使，可以授权检察官签发法律文书。《最高人民检察院关于完善人民检察院司法责任制的若干意见》规定，检察长（分管副检察长）有权对独任检察官、检察官办案组承办的案件进行审核；检察长（分管副检察长）不同意检察官处理意见，可以要求检察官复核或者提请检察委员会讨论决定，也可以直接作出决定。检察长统一领导人民检察院的工作，依照法律和有关规定履行以下职责：决定是否逮捕或者是否批准逮捕犯罪嫌疑人；决定是否起诉；决定是否提出抗诉、检察建议、纠正违法意见或提请抗诉；对人民检察院受理立案侦查的案件，决定立案、不立案、撤销案件、采取强制措施，决定查封、扣押、冻结财产等侦查措施；决定将案件提请检察委员会讨论；决定检察人员回避；组织研究检察工作中的重大问题等。

（2）检察委员会委员的其他职责。人民检察院组织法对人民检察院的检察委员会的职责作了具体明确的规定。如人民检察院组织法第三十条规定，各级人民检察院设检察委员会。检察委员会由检察长、副检察长和若干资深检察官组成。第三十一条规定，检察委员会履行下列职能：①总结检察工作经验；②讨论决定重大、疑难、复杂案件；③讨论决定其他有关检察工作的重大问题。最高人民检察院对属于检察工作中具体应用法律的问题进行解释、发布指导性案例，应当由检察委员会讨论通过。根据上述规定，人民检察院检察委员会委员依法参加检察委员会会议，履行相应的职责。

相关规定

《中华人民共和国人民法院组织法》第38条；《中华人民共和国人民检察院组织法》第26条、第29－38条；《中华人民共和国检察官法》第2条、第7条；《最高人民检察院关于完善人民检察院司法责任制的若干意见》；《最高人民检察院关于完善检察官权力清单的指导意见》

第九条　检察官在检察长领导下开展工作，重大办案事项由检察长决定。检察长可以将部分职权委托检察官行使，可以授权检察官签发法律文书。

条文主旨

本条是关于检察长与检察官的职责权限的规定。

立法背景

本条是2019年修订的新增内容。对于人民检察院司法责任制改革的一个目标是，通过科学界定检察委员会、检察长和检察官在司法办案工作中的职责权限，做到谁办案谁负责、谁决定谁负责。而科学界定检察委员会、检察长、检察官在司法办案工作中的职责权限，关键是明确检察委员会、检察长、检察官的办案事项决定权，界定三者在案件处理决定形成过程中的具体作用，使检察长、检察委员会委员、检察官分别对自己的办案行为和作出的决定负责，从而避免检察长、检察委员会委员、检察官都对某项具体的案件决定负责。本条对检察长和检察官职权关系作了规定，总体上坚持突出检察官办案主体地位与保证检察长对司法办案工作的领导相统一，明确人民检察院检察长与检察官之间在办案中的职责权限。一方面，推行检察官办案责任制，突出检察官办案主体地位，人民检察院办理案件，根据案件情况可以由一名检察官独任办理，也可以由两名以上检察官组成办案组办理。由检察官办案组办理的，检察长应当指定一名检察官担任主办检察官，组织、指挥办案组办理案件。检察官对办案质量负责。另一方面，也强调检察官在检察长领导下开展工作，受检察长领导和监督。检察长对案件行使有关监督管理职权。

条文解读

本条可以从以下方面进行理解：一是，本条规定符合司法责任制改革对检察长和其他检察官职权划分的要求。通过依法合理放权，使一线办案检察官成为有职有权、相对独立的办案主体，是检察权运行机制改革的一个基本取向，也是更好地落实司法责任的一个重要前提。同时，检察权的运行机制，必须依据和符合宪法法律规定的检察机关领导体制。我国宪法规定，最高人民检察院领导地方各级人民检察院和专门人民检察院的工作，上级人民检察院领导下级人民检察院的工作。1979 年人民检察院组织法规定，检察长统一领导检察院的工作。这种“检察一体”、“上令下从”的领导体制决定了完善检察权运行机制，既要赋予检察官相对独立的依法对案件作出处理决定的职权，又要坚持检察一体原则，加强上级人民检察院和本院检察委员会、检察长对司法办案工作的领导。过去实行“三级审批”办案模式，一定程度上模糊了各类检察人员之间的职责权限，各主体在形成案件处理决定中的责任不够明确。为解决这一问题，《最高人民检察院关于完善人民检察院司法责任制的若干意见》

对普通检察官与检察长（分管副检察长）在司法办案中的职责权限作了较大程度的改革，明确了检察长（副检察长）决定案件的职权和责任以及对司法办案工作的监督管理权，同时明确检察官对检察长（分管副检察长）负责，在职权范围内对办案事项作出决定。

《最高人民检察院关于完善人民检察院司法责任制的若干意见》中规定，检察长统一领导人民检察院的工作，并且列举了检察长依照法律和有关规定履行的十项职责。同时规定，检察官依照法律规定和检察长委托履行职责。由于三大诉讼法没有规定检察官的权力来源，根据当时有关法律规定，为有利于推行改革，提出检察长可以委托检察官在司法办案中行使一定的职权。至于检察长可以将哪些权力委托检察官行使，根据《最高人民检察院关于完善人民检察院司法责任制的若干意见》的规定，省级人民检察院结合本地实际，根据检察业务类别、办案组织形式，制定辖区内各级人民检察院检察官权力清单，可以将检察长的部分职权委托检察官行使。因此，除法律规定必须由检察长行使的职权外，检察长可以将司法办案职权委托其他检察官行使。至于委托检察官行使的司法办案职权的具体内容，在改革过程中，由各省级检察院制定检察官权力清单确定。各个省级检察院都制定了辖区内三级检察院检察官权力清单。2017 年最高人民检察院制定检察官司法办案权力清单。检察官权力清单主要用以明确检察长、检察委员会和检察官之间的办案事项决定权。2017 年 3 月印发的《最高人民检察院关于完善检察官权力清单的指导意见》第七条规定，“以人民检察院名义制发的法律文书属检察官职权范围内决定事项或不涉及办案事项决定权的，可以由检察官签发”。随着实践的发展，将逐步通过人民检察院刑事诉讼规则、民事和行政诉讼监督规则等司法解释文件，确定对检察官的授权范围。

二是，检察长和其他检察官在司法办案中的基本关系及职责权限。本条总结司法责任制改革的实践，明确了检察长对办案工作的领导权和检察官的办案主体地位。

(1) 检察官依据检察长授权履行职责，可以在职权范围内作出办案决定，签发法律文书。实行检察官办案责任制，要求检察官在司法一线办案，并对办案质量终身负责。独任检察官和检察官办案组在办理案件时，可以在其职权范围内对办案事项作出决定，可以对其职权范围内决定事项或不涉及办案事项决定权的事项签发法律文书。这是落实检察官办案主体地位的重要体现。

关于授权签发法律文书的问题，上述意见规定，以人民检察院名义制发的法律文书，由检察长（副检察长）签发。这样规定从形式上落实了法律关于检察长统一领导人民检察院工作的规定。但也有意见认为，办案过程中以人民检察院名义制发的法律文书数量大，在案件数量多的人民检察院全部由检察长（副检察长）签发难以实现；也有检察长担心因签发法律文书而承担非自己决定事项的司法责任。因此，《最高人民检察院关于完善检察官权力清单的指导意见》中，要求各省级人民检察院制定权力清单，可以将检察长的部分办案事项决定权委托检察官行使；因行使办案事项决定权而产生的以人民检察院名义制发的法律文书，自然也可以委托检察官签发。对于不涉及司法办案事项决定权的法律文书，委托检察官签发也不会产生问题。为此，上述指导意见第7条第1款规定，“以人民检察院名义制发的法律文书属检察官职权范围内决定事项或不涉及办案事项决定权的，可以由检察官签发”。本法在总结实践经验的基础上对此作了规定。同时，也需要注意的是，本条规定，检察长可以将部分职权委托给检察官行使，可以授权检察官签发法律文书。检察官授权范围应当依法进行，对于法律明确规定由检察长行使的权利，不得授权。如《中华人民共和国刑事诉讼法》第三十一条规定，审判人员、检察人员、侦查人员的回避，应当分别由院长、检察长、公安机关负责人决定。因此，回避的决定应当由检察长作出。又如《中华人民共和国刑事诉讼法》第八十九条规定，人民检察院审查批准逮捕犯罪嫌疑人由检察长决定。重大案件应当提交检察委员会讨论决定。因此，检察官不能决定批准逮捕犯罪嫌疑人，该项法律文书不可授权检察官签发。对此，检察官可以提出处理意见供检察长参考，由检察长作出决定并负责。

（2）检察长或副检察长参加检察官办案组或独任承办案件的，依法在职权范围内对办案事项作出决定。对于重大办案事项，应当由检察长决定。根据司法体制改革有关要求，完善入额领导干部办案机制。担任领导职务的法官、检察官每年应当办理一定数量的案件，并带头办理重大复杂敏感、新类型和在法律适用方面具有普遍指导意义的案件。本条的规定，既体现了“检察一体”的原则，落实了法律关于检察长统一领导检察工作的规定，也有效落实了中央关于司法责任制改革的要求。属于检察长或者检察委员会决定的事项，检察官对事实和证据负责，检察长或检察委员会对决定事项负责。

（3）检察长具有案件审核权。检察长（副检察长）有权对独任检察官、检察官办案组承办的案件进行审核。检察长不同意检察官处理意见，可以要求检察官复核或提请检察委员会讨论决定，也可以直接做出决定。要求复核的意见、决定应当以书面形式作出，归入案件卷宗。对检察官职权范围内决定的办案事项，检察长（副检察长）可以通过书面指令等形式要求检察官在签发法律文书前送请审核。同时，检察官执行检察长（副检察长）决定时，认为决定错误的，可以提出异议。检察长（副检察长）不改变该决定，或者要求立即执行的，检察官应当执行，执行的后果由检察长（副检察长）负责，检察官不承担司法责任。检察官执行检察长（副检察长）明显违法的决定的，应当承担相应的司法责任。

（4）检察长具有监督管理权。检察长对司法办案工作进行监督管理，具有主持检察委员会会议，决定检察人员的回避，指定重大、疑难、复杂案件的承办人，要求检察官报告办案情况，更换承办案件的检察官等权力。检察长可以根据办案需要和保障公正的要求，在检察官可能存在违法违纪行为影响公正办案的情况下，对一些案件的承办检察官作出调整。《最高人民检察院关于完善人民检察院司法责任制的若干意见》第27条规定，当事人举报投诉检察官违法办案，律师申诉、控告检察官阻碍其依法行使诉讼权利，或有迹象表明检察官违法办案的，检察长可以要求检察官报告办案情况。检察长认为确有必要的，可以更换承办案件的检察官，并将相关情况记录在案。

相关规定

《中华人民共和国人民检察院组织法》第10条、第29条；《最高人民检察院关于完善检察官权力清单的指导意见》第7条；《最高人民检察院关于完善人民检察院司法责任制的若干意见》第27条

第十条　检察官应当履行下列义务：

（一）严格遵守宪法和法律；

（二）秉公办案，不得徇私枉法；

（三）依法保障当事人和其他诉讼参与人的诉讼权利；

（四）维护国家利益、社会公共利益，维护个人和组织的合法权益；

（五）保守国家秘密和检察工作秘密，对履行职责中知悉的商业秘密和个人隐私予以保密；

（六）依法接受法律监督和人民群众监督；

（七）通过依法办理案件以案释法，增强全民法治观念，推进法治社会建设；

（八）法律规定的其他义务。

条文主旨

本条是关于检察官应当履行的义务的规定。

立法背景

人民检察院的检察官作为依法行使国家检察权的检察人员，法律赋予其神圣职责，为了保障其依法履行好检察官职责，法律还对

其规定了相应的义务。根据本法第一条规定的立法目的，本法第二章在关于检察官职责的规定后即规定了检察官应当履行的义务。

2017 年《中华人民共和国检察官法》第八条规定，检察官应当履行下列义务：（1）严格遵守宪法和法律；（2）履行职责必须以事实为根据，以法律为准绳，秉公执法，不得徇私枉法；（3）维护国家利益、公共利益，维护自然人、法人和其他组织的合法权益；（4）清正廉明，忠于职守，遵守纪律，恪守职业道德；（5）保守国家秘密和检察工作秘密；（6）接受法律监督和人民群众监督。在 2019 年修订检察官法过程中，有关方面提出，履行职责以事实为根据，以法律为准绳，应当是检察官履行职责的一项基本原则，建议在检察官法总则中规定。立法机关经研究，将 2017 年检察官法中有关履行职责以事实为根据，以法律为准绳的表述由第三章移至总则中作为一项基本原则加以规定，以突出强调这一社会主义法治的基本要求。另外，还根据党中央建立以案释法制度的要求和有关方面的意见，参照近期制定或者修改的其他法律规定，对其他有关检察官义务的规定作了一些补充调整。

本条规定还注意了与公务员法的衔接。《中华人民共和国公务员法》第十四条规定了公务员应当履行的义务，其中第一项规定了“忠于宪法，模范遵守、自觉维护宪法和法律”的义务，考虑到对这是包括检察官在内的所有公务员的基本要求，本条也作了相应规定。对于该条规定的公务员其他义务，本条没有重复规定，而是主要根据检察官作为行使国家检察权的检察人员的职业特点，作出有针对性的规定。

提请全国人大常委会一次审议的修订草案删除了 2017 年检察官法规定的“严格遵守宪法和法律”“不得徇私枉法”等义务规定，在全国人大常委会对检察官法修订草案进行第一次审议过程中，有的常委会委员提出，这些规定很有现实针对性，应当保留，不宜删去。立法机关经研究，修订草案二审稿采纳了这一建议，恢复了有关规定。

修订草案二次审议稿规定，检察官应当依法保障诉讼参与人的诉讼权利，有的常委会组成人员建议将“依法保障诉讼参与人的诉讼权利”修改为“依法保障当事人和其他诉讼参与人的诉讼权利”。立法机关经研究，修订草案三审稿采纳了这一建议，作了相应修改。

条文解读

本条分八项规定了检察官主要应当履行的义务。

第一项是严格遵守宪法和法律。宪法是国家的根本法，是治国安邦的总章程，具有最高的法律效力，是一切法律的制定依据。宪法规定了国家的根本制度和根本任务，体现了国家和人民的根本利益。宪法赋予了人民检察院检察权，规定了人民检察院履行职责的一些基本原则，如依照法律规定独立行使检察权，不受行政机关、社会团体和个人的干涉，办理刑事案件与人民法院、公安机关分工负责、互相配合、互相制约等。全国人大及其常委会根据宪法制定的人民检察院组织法、检察官法和几部诉讼法等法律，对人民检察院和检察官的职权和行使职权的规范作了规定。检察官是国家检察权的具体运作者，是司法者，检察官的这一特殊身份要求检察官在行使检察权时，必须依据宪法和法律的规定，在宪法和法律规定的职权范围内，按照法律规定的程序，依照法律的规定进行履职活动，依法办案，不能违背宪法和法律，随意作出决定。同时，检察官作为公务员和公民个人，在履行检察职责外，在日常社会生活中，也应当模范地遵守法律，做好全民守法的表率。因此，检察官法将严格遵守宪法和法律规定为检察官履行职责的首要义务。

第二项是秉公办案，不得徇私枉法。这是要求检察官办理案件、行使职权，必须是出于公心，而不是为了谋取私利、照顾私情，或者出于某个地区、部门的局部利益，以地方保护主义或者部门保护主义去办理案件，更不得在办理案件过程中搞权力寻租、利益输送。这是对检察官职业素质和品行操守最基本的要求。检察官行使的是国家检察权，其权力的运用直接关系到当事人的切身利益，关系到执法的统一，关系到司法的公正和法律的尊严。检察官要通过检察权的行使，实现社会公平正义，体现法律的严肃和权威；要通过检察权的行使，维护国家利益、维护公民、法人和其他组织的合法权益；要通过检察权的行使，惩罚犯罪，保护人民，维护社会秩序、经济秩序，保障社会主义现代化建设的顺利进行。秉公办事对维护法律的尊严尤其重要。为了防止司法工作人员的渎职行为，刑法在渎职罪中明确规定了徇私枉法罪，对于司法工作人员徇私枉法、徇情枉法，对明知是无罪的人而使他受追诉、对明知是有罪的人而故意包庇不使他受追诉的，应当依法追究刑事责任。

第三项是依法保障当事人和其他诉讼参与人的诉讼权利。这里规定的“当事人”，包括刑事诉讼中的被害人、自诉人、犯罪嫌疑人、被告人、附带民事诉讼的原告人和被告人，民事诉讼、行政诉讼中的原告、被告等。“其他诉讼参与人”是指当事人以外的诉讼参与人，包括刑事诉讼法中规定的“诉讼参与人”，即法定代理人、诉讼代理人、辩护人、证人、鉴定人和翻译人员，也包括民事诉讼法、行政诉讼法中规定的“诉讼参加人”。依照法律的规定，在不同的诉讼、不同的诉讼阶段，诉讼参与人享有相应的诉讼权利，如被告人的辩护权、律师的调查取证权、证人的出庭作证权、当事人的上诉权、反诉权等，诉讼参与人的诉讼权利贯穿整个诉讼过程的始终。依法保障当事人和其他诉讼参与人的诉讼权利，是诉讼活动正常进行和保障司法公正的前提，是检察官在办理案件过程中必须履行的义务。这里参照刑事诉讼法等法律规定，将这一项的表述修改为依法保障“当事人和其他诉讼参与人”的诉讼权利。

第四项是维护国家利益、公共利益，维护个人和组织的合法权益。检察官行使国家检察权，代表国家对案件进行侦查、起诉、诉讼监督，必须维护国家利益和公共利益。同时，检察官还应当代表国家维护个人和组织的正当的合法权益。这里的“个人”包括我国公民，也包括外国人、无国籍人；“组织”包括法人，即营利法人、非营利法人和特别法人，以及未取得法人资格的个人独资企业、合伙企业等非法人组织。这里参照人民检察院组织法等法律规定，将“自然人、法人和其他组织”的表述改为“个人和组织”。

第五项是保守国家秘密和检察工作秘密，对履行职责中知悉的商业秘密和个人隐私予以保密。检察官在检察工作中会遇到涉及国家秘密的案件。严格保守国家秘密是一名检察官必须履行的义务。对于涉及国家秘密的案件，应当严格按照法律规定的程序办理。根据诉讼法律规定，涉及国家秘密的案件一律不公开审理。检察官还应当保守检察工作秘密，对于办理案件中形成的按照有关规定不应当透露的与检察工作有关的材料、信息等，不得泄露。对于检察官在办理案件时知悉的当事人的商业秘密和个人隐私，也应当严格按照诉讼法律的规定、检察纪律以及其他相关法律规定予以保密，不得随意散播。对于违法泄露国家秘密、检察工作秘密、商业秘密和个人隐私的，应当按照保守国家秘密法、本法及其他相关法律等规定处理，构成犯罪的，应当依法追究刑事责任。这里根据诉讼法律的规定，增加了检察官对履行职责中知悉的商业秘密和个人隐私予以保密的规定，进一步明确了检察官保密义务，以更好地维护当事人和其他诉讼参与人的合法权益。

第六项是接受法律监督和人民群众监督。这里“接受法律监督和人民群众监督”包含以下内容：第一，宪法、人民检察院组织法等法律规定，人民检察院对同级人民代表大会及其常委会负责，受其监督并向其报告工作，人民检察院的履职活动要受同级人大及其常委会的监督，在人民代表大会及其常委会对人民检察院进行的法律监督和工作监督中也会涉及对检察官履行职责的活动进行监督。第二，宪法和监察法规定，各级监察委员会是行使国家监察职能的专责机关，依法对所有行使公权力的公职人员进行监察，对其依法履职、秉公用权、廉洁从政从业以及道德操守情况进行监督，包括对检察官进行监督。检察官利用职权实施的贪污贿赂等犯罪，由监察机关进行调查。第三，检察官的履职活动还要受其他国家机关、社会团体和组织的监督，对于人民检察院检察活动违背法律规定的，其他国家机关、社会团体和组织有权提出意见。第四，检察官的履职活动还受广大人民群众的监督。人民检察院的检察权归根结底是人民赋予的，其公正履职代表了广大人民群众的利益，同时也应当接受人民群众的监督。

第七项是通过依法办理案件以案释法，增强全民法治观念，推进法治社会建设。党的十八届四中全会通过的《中共中央关于全面推进依法治国若干重大问题的决定》中提出，实行国家机关“谁执法谁普法”的普法责任制，建立法官、检察官、行政执法人员、律师等以案释法制度。2017 年 5 月，《中共中央办公厅、国务院办公厅关于实行国家机关“谁执法谁普法”普法责任制的意见》，要求建立法官、检察官、行政执法人员、律师等以案释法制度。“以案释法”，是指检察官通过依法办理案件、具体适用法律的活动，起到阐明规则、释明法理，从而解疑释惑的作用。起诉书、抗诉书等法律文书应当围绕案件焦点充分说理，深入解读法律。这项工作对于宣传普及法律，促进全民守法，推进法治社会建设，具有重要意义。这次修订检察官法，在检察官义务中增加了以案释法的规定。

第八项是法律规定的其他义务。即本条前七项之外的其他法律规定的检察官义务。包括公务员法规定的公务员的义务，诉讼法律规定的检察官在诉讼程序中的义务等。

相关规定

《中华人民共和国宪法》第 134－140 条；《中华人民共和国公务员法》第 14 条；《中华人民共和国刑事诉讼法》第 8 条、第 14 条、第 54 条；《中共中央关于全面推进依法治国若干重大问题的决定》；《中共中央办公厅、国务院办公厅关于实行国家机关“谁执法谁普法”普法责任制的意见》

第十一条　检察官享有下列权利：

（一）履行检察官职责应当具有的职权和工作条件；

（二）非因法定事由、非经法定程序，不被调离、免职、降职、辞退或者处分；

（三）履行检察官职责应当享有的职业保障和福利待遇；

（四）人身、财产和住所安全受法律保护；

（五）提出申诉或者控告；

（六）法律规定的其他权利。

条文主旨

本条是关于检察官享有哪些权利的规定。

立法背景

本法第七条和第十条规定了检察官的职责和义务，检察官的权利是检察官依法独立公正履行法定职责，履行法定义务的重要保障。检察官权利依法得到有效的保障和维护，检察官的职业尊严和权威才能有效树立和维护，检察官才能排除各种非法干扰，没有后顾之忧地致力于公正司法，进而保障法律得到正确实施，社会公平正义得到充分彰显。因此，维护检察官合法权益既是检察官法立法目的之一，也体现和贯穿于检察官法的各个部分，是检察官法的重要内容。

2001年修改的《中华人民共和国检察官法》第八条对检察官的权利进行了规定，内容包括八项，除了本条规定的内容外，还包括依法履行职责不受行政机关、社会团体和个人的干涉，获得劳动报酬、享受保险、福利待遇，参加培训和辞职。在检察官法修改的过程中，有的常委委员、地方、部门和社会公众提出，保护司法人员依法履行职责是司法体制改革的重要内容。近年来，社会上侵害检察官、法官合法权益的违法犯罪行为时有发生，建议进一步完善检察官、法官权益保障方面的规定。立法机关经过研究，对检察官法该条的内容进行了修改完善：一是将“依法履行检察职责不受行政机关、社会团体和个人的干涉”调整到总则第六条作为一项基本原则进行规定，并修改为“检察官依法履行职责，受法律保护，不受行政机关、社会团体和个人的干涉”；二是将“获得劳动报酬、享受保险、福利待遇”修改为“履行检察官职责应当享有的职业保障和福利待遇”。

条文解读

本法第七条规定了检察官的职责，第十条规定了检察官的义务，为了保障检察官依法履行职责，保障司法公正，维护检察官合法权益，本条规定了检察官权利。根据本条的规定，人民检察院的检察官依法享有下列权利：

1. 履行检察官职责应当具有的职权和工作条件

检察官是具体行使国家检察权的司法工作人员，检察官法以及相关法律赋予了检察官职责，有责必有权，权责应一致，履行检察官职责，就需要赋予其履行职责所必需的各项权利。关于“检察官职责”，本法第七条有明确规定，即对法律规定由人民检察院直接受理的刑事案件进行侦查，对刑事案件进行审查逮捕、审查起诉，代表国家进行公诉，开展公益诉讼工作，开展对诉讼活动的监督工作以及法律规定的其他职责。

同时，关于检察官履行上述职责时的权利，相关法律都还有相应的规定，刑事诉讼法、民事诉讼法、行政诉讼法、国际刑事司法协助法和其他相关法律中都规定了检察官办理相关案件时的相应职权，如根据《中华人民共和国刑事诉讼法》第五十二条的规定，检察官必须依照法定程序，收集能够证实犯罪嫌疑人、被告人有罪或者无罪、犯罪情节轻重的各种证据；根据《中华人民共和国刑事诉讼法》第二百零四条，检察官发现提起公诉的案件需要补充侦查，提出建议的，可以延期审理；根据《中华人民共和国民事诉讼法》第二百三十五条的规定，检察官对民事执行活动实行法律监督；根据《中华人民共和国行政诉讼法》第二十五条，检察官针对特定情况，可以向行政机关提出检察建议，依法向人民法院提起诉讼。根据《中华人民共和国国际刑事司法协助法》第六十四条，检察官应当制作刑罚转换申请书并附相关材料，提请刑罚执行机关所在地的中级人民法院作出刑罚转换裁定。这些职权在相关法律中均有明确规定，都应当依法予以保障。

此外，为了开展正常的检察业务工作，检察官还必须具备相应的工作条件，这里的工作条件包括符合办公标准、安全标准和要求的工作场所，配备必要的设施，配备工作需要的办公设备，按照国家规定为检察官发放检察官服装等。

2. 非因法定事由、非经法定程序，不被调离、免职、降职、辞退或者处分

检察官依法履职受法律保护，检察官不得被任意去职，这是最基本的检察官职业保障和要求。这里规定的“法定事由”和“法定程序”是指法律明确规定了对于哪些情况下检察官才被调离、免职、降职、辞退或者处分，同时检察官的调离、免职、降职、辞退或者处分，得依照宪法和法律规定的任免权限和程序办理。

“法定事由”主要包括：根据本法第五十四条的规定，除下列情形外，不得将检察官调离检察业务岗位：（1）按规定需要任职回避的；（2）按规定实行任职交流的；（3）因机构调整、撤销、合并或者缩减编制员额需要调整工作的；（4）因违纪违法不适合在检察业务岗位工作的；（5）法律规定的其他情形。

根据本法第二十条的规定，检察官有下列情况之一的，应当依法提请免除其检察官职务：（1）丧失中华人民共和国国籍的；（2）调出所任职人民检察院的；（3）职务变动不需要保留检察官职务的，或者本人申请免除检察官职务经批准的；（4）经考核不能胜任检察官职务的；（5）因健康原因长期不能履行职务的；（6）退休的；（7）辞职或者依法应当予以辞退的；（8）因违纪违法不宜继续任职的。

根据本法第四十七条的规定，具有贪污贿赂、徇私枉法、刑讯逼供的，隐瞒、伪造、变造、故意损毁证据、案件材料的，泄露国家秘密、检察工作秘密、商业秘密或者个人隐私的，故意违反法律

法规办理案件，因重大过失导致案件结果错误并造成严重后果等十项情形的，应当给予处分；构成犯罪的，依法追究刑事责任。

关于“法定程序”，本法第十八条规定，检察官的任免，依照宪法和法律规定的任免权限和程序办理。各级人民检察院的检察员、检察委员会委员、副检察长都需经各级人大常委会任免。如果需要对检察官调离、免职、降职、辞退或者处分等，也需要依照法律规定，经过法定的程序进行。

此外，有关文件中也有类似规定，党的十八届四中全会通过的《中共中央关于全面推进依法治国若干重大问题的决定》提出：“非因法定事由，非经法定程序，不得将法官、检察官调离、辞退或者作出免职、降级等处分”。中共中央办公厅、国务院办公厅印发的《保护司法人员依法履行法定职责的规定》第四条规定：“非因法定事由，非经法定程序，不得将法官、检察官调离、免职、辞退或者作出降级、撤职等处分。”

3. 履行检察官职责应当享有的职业保障和福利待遇

检察官的职业保障和福利待遇在本法第七章检察官的职业保障中有较为详细的规定，具体内容包括任何单位或个人不得要求检察官从事超出法定职责范围的事务，检察官的职业尊严和人身安全受法律保护，还包括按照检察官等级享有国家规定的工资待遇，享受国家规定的津贴、补贴、奖金、保险和福利待遇，退休后，享受国家规定的养老金和其他待遇。同时，检察官实行单独职务序列管理，但也是国家公务员，因此，公务员法规定的有关公务员的职业保障和福利待遇等，除检察官法有特别规定的以外，检察官法未作规定的，也适用于检察官。

4. 人身、财产和住所安全受法律保护

检察官担负维护国家法律，对直接受理的刑事案件进行侦查，对刑事案件进行审查逮捕、审查起诉，代表国家进行公诉，开展公益诉讼和法律监督等职责，有保护国家、集体和个人的合法权益的任务，其在依法办案过程中，难免会影响到他人的利益，有的甚至会招致打击报复，因此本法对检察官的人身、财产和住所的安全受保护专门作了规定。本法第五十六条、第五十七条、第五十八条对此权利内容有具体详细的规定，包括任何单位和个人不得对检察官及其近亲属打击报复，检察官因依法履行职责，本人及其近亲属人身安全面临危险的，人民检察院、公安机关应当对检察官及其近亲属采取人身保护、禁止特定人员接触等必要保护措施等。

5. 提出申诉或者控告

申诉权和控告权是宪法赋予每一个公民的法律权利，检察官自身的权利也可能受到损害，检察官对于自身权利受到侵害或者对处理不服时，也应当有寻求法律救济的权利。根据检察官法、公务员法、监察法等法律的规定，检察官对于侵犯本人权利特别是人事处理、职业保障等方面的权利的行为，可以依法提出申诉或控告。当然，检察官提出申诉和控告，应当实事求是，不得捏造事实，诬告、陷害他人。本法第六十五条明确规定，对于国家机关及其工作人员侵犯本法第十一条规定的检察官权利的行为，检察官有权提出控告；《中华人民共和国公务员法》第十五章对申诉与控告的有关内容作出了具体明确的规定；《中华人民共和国监察法》第四十九条对政务处分等的复审和复核进行了规定。中共中央办公厅、国务院办公厅印发的《保护司法人员依法履行法定职责的规定》第二十三条规定，对国家机关及其工作人员有干预司法活动妨碍司法公正的，要求检察官从事超出法定职责范围事务的，违反规定，将检察官调离、免职、辞退或者作出降级、撤职等处分的，对司法人员的依法履职保障诉求不作为等行为的，司法人员均有权提出控告。

6. 法律规定的其他权利

本条前五项根据检察官职业特点，具体列举了检察官应当享有的权利。除上述五项明确列举的权利之外，检察官还享有本法以及其他相关法律赋予的广泛的权利，难以在此一一列举，因此本项作了兜底性规定。实际上，为了维护检察官合法权益，本法在多处都有有关检察官权利的规定，具体如：第三十二条规定，对检察官应当有计划地进行政治、理论和业务培训；第三十五条规定，检察官申请辞职，应当由本人书面提出，经批准后，依照法律规定的程序免除其职务；第五十条规定，检察官惩戒委员会审议惩戒事项时，当事检察官有权申请有关人员回避，有权进行陈述、举证、辩解等。除检察官法外，公务员法等法律中有关权利的规定，有的对于检察官也同样适用，如《中华人民共和国公务员法》第十三条规定的参加培训、申请辞职的权利等。此外，有关文件中对检察官的权利也有体现，中共中央办公厅、国务院办公厅印发的《保护司法人员依法履行法定职责规定》第二十条规定，依法保障检察官、法官的休息权和休假权。检察官、法官在法定工作日之外加班的，应当补休；不能补休的，应当在绩效考核奖金分配时予以平衡。

在该条的理解适用中，需要注意以下问题：维护检察官的合法权益，保障检察官依法履行职责，对其权利进行保护的理念贯穿于本法的立法过程和本法的条文之中，本条规定的检察官权利的内容在其他条文中得到了细化。本法还对检察官的处分、奖励、工资和退休等具体制度，作出了由国家另行规定或按照有关规定办理的规定。中央文件如党的十八届四中全会通过的《中共中央关于全面推进依法治国若干重大问题的决定》，中共中央办公厅、国务院办公厅印发的《保护司法人员依法履行法定职责规定》中对检察官的权利也有一些具体的规定，这些规定和制度安排，也为检察官权利的实现提供有力的保障。

相关规定

《中华人民共和国公务员法》第 13 条、第 15 条；《中华人民共和国监察法》第 49 条；《中华人民共和国刑事诉讼法》第 52 条、第 204 条；《中华人民共和国民事诉讼法》第 235 条；《中华人民共和国行政诉讼法》第 25 条；《中华人民共和国国际刑事司法协助法》第 64 条；《保护司法人员依法履行法定职责的规定》第 4 条、第 20 条、第 23 条

第三章　检察官的条件和遴选

第十二条　担任检察官必须具备下列条件：

（一）具有中华人民共和国国籍；

（二）拥护中华人民共和国宪法，拥护中国共产党领导和社会主义制度；

（三）具有良好的政治、业务素质和道德品行；

（四）具有正常履行职责的身体条件；

（五）具备普通高等学校法学类本科学历并获得学士及以上学位；或者普通高等学校非法学类本科及以上学历并获得法律硕士、法学硕士及以上学位；或者普通高等学校非法学类本科及以上学历，获得其他相应学位，并具有法律专业知识；

（六）从事法律工作满五年。其中获得法律硕士、法学硕士学位，或者获得法学博士学位的，从事法律工作的年限可以分别放宽至四年、三年；

（七）初任检察官应当通过国家统一法律职业资格考试取得法律职业资格。

适用前款第五项规定的学历条件确有困难的地方，经最高人民检察院审核确定，在一定期限内，可以将担任检察官的学历条件放宽为高等学校本科毕业。

条文主旨

本条是关于担任检察官必须具备的条件的规定。

立法背景

检察官是代表人民检察院直接行使检察权的检察人员，检察官政治素质、专业素养、司法理念、业务能力的好坏，直接影响办案的质量、效率和公信力的高低，关系人民群众的司法需求能否得到更好满足，关系国家安全和社会稳定能否得到有效维护。因此，人民检察院在国家机构体系中以及检察官在检察权具体行使中的重要地位，决定了法律对担任检察官的条件须作严格的规定。1995 年《中华人民共和国检察官法》对担任检察官的政治、年龄、文化、专业、资历以及身体状况等都作了较为具体的规定。同时，1995 年《中华人民共和国检察官法》第十三条规定："初任检察员、助理检察员采用公开考试、严格考核的办法，按照德才兼备的标准，从具备检察官条件的人员中择优提出人选。"

2001 年，随着依法治国基本方略的逐步实施以及我国经济社会的快速发展，对检察官的要求也越来越高。为此，2001 年检察官法修改时提高了担任检察官的条件。首先，为保证检察官的业务素质，提高办案水平，提高了检察官的学历要求，延长了担任检察官需从事法律工作的时间，并为了避免最高人民检察院、省级人民检察院检察官经验不足的问题，又针对不同级别检察院，设置不同的检察官条件。其次，对当时已任职的但又不具备提高后的检察官条件的，规定了相应的例外条款和过渡措施。最后，考虑到我国经济文化发展存在区域不平衡问题，针对我国少数经济、文化欠发达地方，按照提高后的学历条件选任检察官存在一定困难的情况，增加了对这些地方放宽学历条件的规定。另外，为了提高司法人员专业素质，加强司法人员队伍建设，保证优秀法律人才进入检察官队伍，拓宽检察官选任渠道，以形成科学的检察官选任机制，2001 年检察官法决定将法官、检察官初任考试与律师资格考试统一起来，设立国家司法考试制度，并在该法第五十一条规定，国家对初任法官、检察官和取得律师资格实行统一的司法考试制度。为了与该制度相衔接，将 1995 年《中华人民共和国检察官法》第十三条第一款的初任检察官人选条件修改为："初任检察官采用严格考核的办法，按照德才兼备的标准，从通过国家统一司法考试取得资格，并且具备检察官条件的人员中择优提出人选。"

党的十八大以来，随着依法治国的全面推进，亟需建设一支高素质的法治专门队伍，大力提高法治工作队伍思想政治素质、业务工作能力、职业道德水准，着力建设一支忠于党、忠于国家、忠于人民、忠于法律的社会主义法治工作队伍，为加快建设社会主义法治国家提供强有力的组织和人才保障。为了推进法治专门队伍正规化、专业化、职业化，提高职业素养和专业水平，党的十八届四中全会提出要“完善法律职业准入制度，健全国家统一法律职业资格考试制度”，从源头上把好法治专门队伍的素质关。为贯彻落实党的十八届四中全会精神，2015 年 12 月，《中共中央办公厅、国务院办公厅关于完善国家统一法律职业资格制度的意见》规定，建立健全国家统一法律职业资格考试制度，将现行司法考试制度调整为国家统一法律职业资格考试制度；并明确了法律职业人员的范围，规定：“担任法官、检察官、律师、公证员、法律顾问、仲裁员（法律类）及政府部门中从事行政处罚决定审核、行政复议、行政裁决的人员，应当取得国家统一法律职业资格”；规定：“取得国家统一法律职业资格必须同时具备下列条件：拥护中华人民共和国宪法，具有良好的政治、业务素质和道德品行；具备全日制普通高等学校法学类本科学历并获得学士及以上学位，或者全日制普通高等非法学类本科及以上学历并获得法律硕士、法学硕士及以上学位或获得其他相应学位且从事法律工作三年以上；参加国家统一法律职业资格考试并获得通过。法律法规另有规定的除外”。为完善法律职业准入制度，健全国家统一法律职业资格考试制度，落实党的十八届四中全会提出的重要任务，2017 年 9 月，第十二届全国人民代表大会常务委员会第二十九次会议审议通过《关于修改〈中华人民共和国法官法〉等八部法律的决定》，对有关法律中涉及法律职业资格制度等部分条款进行修改补充，为推进法律职业资格制度提供法律保障。根据该决定，修改后的规定：一是，将 2001 年《中华人民共和国检察官法》第十三条第一款修改为：“初任检察官采用考试、考核的办法，按照德才兼备的标准，从通过国家统一法律职业资格考试取得法律职业资格并且具备检察官条件的人员中择优提出人选。”二是，将2001年《中华人民共和国检察官法》第五十四条修改为：“国家对初任检察官、法官和取得律师资格实行统一的司法考试制度。国务院司法行政部门会同最高人民检察院、最高人民法院共同制定司法考试实施办法，由国务院司法行政部门负责实施。”

党的十九大以来，随着全面依法治国深入推进，司法体制改革不断深化，国家统一法律职业资格制度改革、人民检察院人员分类管理制度改革和检察官员额制改革扎实有序推进，对检察官队伍建设和检察官管理体制提出了新的更高要求。2019年检察官法再次对担任检察官的条件作出修改完善。需要注意的是，2019年修订取消了担任检察官的年龄条件的规定。1995年、2001年、2017年检察官法都规定，担任检察官必须年满二十三周岁。这是为了避免检察官因年纪过轻，社会阅历和生活经验不足，而影响对检察权的正确、公正行使。2019年检察官法删除了2017年第十条第一款第二项“年满二十三周岁”的规定。这主要是考虑到2019年检察官法提高了检察官的学历条件和法律工作年限的规定，本科学历从事法律工作满五年，才有资格成为检察官，这就决定了初任检察官的年龄通常将超过二十七周岁，实际上已符合检察官职业对一定社会阅历的要求。加之，检察官实行员额制之后，检察官遴选条件和程序更加严格，已经可以在事实上有效避免检察官年龄过低的情况发生，没有必要再专门对年龄条件作出规定。

条文解读

本条共分两款。第一款是关于担任检察官必须具备的一般条件。根据本条第一款的规定，担任检察官必须具备如下条件：

（1）具有中华人民共和国国籍。即检察官必须是中国公民，不能是外国人或者无国籍人。国籍是自然人被确定属于某一国家成员的法律上的资格或者身份，是区分本国人和外国人的唯一标准。就国籍的对内意义而言，一个人一旦取得某一国家的国籍后，就可以享受该国家宪法和法律规定的权利，同时也承担该国家宪法和法律规定的义务。《中华人民共和国宪法》第三十三条规定，“凡具有中华人民共和国国籍的人都是中华人民共和国公民”“任何公民享有宪法和法律规定的权利，同时必须履行宪法和法律规定的义务”。因此，担任检察官是公民的一种政治权利，只有是一国的公民才能够享有此项权利。具有中华人民共和国国籍是检察官应当具备的首要条件。根据我国国籍法的规定，我国国籍采取血统主义为主并辅之以出生地主义的混合方式取得，即父母双方一方为中国公民，本人出生在中国的，具有中国国籍；父母双方或者一方为中国公民，本人出生在外国的，具有中国国籍，但父母双方或者一方为中国公民并定居在外国，本人出生时即具有外国国籍的，不具有中国国籍；父母无国籍或者国籍不明，定居在中国，本人出生在中国具有中国籍；外国人或者无国籍人愿意遵守中国宪法和法律，并符合一定条件的，可以加入中国国籍。根据国籍法的规定，我国不承认双重国籍，因此，检察官也不得在拥有中国国籍的同时取得其他国的国籍。

（2）拥护中华人民共和国宪法，拥护中国共产党领导和社会主义制度。2019 年修改检察官法时，提高了对检察官的政治素质要求。按照习近平总书记关于“要旗帜鲜明把政治建设放在首位，努力打造一支党中央放心、人民群众满意的高素质政法队伍”的指示要求，以及党的十八届四中全会关于“大力提高法治工作队伍思想政治素质、业务工作能力、职业道德水准，着力建设一支忠于党、忠于国家、忠于人民、忠于法律的社会主义法治工作队伍”的决策部署，并与 2018 年《中华人民共和国公务员法》第十三条关于担任公务员的条件的第三项，也即“拥护中华人民共和国宪法，拥护中国共产党领导和社会主义制度”的规定相衔接，2019 年检察官法将 2017 年第十条第一款第三项“拥护中华人民共和国宪法”的规定，修改为“拥护中华人民共和国宪法，拥护中国共产党领导和社会主义制度”，以更好体现对检察官队伍政治素质的严格要求。

宪法以法律的形式确认了中国各族人民奋斗的成果，规定了国家的根本制度和根本任务，是国家的根本法，具有最高的法律效力。全国各族人民、一切国家机关和武装力量、各政党和各社会团体、各企业事业组织，都必须以宪法为根本的活动准则，并且负有维护宪法尊严、保证宪法实施的职责。检察官作为直接行使国家检察权的检察人员，无论在其行使职权的过程中，还是在日常生活中，都应该遵守宪法。在这里，检察官拥护宪法具有更深的涵义，要求检察官不仅要忠实执行宪法、自觉遵守宪法，还应当在检察工作中时刻维护宪法权威，坚决捍卫宪法尊严。

拥护中国共产党领导和社会主义制度，是对检察官的根本要求。习近平总书记多次强调，要旗帜鲜明把政治建设放在首位，努力打造一支党中央放心、人民群众满意的高素质政法队伍。《中华人民共和国宪法》第一条第二款规定："社会主义制度是中华人民共和国的根本制度。中国共产党领导是中国特色社会主义最本质的特征。禁止任何组织或者个人破坏社会主义制度。"《中华人民共和国公务员法》第十三条第三项规定，公务员应当"拥护中华人民共和国宪法，拥护中国共产党领导和社会主义制度"。检察官作为中华人民共和国公民，作为公务员、作为政法队伍的一员，也必须拥护中国共产党的领导，拥护社会主义制度，始终坚持中国共产党对人民检察院工作的绝对领导，坚决维护以习近平同志为核心的党中央权威和集中统一领导，坚定不移走中国特色社会主义法治道路，确保党的路线方针政策在人民检察院得到不折不扣贯彻执行，努力让人民群众在每一个司法案件中感受到公平正义，努力使人民群众的获得感、幸福感、安全感更加充实、更有保障、更可持续。

（3）具有良好的政治、业务素质和道德品行。2019 年修改的检察官法进一步明确了对检察官的道德品行要求。为了贯彻落实党的十八届四中全会关于"大力提高法治工作队伍思想政治素质、业务工作能力、职业道德水准"的要求，并与 2015 年中共中央办公厅、国务院办公厅印发的《关于完善国家统一法律职业资格制度的意见》关于取得国家统一法律职业资格必须"拥护中华人民共和国宪法，具有良好的政治、业务素质和道德品行”的规定，以及2018年《中华人民共和国公务员法》第十三条关于公务员任职条件中第四项，也即“具有良好的政治素质和道德品行”的规定相衔接，2019年检察官法将2017年第十条第一款第四项“有良好的政治、业务素质和良好的品行”的规定，修改为“具有良好的政治、业务素质和道德品行”，以更好体现对检察官队伍政治、业务、道德等方面素质的全面要求。

检察官是行使国家检察权的国家机关工作人员，检察官必须拥护宪法所规定的国家的政治制度和基本原则，必须有较高的政治觉悟和敏锐的洞察力，较强的政治责任感，只有这样才能完成宪法和法律赋予检察官的职责和使命，可以说良好的政治素质是检察官做好工作的政治基础。良好的业务素质，是指检察官必须精通业务，熟悉检察工作，能够正确运用法律手段解决案件中的问题。良好的道德品行，是对检察官的道德修养的要求。道德以观念的形态存在于个人的意识或习惯性的行为之中，在人的潜意识深处发挥着重要的作用。一个人只有具备良好的道德才会行为端正，遵纪守法。检察官作为行使检察权的检察人员，更应当具备良好的品德和言行，自觉维护社会公德、遵守职业道德，举止文明等，只有这样才能担负神圣的职责，坚守法律底线，严格公正廉洁办案，努力让人民群众在每一个案件中感受到公平正义，维护国家安全和社会和谐稳定。

（4）具有正常履行职责的身体条件。2019年修改的检察官法进一步完善了担任检察官的身体条件的表述。2017年《中华人民共和国检察官法》第十条第一款第五项对担任检察官的身体条件的表述为“身体健康”，这种表述方式有些笼统，针对性不强，且容易造成法律适用中因为语义模糊而带来的随意解释的可能。另外，2018年《中华人民共和国公务员法》第十三条第五项关于公务员任职的身体条件的规定为：“具有正常履行职责的身体条件和心理素质。”由此，为了提高法律用语的精确性，并与公务员法关于担任公务员的身体条件要求相一致，2019年检察官法将这一规定修改为“具有正常履行职责的身体条件”。

健康的身体条件是顺利完成一项工作的必备基础。这里对能够“正常履行职责的身体条件”要求，是针对检察官职位的要求而言的，也即检察官的身心健康状况应当能够胜任他所担任的检察工作。实践中要综合检察官职位的实际情况，客观确定正常履职的身体条件标准。

（5）学历条件。2019 年修改的检察官法提高了担任检察官的学历条件。习近平总书记多次就建设高素质社会主义法治工作队伍、完善法律职业准入制度作出重要论述、重要指示，强调要把能力建设作为一项重要任务，坚持从源头抓起，改革和完善司法考试制度。党的十八届四中全会做出“完善法律职业准入制度，健全国家统一法律职业资格考试制度”的决策部署。2015 年 6 月，习近平总书记主持召开中央全面深化改革领导小组第十三次会议，审议通过了《关于完善国家统一法律职业资格制度的意见》，明确将司法考试制度调整为国家统一法律职业资格考试制度。2015 年 12 月，《中共中央办公厅、国务院办公厅完善国家统一法律职业资格制度的意见》对关于取得法律职业资格的条件，规定“具备全日制普通高等学校法学类本科学历并获得学士及以上学位，或者全日制普通高等非法学类本科及以上学历并获得法律硕士、法学硕士及以上学位或获得其他相应学位且从事法律工作三年以上”。按照该意见要求，2017 年 9 月全国人民代表大会常务委员会审议通过了《关于修改〈中华人民共和国法官法〉等八部法律的决定》，对相关法律中涉及对法律职业人员范围、取得法律职业资格的条件等作出规定。2018 年 4 月，司法部制定发布了《国家统一法律职业资格考试实施办法》，细化规定了法律职业资格考试的报名条件、组织实施、违纪处理、资格授予管理等内容，为法律职业资格考试的组织实施等工作提供了重要的规范依据。为贯彻落实党中央决策部署，体现法律职业准入制度改革最新成果，2019 年检察官法将 2017 年第十条第一款第六项中有关学历条件的规定，修改为“具备普通高等学校法学类本科学历并获得学士及以上学位；或者普通高等学校非法学类本科及以上学历并获得法律硕士、法学硕士及以上学位；或者普通高等学校非法学类本科及以上学历，获得其他相应学位，并具有法律专业知识”。同时，将2017年检察官法这一条款中的法律工作年限的规定，分离开来，单独作为一项规定。这样修改，提高了法律职业资格考试的报名专业学历门槛，有利于夯实检察官的法律专业知识基础和法学理论素养，从源头上保证法律职业人员的专业素养和专业能力，更好提升法治专门队伍的正规化、专业化、职业化水平。

根据本项的规定，担任检察官需要具备的学历条件为：具备普通高等学校法学类本科学历并获得学士及以上学位；或者普通高等学校非法学类本科及以上学历并获得法律硕士、法学硕士及以上学位；或者普通高等学校非法学类本科及以上学历，获得其他相应学位，并具有法律专业知识。这样规定，一是为了满足新时代全面依法治国战略的深入推进对高素质法治专门队伍的需求，从源头上保证法律职业人员的专业素养和专业能力，更好提升法治专门队伍的正规化、专业化、职业化水平。二是为了与《中共中央办公厅、国务院办公厅关于完善国家统一法律职业资格制度的意见》中关于法律职业范围和取得法律职业资格的条件的规定相衔接，即这里规定的学历条件和国家统一法律职业资格的考试条件是一致的。

根据国务院1986年12月发布的《普通高等学校设置暂行条例》第二条的规定，普通高等学校是指以通过国家规定的专门入学考试的高级中学毕业学生为主要培养对象的全日制大学、独立设置的学院和高等专科学校高等职业学校。根据教育部的统计，截至2017年5月31日，全国高等学校共计2914所，其中，普通高等学校2631所（含独立学院265所），成人高等学校283所。

本项规定包括三种学历要求：

一是，具备普通高等学校法学类本科学历并获得学士及以上学位。我国高等学校本科教育阶段的学科设置可以从“学科门类”“专业类学科”“学科专业”三个层次进行划分。目前，我国将所有本科专业归并为“学科门类”，在其下分设“专业类学科”，再之下分设具体“专业”。具体以法学为例：①在学科门类层次，设有“法学”这一学科门类。目前学科门类共有13种，“法学”是其中之一。具体包括：哲学、经济学、法学、教育学、文学、历史学、理学、工学、农学、医学、军事学、管理学、艺术学。②在专业类学科层次，“法学”这一学科门类分为6种专业类学科，包括：法学类、政治学类、社会学类、民族学类、马克思主义理论类、公安学类。这是通常所说的“大法学”。本项规定的法学类即是这里的专业类学科意义上的法学类。③在专业这一层次，“法学类”这一专业类学科又分为5种专业：法学、知识产权、监狱学、信用风险管理与法律防控、国际经贸规划。需要说明的是，本科学位是按照学科门类授予的。因此，如政治学与行政学专业的本科生，其专业类学科属于政治学类，但按照学科门类授予“法学学士”学位；专业为监狱学的本科生，其专业类学科为“法学类”，学科门类为“法学”，按照学科门类授予“法学学士”学位。

研究生培养阶段（包含硕士、博士研究生），学科划分、用语等与本科教育阶段并非一一对应的关系。各学科总体分为“一级学科”和“二级学科”两个层次，由国务院授权的高等学校和科学研究机构授予硕士学位和博士学位。2016年教育部办公厅印发《关于统筹全日制和非全日制研究生管理工作的通知》，将研究生分为“全日制”与“非全日制”。“全日制”研究生为脱产在校学习，国家财政拨付一定生活补助；“非全日制”研究生不脱产学习，国家财政不予补助。2017年起，教育部、国家发展改革委员会按全日制和非全日制两类分别编制和下达全国博士、硕士生招生计划；但是在教育培养上，全日制和非全日制研究生招生考试培养、标准都是统一的。

二是，普通高等学校非法学类本科及以上学历并获得法律硕士、法学硕士及以上学位。这里是针对非法学类本科人员的学历要求，除普通高等学校非法学类本科及以上学历外，还要同时获得法律硕士、法学硕士及以上学位。

三是，普通高等学校非法学类本科及以上学历，获得其他相应学位，并具有法律专业知识。这里是针对普通高等学校非法学类本科及以上学历，获得其他相应学位，未获得“法律硕士、法学硕士及以上学位”的情形，要求具有“法律专业知识”。2001 年检察官法修改后，实践中对于具有“法律专业知识”通常解释为包括取得高等教育法律类专业证书；通过国家司法考试，取得《法律职业资格证书》；2001 年以前通过初任法官全国统一考试，取得《初任审判员、助理审判员考试合格证书》；或者参加初任检察官全国统一考试，成绩合格；或者通过律师资格考试，取得《律师资格证书》；从事法律工作五年以上等情形。需要注意的是，根据 2018 年《国家统一法律职业资格考试实施办法》第九条报名条件第五项，具有法律专业知识主要是指“从事法律工作满三年”。另外，根据该办法第二十二条，“本办法实施前已取得学籍（考籍）或者已取得相应学历的高等学校法学类专业本科及以上学历毕业生，或者高等学校非法学类专业本科及以上学历毕业生并具有法律专业知识的，可以报名参加国家统一法律职业资格考试。”这主要是为了解决法律职业资格考试制度与原司法考试制度的衔接问题，按照《中共中央办公厅、国务院办公厅关于完善国家统一法律职业资格制度的意见》确定的“老人老办法、新人新办法”原则所作的规定。

需要注意的是，本项中规定的学历和学位条件是要同时具备的，仅有学历，没有本项规定的学位，也不符合本项规定的条件。

（6）法律工作年限条件。2019 年修改的检察官法，提高了担任检察官的法律工作年限条件。2019 年检察官法对担任检察官的学历条件和法律工作年限条件分别在两条中作了规定。这主要是考虑到学历和职业经历体现的是不同的专业能力和业务素质，不能相互折抵。法律职业既需要专业知识理论方面的学养，也需要法律应用能力方面的专业能力。参加国家统一法律职业资格考试并取得法律职业资格这一条件，仅可以解决检察官职业对于法律专业知识的要求，不能充分体现检察官从业者的法律实践能力。专业能力的获得与提高，必须通过具体的法律职业实践才能获得，因此，对法律工作年限条件作单独规定，以此来强调对担任检察官所需的法律实践能力的要求。另外，按照相关文件要求，检察官需要任检察官助理满五年（含试用期），2019 年检察官法将本科学历从事法律工作的年限从 2017 年检察官法中的“二年”，提高到“五年”。同时，为了基层人民检察院吸引更多高学历法律人才进入检察官队伍，2019 年检察官法对法学类硕士、博士毕业从事法律工作的年限适当放宽，分别规定为“四年、三年”。

根据本项规定，担任检察官的工作年限条件为从事法律工作满五年，其中获得法律硕士、法学硕士学位，或者获得法学博士学位的，从事法律工作的年限可以分别放宽至四年、三年。这是对检察官法律职业能力的专业要求。检察官是具体适用法律、将法律规定具体加以实践应用的法律职业，需要专业的实践能力为基础，才能对案件作出公正客观、合乎法律规定、合乎法理人情的准确适当处理。所以，规定检察官需要具备一定的法律职业经历和社会阅历积累。这里的“从事法律工作”主要包括从事国家或者地方的立法工作，审判、检察工作，公安、国家安全、监狱管理等工作，律师，法学教学和研究工作，政法委员会以及政府部门重点法制工作等。其中审判、检察工作应以从事审判、检察机关的审判、检察业务为宜。近年来，我国司法领域改革力度大，对于“从事法律工作”的具体范围有必要根据法律实践的具体情况予以掌握。需要注意的是，这里的从事法律工作满五年和前项实践中《国家统一法律职业资格考试实施办法》的从事法律工作满三年的时间不能叠加计算，是两个单独的条件，即对于普通高等学校非法学类本科及以上学历，获得其他相应学位，从事法律工作满三年才能视为具有法律专业知识，在此基础上还要另外从事法律工作满五年才能符合这里的法律工作年限要求。

（7）初任检察官应当通过国家统一法律职业资格考试取得法律职业资格。2019 年修改的检察官法将初任检察官的条件纳入本条一并规定。1995 年、2001 年、2017 年检察官法对检察官的条件和初任检察官的人选要求分别在不同条文中作了规定。初任检察官须取得法律职业资格是党的十八大以来司法体制改革推进检察官队伍专业化建设的重要举措，2019 年检察官法将分散在两条中的条件合并规定，以更好地体现改革成果，也与人民检察院组织法、公务员法等的规定相衔接。《中华人民共和国人民检察院组织法》第四十二条规定："检察官从取得法律职业资格并且具备法律规定的其他条件的人员中选任。"2018 年《中华人民共和国公务员法》第二十五条第二款规定："国家对行政机关中初次从事行政处罚决定审核、行政复议、行政裁决、法律顾问的公务员实行统一法律职业资格考试制度，由国务院司法行政部门商有关部门组织实施。"2018 年 4 月，司法部《国家统一法律职业资格考试实施办法》第二条第二款规定："初任法官、初任检察官，申请律师执业、公证员执业和初次担任法律类仲裁员，以及行政机关中初次从事行政处罚决定审核、行政复议、行政裁决、法律顾问的公务员，应当通过国家统一法律职业资格考试，取得法律职业资格。"

初任检察官须取得法律职业资格是党的十八大以来司法体制改革推进检察官队伍专业化建设的重要举措。《中华人民共和国人民检察院组织法》第四十二条规定："检察官从取得法律职业资格并且具备法律规定的其他条件的人员中选任。"本法的规定与人民检察院组织法有关检察官的条件的规定是一致的，只是考虑要和之前已被任命为检察官但未通过国家统一法律职业资格考试的情况相区别，对本项条件限定为初任检察官，即初次担任检察官的情况。

实行国家统一法律职业资格考试，是培养选拔高素质检察官人才的基础性制度。根据本项的规定，初任检察官须通过国家统一法律职业资格考试取得法律职业资格。这里的国家统一"法律职业资格"考试制度，是从国家统一司法考试制度演变而来的。党的十八届四中全会提出，完善法律职业准入制度，健全国家统一法律职业资格考试制度。为了完善法律职业资格制度，将通过国家统一司法考试的人员，从法官、检察官、律师、公证员扩大到从事行政处罚决定审核、行政复议、行政裁决的工作人员，以及法律顾问、仲裁员（法律类），同时将“国家统一司法考试”修改为“国家统一法律职业资格考试”，具体由国务院司法行政部门商最高人民法院、最高人民检察院等有关部门组织实施。实行国家统一法律职业资格考试前取得的国家统一司法考试合格证书、律师资格凭证，与国家统一法律职业资格证书具有同等效力。

本条第二款是关于适用一般的检察官学历条件确有困难的地方，可以将学历条件放宽的规定。2019 年修改的检察官法提高了对困难地区的学历条件要求。对适用一般的学历条件确有困难的地方，将学历条件由之前的“高等院校法律专业专科毕业”修改为“高等学校本科毕业”。从实践看，目前法律大专学历报名和通过人数均较少。以 2016 年为例，法律大专学历报名人数（15452 人）占 2.6%，通过人数（1031 人）只占 1.3%，因此将学历条件放宽至高等学校本科毕业，既有效解决了部分地区检察官人数不足的问题，又符合加强检察官正规化、专业化、职业化建设的要求。

根据本款规定，适用第一款第五项规定的学历条件确有困难的地方，经最高人民检察院审核确定，在一定期限内，可以将担任检察官的学历条件放宽为高等学校本科毕业。考虑到全国各地方发展的不平衡性，根据本款规定，这些地方经最高人民检察院审核确定，可以在一定期限内将担任检察官的学历条件放宽为高等学校本科毕业。这里规定的“确有困难的地方”主要是指经济欠发达，按本条第一款第五项规定的条件选任检察官确有困难的一些边远地区和少数民族地区的个别地方。应当注意的是，这样规定是根据我国目前的实际情况作出的安排。随着我国经济社会的不断发展和教育水平的提高，把握上应越来越严，把好入口关。在实践中对“确有困难的地方”的具体掌握上应当把握三点：一是，这里所说的“确有困难”是指按本条第一款第五项规定的条件选任检察官确有困难，而不是指经济欠发达的所有地区，更不能随意开口子；二是，这种放宽条件的地区必须经最高人民检察院审核确定，各地方不能自行确定；三是，这种放宽条件的做法仅于一定期限内，各地应当积极创造条件，尽快达到法律所规定的要求，而不能无期限地放宽条件，否则，从长远看，不利于确有困难地方的法制建设与发展。

相关规定

《中华人民共和国宪法》第1条、第33条；《中华人民共和国人民检察院组织法》第42条；《中华人民共和国公务员法》第13条、第25条；《中华人民共和国国籍法》第3条、第5条、第6条、第7条；《中华人民共和国高等教育法》第15条、第16条、第21条、第22条；《普通高等学校设置暂行条例》；《中共中央关于全面推进依法治国若干重大问题的决定》；《中共中央办公厅、国务院办公厅关于完善国家统一法律职业资格制度的意见》；《国家统一法律职业资格考试实施办法》

第十三条　下列人员不得担任检察官：

（一）因犯罪受过刑事处罚的；

（二）被开除公职的；

（三）被吊销律师、公证员执业证书或者被仲裁委员会除名的；

（四）有法律规定的其他情形的。

条文主旨

本条是关于不得担任检察官的人员的规定。

立法背景

1995年《中华人民共和国检察官法》第十一条规定："下列人员不得担任检察官：（一）曾因犯罪受过刑事处罚的；（二）曾被开除公职的。"2001年检察官法修正时对本条未作修改。2014年10

月，党的十八届四中全会通过《中共中央关于全面推进依法治国若干重大问题的决定》，提出要建立终身禁止从事法律职业制度，对因违法违纪被吊销执业证书的律师和公证员，终身禁止从事法律职业。2015 年 12 月中共中央办公厅、国务院办公厅印发《关于完善国家统一法律职业资格考试制度的意见》，提出要加强对法律职业人员违法失信行为的惩戒，建立全国统一的法律职业暂停、吊销制度，让行为失范的法律职业人员在受到吊销法律执业证书后，终身不得再从事法律相关工作。为了落实中央相关规定，与终身禁止从事法律职业的决定精神相一致，加大对法律职业人员违法失信行为的惩戒，2019 年修订检察官法时，在不得担任检察官的人员中，增加“曾被吊销律师、公证员执业证书的”的规定。对于仲裁员私自会见当事人、代理人或者接受当事人、代理人的请客送礼，情节严重的，或者在仲裁案件时有索贿受贿，徇私舞弊，枉法裁决行为的，依照仲裁法第三十八条的规定，应当予以除名。对于被仲裁委员会除名的仲裁员，存在违纪或者违法行为，也不宜担任检察官，因此，本法增加“被仲裁委员会除名的”的规定，并设置了“有法律规定的其他情形的”作为担任检察官禁止性规定的兜底条款。

检察官法修订草案第十三条对不得担任检察官的人员作了规定。审议过程中，有的提出，有的人构成犯罪但被人民法院依法免予刑事处罚，这些人也不适宜担任检察官，建议增加“免予刑事处罚的情形”。或者建议将“因犯罪受过刑事处罚的”修改为“曾被人民法院依法判决构成犯罪的”。有的提出，《中华人民共和国刑事诉讼法》第一百七十七条第二款规定，对于犯罪情节轻微，依照刑法规定不需要判处刑罚或者免除刑罚，人民检察院可以作出不起诉决定。建议规定被人民检察院作出不起诉决定的犯罪嫌疑人，也不宜担任检察官。有的建议增加“被纳入失信被执行人名单的”的规定。检察官应当具有良好的政治、业务素养和道德品行。“诚信”是社会主义核心价值观之一，是整个社会提倡的美德，对于拒不履行法院生效裁判文书，被列入网上“失信被执行人名单”，显然不符合检察官“具有良好的道德品行”的条件，缺乏诚信的人员不能担任检察官。有的建议，增加“取得其他国家居留权的”的规定。《中华人民共和国检察官法》第十二条规定，担任检察官必须满足具有中华人民共和国国籍的条件，取得其他国家居留权的或者丧失中华人民共和国国籍的，不符合检察官的条件。

条文解读

检察官是具体行使国家检察权的司法人员，检察官的职责就是通过开展检察活动，执行国家法律。检察官能否忠实执行国家法律，直接关系到法律能否得到切实的贯彻与执行。司法是维护社会公平正义、实施权利救济的最后一道防线。习近平总书记提出，要努力让人民群众在每一个司法案件中都感受到公平正义。检察官作为国家法律监督机关中行使国家检察权的人员，其职责的重要内容就是依法进行法律监督，通过严格开展法律监督，有效防止和及时纠正其他国家机关、团体、个人的违法行为，保证国家法律得以贯彻执行。检察官在检察活动中自觉遵守法律对于被监督的国家机关、当事人和其他社会成员具有重要的示范作用和教育意义。作为行使司法权的主体，本身必须忠于法律、信仰法律、遵守法律。不仅如此，检察官还应当具有较高的道德素养，并严格要求自己，让诉讼参与人和普通民众产生信任，感受到司法者的公正，才能树立司法权威。检察官在行使检察权时如果不能坚持秉公执法，而是徇私舞弊甚至贪赃枉法，本身就是对社会主义法治的严重破坏。本条规定了因个人品行原因，哪些人员不得担任检察官的规定。根据本条规定，下列人员不得担任检察官：

一是因犯罪受过刑事处罚的。这里规定的犯罪既包括故意犯罪也包括过失犯罪。刑事处罚包括刑法规定的主刑，即管制、拘役、有期徒刑、无期徒刑、死刑，也包括附加刑，即罚金、剥夺政治权利、没收财产。只要是被法院生效判决宣告有罪并判处刑罚的，无论是怎样的罪行，无论判处什么样的刑罚，无论是否适用附加刑以及是否适用缓刑都不得担任检察官。因犯罪受过刑事处罚的，不能担任检察官，主要出于以下考虑：一方面，犯罪行为是危害国家安全、人民民主专政的政权和社会主义制度，侵犯国有财产和劳动群众集体所有的财产、公民私人所有的财产权利，破坏公民的人身权利、民主权利和其他权利等危害社会的行为，不符合社会价值观。虽然在刑罚执行完毕后犯罪人员在社会中享有同其他人同等的学习、生活和工作的权利，但其犯罪行为违反了社会道德底线，与检察官作为具体行使法律监督权的人员应当模范遵守法律的职业道德要求是不符合的。另一方面，允许有犯罪记录的人员担任检察官，不符合公正司法和维护良好司法形象的要求。公正是司法的生命线。公正司法落实到检察工作中体现为遵守司法纪律、保守工作秘密、注重司法礼仪、维护司法形象。因犯罪受到刑罚处罚的人员，因严重失范行为导致受到刑罚处罚，其个人品行曾被予以否定性评价。检察官作为具体行使法律监督权的司法人员，需要在社会上树立模范守法、公正司法的良好形象。受到刑罚处罚人员担任检察官可能会造成社会疑虑和不信任，影响司法公正形象。对于受过刑事处罚的，一律不得担任检察官。

二是被开除公职的。在我国，被开除公职是指公务员以及参照公务员法管理的人员，法律、法规授权或者受国家机关依法委托管理公共事务的组织中从事公务的人员，国有企业管理人员，公办的教育、科研、文化、医疗卫生、体育等单位中从事管理的人员以及其他依法履行公职的人员，因有违法犯罪行为或者有影响履职的不当行为被用人单位开除。开除的原因有很多，如散布有损宪法权威、中国共产党和国家声誉的言论，组织或者参加旨在反对宪法、中国共产党领导和国家的集会、游行、示威等活动；组织或者参加非法组织，组织或者参加罢工；挑拨、破坏民族关系，参加民族分裂活动或者组织、利用宗教活动破坏民族团结和社会稳定；不担当，不作为，玩忽职守，贻误工作；拒绝执行上级依法作出的决定和命令；对批评、申诉、控告、检举进行压制或者打击报复；弄虚作假，误导、欺骗领导和公众；贪污贿赂，利用职务之便为自己或者他人谋取私利；违反财经纪律，浪费国家资财；滥用职权，侵害公民、法人或者其他组织的合法权益；泄露国家秘密或者工作秘密；在对外交往中损害国家荣誉和利益；参与或者支持色情、吸毒、赌博、迷信等活动；违反职业道德、社会公德和家庭美德；违反有关规定参与禁止的网络传播行为或者网络活动；违反有关规定从事或者参与营利性活动，在企业或者其他营利性组织中兼任职务；旷工或者因公外出、请假期满无正当理由逾期不归。总的来看，被开除公职的原因大致有两类：一是有违法犯罪行为，二是有影响履职的不当行为。依照《中华人民共和国公务员法》第二十六条的规定，被开除公职的，不得录用为公务员。同时，其他一些法律也有被开除人员的一些职业禁止性规定，比如不得担任检察官、人民警察、律师、公证员、驻外外交人员、拍卖师、从事司法鉴定等。根据本条的规定，无论出于何种原因被开除公职，均不得担任检察官。

三是被吊销律师、公证员执业证书的。律师、公证员、仲裁员都是法律职业群体，相关法律、法规对其从业都有很多的政治、业务、品行要求。因违纪违法等违反律师法、公证法、仲裁法的要求，被吊销律师、公证员执业证书的或者被仲裁委员会除名的，其同样不符合检察官的要求。允许这些人担任检察官，会对司法公正性、公信力和司法权威造成冲击。律师法、公证法对吊销执业证书的情形和权限程序、仲裁法对仲裁员除名的情形和权限程序作了明确规定，《中华人民共和国律师法》第四十九条规定，有下列行为之一，情节严重的，由省、自治区、直辖市人民政府司法行政部门吊销其律师执业证书：（1）违反规定会见法官、检察官、仲裁员以及其他有关工作人员，或者以其他不正当方式影响依法办理案件的；（2）向法官、检察官、仲裁员以及其他有关工作人员行贿，介绍贿赂或者指使、诱导当事人行贿的；（3）向司法行政部门提供虚假材料或者有其他弄虚作假行为的；（4）故意提供虚假证据或者威胁、利诱他人提供虚假证据，妨碍对方当事人合法取得证据的；（5）接受对方当事人财物或者其他利益，与对方当事人或者第三人恶意串通，侵害委托人权益的；(6) 扰乱法庭、仲裁庭秩序，干扰诉讼、仲裁活动的正常进行的；(7) 煽动、教唆当事人采取扰乱公共秩序、危害公共安全等非法手段解决争议的；(8) 发表危害国家安全、恶意诽谤他人、严重扰乱法庭秩序的言论的；(9) 泄露国家秘密的。律师因故意犯罪受到刑事处罚的，由省、自治区、直辖市人民政府司法行政部门吊销其律师执业证书。《中华人民共和国公证法》第四十二条规定，公证员有下列行为之一，情节严重的，由省、自治区、直辖市人民政府司法行政部门吊销公证员执业证书：(1) 私自出具公证书的；(2) 为不真实、不合法的事项出具公证书的；(3) 侵占、挪用公证费或者侵占、盗窃公证专用物品的；(4) 毁损、篡改公证文书或者公证档案的；(5) 泄露在执业活动中知悉的国家秘密、商业秘密或者个人隐私的；(6) 依照法律、行政法规的规定，应当给予处罚的其他行为。因故意犯罪或者职务过失犯罪受刑事处罚的，应当吊销公证员执业证书。《中华人民共和国仲裁法》第三十四条规定："仲裁员有下列情形之一的，必须回避，当事人也有权提出回避申请：(一) 是本案当事人或者当事人、代理人的近亲属；(二) 与本案有利害关系；(三) 与本案当事人、代理人有其他关系，可能影响公正仲裁的；(四) 私自会见当事人、代理人，或者接受当事人、代理人的请客送礼的。"第五十八条第一款规定："当事人提出证据证明裁决有下列情形之一的，可以向仲裁委员会所在地的中级人民法院申请撤销裁决：(一) 没有仲裁协议的；(二) 裁决的事项不属于仲裁协议的范围或者仲裁委员会无权仲裁的；(三) 仲裁庭的组成或者仲裁的程序违反法定程序的；(四) 裁决所根据的证据是伪造的；(五) 对方当事人隐瞒了足以影响公正裁决的证据的；(六) 仲裁员在仲裁该案时有索贿受贿，徇私舞弊，枉法裁决行为的。"第三十八条规定："仲裁员有本法第三十四条第四项规定的情形，情节严重的，或者有本法第五十八条第六项规定的情形的，应当依法承担法律责任，仲裁委员会应当将其除名。"

依照上述规定，被吊销律师、公证员执业证书的或者被仲裁委员会除名的，不得担任检察官。

四是有法律规定的其他情形的。随着社会生活的发展变化，上述三种情形无法穷尽所有不得担任检察官的情形，故增加了不得担任检察官的禁止性规定的兜底条款。比如，为保障检察官任职的公正性，检察官法第二十三条对检察官兼任其他职务作了规定，检察官不得兼任人民代表大会常务委员会的组成人员，不得兼任行政机关、监察机关、审判机关的职务，不得兼任企业或者其他营利性组织、事业单位的职务，不得兼任律师、仲裁员和公证员。对于担任这些职务的人员，在其任职期间不得同时担任检察官。再如，违反治安管理处罚法受治安管理处罚的行为和被予以党纪处分的行为，如打架斗殴、侮辱诽谤他人、盗窃、寻衅滋事，但是尚不构成犯罪的，公安机关给予其治安管理处罚；某些公职人员因违反党纪，被予以纪律处分，严重者被开除中国共产党党籍的；还有因不履行法院已经生效的裁判文书被依法列为失信联合惩戒对象的等，如果经审查不符合担任检察官的政治、业务、道德品行条件的，也不能任命为检察官。

关于犯罪情节轻微未受刑事处罚的，能否担任检察官的问题。依照《中华人民共和国刑法》第三十七条规定，对于犯罪情节轻微不需要判处刑罚的，根据案件的不同情况，予以训诫或者责令具结悔过、赔礼道歉、赔偿损失，或者由主管部门予以行政处罚或者行政处分。虽然本条规定因犯罪受过刑事处罚的不得担任检察官，但本法第十二条规定，检察官应具有良好的政治、业务素质和道德品行。对于犯罪情节轻微未受刑事处罚的，如经审查不符合担任检察官的政治、道德品行等条件的，也不应任命为检察官。

本条是关于不得担任检察官人员范围的规定，上述人员不符合检察官的条件，应当将其排除在检察官人选范围外。对于担任检察官后又有第一项、第二项行为的，依照本法第二十条、第四十七条、第四十八条的相关规定，应当依法提请免除其检察官职务。

相关规定

《中华人民共和国法官法》第13条

第十四条 **初任检察官采用考试、考核的办法，按照德才兼备的标准，从具备检察官条件的人员中择优提出人选。**

人民检察院的检察长应当具有法学专业知识和法律职业经历。副检察长、检察委员会委员应当从检察官、法官或者其他具备检察官条件的人员中产生。

条文主旨

本条是关于初任检察官人选和检察长、副检察长、检察委员会委员人选的产生的规定。

立法背景

2017年《中华人民共和国检察官法》第十三条规定："初任检察官采用考试、考核的办法，按照德才兼备的标准，从通过国家统一法律职业资格考试取得法律职业资格并且具备检察官条件的人员中择优提出人选。人民检察院的检察长、副检察长应当从检察官或者其他具备检察官条件的人员中择优提出人选。"

2019年修订主要作了以下几处修改：一是，将2017年《中华人民共和国检察官法》第十三条第一款规定的检察官需具备"通过国家统一法律职业资格考试取得法律职业资格"移入修改后的检察官法第十二条中，作为担任检察官的条件之一。二是，将担任人民检察院检察长的条件与担任副检察长的条件分列，规定检察长应当具有法学专业知识和法律职业经历；副检察长、检察委员会委员应当从检察官、法官或者其他具备检察官条件的人员中产生。

本条规定注意了与人民检察院组织法和公务员法的衔接。《中华人民共和国公务员法》第七条规定，公务员的任用，坚持德才兼备、以德为先，坚持五湖四海、任人唯贤，坚持事业为上、公道正派，突出政治标准，注重工作实绩。《中华人民共和国人民检察院组织法》第三十六条规定，人民检察院检察长领导本院检察工作，管理本院行政事务。人民检察院副检察长协助检察长工作。第四十二条规定，检察官从取得法律职业资格并且具备法律规定的其他条件的人员中选任。初任检察官应当由检察官遴选委员会进行专业能力审核。上级人民检察院的检察官一般从下级人民检察院的检察官中择优遴选。检察长应当具有法学专业知识和法律职业经历。副检察长、检察委员会委员应当从检察官、法官或者其他具备检察官、法官条件的人员中产生。

检察官法修订草案二次审议稿第十二条、第十四条对担任检察官的任职条件和应当具备法律职业资格条件分别作了规定。有的意见提出，初任检察官、法官须取得法律职业资格是党的十八大以来司法体制改革推进检察官、法官队伍专业化建设的重要举措，建议将分散在两条中的条件合并规定，以更好地体现改革成果。立法部门经研究，建议采纳上述意见，将初任检察官、法官应当通过国家统一法律职业资格考试取得法律职业资格的规定，移入检察官、法官任职条件一条中统一规定，也与人民检察院组织法、人民检察院组织法有关规定相衔接。

条文解读

本条共分两款。第一款是关于初任检察官人选产生的规定。初任检察官采用考试、考核的办法，按照德才兼备的标准，从具备检察官条件的人员中择优提出人选。本法第一条中明确本法的立法目的之一是全面推进高素质检察官队伍建设。人民检察院代表国家和人民的意志执行法律，检察官的个人素质尤为重要，这就需要我们从检察官人选资格入手，把好入口关，按照德才兼备的标准，通过考试、考核的办法，从具备检察官条件的人员中择优提出人选，努力建立精通法律、熟悉业务、政治坚定、清正廉明的检察官队伍。

初任检察官人选的标准有一个随时间演进的过程。1995 年《中华人民共和国检察官法》第十三条第一款规定："初任检察员、助理检察员采用公开考试、严格考核的办法，按照德才兼备的标准，从具备检察官条件的人员中择优提出人选。"当时要求的具备检察官条件包括：具有中华人民共和国国籍；年满二十三岁；拥护中华人民共和国宪法；具有良好的政治、业务素质和良好的品行；身体健康；高等院校法律专业毕业或者高等院校非法律专业毕业具有法律专业知识，工作满二年的，或者获得法律专业学士学位，工作满一年的，获得法律专业硕士学位、法律专业博士学位的，可以不受上述工作年限的限制。2001 年，国家开始实行统一司法考试制度，检察官法进行了相应修改，将本条修改为："初任检察官采用严格考核的办法，按照德才兼备的标准，从通过国家统一司法考试取得资格，并且具备检察官条件的人员中择优提出人选。"明确将通过国家统一司法考试取得资格作为初任检察官人选的条件。2017 年，统一司法考试制度修改为国家统一法律职业资格考试制度，检察官法对本条再次作了相应修改。本次修改检察官法，根据有关方面的意见，将"通过国家统一法律职业资格考试取得法律职业资格"移至第十二条担任检察官须具备的条件中。

"采用考试、考核的办法"是初任检察官人选的具体选拔方法，检察官法对初任检察官的选拔一直都有着较为严格的要求，1995 年检察官法规定"采用公开考试、严格考核的办法"，2001 年检察官法规定"采用严格考核的办法"，2017 年检察官法规定"采用考试、考核的办法"。根据有关规定，考试重点考察检察官人选分析案件事实、归纳争议焦点、正确适用法律、制作司法文书等实际办案能力；考核主要考察在从事其他相关工作方面的实绩、能力等情况，比如，对担任检察官助理、法官助理的，可以考察其办案数量、质量和效果。这里的"具备检察官条件"是指初任检察官必须符合本法第十二条规定的条件，即"（一）具有中华人民共和国国籍；（二）拥护中华人民共和国宪法，拥护中国共产党领导和社会主义制度；（三）具有良好的政治、业务素质和道德品行；（四）具有正常履行职责的身体条件；（五）具备普通高等学校法学类本科学历并获得学士及以上学位；或者普通高等学校非法学类本科及以上学历并获得法律硕士、法学硕士及以上学位；或者普通高等学校非法学类本科及以上学历，获得其他相应学位，并具有法律专业知识；（六）从事法律工作满五年。其中获得法律硕士、法学硕士学位，或者获得法学博士学位的，从事法律工作的年限可以分别放宽至四年、三年；（七）初任检察官应当通过国家统一法律职业资格考试取得法律职业资格。适用前款第五项规定的学历条件确有困难的地方，经最高人民检察院审核确定，在一定期限内，可以将担任检察官的学历条件放宽为高等学校本科毕业。”同时，根据本法第十三条的规定：“下列人员不得担任检察官：（一）因犯罪受过刑事处罚的；（二）被开除公职的；（三）被吊销律师、公证员执业证书或者被仲裁委员会除名的；（四）有法律规定的其他情形的。”

本条第二款是关于人民检察院的检察长、副检察长、检察委员会委员人选条件的规定。2019 年修订，将担任人民检察院的检察长的条件与担任副检察长、检察委员会委员的条件分列，分别规定不同的要求，规定除人民检察院检察长外，副检察长、检察委员会委员应当从检察官、法官或者其他具备检察官条件的人员中产生。这样规定，主要考虑是充分发挥包括检察官在内的法律职业共同体的专业能力，保障人民检察院依法履行职责。

本法第八条规定，人民检察院的检察长除履行检察职责外，还应当履行与其职务相适应的职责。《中华人民共和国人民检察院组织法》第三十六条规定，人民检察院检察长领导本院检察工作，管理本院行政事务。实践中，人民检察院检察长人选的来源有两种：一是从检察院系统内部择优提出人选；二是从检察院系统外部提出人选。两种方式并存有利于加强检察院队伍建设，已经被实践证明行之有效。由于检察长职责的要求，人民检察院检察长人选应当具有法学专业知识和法律职业经历，以保障人民检察院检察长职能的发挥。总结检察官法的修改历程，担任人民检察院检察长的人选要求，随着社会发展、司法专业化的加强，而不断提高。1995年检察官法要求检察长人选“应当从具有实际工作经验的人员中择优提出人选”；2001年检察官法要求“应当从检察官或者其他具备检察官条件的人员中择优提出人选”，2017年检察官法也作了同样的规定。2019年修改后的检察官法规定“应当具有法学专业知识和法律职业经历”，进一步体现了专业化的要求。这里的“法学专业知识”是指熟悉并掌握法学专业知识，“法律职业经历”是指从事过与法律相关的职业，比如担任过行政处罚决定审核、行政复议、行政裁决、法律顾问工作的公务员以及律师、公证员、法律类仲裁员等。

本款对人民检察院副检察长、检察委员会委员的人选也作了明确规定，即副检察长、检察委员会委员应当从检察官、法官或者其他具备检察官条件的人员中产生。根据本款的规定，人民检察院副检察长、检察委员会委员的人选有两种：一是从检察官、法官中提出人选；二是从具备检察官法规定的担任检察官条件的人员中提出人选，即需要符合本法第十二条规定的担任检察官的条件。

在该条的理解适用中，还需要注意以下问题：

第一，本条第一款中规定的“初任检察官”，是指第一次担任检察官职务的。本法施行后，对于初次担任检察官的人员，应当按照修改后法律的规定执行，需要符合本法第十二条的规定，同时不具有本法第十三条规定的情形。特别需要指出的是，根据有关规定，原通过国家司法考试取得的法律职业资格，继续有效。

第二，根据本条第二款的规定，人民检察院的副检察长和检察委员会委员人选除从检察官、法官人员中产生外，还可以从其他具备检察官条件的人员中产生。如果这些人员是初次担任检察官，在本法施行后，根据本法第十二条的规定，需要满足通过国家统一法律职业资格考试取得法律职业资格的条件。

相关规定

《中华人民共和国检察官法》第12条、第13条；《中华人民共和国公务员法》第7条；《中华人民共和国人民检察院组织法》第36条

第十五条　人民检察院可以根据检察工作需要，从律师或者法学教学、研究人员等从事法律职业的人员中公开选拔检察官。

除应当具备检察官任职条件外，参加公开选拔的律师应当实际执业不少于五年，执业经验丰富，从业声誉良好，参加公开选拔的法学教学、研究人员应当具有中级以上职称，从事教学、研究工作五年以上，有突出研究能力和相应研究成果。

条文主旨

本条是关于从律师、法学专家等中公开选拔检察官的规定。

立法背景

本条规定是2019年修订检察官法增加的规定。党的十八届四中全会提出，畅通立法、执法、司法部门干部和人才相互之间以及与其他部门具备条件的干部和人才交流渠道，建立从符合条件的律师、法学专家中招录立法工作者、法官、检察官制度。为落实上述要求，有关部门制定并公开发布了《从律师和法学专家中公开选拔立法工作者、法官、检察官办法》。这也是司法体制改革中为进一步提升检察官队伍素质所作出的一项重要改革举措。同时，从律师或者法学教学、研究人员等从事法律职业的人员中公开选拔检察官，扩大检察官产生范围，使检察官来源更广、结构更合理、有利于建设高素质检察官队伍。《中共中央办公厅、国务院办公厅关于完善国家统一法律职业资格的制度的意见》对法律职业范围和取得法律职业

资格、法律职业资格考试、统一法律职业培训等作了规定，形成了法律职业共同体的基本结构和精神，这一职业群体包括法官、检察官、律师、公证员、法律顾问、仲裁员（法律类）及政府部门中从事行政处罚决定审核、行政复议、行政裁决的人员、立法工作者、法学教育研究工作者等。因此，形成法律职业共同体之间的交流和互动是建立法律职业共同体制度的一个重要方面。本条规定是在总结司法体制改革成果和有关方面改革试点经验的基础上所作的规定。

检察官法修订草案第十五条规定：“人民检察院可以从律师、法学专家等从事法律职业的人员中公开选拔检察官。除应当具备检察官任职条件并取得法律职业资格外，参加公开选拔的律师应当实际执业不少于五年，从业声誉良好；参加公开选拔的法学专家应具有讲师及以上职称，从事教学或者科研五年以上，有突出研究能力和优秀研究成果。”在征求有关方面意见的过程中，有的地方建议，增加规定律师、法学专家成为检察官的对应级别；有的建议应根据检察院的层级，设置需要从事法律相关职业的年限和标准；有的部门建议，将“讲师及以上职称”修改为“中级及以上职称”；有的建议将律师“实际执业”修改为“实际专职执业”；有的地方和部门建议，对“从业声誉良好”“有突出研究能力和优秀研究成果”的规定予以明确；有的地方建议，明确其他从事法律职业人群的选拔条件。

修订草案二次审议稿第十五条规定：“人民检察院可以根据检察工作需要，从律师、法学专家等从事法律职业的人员中公开选拔检察官。除应当具备检察官任职条件并取得法律职业资格外，参加公开选拔的律师应当实际执业不少于五年，执业经验丰富，从业声誉良好，参加公开选拔的法学专家应具有中级以上职称，从事法学教学或者科研五年以上，有突出研究能力和优秀研究成果。”在常委会第二次审议过程中，有的列席代表建议将“法学专家”修改为“法学教育、科研人员”。

条文解读

本条共分两款。本条第一款对公开选拔作了原则性规定，人民检察院可以根据检察工作需要，从律师或者法学教学、研究人员等从事法律职业的人员中公开选拔检察官。根据上述公开选拔文件规定，人民法院、人民检察院应当将从符合条件的律师、法学专家中公开选拔列入法官、检察官纳入队伍建设规划，并采取切实措施予以落实，将这一工作常态化、制度化，在招录、遴选法官、检察官工作中，应当根据工作实际预留适当数量的岗位用于从律师、法学专家中公开选拔法官、检察官。目前，实践中一些法院、检察院开展了从社会公开选拔法官、检察官的做法。需要注意，本条强调的是人民检察院可以根据检察工作需要开展相关公开选拔工作。根据本法第十七条、第六十八条等有关规定，一般而言，上级人民检察院的检察官一般通过逐级遴选产生，基层人民检察院的检察官应当主要从检察官助理中选拔，因此，对外公开选拔应当根据检察院检察工作需要，从队伍结构和合理需求出发，充分考虑现实需要。例如，针对当前具有国际化视野、善于处理涉外检察业务的检察官人才缺乏的情况，为加强涉外检察官人才储备建设，可以有针对性地从通晓境外法律制度并具有成功处理国际法律事务的经验的律师中公开选拔检察官，对于精通某些特殊专业领域的律师也可以加大公开选拔力度。

公开选拔的范围除了律师和法学专家以外，还包括其他从事法律职业的人员。对这一问题，在研究过程中，有意见提出，进一步扩大公开选拔的对象，将立法工作者、司法行政人员、人民警察、从事行政复议人员、公证员等也明确为公开选拔范围。本条对其他法律职业人员未作明确，但包括上述范围，对这些人员参加公开选拔的条件，本条第二款未作规定。有的提出，公开选拔范围包括律师、法学专家“等”，但第二款仅对律师、法学专家公开选拔条件作了规定，建议增加一款“其他从事法律职业的人员选拔条件另行规定”。对法学专家、律师以外人员参加公开选拔，都应当具备本法规定的检察官任职条件，其他具体条件将来还可以在实践中进一步探索完善。考虑到，目前实践中主要是从律师、法学专家中公开选拔，因此本条第二款对其选拔条件作了专门规定。

本条第二款是有关公开选拔条件的规定。一是，应当具备检察官任职条件。本法第十二条对担任检察官的任职条件作了规定，一共有七项，包括：具有中华人民共和国国籍；拥护中华人民共和国宪法，拥护中国共产党领导和社会主义制度；具有良好的政治、业务素质和道德品行；具有正常履行职责的身体条件；具备普通高等学校法学类本科学历并获得学士及以上学位；或者普通高等学校非法学类本科及以上学历并获得法律硕士、法学硕士及以上学位；或者普通高等学校非法学类本科及以上学历，获得其他相应学位，并具有法律专业知识；从事法律工作满五年。其中获得法律硕士、法学硕士学位，或者获得法学博士学位的，从事法律工作的年限可以分别放宽至四年、三年；初任检察官应当通过国家统一法律职业资格考试取得法律职业资格。上述条件，参加公开选拔的律师、法学专家都应当具备。这是参加公开选拔的前提条件，除此以外，本法对参加公开选拔的律师、法学专家的条件又分别作了规定。

二是，参加公开选拔的律师的条件。第一，应当实际执业不少于五年。以律师身份执业不少于五年，同时强调实际执业要求，防止有的律师在律所挂名，但未实际从事律师业务，而是从事其他行业的人员参加公开选拔，这样规定的目的是对办案能力和经验提出要求。第二，执业经验丰富。执业五年是从时间上所作的要求，执业经验丰富是从实际执业水平和工作成果上作出的要求，在执业期间应当办理一定数量的案件，具有相关丰富经验，防止有的人虽然从事律师执业，但办案较少，案件类型简单，业绩不好，实际办案经验不丰富的人被公开选拔为检察官，这也是从办案能力方面提出的要求。第三，从业声誉良好。对于违反律师法、律师职业道德和律师执业行为规范等规定，在执业活动中存在严重背离职业使命、违反职业道德行为，或者违法违纪或者受到律师行业协会严重处分等声誉不良的，不得公开选拔为检察官。

三是，参加公开选拔的法学专家的条件。法学专家即从事法学教学、研究人员，主要是高等学校、科研院所中从事法学教学、研究的人员。这些人员具有丰富的法学理论知识和较高的理论水平，从这部分人公开选拔检察官，有利于促进检察官队伍知识结构的优化，为实践中复杂疑难案件提供智力支持。第一，参加选拔人员应当具有中级以上职称。草案在研究过程中曾规定："参加公开选拔的法学专家应具有讲师及以上职称。"有关方面提出，讲师的提法不全面，没有包括科研院所中研究员称谓的情况，也不规范，建议修改为"中级以上职称"。高校、科研院所中具有中级以上职称包括高等学校中的讲师（助理教授）、副教授、教授，以及科研院所中的助理研究员、副研究员、研究员等。第二，从事教学、研究工作五年以上。这是硬性的时间要求。第三，有突出研究能力和相应研究成果。这是从能力水平提出的实质要求，参加公开选拔的法学专家应当有相应研究成果，以证明其研究能力。对于具有法律实务工作经验的可以优先考虑。

根据有关公开选拔办法的规定，律师、法学专家具有下列情形之一的，不得参加检察官公开选拔：(1) 被刑事处罚或者因违法违纪被辞退、开除或者吊销执业证书的；(2) 有妨害司法公正行为的；(3) 因违反职业道德、学术道德、执业纪律或者行业规范受到惩戒、处罚的；(4) 受过党纪政纪处分的；(5) 涉嫌违法违纪正在接受审查尚未结案的等。

在研究过程中，也有意见提出，向社会公开选拔的检察官应当对级别作出适当限制，如四级高级以下检察官可以向社会公开选拔。同时，根据拟选拔检察官等级的不同，对律师、法学专家作出不一样的条件要求。目前，从一些地方的实践看，向社会公开选拔法学专家和律师，也存在条件要求严格，优秀专家和律师不愿意来等现实情况，将来都需要在实践中进一步研究解决。

理解本条，还需要注意以下问题：一是，从律师、法学专家中公开选拔的检察官是否都到基层人民检察院任职的问题。本法第十七条规定，初任检察官一般到基层人民检察院任职。在常委会审议过程中，有意见提出，对于依据本条公开选拔的检察官，应主要考虑业务能力和特殊的职位要求，不应当受要求基层工作经验到基层任职的限制，建议增加规定不受本法第十六条有关工作年限等条件的限制。对于从律师、法学专家中公开选拔初任检察官的，可以不受到基层人民检察院任职的限制，不作硬性要求，这样有助于选拔优秀人才进入检察官队伍，否则可能对选拔范围产生影响。因此，可以说本条规定属于第十七条中“一般”以外的情形。二是，律师、法学专家公开选拔为检察官后，成为公务员，应当遵守有关公务员管理的规定，特别是有关禁止性规定，如不得持有非上市公司的股份，不得在企业或者其他营利性组织中兼任职务等。同时，应当遵守有关检察官任职回避规定。律师、法学专家被选拔为检察官的，应当按照本法第二十五条任职回避的要求，其父母、配偶、子女在拟任职人民检察院开办律师事务所或者从事司法鉴定、司法拍卖等与司法活动利益相关职业的，应当不再担任律师事务所设立人、合伙人。根据有关规定，在一年试用期内未能按照规定进行任职回避的，视为试用不合格，不予录用。

相关规定

《从律师和法学专家中公开选拔立法工作者、法官、检察官办法》第8条、第13条

第十六条 省、自治区、直辖市设立检察官遴选委员会，负责初任检察官人选专业能力的审核。

省级检察官遴选委员会的组成人员应当包括地方各级人民检察院检察官代表、其他从事法律职业的人员和有关方面代表，其中检察官代表不少于三分之一。

省级检察官遴选委员会的日常工作由省级人民检察院的内设职能部门承担。

遴选最高人民检察院检察官应当设立最高人民检察院检察官遴选委员会，负责检察官人选专业能力的审核。

条文主旨

本条是关于检察官遴选委员会的规定。

立法背景

1. 相关背景情况

本条是2019年修订检察官法新增加的规定。我国正处在全面建成小康社会的关键时期，必须更加注重发挥法治在国家治理和社会管理中的重要作用。在新的形势下，保障法律实施、维护社会公平正义的责任更加艰巨，化解矛盾纠纷、维护社会和谐稳定的任务更加繁重，人民检察院作为国家检察机关，在司法运行过程中发挥着重要的作用。徒法不足以自行，检察官作为人民检察院的组成人员，通过公诉、法律监督等检察权的行使，维护社会公平正义，这就要求检察官具有较高的法律素养和职业操守，加强检察官队伍建设是实现公正司法的重要保障。当前，一些检察人员司法观念、素质能力、工作方式不适应改革发展。党的十八届三中全会提出，确保依法独立公正行使检察权，建立符合职业特点的司法人员管理制度，健全法官、检察官、人民警察统一招录、有序交流、逐级遴选机制。党的十八届四中全会提出，建设高素质法治专门队伍，推进法治专门队伍正规化、专业化、职业化，提高职业素养和专业水平，建立法官、检察官逐级遴选制度；初任法官、检察官由高级人民法院、省级人民检察院统一招录，一律在基层法院、检察院任职；上级人民法院、人民检察院的法官、检察官一般从下一级人民法院、人民检察院的优秀法官、检察官中遴选。这里所说的“遴选”就是慎重选择、严格选拔、优中选优之意。为贯彻落实党的十八届三中、四中全会精神，进一步推进司法体制改革，2015 年 2 月，最高人民检察院《关于深化检察改革的意见（2013—2017 年工作规划）》提出了一系列确保高素质检察官队伍建设的改革举措，包括检察官分类管理制度、检察官职业准入和选任制度、司法责任制等，并明确建立检察官遴选委员会。2016 年 5 月，中央组织部、最高人民法院、最高人民检察院联合印发《关于建立法官检察官逐级遴选制度的意见》，明确要求遴选法官、检察官，体现司法职业特点，公开公平公正，从实际出发，积极稳妥推进，确保遴选工作的科学性和公信力，并对遴选的范围、条件、组织实施等作了规定。但实践中有一些地方遴选工作存在入额论资排辈、平衡照顾，入额后办案责任不落实等问题，影响了司法责任制改革深入推进。为进一步规范法官、检察官遴选标准、程序，保障司法责任制改革健康有序开展，2017 年 3 月，中央政法委下发《关于严格执行法官、检察官遴选标准和程序的通知》，对遴选检察官的要求作了进一步细化规定，同时还要求充分发挥遴选委员会专业性把关作用。上述一系列规定，保证遴选检察官做到严格标准、择优录取，防止遴选中论资排辈、迁就照顾，使真正业务水平高，司法经验丰富，能够独立办案的人员进入检察官队伍。检察官遴选委员会的设立不仅可以帮助选拔优秀人才进入检察官队伍，还可以更好地维护检察权的独立，减少各种不当干预。

为了巩固上述司法体制改革成果，将经过司法实践检验证明行之有效的经验和做法上升为法律，本次检察官法修订在法律中增加规定，明确设立检察官遴选委员会，并明确检察官遴选委员会的职责、组成等。

2. 各方面提出的意见

（1）检察官法修订草案第十六条规定：“设立最高人民检察院检察官遴选委员会，负责最高人民检察院检察官人选专业能力的审核。省、自治区、直辖市设立检察官遴选委员会，负责初任检察官人选专业能力的审核。省级检察官遴选委员会的组成人员应当包括地方各级人民检察院检察官代表和社会有关代表，其中检察官代表不少于三分之一。省级检察官遴选委员会在省级人民检察院设立办公机构，负责检察官遴选委员会的日常工作。”

在常委会第一次审议过程中，有的常委委员提出，本条应对遴选委员会的内容规定得更加详细，避免权力寻租，明确检察官遴选委员会的设立机构，建议规定“由检察长主持检察官遴选委员会”，明确权责。有的代表建议删除或修改该条中对“专业能力”审核的规定，审核应不限定专业能力，体现德才兼备。

在征求有关方面意见过程中，有地方、单位和院校建议，明确规定遴选委员会的职权、职能、审查程序等内容；有的地方提出，根据司法体制改革的意见，法官和检察官的遴选委员会可以统设也可以分设，法官法草案和检察官法草案分别规定了遴选委员会，是否可以设立统一的法官、检察官遴选委员会，建议予以明确。

有的地方建议，将第三款中“检察官代表不少于三分之一”的规定修改为“不少于半数”。

有的部门和地方提出，第四款按机构编制规定，除专项法律法规外，法律法规草案不宜就机构编制事项作具体规定。省以下检察院正推进精简机构；目前未设立办公室，实践中运行也是正常的，建议删去该项规定，或将“设立办公机构”修改为“设立办事机构”。

（2）修订草案二次审议稿第十六条规定：“省、自治区、直辖市设立检察官遴选委员会，负责初任检察官人选专业能力的审核。省级检察官遴选委员会的组成人员应当包括地方各级人民检察院检察官代表、其他从事法律职业的人员和有关方面代表，其中检察官代表不少于三分之一。省级检察官遴选委员会的日常工作由高级人民检察院的内设职能部门承担。遴选最高人民检察院检察官应当设立最高人民检察院检察官遴选委员会，负责检察官人选专业能力的审核。”

在常委会第二次审议过程中，有的常委委员建议对最高人民检察院检察官遴选委员会的组成和承担日常工作的内设职能部门予以明确。

3. 有关国家检察官遴选制度

（1）在美国，检察官是联邦和地方政府在刑事诉讼中的代表，也是政府一方的律师。现职检察官一般应是现职律师，并应该是其所在州律师协会的成员。美国的检察与司法行政合二为一，没有全国统一的、上下隶属的、独立的检察系统。在联邦，总检察长是由总统经参议院同意后直接任命；地区检察长由总统根据总检察长的建议任命；其他联邦检察官由总检察长直接任命。在各州，检察长和其他检察官一般都由本州公民直接选举产生，州检察官的选举大多采用政党竞选的方式进行，但也有的州检察长由州长直接任命，检察官由州高等法院任命。另外，美国检察官还有聘任制的，身份为政府雇员。

（2）在德国，法律工作者从法律院校毕业后，要从事司法工作，须经过所属州的两次考试。候选检察官通过第一次考试后，进入为期两年的实践性专业培训，培训需要在民事法院、检察官办公室、律师事务所、行政机关等多个地方进行，然后通过第二次复试后，才可以申请检察官。德国联邦检察官和州检察官分别由联邦和州任命，其中联邦检察官由总统任命，州检察官由各州高级检察院检察长提名，由该州司法部长任命。

（3）在法国，国家遴选委员会分设法官和检察官的专门机构，该机构由司法部长组织并主持，机构人员包括资深的检察官、法官、律师等人士。总检察长和其他检察官由司法部长提请总统任命。

（4）在日本，法官、检察官和律师被称为“三曹”，三类主体适用统一的选任标准，经过司法考试后，取得见习司法官资格，见习司法官只有在累积了丰富经验后（一般至少十年时间），才能被正式任命为检察官。一般检察官由法务省法务大臣任命，总检察长、副总检察长以及日本高等检察厅的检察长，由内阁任命并须报天皇批准。

条文解读

本条共分四款。第一款是关于省级设立检察官遴选委员会的规定。根据本款的规定，省、自治区、直辖市设立检察官遴选委员会，负责初任检察官人选专业能力的审核。

本款规定包括两层含义：一是，省、自治区、直辖市设立检察官遴选委员会。需要注意的是，这里所说的“检察官遴选委员会”，是由省、自治区、直辖市设立的，而不是由省、自治区、直辖市人民检察院自行设立的。同时，在省级设立检察官遴选委员会，是总结近年来探索的，检察官实行省以下统管的司法体制改革举措的经验而作出的法律规定。检察官素质是实现社会公平正义的首要保障，是独立行使检察权的重要前提。一直以来，全面提高检察官队伍建设科学化水平，努力打造一支政治坚定、能力过硬、作风优良、公正廉洁的高素质检察院队伍，实现“努力让人民群众在每一个司法案件中都感受到公平正义”的工作目标，都是检察队伍建设的总体要求。

二是，检察官遴选委员会的职责，就是负责初任检察官人选专业能力的审核。这里所说的“初任检察官”，是指第一次担任检察官，之前未曾担任过检察官。根据本法第十二条的规定，初任检察官应当通过国家统一法律职业资格考试取得法律职业资格，并且符合担任检察官的其他条件。由于检察官遴选委员会具有专业性和中立性，能够更好地从专业角度对初任检察官人选的专业能力进行审核，真正让业务水平高、司法经验丰富、工作能力强的人员进入检察官队伍。

本条第二款是关于省级检察官遴选委员会组成的规定。

检察官遴选委员会依法承担对初任检察官人选的专业能力进行审核的重要职责，应当由政治素质高、专业能力强、职业操守好的人员组成，并且应当具有专业性和广泛代表性，既要有经验丰富的检察官代表，也要有社会人士代表。根据本款的规定，省级检察官遴选委员会的组成人员应当包括以下几类人员：一是，地方各级人民检察院检察官代表，且检察官代表不少于三分之一。检察官代表的人选，需要考虑基层人民检察院的检察官、市级人民检察院的检察官、省级人民检察院的检察官，如有必要也要考虑专门人民检察院的检察官。而且检察官代表的人数不能少于遴选委员会总人数的三分之一，这样规定主要是保障检察官的权利。二是，其他从事法律职业的人员。具体可以考虑从律师、立法机关和政府中从事法制工作的人员等法律职业人员中选任代表。三是，有关方面代表。具体可以考虑从人大代表、政协委员、组织人事等部门，以及其他社会各界中选任代表。

本条第三款是关于省级检察官遴选委员会日常工作的规定。

根据本款的规定，省级检察官遴选委员会的日常工作由省级人民检察院的内设职能部门承担。这里所说的“日常工作”主要包括检察官遴选事项的规划、启动，对初任检察官人选的资格、工作履历、工作绩效情况进行收集、核实，以及组织会议等事务性工作。“内设职能部门”，一般是指省级人民检察院中负责组织人事工作的政治部。

本条第四款是关于最高人民检察院检察官遴选委员会的规定。

最高人民检察院是国家最高检察机关，最高人民检察院的检察官代表国家司法形象，体现着检察工作的最高水准和公信力。最高人民检察院检察官的遴选事关检察工作大局，尤为重要，遴选最高人民检察院检察官要充分考虑到最高人民检察院的职能定位、人员现状、案件数量和工作特点，规则需要更加精细、标准更加严格、程序更加完善。本款对遴选最高人民检察院检察官遴选委员会作了规定，具体包含两层意思：

第一，遴选最高人民检察院检察官应当设立最高人民检察院检察官遴选委员会。最高人民检察院检察官遴选委员会担负着优中选优、把好最高人民检察院检察官“入口”的重要职责，承载着人民群众对维护社会公平正义的期盼，对于地方各级人民检察院推进司法体制改革，建设高素质检察官队伍，具有重要的示范和指导作用。最高人民检察院检察官遴选委员会也应当具有广泛代表性，包括经验丰富的检察官代表、其他从事法律职业的人员和有关方面代表。从实践情况看，最高人民检察院在员额制改革中设立的检察官遴选委员会，当时的成员既有来自中央有关部门的人员，也有具有深厚法学专业素养和丰富法律工作经验的全国人大代表、全国政协委员、法学专家、律师代表，有着广泛代表性、专业权威性和社会中立性。

第二，最高人民检察院检察官遴选委员会，负责检察官人选专业能力的审核。最高人民检察院检察官应当是好中选优、能中选强，能够成为全国检察官的标杆。这就要求遴选委员会切实发挥好专业能力审查把关作用，强化专业把关，恪守公平公正，真正把业务水平高、司法经验丰富、检察业绩突出的高素质人才选拔出来。需要注意的是，这里规定的是“检察官人选”，既包括初任检察官，也包括其他初次进入最高人民检察院的检察官。这与本条第一款关于省级检察官遴选委员会负责初任检察官专业能力审核的规定不完全相同。

在该条的理解适用中，还需要注意以下两个问题：第一，省、自治区、直辖市设立的检察官遴选委员会，不仅对省、自治区、直辖市人民检察院检察官人选的专业能力进行审核，还要负责对本辖区内设区的市级人民检察院、基层人民检察院、专门人民检察院等检察院的检察官的专业能力进行审核。

第二，本条规定了省、自治区、直辖市检察官遴选委员会和最高人民检察院检察官遴选委员会。根据本条规定，省、自治区、直辖市检察官遴选委员会负责对本辖区内的基层人民检察院、设区的市级人民检察院、省级人民检察院和专门人民检察院等的初任检察官的专业能力进行审核，也就是说只对初任检察官进行审核。最高人民检察院检察官遴选委员会不仅对进入最高人民检察院的初任检察官的专业能力进行审核，还要对从市级检察院、省级检察院、专门检察院等通过遴选方式或者其他方式进入最高人民检察院的检察官的专业能力进行审核，也就是说凡初次进入最高人民检察院的检察官人选，都需要由最高人民检察院检察官遴选委员会对其专业能力进行审核。

相关规定

《中华人民共和国检察官法》第 12 条；《中华人民共和国人民检察院组织法》第 12－15 条；《中央组织部、最高人民法院、最高人民检察院关于建立法官检察官逐级遴选制度的意见》；《中央政法委员会关于严格执行法官、检察官遴选标准和程序的通知》

第十七条 **初任检察官一般到基层人民检察院任职。上级人民检察院检察官一般逐级遴选；最高人民检察院和省级人民检察院检察官可以从下两级人民检察院遴选。参加上级人民检察院遴选的检察官应当在下级人民检察院担任检察官一定年限，并具有遴选职位相关工作经历。**

条文主旨

本条是关于初任检察官任职以及逐级遴选制度的规定。

立法背景

本条是 2019 年检察官法修订新增加的内容，是将司法体制改革中执行检察官遴选有关规定的情况在法律中进一步予以明确。检察官逐级遴选制度是司法体制改革的重要内容，为推进检察官队伍正规化、专业化、职业化建设，提供了有力的制度保障。建立公平公正公开的遴选机制，规范遴选和任职条件、标准和程序，有利于把政治业务素质好，职业操守正的优秀法律人才选好用好，确保司法公正。国家高度重视建立并逐步完善检察官逐级遴选制度。2013 年 11 月《中共中央关于全面深化改革若干重大问题的决定》提出，建立符合职业特点的司法人员管理制度，健全法官、检察官、人民警察统一招录、有序交流、逐级遴选机制。2014 年 10 月党的十八届四中全会通过的《中共中央关于全面推进依法治国若干重大问题的决定》对法官、检察官遴选制度提出具体方案：初任法官、检察官由省级人民法院、人民检察院统一招录，一律在基层人民法院、人民检察院任职。上级人民法院、人民检察院的法官、检察官，一般从下一级人民法院、人民检察院的优秀法官、检察官中遴选。2016年5月《中央组织部、最高人民法院、最高人民检察院关于建立法官检察官逐级遴选制度的意见》以及2017年10月《中共中央办公厅、国务院办公厅关于加强法官检察官正规化专业化职业化建设全面落实司法责任制的意见》，对初任法官、检察官到基层人民法院、人民检察院任职、参加遴选工作年限和相关工作经历等作出具体规定：地市级以上人民法院、人民检察院的法官、检察官，一般通过逐级遴选方式产生。经最高人民检察院和最高人民法院决定或者批准，上级人民法院、人民检察院可以在下级人民法院、人民检察院范围内择优遴选法官、检察官。遴选地市级、省级人民检察院检察官的人员，在下级人民法院、人民检察院担任法官、检察官五年以上，并具有遴选职位三年以上相关工作经历；遴选最高人民法院、最高人民检察院的人员，一般担任地方人民法院、人民检察院法官、检察官八年以上，并具有遴选职位五年以上相关工作经历。

2017年12月检察官法修订草案和2018年12月检察官法修订草案二次审议稿对逐级遴选制度作出规定：初任检察官一般到基层人民检察院任职。地市级以上人民检察院检察官，一般通过逐级遴选方式产生。经最高人民检察院和最高级人民法院决定或者批准，上级人民法院、人民检察院可以在下级人民法院、人民检察院范围内择优遴选法官、检察官。遴选地市级、省级人民检察院检察官的人员，在下级人民法院、人民检察院担任法官、检察官五年以上，并具有遴选职位三年以上相关工作经历；遴选最高人民检察院的人员，一般担任地方人民检察院八年以上，并具有遴选职位五年以上相关工作经历。各有关方面对这条规定提出以下意见：

一是关于初任检察官一般到基层人民检察院任职。有的提出，党的十八届四中全会决定规定，初任法官、检察官一律在基层法院、检察院任职，建议将“一般”改为“应当”。有的提出，严格执行初任法官、检察官到基层任职的规定，可能导致中级以上法院、地市级以上人民检察院难以招录到法官助理、检察官助理，可以考虑法律层面作原则表述，为相关部门留下灵活掌握的空间。有的提出，地市级以上人民检察院已经以检察官助理身份招录到检察院的人员担任检察官职务的，是否一律到基层人民检察院任职，任职后又以何种途径回到原人民检察院，建议对这些问题予以明确。有的提出，对本法施行以前有基层检察官工作经历后调入地市级以上人民检察院的，不应要求再到基层人民检察院担任检察官。有的提出，该规定缺乏弹性，不利于调动检察官助理工作积极性，建议允许符合条件的检察官助理可以直接在任职检察院遴选为检察官。

二是关于逐级遴选。有的建议，将“下两级”修改为“下级”，将“一般通过逐级遴选产生”修改为“应当有一定比例通过逐级遴选方式产生”。有的提出，逐级遴选严格限制任职年限和职位相关工作经历，可能导致人选范围过窄、遴选周期过长，不利于及时遴选优秀检察官。有的提出，大学本科毕业年龄一般为二十二岁，进入检察院工作后，比较顺利的话两年后被任命为检察官，再有五年工作经历后遴选到地市级人民检察院，参加最高人民检察院遴选时，最低年龄要四十岁左右，考虑到该年龄段的职务等级、家庭等因素，参加遴选的人员可能比较少，建议考虑实际情况。

三是关于工作年限、相关工作经历。有的提出，遴选条件规定得过细不利于发挥遴选制度的实际作用，各地情况不同，每次遴选需求也不同，建议在法律中不作硬性规定，适当放宽，具体任职年限和遴选职位相关工作经历年限由最高人民法院、最高人民检察院会同有关部门根据实际情况制定。有的建议，降低工作年限，修改为“地市级以上人民检察院遴选检察官人选一般在下级人民检察院担任检察官三年以上，并具有遴选职位两年以上相关工作经历；最高人民检察院遴选检察官人选一般在下级人民检察院担任检察官五年以上，并具有遴选职位五年以上相关工作经历”。有的提出，基层检察院案件多，检察官少，压力大，为防止基层检察院检察官流失，建议将上述工作年限都规定为八年。有的提出，遴选检察官人选除规定工作年限外，还应规定相应的办案数量。

条文解读

检察官的职责是通过办理案件，实现司法公正，其所从事的检察工作需要专业知识、法律推理能力和运用法律的能力，要熟悉司法层级及运作，并能准确理解社会情况、把握社情民意，这些需要在办理案件过程中逐步历练积累。我国法律不仅对检察官的产生，尤其是上级人民检察院检察官的产生规定了严格的条件和程序，各国均对此有严格规定。

依照我国宪法规定，最高人民检察院是最高检察机关。最高人民检察院领导地方各级人民检察院和专门人民检察院的工作，上级人民检察院领导下级人民检察院的工作。上级人民检察院在办理案件的同时，还承担着领导下级人民检察院工作的职责。在上级人民检察院工作，具体行使法律监督权的检察官更需要熟练适用法律的业务能力、丰富的办理案件经验、较高的政治法律素养以及良好的道德品行。我国建立检察官逐级遴选制度的意义在于依照法定程序和条件，公正地选拔具有较高法律素养和能力，在任职检察院工作得到认可的检察官，保证其将任职的上级检察院检察权能被正确地行使，对于法律的有效实施、司法权的合理行使、社会公平正义的维护均具有至关重要的作用。一方面，可以从源头上保障检察官的职业素养和水平。通过检察官遴选制度，检察院可以设置一定的标准和条件，遴选出具有较高法律素养和法律水平的检察官，从而提高我国检察官整体质量，形成一个高标准高要求高素质的检察官群体。另一方面，有助于实现司法公正和树立司法权威。检察官遴选制度将对检察官的选拔放在了阳光之下，让人民能够真真切切地感受到司法制度的运作。这不仅有助于让司法公正变成一种看得见的公正，同时也有利于树立司法权威。检察官逐级遴选制度，首先充实基层司法一线办案力量，又可以建立法律职业从基层起步，逐级向上级检察院晋升的检察官培养晋升格局，有利于形成良好的检察官职务序列。

一是，初任检察官一般到基层人民检察院任职。这里的初任检察官，是指初次担任检察官的情形，主要是指以前未被任命过检察员或者助理检察员的，通过考核、考试的方式，经检察官遴选委员会审核通过，并经同级人大常委会任命后进入员额制检察官队伍的情形。对于在司法体制改革前，已经被任命为检察员或者助理检察员的，在改革之初并未进入员额制检察官队伍，后又经考核、考试进入员额制检察官队伍的，由于曾担任过检察官，不属于初任的情形。

根据宪法和《中华人民共和国人民检察院组织法》第十二条、第十三条的规定，我国人民检察院分为：（1）最高人民检察院；（2）地方各级人民检察院；（3）军事检察院等专门人民检察院。我国的人民检察院组织体系是由最高人民检察院、地方各级人民检察院和军事检察院等专门人民检察院组成。最高人民检察院是最高检察机关，领导地方各级人民检察院和专门人民检察院的工作。地方各级人民检察院包括省级人民检察院、设区的市级和基层人民检察院。专门人民检察院是指在某些专业系统或特定部门设置的国家检察机关，与专门人民检察院同级建立，相互协调配合，行使对其专门管辖的案件的检察权。我国的地方检察院基本上是以行政区划为基础设置的，分为三级，即省级人民检察院、设区的市级人民检察院和基层人民检察院。省级人民检察院包括省、自治区、直辖市人民检察院，我国在三十一个省、自治区、直辖市设立了三十一个省级人民检察院。设区的市级人民检察院，包括省、自治区、直辖市人民检察院，自治州人民检察院，省、自治区、直辖市人民检察院分院。其中，省、自治区、直辖市人民检察院分院是由省、自治区、直辖市人民检察院在省、自治区、直辖市所属的地区或工矿区、农垦区、林区等地区设置的人民检察院，代表派出的省、自治区、直辖市人民检察院在辖区内行使检察权；由检察长一人、副检察长和检察员若干人组成，设有相应的业务机构和检察委员会，对省级人民代表大会及其常务委员会和省级人民检察院负责。从2004年我国启动大规模司法改革以后，除军事检察院外，其他专门人民检察院陆续纳入地方普通人民检察院体制。目前，我国的专门人民检察院主要就是军事检察院。军事检察院是在中国人民解放军中设置的专门法律监督机关，受最高人民检察院领导，是专门检察院的一种，是我国检察机关的组成部分。本条规定的到基层人员检察院任职，一般是指到基层人民检察院，包括县、自治县、不设区的市、市辖区人民检察院任职。

对于初任检察官的任职检察院，在司法体制改革中已有探索并积累了经验。2016年5月中组部、最高人民法院、最高人民检察院印发《关于建立法官检察官逐级遴选制度的意见》中规定，地市级人民法院、人民检察院法官助理、人民检察院检察官助理，初任法官、检察官的，应当到基层人民法院、人民检察院任职；省级以上人民法院法官助理、人民检察院检察官助理，初任法官、检察官的，一般到基层人民法院、人民检察院任职。员额制实施前在地市级以上人民法院、人民检察院已任命为法官、检察官但未入额，且仍在办案业务部门协助办案的，可以在本院参加法官、检察官遴选，在本院任职。检察官法总结前期司法体制改革经验，规定初任检察官一般到基层人民检察院任职。

二是上级人民检察院检察官一般逐级遴选产生，最高人民检察院和高级人民检察院检察官可以从下两级人民检察院遴选。逐级遴选，是指上一级人民检察院检察官从下一级人民检察院遴选产生，即最高人民检察院从省级人民检察院遴选产生、高级人民检察院从地市级人民检察院遴选产生、中级人民检察院从基层人民检察院遴选产生。其中，最高人民检察院和省级人民检察院遴选检察官有特殊规定，可以从下两级人民检察院遴选，即最高人民检察院检察官可以从省级人民检察院、地市级人民检察院等两级检察院中政治素养高、办案案件经验丰富、专业能力强、熟悉所在检察院管辖案件的检察官中择优遴选到最高人民检察院。省级人民检察院检察官可以从地市级人民检察院、基层人民检察院等两级检察院的检察官中遴选产生。

三是被遴选到上级人民检察院担任检察官，应当符合规定要求的工作年限。检察官法修订草案和检察官法修订草案二次审议稿曾规定，地市级、省级人民检察院遴选检察官人选一般在下级人民检察院担任检察官五年以上，并具有遴选职位三年以上相关工作经历；最高人民检察院遴选检察官人选一般在下级人民检察院担任检察官八年以上，并具有遴选职位五年以上相关工作经历。在审议和修改过程中，有的提出，严格限制任职年限和职位相关工作经历，可能导致人选范围过窄、遴选周期过长，不利于及时遴选优秀检察官，建议删除或者适当降低年限和工作经历要求。经研究，修改为“参加上级人民检察院遴选的检察官应当在下级人民检察院担任检察官一定年限，并具有遴选职位相关工作经历”，对一定年限和工作经历作原则性规定。之所以规定担任检察官一定年限，是因为办理案件经验需要在具体工作中积累，办理案件的能力需要在司法实践中逐步提高，所以要求检察官有一定办理案件的经验。本条对年限不作具体规定，并不是对年限不作要求，而是让用人检察院根据办理案件工作需要、岗位职责以及员额空缺等情况，进行综合确定。关于“相关工作经历”，要求检察官办理相关案件等与被遴选检察官职位相关的工作经验，对相关业务经验的具体要求可以由上级检察院根据工作需要和实际情况，在遴选时予以明确，如上级检察院公诉部门遴选检察官是否需要出庭支持公诉的经验等，最高人民检察院可以根据检察院工作需要，综合各方面情况，对年限和工作经历作出进一步具体规定。

相关规定

《中华人民共和国法官法》第 17 条

第四章　检察官的任免

第十八条　检察官的任免，依照宪法和法律规定的任免权限和程序办理。

最高人民检察院检察长由全国人民代表大会选举和罢免，副检察长、检察委员会委员和检察员，由检察长提请全国人民代表大会常务委员会任免。

地方各级人民检察院检察长由本级人民代表大会选举和罢免，副检察长、检察委员会委员和检察员，由检察长提请本级人民代表大会常务委员会任免。

地方各级人民检察院检察长的任免，须报上一级人民检察院检察长提请本级人民代表大会常务委员会批准。

省、自治区、直辖市人民检察院分院检察长、副检察长、检察委员会委员和检察员，由省、自治区、直辖市人民检察院检察长提请本级人民代表大会常务委员会任免。

省级人民检察院和设区的市级人民检察院依法设立作为派出机构的人民检察院的检察长、副检察长、检察委员会委员和检察员，由派出的人民检察院检察长提请本级人民代表大会常务委员会任免。

新疆生产建设兵团各级人民检察院、专门人民检察院的检察长、副检察长、检察委员会委员和检察员，依照全国人民代表大会常务委员会的有关规定任免。

条文主旨

本条是关于检察官任免的规定。

立法背景

本条规定与2018年修订的人民检察院组织法相衔接，并体现了司法体制改革的精神。2018 年修订的人民检察院组织法对最高人民检察院、地方各级人民检察院、专门人民检察院的检察官任免均作出了规定。第三十七条规定，最高人民检察院检察长由全国人民代表大会选举和罢免，副检察长、检察委员会委员和检察员由检察长提请全国人民代表大会常务委员会任免。第三十八条规定，地方各级人民检察院检察长由本级人民代表大会选举和罢免，副检察长、检察委员会委员和检察员由检察长提请本级人民代表大会常务委员会任免。地方各级人民检察院检察长的任免，须报上一级人民检察院检察长提请本级人民代表大会常务委员会批准。省、自治区、直辖市人民检察院分院检察长、副检察长、检察委员会委员和检察员，由省、自治区、直辖市人民检察院检察长提请本级人民代表大会常务委员会任免。同时，人民检察院组织法对新疆生产建设兵团人民检察院、专门人民检察院，以及作为派出机构的人民检察院检察官任免也作出了规定。《中华人民共和国人民检察院组织法》第十四条规定，在新疆生产建设兵团设立的人民检察院的组织、案件管辖范围和检察官任免，依照全国人民代表大会常务委员会的有关规定。第十五条规定，专门人民检察院的设置、组织、职权和检察官任免，由全国人民代表大会常务委员会规定。第十六条规定，省级人民检察院和设区的市级人民检察院根据检察工作需要，经最高人民检察院和省级有关部门同意，并提请本级人民代表大会常务委员会批准，可以在辖区内特定区域设立人民检察院，作为派出机构。

2017 年《中华人民共和国检察官法》第十二条第六款规定了助理检察员的任免程序。以前，在人民检察院内部存在助理检察员这一职务，作为其被任命为检察官之前的过渡期，在当时的情况下，这种做法有利于检察官更好地履行自己的检察职责，提高办案能力和综合素质。考虑到实际工作的需要，人民检察院的助理检察员由本院检察长任免。随着司法体制改革的推进，现在已经取消了助理检察员制度，增设检察官助理作为检察辅助人员，相应地删除了关于助理检察员任命的规定。

条文解读

本条共分七款。第一款是关于检察官任免的依据的规定。即检察官任免必须依照宪法和法律的有关规定进行。人民检察院是国家的检察机关，它肩负着通过行使检察权，追诉犯罪，维护国家安全和社会秩序，维护个人和组织的合法权益，维护国家利益和社会公共利益，保障法律正确实施，维护社会公平正义，维护国家法制统一、尊严和权威，保障中国特色社会主义建设顺利进行的神圣使命。为了保证检察官依法履行职责，忠实执行宪法和法律，全心全意为人民服务，我国宪法和有关法律，对检察官任免规定了严格的程序和权限。《中华人民共和国宪法》第一百零一条第二款中规定，县级以上的地方各级人民代表大会选举并且有权罢免本级人民检察院检察长。第一百三十八条规定，最高人民检察院对全国人民代表大会和全国人民代表大会常务委员会负责。地方各级人民检察院对产生它的国家权力机关和上级人民检察院负责。人民检察院组织法也对最高人民检察院、地方各级人民检察院、专门人民检察院的检察官任免作出了规定。全国人大常委会关于新疆维吾尔自治区生产建设兵团设置人民法院和人民检察院的决定，对新疆生产建设兵团人民检察院的检察官任免作出规定。上述规定均为检察官任免的依据。因此本条在第一款中强调，检察官的任免，必须严格依照宪法和法律规定的任免权限和程序办理。未依宪法和法律规定的任免权限和程序进行任命的，任何人不能行使国家检察权。同时，检察官的任免必须严格依照宪法和法律规定的任免权限和程序办理，也要求国家权力机关更好地行使任免检察官的权力，推进法治工作队伍建设。

本条第二款是关于最高人民检察院检察长的选举和罢免以及副检察长、检察委员会委员和检察员的任免程序及权限的规定。本款的规定是与宪法和人民检察院组织法规定的任免程序和权限衔接一致的。《中华人民共和国宪法》第六十二条第九项规定，全国人民代表大会选举最高人民检察院检察长；第六十七条第十三项规定，全国人民代表大会常务委员会根据最高人民检察院检察长的提请，任免最高人民检察院副检察长、检察员、检察委员会委员和军事检察院检察长，并且批准省、自治区、直辖市的人民检察院检察长的任免。根据本款的规定，最高人民检察院检察长的人选由全国人民代表大会主席团提名，经各代表团协商后，再由主席团根据多数代表的意见确定正式候选人名单，经有效投票方得当选。最高人民检察院检察长可以主动提出辞职，也可由主席团、三个以上的代表团或者十分之一以上的代表提出罢免案予以罢免。最高人民检察院的副检察长、检察委员会委员和检察员由检察长提名后由全国人大常委会审议通过产生。

人民代表大会制度是我国的根本政治制度，全国人民代表大会是最高国家权力机关，全国人民代表大会常务委员会是它的常设机关。全国人大及其常委会的一项重要职权，就是产生中央层级的其他国家机关，包括最高人民检察院。最高人民检察院作为最高检察机关，其领导人员以及检察员由全国人大及其常委会选举和任免，是人大行使人事任免权的重要内容，也充分体现了最高检察机关由最高国家权力机关产生，对最高国家权力机关负责的宪法精神。

本条第三款是关于地方各级人民检察院检察长的选举和罢免以及副检察长、检察委员会委员和检察员的任免程序及权限的规定。

根据《中华人民共和国宪法》第一百零一条第二款的规定，县级以上的地方各级人民代表大会选举并且有权罢免本级人民检察院检察长。《中华人民共和国地方各级人民代表大会和地方各级人民政府组织法》第四十四条第十一项规定，县级以上的地方各级人民代表大会常务委员会按照人民检察院组织法的规定，任免人民检察院副检察长、检察委员会委员和检察员。《中华人民共和国人民检察院组织法》第三十八条第一款规定，地方各级人民检察院副检察长、检察委员会委员和检察员由本院检察长提请本级人民代表大会常务委员会任免。

根据《中华人民共和国人民检察院组织法》第十三条的规定，

地方各级人民检察院分为省级人民检察院、设区的市级人民检察院和基层人民检察院。省级人民检察院，包括省、自治区、直辖市人民检察院；设区的市级人民检察院，包括省、自治区辖市人民检察院，自治州人民检察院，省、自治区、直辖市人民检察院分院；基层人民检察院，包括县、自治县、不设区的市、市辖区人民检察院。除省、自治区、直辖市人民检察院分院，以及省级人民检察院和设区的市级人民检察院依法设立作为派出机构的人民检察院外，我国地方人民检察院大部分是按行政区划设置的：三十一个省、自治区、直辖市均设立省级人民检察院；省辖市、自治区辖市、自治州设立设区的市级人民检察院；县、自治县、不设区的市、市辖区设立基层人民检察院。上述地方人民检察院，与地方各级人民代表大会对应设立，因此他们的有关人员由同级人大及其常委会产生。

对于地方各级人民检察院检察长的任免，根据中华人民共和国地方各级人民代表大会和地方各级人民政府组织法的规定，由本级人民代表大会主席团或者代表联合提名，经差额选举，过半数票后票高者当选。对于地方各级人民检察院副检察长、检察委员会委员和检察员，由检察长提请地方各级人大常委会进行任免。

本条第四款是关于地方各级检察长任免的批准程序的规定。根据我国宪法的规定，上下级人民检察院之间的关系是领导与被领导的关系。《中华人民共和国人民检察院组织法》第十条第二款规定，最高人民检察院领导地方各级人民检察院和专门人民检察院的工作，上级人民检察院领导下级人民检察院的工作。根据上述规定，在地方各级人民代表大会选举、罢免本级人民检察院检察长后，须报上一级人民检察院检察长提请本级人大常委会批准。《中华人民共和国人民检察院组织法》第三十八条对任免地方各级人民检察院检察长，须报上级人民检察院检察长提请本级人大常委会批准也作了规定。这一规定体现了上下级人民检察院之间的领导与被领导的关系。

本条第五款是关于在省、自治区、直辖市内设立的人民检察院分院检察长、副检察长、检察委员会委员和检察员的任免程序及权限的规定。

在地方各级人民检察院中，省级人民检察院分院是较为特殊的一类，一般在省、自治区、直辖市内按地区设立，如湖北省人民检察院汉江分院、西藏自治区人民检察院阿里地区分院、北京市人民检察院第一分院等。分院没有对应的同级人大及其常委会，其法律性质是省级人民检察院分院。因此，本款规定了一种比较特殊的任免形式，主要是考虑这类人民检察院没有直接对应的人民代表大会，不能通过选举的方式产生，只能通过直接任免的方式产生。根据本款的规定，在省、自治区、直辖市内设立的人民检察院分院检察长、副检察长、检察委员会委员和检察员由省、自治区、直辖市人民检察院检察长提请本级人民代表大会常务委员会任免。

第六款是关于省级人民检察院和设区的市级人民检察院依法设立作为派出机构的人民检察院检察长、副检察长、检察委员会委员和检察员的任免程序及权限的规定。

本款是2019年修订新增的内容。《中华人民共和国人民检察院组织法》第十六条规定，省级人民检察院和设区的市级人民检察院根据检察工作需要，经最高人民检察院和省级有关部门同意，并提请本级人民代表大会常务委员会批准，可以在辖区内特定区域设立人民检察院，作为派出机构。人民检察院的派出机构，属于检察机关根据工作需要，依法在一定行政区域设立的派出组织，如林业检察院、坝区检察院等，主要负责办理派出它的人民检察院交办的检察事务。根据人民检察院组织法的规定，有权依法设置派出检察院的检察机关是有一定层级限制的，只有省级人民检察院和设区的市级人民检察院才能依法设立派出人民检察院。这主要是考虑到实践中随着各类开发区、自贸区的出现以及监狱体制改革，除省级人民检察院外，设区的市级检察院也在上述区域和场所设置了派出检察院，故根据实际情况对有权设立派出机构的主体予以明确。检察机关是国家法律监督机关，根本职责是维护法律的正确统一实施，在决定设置派出检察机构时，也应当有法可依，按照法律规定进行。根据人民检察院组织法的规定，设立派出机构，应当依法履行特定的法律程序，即需经最高人民检察院和省级有关部门同意，并提请本级人民代表大会常务委员会批准。根据上述规定，作为派出机构的人民检察院由派出的人民检察院申请，经派出的人民检察院同级人大常委会批准而产生，其有关领导人员及检察员，应对派出它的人民检察院和作出批准决定的人大常委会负责，由派出的人民检察院检察长提请本级人民代表大会常务委员会任免。

第七款是关于新疆生产建设兵团各级人民检察院、专门检察院的检察长、副检察长、检察委员会委员和检察员的任免办法的规定。

根据本款的规定，新疆生产建设兵团各级人民检察院、专门检察院的检察官任免均由全国人大常委会另行规定。新疆生产建设兵团是党政军企合一的特殊组织，实行特殊体制，自行管理内部的行政、司法事务。新疆生产建设兵团人民检察院的前身是建立于二十世纪五十年代的新疆军区生产建设兵团军事检察院，1975 年随新疆生产建设兵团的撤销而撤销，1984 年恢复重建。长期以来，新疆生产建设兵团人民检察院认真履行检察职能，为维护兵团和全疆的社会稳定，促进经济发展，加强民族团结，巩固祖国边防，发挥了重要作用。为解决新疆生产建设兵团人民检察院的法律地位不清、检察官职务任免缺乏依据等问题，1998 年 12 月 29 日，第九届全国人民代表大会常务委员会第六次会议通过了《关于新疆维吾尔自治区生产建设兵团设置人民法院和人民检察院的决定》，明确新疆维吾尔自治区生产建设兵团人民检察院检察长、副检察长、检察委员会委员、检察员，新疆维吾尔自治区生产建设兵团人民检察院分院检察长、副检察长、检察委员会委员、检察员，由自治区人民检察院检察长提请自治区人民代表大会常务委员会任免；基层人民检察院检察长、副检察长、检察委员会委员、检察员，由新疆维吾尔自治区生产建设兵团人民检察院任免。2019 年修订检察官法，增设本款，就是为了与人民检察院组织法等相衔接，在法律层面明确新疆生产建设兵团人民检察院检察官任免权限和程序，使其各项工作于法有据、有法可依。

《中华人民共和国人民检察院组织法》第十二条规定，人民检察院分为最高人民检察院、地方各级人民检察院和军事检察院等专门人民检察院。第十五条规定，专门人民检察院的设置、组织、职权和检察官任免，由全国人民代表大会常务委员会规定。目前，我国的专门检察院主要指军事检察院。军事检察院是国家在中国人民解放军中设置的专门法律监督机关，是我国检察机关的组成部分。军事检察院分三级设置，即地区军事检察院、大军区军事检察院、中国人民解放军军事检察院。军事检察院列入军队建制，实行双重领导的体制，中国人民解放军军事检察院在中华人民共和国中央军事委员会政法委和最高人民检察院的领导下开展工作。管辖的案件范围主要包括现役军人的犯罪案件、解放军军内在编职工的犯罪案件、军人违反职责罪中共同犯罪的非军人等。根据《中华人民共和国宪法》第六十七条第十三项的规定，军事检察院检察长由最高人民检察院检察长提请全国人大常委会任免。

《中华人民共和国宪法》第一百三十五条中规定，中华人民共和国设立最高人民检察院、地方各级人民检察院和军事检察院等专门人民检察院，人民检察院的组织由法律规定。宪法是人民检察院机构设置的总依据，设立人民检察院必须符合宪法和法律的规定。本款规定新疆生产建设兵团各级人民检察院以及专门人民检察院的检察人员依照全国人大常委会的有关规定任免，充分体现了合宪性和法治精神。

相关规定

《中华人民共和国宪法》第 62 条、第 67 条、第 101 条、第 135 条、第 138 条；《中华人民共和国人民检察院组织法》第 14 条、第 15 条、第 16 条、第 35 条、第 37 条、第 38 条、第 43 条；《中华人民共和国地方各级人民代表大会和地方各级人民政府组织法》第 44 条

第十九条　检察官在依照法定程序产生后，在就职时应当公开进行宪法宣誓。

条文主旨

本条是关于检察官就职时进行宪法宣誓的规定。

立法背景

国家公职人员在任职时向宪法宣誓，是世界上多数国家普遍采取的一种制度。宪法宣誓仪式通过庄重的形式强化宪法精神，有助于增强宣誓人和参加、观看仪式的人员对宪法的敬畏感，促进宣誓人铭记对宪法所作出的庄严承诺；有助于提高宪法意识，培育宪法信仰。世界上大多数有成文宪法的国家都实行宪法宣誓制度。在一百四十二个有成文宪法的国家中，规定相关国家公职人员必须宣誓拥护或效忠宪法的有九十七个。关于宪法宣誓的主体、内容、程序，各国做法不尽相同，一般都在有关人员开始履行职务之前或就职时举行宣誓。

我国宪法宣誓制度的建立，经历了党中央决策、全国人大常委会制定和完善有关法律、写入国家根本法的过程。2014 年以前，我国法律只在香港特别行政区基本法、澳门特别行政区基本法中规定了特别行政区行政长官等主要官员就职宣誓制度。2014 年 10 月，党的十八届四中全会通过的《中共中央关于全面推进依法治国若干重大问题的决定》，在“健全宪法实施和监督制度”部分中明确提出，建立宪法宣誓制度，凡经人大及其常委会选举或者决定任命的国家工作人员正式就职时公开向宪法宣誓。习近平总书记在关于全会决定的说明中，就建立宪法宣誓制度的背景和意义专门作了阐释。根据党的十八届四中全会精神，2015 年 6 月，第十二届全国人大常委会第十五次会议通过了《全国人民代表大会常务委员会关于实行宪法宣誓制度的决定》，对宪法宣誓制度的适用范围、宣誓誓词、宣誓活动的组织等作了规定。该决定第一条规定，各级人民代表大会及县级以上各级人民代表大会常务委员会选举或者决定任命的国家工作人员，以及各级人民政府、人民法院、人民检察院任命的国家工作人员，在就职时应当公开进行宪法宣誓。第二条规定，宣誓誓词如下：我宣誓：忠于中华人民共和国宪法，维护宪法权威，履行法定职责，忠于祖国、忠于人民，恪尽职守、廉洁奉公，接受人民监督，为建设富强、民主、文明、和谐的社会主义国家努力奋斗！此后，全国人大常委会和地方各级人大及其常委会，国务院和地方各级人民政府，最高人民法院、最高人民检察院和地方各级人民法院、人民检察院开始依法组织国家工作人员进行宪法宣誓。2018 年 2 月，第十二届全国人大常委会第三十三次会议对《全国人民代表大会常务委员会关于实行宪法宣誓制度的决定》进行了修订，主要是根据党中央深化国家监察体制改革的精神，增加了各级监察委员会主任、副主任、委员进行宪法宣誓的规定，根据党的十九大报告和十九大修改的党章，对宪法宣誓誓词中有关奋斗目标的表述作出修改，将誓词修改为：我宣誓：忠于中华人民共和国宪法，维护宪法权威，履行法定职责，忠于祖国、忠于人民，恪尽职守、廉洁奉公，接受人民监督，为建设富强民主文明和谐美丽的社会主义现代化强国努力奋斗！2018 年 3 月，第十三届全国人大一次会议通过了宪法修正案，在宪法第二十七条中增加一款作为第三款，规定“国家工作人员就职时应当依照法律规定公开进行宪法宣誓”，宪法宣誓制度作为国家机关及其工作人员履行职责的重要规范载入了国家的根本法。2018 年 3 月 17 日，习近平同志在第十三届全国人大一次会议上当选中华人民共和国主席、中华人民共和国中央军事委员会主席，面对全体代表和全国各族人民，手抚宪法进行了庄严宣誓。这是中华人民共和国主席第一次依法在就职时进行宪法宣誓。大会选举和决定任命的其他国家机关工作人员也在会议上进行了宪法宣誓。这一庄严仪式，对于彰显宪法权威，增强公职人员宪法观念，激励公职人员忠于和维护宪法，在全社会增强宪法意识、树立宪法权威，起到了重要的作用。

检察官作为依法行使国家检察权的检察人员，在就职时公开进行宣誓，对于增强检察官职业使命感、责任感和荣誉感，激励检察官严格依法履职，具有重要意义。从实践中的情况看，在国家工作人员实行统一的宪法宣誓制度以前，检察院系统就普遍组织了检察官就职宣誓活动。2010 年 3 月，最高人民检察院印发了《中华人民共和国检察官宣誓规定（试行)》，对检察官宣誓制度的适用范围、宣誓誓词、宣誓仪式的组织等作了规定。根据该规定，初次担任检察官职务、检察官晋升等次，应当以公开宣告誓词的方式，郑重承诺对国家的忠诚、对人民的热爱、对法律的尊崇和对职责的坚守，自觉接受监督。检察官宣誓誓词为：我是中华人民共和国检察官，我宣誓：忠于国家、忠于人民、忠于宪法和法律，忠实履行法律监督职责，恪守检察职业道德，维护公平正义，维护法制统一。《全国人民代表大会常务委员会关于实行宪法宣誓制度的决定》第三条中规定，全国人民代表大会选举的最高人民检察院检察长，在依照法定程序产生后，进行宪法宣誓，宣誓仪式由全国人民代表大会会议主席团组织。第六条中规定，全国人大常委会任命的最高人民检察院副检察长、检察委员会委员、检察员和军事检察院检察长，在依照法定程序产生后进行宪法宣誓，宣誓仪式由最高人民检察院组织。第七条中规定，最高人民检察院任命的国家工作人员，在就职时进行宪法宣誓，宣誓仪式由最高人民检察院组织。第九条规定，地方各级人民代表大会及县级以上地方各级人大常委会选举或者决定任命的国家工作人员，以及地方各级人民政府、监察委员会、人民法院、人民检察院任命的国家工作人员，在依照法定程序产生后，进行宪法宣誓。宣誓的具体组织办法由省、自治区、直辖市人大常委会参照该决定制定，报全国人大常委会备案。上述规定，是检察官就职时进行宪法宣誓的法律依据。2015 年以来，各级人大及其常委会选举或者任命的检察官在就职时，依照法律规定进行了宪法宣誓。2018 年 3 月 18 日，第十三届全国人大一次会议选举产生的最高人民检察院检察长张军，在会议举行的宪法宣誓仪式上依法进行了宣誓。这是我国最高人民检察院检察长、首席大检察官首次依法进行宪法宣誓。

2019年修订检察官法，为贯彻落实宪法关于国家公职人员宪法宣誓的规定，与《全国人民代表大会常务委员会关于实行宪法宣誓制度的决定》相衔接，总结检察官宪法宣誓制度实施的经验，在检察官任命程序的规定之后，增加了一条关于检察官就职时应当公开进行宪法宣誓的规定。

条文解读

本条规定可以从以下几个方面理解和把握：

第一，检察官宪法宣誓在检察官依照法定程序产生后进行。宪法、人民检察院组织法和本法对检察官的产生程序了作了规定。根据上述法律规定，不同层级和不同职务检察官的产生程序不同。最高人民检察院检察长由全国人民代表大会选举，副检察长、检察委员会委员和检察员，由检察长提请全国人大常委会任免。地方各级人民检察院检察长由本级人民代表大会选举，副检察长、检察委员会委员和检察员，由检察长提请本级人大常委会任免。地方各级人民检察院检察长的任免，须报上一级人民检察院检察长提请本级人大常委会批准。省、自治区、直辖市人民检察院分院检察长、副检察长、检察委员会委员和检察员，由省、自治区、直辖市人民检察院检察长提请本级人大常委会任免。省级人民检察院和设区的市级人民检察院依法设立作为派出机构的人民检察院的检察长、副检察长、检察委员会委员和检察员，由派出的人民检察院检察长提请本级人大常委会任免。新疆生产建设兵团各级人民检察院、专门人民检察院检察长、副检察长、检察委员会委员和检察员，依照全国人大常委会的有关规定任免。这里规定的“依照法定程序产生”就是根据上述规定，由有权选举、任命或者批准的机关依照选举或者任命程序产生。

第二，检察官的宪法宣誓在检察官就职时进行。“就职”是正式就任职务。进行宪法宣誓是宪法和法律规定的检察官就职的必经程序，所有检察官在依法产生后，就职时都应当依法进行宣誓。

第三，检察官的宪法宣誓应当公开进行。宪法宣誓作为庄严的仪式，要起到彰显宪法权威，激励鼓舞宣誓人和参加人员，增强全民宪法意识的作用，应当公开进行，组织有关人员参加仪式。实践中，参加检察官宪法宣誓仪式的一般有选举或者任命检察官的人大代表、人大常委会组成人员，检察院的其他检察官和工作人员等，有条件的还可以通过电视、互联网等媒体对宪法宣誓仪式进行直播。

对于检察官宪法宣誓仪式的具体组织，《全国人民代表大会常务委员会关于实行宪法宣誓制度的决定》第八条作了规定，宣誓仪式根据情况，可以采取单独宣誓或者集体宣誓的形式。单独宣誓时，宣誓人应当左手抚按《中华人民共和国宪法》，右手举拳，诵读誓词。集体宣誓时，由一人领誓，领誓人左手抚按《中华人民共和国宪法》，右手举拳，领诵誓词；其他宣誓人整齐排列，右手举拳，跟诵誓词。宣誓场所应当庄重、严肃，悬挂中华人民共和国国旗或者国徽。宣誓仪式应当奏唱中华人民共和国国歌。负责组织宣誓仪式的人大、检察院等机关，可以根据法律规定并结合实际情况，对宣誓的具体事项作出规定。

相关规定

《中华人民共和国宪法》第27条第3款；《全国人民代表大会常务委员会关于实行宪法宣誓制度的决定》；《中共中央关于全面推进依法治国若干重大问题的决定》

第二十条　检察官有下列情形之一的，应当依法提请免除其检察官职务：

（一）丧失中华人民共和国国籍的；

（二）调出所任职人民检察院的；

（三）职务变动不需要保留检察官职务的，或者本人申请

免除检察官职务经批准的；

（四）经考核不能胜任检察官职务的；

（五）因健康原因长期不能履行职务的；

（六）退休的；

（七）辞职或者依法应当予以辞退的；

（八）因违纪违法不宜继续任职的。

条文主旨

本条是关于免除检察官职务的条件的规定。

立法背景

1. 相关背景情况

本条是1995年制定检察官法时所作的规定。1995年《中华人民共和国检察官法》第十四条规定："检察官有下列情形之一的，应当依法提请免除其职务：（一）丧失中华人民共和国国籍的；（二）调出本检察院的；（三）职务变动不需要保留原职务的；（四）经考核确定为不称职的；（五）因健康原因长期不能履行职务的；（六）退休的；（七）辞职、辞退的；（八）因违纪、违法犯罪不能继续任职的；（九）因其他原因需要免职的。"检察官的职业保障不仅关乎检察官个人的职业尊严和职业安全感，更关乎维护和树立司法权威。因此，在法律上明确规定免除检察官职务的情形，是依法加强检察官管理的需要，也是为检察官依法履职提供坚实法律保障，消除检察官后顾之忧的必然要求。本条的主要内容是1995年检察官法的规定，2019年修订检察官法，根据各方面的意见对本条作了进一步的补充和完善。主要作了五处修改完善：一是，增加了本人申请免除检察官职务经批准的情形。这样规定，主要是实践中有的检察官因健康、家庭、工作等原因，提出不再继续担任检察官职务的申请，经组织人事部门批准后，需要免除其检察官职务。需要注意的是，这里的申请免除检察官职务，与申请辞去公职是不同的，申请免除检察官职务并不离开检察院，而是保留公务员身份，在检察院的非检察岗位继续工作。

二是，将“调出本检察院”修改为“调出所任职人民检察院”，修改后的表述更加准确、规范。

三是，将“经考核确定为不称职的”修改为“经考核不能胜任检察官职务的”。这样修改是根据检察官职业特点和近年来检察官员额制改革的实践作出的调整。因为2017年检察官法的规定是根据公务员管理的规定，年度考核的结果分为四个等次：优秀、称职、基本称职和不称职。对年度考核不称职的检察官，要予以免职。现在经调整后，对两种考核作了区分，这里的考核是指按照员额制要求，对检察官办案业绩进行考核后，达不到规定要求，表明办案能力不胜任检察官要求，因而对其工作岗位作出调整，使其退出办案岗位，调整到其他岗位任职。这一措施体现了员额制改革中能上能下、能进能出的精神。另外，检察官也是公务员，如果作为公务员的年度考核连续两年不称职，按照公务员法的规定，应当作出辞退的处理，辞退就是要求其退出公务员队伍，即不仅要免除其检察官职务，而且要解除其公职身份。关于对检察官的年度考核和辞退，以及依据考核结果的辞退，本法第四十三条作了规定。同时，也适用公务员法的有关规定。

四是，将“被辞退的”修改为“依法应当予以辞退的”。主要是考虑到检察官是实行单独职务序列管理的公务员，其任职是经相关权力机关任命的，如果要辞退，需要依法办理相关免职手续。另外，也与公务员法的规定相衔接，《中华人民共和国公务员法》第八十八条规定了对公务员予以辞退的情形。

五是，将“因违纪、违法犯罪不能继续任职的”修改为“因违纪违法不宜继续任职的”。只是作了文字修改，这里的违法行为包含犯罪行为。

2. 各方面提出的意见

检察官法修订草案第二十一条规定：“检察官有下列情形之一

的，应当依法提请免除其检察官职务：（一）丧失中华人民共和国国籍的；（二）调出本检察院的；（三）职务变动不需要保留原检察官职务的；（四）办案质量连续两年不达标，不能胜任检察官职务的；（五）因健康原因长期不能履行职务的；（六）退休的；（七）辞职或者被辞退的；（八）因违纪、违法犯罪不能继续任职的。”

在常委会第一次审议过程中，有的常委委员建议明确该条第四项中“不达标”的含义。有的全国人大代表建议在该条增加“配偶为外国人”应免除检察官职务的规定。

在征求有关方面意见过程中，有的地方建议明确提请免除的主体和决定免除的主体。一些地方和部门建议，对“办案质量效率连续两年不达标”予以明确。有的地方提出，第八项规定了违纪、违法犯罪不能继续任职的情形，草案第五十六条、第五十九条也有“违法违纪”的规定，相关规定应一致起来；有的地方建议，将“不能继续任职”修改为“不宜继续任职”。有的地方建议增加“法律规定的其他情形”作为兜底。有的社会公众建议，取得他国绿卡的也应免除检察官职务。

在常委会第二次审议过程中，有的全国人大代表建议增加“具有应当回避情形的”规定。

3. 有关国家检察官身份保障的规定

（1）任期保障。美国联邦总检察长、联邦地方检察官的任期一般与总统的任期相同，但也有例外，其中联邦检察官任期 4 年，是否连任主要取决于所属政党在大选举中的胜负，美国检察官的流动性较强。德国、日本、荷兰等国检察官则与公务员的任职相同。许多国家对检察官的任期和退休年龄作出了专门规定。在法国、德国，检察官与法官一样，退休年龄为六十五岁，高于国家公务员六十岁的退休年龄。在日本，检事总长的退休年龄为六十五岁，其他检察官则为六十三岁。

（2）免职条件保障。在国外，为避免检察官因执行职务而处于不利地位或陷入不利境地，许多国家赋予检察官与其特殊责任相适应的职权保障，检察官身份一旦获得，非因法定事由、非经法定程序，不得随意罢免、撤职、调任、停职或降职、辞退。在美国，除非法律明确规定，检察官不能被撤换或免职。检察官免职情形主要有：经常喝醉酒，严重道德败坏，故意拖延或拒绝进行刑事诉讼和控告，不服从或不执行法院的命令，利用职务之便进行敲诈勒索等犯罪行为，收受未经许可的酬金等。在日本，检察官在退休前，除非检察官因身心故障、职务上效率低下及其他原因不适宜执行职务，不得被免除，并且在具体程序上，对检察官免职，应当经过检察官合格审查会严格审查，并作出决议，交付法务大臣。

条文解读

本条规定了以下八种应当依法提请免除检察官职务的情形：

第一，丧失中华人民共和国国籍的。根据本法第十二条的规定，担任检察官的条件之一，就是要具有中华人民共和国国籍。因此，如果其丧失了中华人民共和国国籍，即不具备了担任检察官的条件。根据我国国籍法的规定，这里所说“丧失中华人民共和国国籍”，既包括定居外国的中国公民，自愿加入或者取得外国国籍的情形，也包括中国公民是外国人的近亲属或者定居在外国或者有其他正当理由，向我国有关部门申请退出中国国籍并获得批准的情况。这两种情况一种是自动丧失了中国国籍，一种是退出中国国籍，都可以导致丧失中华人民共和国国籍的法律效果。随着改革开放的不断深化，对外交往和人员往来日益频繁，如果有的担任检察官职务的人，由于个人、家庭等各种原因加入外国国籍的，或者自己主动申请退出中国国籍的，按照我国国籍法的规定即丧失中国国籍，这样就不再符合继续担任检察官的国籍条件，应当依法免除其检察官职务。

第二，调出所任职人民检察院的。我国宪法、人民检察院组织法和其他有关法律对最高人民检察院和地方各级人民检察院检察官职务的任免，规定了相应的任免权限和程序。对调出所任职人民检察院的，不再属于原任职人民检察院的检察官，即应当依法免除其职务。需要注意的是，有的情况下，调出所任职检察院的检察官可能是到其他检察院继续担任检察官工作，这种情况下，按照现有法律规定，也应当依法免除其原任职的检察院的检察官职务。如果要到所调往的检察院担任检察官，需要调往检察院所在地的相应的人民代表大会及其常务委员会依照相关法律规定重新任命。

第三，职务变动不需要保留检察官职务的，或者本人申请免除检察官职务经批准的。检察官是依法行使国家检察权的检察人员，如果因为职务变动，不需要再保留检察官职务的，自然应当依法免除其检察官职务。这里的职务变动，主要是指该检察官因职务调整，到本检察院其他岗位任职，不再担任检察职务，不承担检察职责的情况，如调任到本院行政管理岗位等。

除上述职务变动原因外，实践中也在有些情况下，检察官本人因健康、家庭、工作等个人原因，不愿意继续担任检察官职务，自己申请免除职务。如果是这种情况，需要由本人提出申请，并按照管理权限批准。如果申请获得批准，就应当相应免除其检察官职务。

第四，经考核不能胜任检察官职务的。检察官是依法行使国家检察权的检察人员，检察官的基本职责就是对刑事案件进行审查逮捕、审查起诉，代表国家进行公诉，依法开展法律监督等，判断检察官是否胜任检察官职务，要根据对检察官工作实绩的考核。实践中，检察工作实绩是检察官业绩考核的核心内容，主要包括办案数量、办案质量、办案效率和办案效果等方面。如果检察官经考核不胜任检察官职务的，就应当依法免除其检察官职务，这也是实行员额制改革，通过优中选优，建设高素质检察官队伍的必然要求。

第五，因健康原因长期不能履行职务的。由于检察官职业本身就是依法行使检察权，办理案件，履行法律监督职责。特别是在当前我国处于社会转型时期，各种社会矛盾纠纷多发，案多人少的矛盾非常突出，检察官工作压力和负担很重，而检察官员额是有限的，如果因为身体健康原因长期不能履行检察官职务的，就应依法免除其检察官职务，及时补充其他检察官承担工作任务。当然，检察官由于健康原因不能继续履行检察官职务，依法免除其职务，不影响其按照国家有关规定享有医疗等待遇，并按照规定安排其他可以适应的工作。

第六，退休的。检察官实行单独职务序列管理，但也是国家公务员。关于检察官的退休，目前是按照国家公务员法的规定执行的。根据国家公务员法的规定，这里的“退休”包括两种情况，一是达到国家规定的退休年龄或者完全丧失工作能力的，应当退休。二是提前退休，即符合下列条件之一的，本人自愿提出申请，经任免机关批准，可以提前退休：(1) 工作年限满三十年的；(2) 距国家规定的退休年龄不足五年，且工作年限满二十年的；(3) 符合国家规定的可以提前退休的其他情形的。考虑到检察官工作的性质和特点，本法第六十三条规定，检察官的退休制度，根据检察工作特点，由国家另行规定。如果将来国家就检察官退休另行制定了不同于普通公务员的退休规定，则检察官退休就应当依照本法和国家的另行规定执行。

第七，辞职或者依法应当予以辞退的。对检察官本人提出辞职的，应当由其本人提出书面申请，对符合条件，按照管理权限批准的，应依照法律规定的程序免除其职务。关于辞退检察官，本法第三十六条第一款规定，辞退检察官应当依照法律规定的程序免除其职务。至于具有哪些情形的可以予以辞退，本法未作具体规定。对此，需要按照国家公务员法的规定执行。根据《中华人民共和国公务员法》第八十八条规定：“公务员有下列情形之一的，予以辞退：(一) 在年度考核中，连续两年被确定为不称职的；(二) 不胜任现职工作，又不接受其他安排的；(三) 因所在机关调整、撤销、合并或者缩减编制员额需要调整工作，本人拒绝合理安排的；(四) 不履行公务员义务，不遵守法律和公务员纪律，经教育仍无转变，不适合继续在机关工作，又不宜给予开除处分的；(五) 旷工或者因公外出、请假期满无正当理由逾期不归连续超过十五天，或者一年内累计超过三十天的。”检察官如果具有上述情形之一依法予以辞退的，应当提请免除其检察官职务。

第八，因违纪违法不宜继续任职的。这里所说的“违纪违法”是广义的，既包括违反党纪、政纪及违反其他相关法律的行为，也包括违反检察官法所规定的对检察官的禁止性规定。如果检察官有违纪违法行为，且根据其违纪违法的具体情况不宜继续任职的，就应当依法免除其检察官职务。

在该条的理解适用中，还需要注意以下两个方面的问题：

第一，本条第四项规定的“经考核不能胜任检察官职务的”与本法第六章检察官的考核、奖励和惩戒中规定的年度考核实际有联系又有区别，不能完全等同。本条规定的考核主要是针对检察官作为行使检察权的检察人员的考核，考核内容是其检察业绩，目的是考核其是否能够胜任检察官工作。而本法第六章规定的年度考核，是针对检察官作为公务员的年度考核，考核内容更为全面，除了检察工作实绩外，还包括职业道德、检察作风等，考核结果分为优秀、称职、基本称职和不称职。因此，有的检察官可能因为身体等原因，办案业绩未能达标，不适宜继续在检察岗位工作，但作为公务员本身，是称职的，可以免除其检察官职务，调整到其他非检察岗位工作。但是，检察官如果是在年度考核中连续两年不称职，按照公务员法的规定，就应当辞退。当然，这是从两种考核的性质、目的、内容、法律效果方面进行比较，实践中为了便于操作，减轻负担，各地往往将两项考核一并进行，即实行一次考核，两边使用，这也是可以的。总之，本条规定的考核主要是能否胜任检察官职务的考核，是更高、更专业、更有针对性的要求，如果检察官经考核不能达到检察院规定的标准，不能胜任检察官职务的，就要依法免除其检察官职务；如果检察官在公务员年度考核中连续两年不称职，就要按照公务员法的规定处理。

第二，实践中有的检察院或者相关部门为了干部交流培养等原因，可能会安排检察官进行短时间的轮岗、挂职，或者安排检察官承担临时性重要工作等，这种短期内暂时离开检察岗位的情况，检察官职务可能还需要保留，则可以暂不免去检察官职务。

相关规定

《中华人民共和国公务员法》第88条、第92条、第93条；《中华人民共和国检察官法》第41条、第42条

第二十一条　对于不具备本法规定条件或者违反法定程序被选举为人民检察院检察长的，上一级人民检察院检察长有权提请本级人民代表大会常务委员会不批准。

条文主旨

本条是关于对违反法律规定被选举为人民检察院检察长后如何处理的规定。

立法背景

1995年《中华人民共和国检察官法》第十五条规定，对于不具备本法规定条件或者违反法定程序被选举为人民检察院检察长的，上一级人民检察院检察长有权提请该级人民代表大会常务委员会不批准。2001年修正、2017年修正以及2019年修订均未作修改。《中华人民共和国宪法》第一百三十七条第二款规定，上级人民检察院领导下级人民检察院的工作。第一百三十八条规定，地方各级人民检察院对产生它的国家权力机关和上级人民检察院负责。《中华人民共和国人民检察院组织法》第三十八条第二款和本法第十八条第四款均规定，地方各级人民检察院检察长的任免，须报上一级人民检察院检察长提请本级人民代表大会常务委员会批准。对于按照法定条件和程序被选举为人民检察院检察长的，上一级人民检察院检察长应当根据法律规定提请本级人民代表大会常务委员会批准。相应地，如果出现违反法定程序或条件被选举为检察长的情况，上一级人民检察院检察长也应依照相应程序提请本级常委会不批准。本条根据本法和人民检察院组织法的相关规定，对上一级人民检察院

检察长有权就违反法律规定选举产生的检察长，提请本级人民代表大会常务委员会不批准作了规定。

条文解读

《中华人民共和国宪法》第一百三十七条第二款规定，最高人民检察院领导地方各级人民检察院和专门人民检察院的工作，上级人民检察院领导下级人民检察院的工作。为了体现和保障上下级人民检察院的领导和被领导关系，人民检察院组织法规定，地方各级人民检察院检察长由地方各级人民代表大会选举，同时需报上一级人民检察院检察长提请该级人民代表大会常务委员会批准。根据上述规定，地方各级人民检察院检察长的任命，比人民法院院长的任命多一个环节。这样规定，随之就产生一个问题，如果上级人民检察院检察长认为下级人民检察院检察长的选举不符合法律规定，如认为该被选举的检察长不具备检察官法规定的条件，或者其选举是违反法定程序的，如何处理？为了解决这个问题，1995 年制定检察官法时就对该种情形作出规定，并限定了适用范围，即只有在不具备本法规定条件或者违反法定程序下被选举为人民检察院检察长的，上一级人民检察院检察长才有不批准提请权。本规定使上级人民检察院对下级人民检察院的领导制度更加完备，使上级人民检察院检察长根据下级人民检察院检察长具体人选的情况，可以提请同级人大常委会批准，也可以提请不批准。

“不具备本法规定的条件”，主要是指本法第十二条规定的担任检察官的条件和第十四条人民检察院的检察长应当具有法学专业知识和法律职业经历的条件。本法第十二条规定：“担任检察官必须具备下列条件：（一）具有中华人民共和国国籍；（二）拥护中华人民共和国宪法，拥护中国共产党领导和社会主义制度；（三）具有良好的政治、业务素质和道德品行；（四）具有正常履行职责的身体条件；（五）具备普通高等学校法学类本科学历并获得学士及以上学位；或者普通高等学校非法学类本科及以上学历并获得法律硕士、法学硕士及以上学位；或者普通高等学校非法学类本科及以上学历，获得其他相应学位，并具有法律专业知识；（六）从事法律工作满五年。其中获得法律硕士、法学硕士学位，或者获得法学博士学位的，从事法律工作的年限可以分别放宽至四年、三年；（七）初任检察官应当通过国家统一法律职业资格考试取得法律职业资格。适用前款第五项规定的学历条件确有困难的地方，经最高人民检察院审核确定，在一定期限内，可以将担任检察官的学历条件放宽为高等学校本科毕业。”

“违反法定程序”主要是指法律关于选举检察长的有关程序的规定。根据地方各级人民代表大会和地方各级人民政府组织法的相关规定，选举地方各级检察长需按照以下程序进行：（1）提名。地方各级人民检察院检察长的人选，由本级人民代表大会主席团或者代表联合提名。代表联合提名的，需遵循以下规定：省级人民代表大会代表三十人以上书面联名，设区的市、自治州的人民代表大会代表二十人以上书面联名，县级的人民代表大会代表十人以上书面联名，可以提出本级人民检察院检察长的候选人。主席团提名的候选人人数，每一代表与其他代表联合提名的候选人人数，均不得超过应选名额（即一名）。不同选区或者选举单位选出的代表可以酝酿、联合提出候选人。代表联名提出的候选人同主席团提出的候选人具有同样的法律地位，都必须依法列入候选人名单，交代表酝酿、讨论，不能随意删减代表联名提出的候选人。县级以上的地方各级人民代表大会换届选举本级国家机关领导人员时，提名、酝酿候选人的时间不得少于两天。两天时间不一定都讨论选举问题，可以穿插安排其他议程，主要是留给代表考虑、选择人选的时间。（2）差额选举。选举一般应采取差额的方式。人民检察院检察长的候选人数一般应多一人，进行差额选举；如果提名的候选人只有一人，也可以等额选举。（3）投票和当选。选举采用无记名投票方式。代表对于确定的候选人，可以投赞成票，可以投反对票，可以另选其他任何代表或者选民，也可以弃权。地方各级人民代表大会选举本级国家机关领导人员，获得过半数选票的候选人人数超过应选名额时，以得票多的当选。如遇票数相等不能确定当选人时，应当就票数相等的人再次投票，以得票多的当选。（4）补选。补选是指在选举产生的人员因死亡、被罢免、辞职等原因缺额而进行的补充选举。《中华人民共和国地方各级人民代表大会和地方各级人民政府组织法》第二十五条中规定，地方各级人民代表大会补选人民检察院检察长时，候选人数可以多于应选人数，也可以同应选人数相等。补选应当实行无记名投票，不能采用举手表决或者电子表决器表决，以保证代表另选他人的权利。

上一级人民检察院提请本级人民代表大会常务委员会不批准的程序，与本法第十八条第四款规定的提请批准程序相同。在提请本级人大常委会不批准时，原则上应对不批准的理由或者违反法律规定的情况予以说明。

值得注意的是，本条是在地方各级人民检察院检察长已经选举产生，且上报至上一级人民检察院后，上一级人民检察院发现该检察长存在不具备本法规定的条件或者违反法定程序被选举情形的，而由上一级人民检察院检察长提请本级人大常委会不批准的规定。此时任命该检察长的行为尚未生效，待上一级人大常委会关于不批准的决定作出后，下一级人大常委会按照法律规定重新选举本级人民检察院检察长即可。而对地方各级人民检察院检察长的罢免、撤职、撤换等行为，针对的是已经生效的检察长任命决定，应按照地方组织法和人民检察院组织法的相关规定进行。上述几种情形的针对对象与带来的法律后果较为不同，要注意加以区分。

相关规定

《中华人民共和国宪法》第137条、第138条；《中华人民共和国人民检察院组织法》第10条、第38条、第39条；《中华人民共和国检察官法》第12条、第14条、第18条；《中华人民共和国地方各级人民代表大会和地方各级人民政府组织法》第8条、第10条、第25条

第二十二条 发现违反本法规定的条件任命检察官的，任命机关应当撤销该项任命；上级人民检察院发现下级人民检察院检察官的任命违反本法规定的条件的，应当要求下级人民检察院依法提请任命机关撤销该项任命。

条文主旨

本条是关于对违反本法规定的条件任命检察官的，应当如何处理的规定。

立法背景

本法第十二条规定了担任检察官必须具备的条件，第十八条规定了检察官的任免权限和程序，对于违反本法规定的条件任命检察官的，应当如何处理，本条进行了明确规定。

2017 年《中华人民共和国检察官法》第十六条规定，对于违反本法规定的条件任命检察官的，一经发现，做出该项任命的机关应当撤销该项任命；上级人民检察院发现下级人民检察院检察官的任命有违反本法规定的条件的，应当责令下级人民检察院依法撤销该项任命，或者要求下级人民检察院依法提请同级人民代表大会常务委员会撤销该项任命。2019 年检察官法修订删去了原条文中责令下级人民检察院依法撤销该项任命的规定。这样修改的主要考虑是，按照修订后的《中华人民共和国检察官法》第二条的规定，检察官包括各级人民检察院检察长、副检察长、检察委员会委员和检察员，不再设置助理检察员，而按照 2017 年检察官法的规定，检察官还包括助理检察员，人民检察院的助理检察员由本院检察长任免。因此，对于违反法律规定的条件任命的助理检察员，按照 2017 年检察官法的规定，应由其所在的人民检察院检察长撤销任命；如果是上级人民检察院发现的，则由上级人民检察院责令下级人民检察院撤销任命。现在既然不再设置助理检察员，按照检察官法、人民检察院组织法等法律规定，人民检察院的检察官都是由相应的人大及其常委会依法任命的，如果发现违反条件任命检察官的，只能由相应的任命机关撤销任命，而不能由相关人民检察院自行撤销，因此本条修改就删去了上述责令下级人民检察院依法撤销任命的规定。

条文解读

检察官作为人民检察院的组成人员，具体行使国家审查逮捕、审查起诉、提起公诉、开展公益诉讼、对诉讼活动进行监督等职权，加强检察官队伍建设是实现公正司法的重要保障。当前，检察官队伍在司法理念、司法能力、司法作风等方面与党和人民的要求还不能完全适应，这些都影响和制约着司法权威。为此，党的十八届三中全会提出，确保依法独立公正行使审判权检察权，建立符合职业特点的司法人员管理制度。党的十八届四中全会提出，建设高素质法治专门队伍，推进法治专门队伍正规化、专业化、职业化，提高职业素养和专业水平。为了落实中央要求，深化司法体制改革，加强检察官队伍建设，有关方面在改革中以建立单独职务序列管理为抓手，一方面加强检察官职业保障，提高检察官待遇，另一方面严格检察官任职条件，探索建立检察官员额制、检察官逐级遴选制度等，就是为了通过严格选拔、优中选优，使真正业务水平高，司法经验丰富，能够独立办案的人员进入检察官队伍，以全面建设高素质的检察官队伍。2019 年检察官法修改，总结司法体制改革经验和做法，对检察官的任职条件、遴选程序、应当依法免除检察官职务的情形等，都作了严格规定。本条则是为防止实践中一些地方可能存在的，检察官选任中违反法律规定的条件任命检察官的情况的发生，而作出的有针对性的规定。如个人学历、履历弄虚作假，或者政治、业务素质和道德品行不符合要求等。一旦发现有不符合检察官条件的人员任命为检察官的情形，必须坚决予以纠正。

根据本条的规定，违反本法规定的条件任命检察官的，主要是指违反本法第十二条、第十三条和第十四条规定的条件。本法第十二条对担任检察官必须具备的条件作了明确规定，第十三条对哪些人员不得担任检察官作了明确规定，第十四条则对人民检察院检察长、副检察长和检察委员会委员的条件作了专门规定。这些都是在任命检察官时，应当严格审查的条件。如果在检察官任命过程中，因为工作不够严格细致，或者徇私舞弊等，使得不符合法律规定的条件的人员被任命为检察官的，如不具有中华人民共和国国籍、道德品行败坏、不具备相应学历条件、不具有法律规定的统一法律职业资格、因犯罪受过刑事处罚、被开除公职、被吊销律师或公证员执业证书的等，对于这些违反规定的条件任命检察官的情形，一经发现，应当撤销检察官任命。

违反本法规定的条件任命检察官的，应当由任命机关撤销该项任命。首先，根据《中华人民共和国各级人民代表大会常务委员会监督法》第四十四条的规定，县级以上地方各级人民代表大会常务委员会在本级人民代表大会闭会期间，可以撤销由它任命的本级人民检察院副检察长、检察委员会委员、检察员、人民检察院分院检察长的职务。其次，根据《中华人民共和国人民检察院组织法》第三十七条、第三十八条和本法第十八条的规定，最高人民检察院的副检察长、检察委员会委员和检察员，由检察长提请全国人大常委会撤销；地方各级人民检察院的副检察长、检察委员会委员和检察员由检察长提请本级人大常委会撤销；省、自治区、直辖市人民检察院分院检察长、副检察长、检察委员会委员和检察员，由省、自治区、直辖市人民检察院检察长提请本级人民代表大会常务委员会撤销；省级人民检察院和设区的市级人民检察院依法设立作为派出机构的人民检察院的检察长、副检察长、检察委员会委员和检察员，由派出的人民检察院检察长提请本级人民代表大会常务委员会撤销。

上级人民检察院发现下级人民检察院检察官的任命有违反本法规定的条件的，应当要求下级人民检察院依法提请任命机关撤销该项任命。这里规定的是“要求”，主要考虑是上下级检察院之间是领导关系，根据《中华人民共和国人民检察院组织法》第十条，最高人民检察院领导地方各级人民检察院和专门人民检察院的工作，对于下级人民检察院检察官的任命有违反本法规定的条件的，有权对下级人民检察院提出要求其提请任命机关撤销任命的要求。与检察官法规定不同，《中华人民共和国法官法》第二十一条对上级人民法院发现违反法律规定的条件任命法官的，规定上级法院应当“建议”下级法院依法提请任命机关撤销该项任命。检察官法“要求”的规定与法官法“建议”的规定，体现了上下级检察院之间的法律关系与上下级法院之间法律关系的差别。上下级人民法院之间是监督关系，上级人民法院监督下级人民法院的审判工作，是因为法院的审判职能不同于行政机关的行政管理职能和检察机关的法律监督职能，是由人民法院的性质、特点和审判工作规律决定的。当然，虽然检察官法规定的是要求下级人民检察院提请任命机关撤销该项任命，但其前提条件是相关任命违反了检察官法规定的条件。因此，下级人民检察院收到上级人民检察院的要求后，如果确实存在违反法律规定的条件的，应当依法提请任命机关撤销任命。同时，上级人民检察院也可以向下级人民检察院所在的人大常委会反映相关情况。

此外，发现违反本法规定的条件任命检察官的渠道是多样的，包括群众举报、案件当事人的反映、检察院系统的人事管理、组织部门的人事审查、纪委监察部门的线索、人大常委会的日常工作等，不管是在哪个环节发现了违反法律规定的条件任命检察官的情况，都应当按照法定程序，由检察院检察长提请人大常委会撤销任命。

在该条的理解适用中，需要注意以下问题：检察官的任命事关高素质检察官队伍建设，是检察官制度的核心内容，各有关部门应当把好关口，把符合检察官条件，具有良好的政治、业务素质、道德品行和相应工作资质和经验的人选拔到检察官队伍中来。对发现违反本法规定的条件任命检察官的，除由任命机关撤销任命外，还应当查明原因，对因徇私情或私利，或严重不负责任，导致错误任命的责任人员，以及在个人材料和履历上隐瞒真相、弄虚作假的相关人员，都应当依照相关规定予以法律党纪政纪处理。

相关规定

《中华人民共和国人民检察院组织法》第10条、第37条、第38条；《中华人民共和国各级人民代表大会常务委员会监督法》第44条

第二十三条　检察官不得兼任人民代表大会常务委员会的组成人员，不得兼任行政机关、监察机关、审判机关的职务，不得兼任企业或者其他营利性组织、事业单位的职务，不得兼任律师、仲裁员和公证员。

条文主旨

本条是关于检察官不得兼任特定职务的规定。

立法背景

2017年《中华人民共和国检察官法》第十八条规定："检察官不得兼任人民代表大会常务委员会的组成人员，不得兼任行政机关、审判机关以及企业、事业单位的职务，不得兼任律师。"2018年3月20日，为了深化国家监察体制改革，加强对所有行使公权力的公职人员的监督，实现国家监察全面覆盖，深入开展反腐败工作，推进国家治理体系和治理能力现代化，第十三届全国人民代表大会第一次会议通过监察法，明确了监察机关的定位和职权。为了保障人民检察院依照法律规定独立行使国家检察权，有必要在本法中明确检察官不得兼任监察机关的职务。此外，在检察官法修订的过程中，有关方面提出，检察官兼任营利性组织的职务或者兼任仲裁员、公证员的，也会影响其裁判行为的中立性，不利于维护司法权威，建议增加相关规定。经研究，修订后的检察官法对检察官不得兼任特定职务的范围作了调整，在原来规定的"不得兼任行政机关、检察机关以及企业、事业单位的职务，不得兼任律师"的基础上，增加规定不得

兼任监察机关、营利性组织的职务，不得兼任仲裁员和公证员。

本条规定注意了与宪法以及全国人民代表大会组织法、地方各级人民代表大会和地方各级人民政府组织法、律师法等的衔接。《中华人民共和国宪法》第六十五条第四款规定：“全国人民代表大会常务委员会的组成人员不得担任国家行政机关、监察机关、审判机关和检察机关的职务。”对此《中华人民共和国全国人民代表大会组织法》第二十三条第三款、《中华人民共和国地方各级人民代表大会和地方各级人民政府组织法》第四十一条第三款也作了相应规定。《中华人民共和国律师法》第十一条第一款也规定：“公务员不得兼任执业律师。”

在本法修改过程中，修订草案第二十二条第一款规定：“检察官不得兼任人民代表大会常务委员会的组成人员，不得兼任行政机关、检察机关以及企业、事业单位和其他营利性组织的职务，不得兼任律师、仲裁员和公证员。”未将监察机关列入检察官不得兼职的范围。在常委会审议和征求意见过程中，一些常委会组成人员和社会公众建议，增加规定检察官不得在监察机关任职的内容。

条文解读

检察官是依法行使国家检察权的检察人员，其职责包括对法律规定由人民检察院直接受理的刑事案件进行侦查；对刑事案件进行审查逮捕、审查起诉，代表国家进行公诉；开展公益诉讼工作；开展对诉讼活动的监督工作；法律规定的其他职责。检察官担任其他职务，可能会与其检察职责造成冲突，阻碍其客观公正地行使国家检察权。为了保证检察官更好地履行职责，保障司法公正，本条规定检察官不得兼任人民代表大会常务委员会的组成人员，不得兼任行政机关、监察机关、审判机关的职务，不得兼任企业或者其他营利性组织、事业单位的职务，不得兼任律师、仲裁员和公证员。这样规定主要是考虑到两个方面：一是《中华人民共和国宪法》第六十五条第四款规定：“全国人民代表大会常务委员会的组成人员不得担任国家行政机关、监察机关、审判机关和检察机关的职务。”对此，《中华人民共和国全国人民代表大会组织法》第二十三条第三款、《中华人民共和国地方各级人民代表大会和地方各级人民政府组织法》第四十一条第三款也作了相应规定。《中华人民共和国宪法》第一百三十六条规定：“人民检察院依照法律规定独立行使检察权，不受行政机关、社会团体和个人的干涉。”这些职务可能与检察官职务造成冲突。比如，全国人大常委会制定法律，如果其常委会组成人员同时担任检察官，既是司法者又是立法者，则可能会影响法律的权威性；如果检察官同时担任监察机关、审判机关的职务，则可能出现检察官对自己调查、侦查的案件进行审判的情形，宪法、监察法、刑事诉讼法规定的分工负责、互相制约的原则就无法实现。同时，《中华人民共和国律师法》第十一条第一款也规定：“公务员不得兼任执业律师。”因此，检察官法也应当作出相应的规定，落实宪法的规定，与律师法等的规定相衔接。二是考虑到检察官主要是履行检察职责，而国家机关、企业事业单位都有可能成为诉讼案件的当事人，律师更是经常参与各类诉讼活动，仲裁员和公证员也很有可能是案件的相关方，如果检察官可以兼任上述单位的职务或者兼任执业律师、仲裁员和公证员，检察官实际上就成为一方当事人，很难秉持客观公正的立场，可能对检察官依法行使国家检察权产生不利的影响，造成司法不公正。因此，有必要规定检察官不得兼任上述职务。

根据本条的规定，检察官不得兼任人民代表大会常务委员会的组成人员，不得兼任行政机关、监察机关、检察机关的职务，不得兼任企业或者其他营利性组织、事业单位的职务，不得兼任律师、仲裁员和公证员。这里所说的“人民代表大会常务委员会的组成人员”，根据宪法和有关法律的规定，是指全国人民代表大会常务委员会的委员长、副委员长、秘书长和委员，省、自治区、直辖市、自治州、设区的市的人民代表大会常务委员会的主任、副主任、秘书长和委员，以及县、自治县、不设区的市、市辖区的人民代表大会常务委员会的主任、副主任和委员。这里所说的“行政机关”，包括国务院、地方各级人民政府及其有关部门。“监察机关”包括国家监察委员会和地方各级监察委员会。“审判机关”，包括最高人民法院、地方各级人民法院、专门人民法院。这里所说的“企业”，包括各种所有制形式的企业，如国有企业、私营企业、外商投资企业等，也包括各种类型的企业，如公司企业、合伙制企业、个人投资企业等。“营利性组织”是指各类以获取利润为目标的社会组织。“事业单位”，包括社会团体、文化卫生机构等。这里所说的“律师”，根据律师法的规定，是指依法取得律师执业证书，接受委托或者指定，为当事人提供法律服务的执业人员。“仲裁员”，是指符合一定条件，接受仲裁委员会的聘任，从事仲裁工作的人员。“公证员”，根据公证法的规定，是符合公证法规定的条件，在公证机构从事公证业务的执业人员。上述有关职务，检察官都不得兼任。也就是说，一个人不能既是检察官，又同时担任任何上述有关职务。对于已经担任上述有关职务的人员，如果要任命其为检察官，则该人员必须向有关单位辞去有关职务；如果一名检察官要担任上述有关职务，则该检察官应当依照本法的有关规定提出辞职并依照法律规定的程序免除其职务。

在该条的理解适用中，还需要注意以下问题：

（1）除本条规定的检察官不得兼任特定职务外，检察官兼职还应当遵守公务员法及国家关于公务员兼职的有关规定。检察官属于公务员的一种，本法第六十九条规定，有关检察官的权利、义务和管理制度，本法已有规定的，适用本法的规定；本法未作规定的，适用公务员管理的相关法律法规。《中华人民共和国公务员法》第四十四条规定，公务员因工作需要在机关外兼职，应当经有关机关批准，并不得领取兼职报酬。除公务员法外，国家还有一些关于公务员兼职的规定，检察官也应当遵守。

（2）实践中，需要注意本条与本法第三十八条的关系。本法第三十八条规定，检察官因工作需要，经单位选派或者批准，可以在高等学校、科研院所协助开展实践性教学、研究工作，并遵守国家有关规定。《中共中央关于全面推进依法治国若干重大问题的决定》六、(三)“创新法治人才培养机制”中提出，健全政法部门和法学院校、法学研究机构人员双向交流机制，实施高校和法治工作部门人员互聘计划，重点打造一支政治立场坚定、理论功底深厚、熟悉中国国情的高水平法学家和专家团队，建设高素质学术带头人、骨干教师、专兼职教师队伍。《中华人民共和国检察官法》第三十八条是为落实上述决定的规定而作出的专门规定，据此检察官在高等学校、科研院所协助开展实践性教学、研究工作是可以的，但同时应遵守本条不得兼职的规定。

相关规定

《中华人民共和国宪法》第65条；《中华人民共和国全国人民代表大会组织法》第23条；《中华人民共和国地方各级人民代表大会和地方各级人民政府组织法》第41条；《中华人民共和国律师法》第11条；《中共中央关于全面推进依法治国若干重大问题的决定》六、(三)

第二十四条　检察官之间有夫妻关系、直系血亲关系、三代以内旁系血亲以及近姻亲关系的，不得同时担任下列职务：

(一) 同一人民检察院的检察长、副检察长、检察委员会委员；

(二) 同一人民检察院的检察长、副检察长和检察员；

(三) 同一业务部门的检察员；

(四) 上下相邻两级人民检察院的检察长、副检察长。

条文主旨

本条是关于检察官职务回避制度的规定。

立法背景

1995 年《中华人民共和国检察官法》第十八条规定，检察官之间有夫妻关系、直系血亲关系、三代以内旁系血亲以及近姻亲关系的，不得同时担任下列职务：（1）同一人民检察院的检察长、副检察长、检察委员会委员；（2）同一人民检察院的检察长、副检察长和检察员、助理检察员；（3）同一业务厅的检察员、助理检察员；（4）上下相邻两级人民检察院的检察长、副检察长。2001 年第一次修正将"同一业务厅"修改为"同一业务部门"，2017 年对本条未作修改。2019 年，为贯彻落实党的十八届三中、四中全会精神以及中央文件有关要求，建立正规化、专业化、职业化的检察官队伍，落实检察官办案责任，在司法实践中对检察官进行了员额制改革，取消了助理检察员的职务设置。各地检察院已基本不再任命助理检察员，而由检察官助理在检察官指导下负责审查案件材料、草拟法律文书等检察辅助事务。现行的人民检察院组织法未对助理检察员作出规定，本条中相应删除了关于担任助理检察员的规定。

条文解读

规定检察官的任职回避，主要是考虑到人民检察院内部在人事、业务管理等方面有着上下级领导和被领导的关系，上下级检察院之间存在着检察监督关系，对于有一定亲属关系的人，如果在同一人民检察院、同一业务部门担任职务或者在上下相邻两级人民检察院担任领导职务，形成一种领导与被领导、指导与被指导的关系，或者利用亲属关系在案件办理中形成对其他检察官的优势关系，可能不利于公正办理案件，也不利于检察官队伍的建设。因此，为了保证检察官依法履行检察职责，促进人民检察院的廉政建设，维护司法公正，本条规定了检察官职务回避制度。

根据本条规定，检察官的职务回避，是指具有法律规定的亲属关系的人，不得同时在人民检察院担任法律规定的有关职务。依照本条规定应当实行回避的情形，主要是指检察官之间有下列亲属关系之一的：（1）夫妻关系。根据《中华人民共和国婚姻法》第8条的有关规定，要求结婚的男女双方符合婚姻法规定，取得结婚证的，即确立夫妻关系。（2）直系血亲关系，是指和自己有直接血缘关系的、生育自己的和自己生育的上下各代亲属，包括父母子女关系，祖父母孙子女关系、外祖父母外孙子女关系等。此外，本条还包括部分拟制血亲情形，即和自己无直接血缘关系，但因其符合一定法律条件，确认其与直系血亲具有同等权利和义务的亲属，如根据《中华人民共和国婚姻法》第26条的有关规定，养父母和养子女间的权利和义务，适用法律对父母子女关系的有关规定，对于养父母和养子女，应当按照直系血亲关系处理。（3）三代以内旁系血亲关系，包括伯叔姑舅姨、兄弟姐妹、堂兄弟姐妹、表兄弟姐妹、侄子女、甥子女等。（4）近姻亲关系，包括配偶的祖父母及父母、配偶的兄弟姐妹及其配偶、子女的配偶及子女配偶的父母、三代以内旁系血亲的配偶。

依照本条规定，检察官之间凡具有上述亲属关系的，不得同时担任下列职务：（1）同一人民检察院的检察长、副检察长、检察委员会委员。比如一名检察官在某人民检察院担任检察委员会委员，其有关亲属就不能在同一人民检察院担任检察长或副检察长；（2）同一人民检察院的检察长、副检察长和检察员。也就是说，人民检察院的检察长、副检察长的有关亲属不得在同一人民检察院的任何业务部门担任检察员；（3）同一业务部门的检察员。即具有法律规定应当任职回避的人不得在同一人民检察院的同一业务部门担任检察员；（4）上下相邻两级人民检察院的检察长、副检察长。即如果某人担任了某一人民检察院的检察长、副检察长，他的有关亲属就不能再担任该人民检察院的直接上级或者直接下级人民检察院的检察长、副检察长。

根据《党政领导干部任职回避暂行规定》和最高人民检察院制定的有关办法，检察官职务回避，由本人提出回避申请或者所在人民检察院的人事管理部门提出回避要求，按照有关管理权限进行审核，需要回避的，对其职务予以调整，并按照法律及有关规定办理任免手续。检察官在录用、晋升、调配过程中应当如实地向人民检察院申报应回避的亲属情况。各级人民检察院在检察官录用、晋升、调配过程中应当按照任职回避的规定严格审查。

本条规定还与公务员法作了衔接。《中华人民共和国公务员法》第七十四条第一款规定，公务员之间有夫妻关系、直系血亲关系、三代以内旁系血亲关系以及近姻亲关系的，不得在同一机关双方直接隶属于同一领导人员的职位或者有直接上下级领导关系的职位工作，也不得在其中一方担任领导职务的机关从事组织、人事、纪检、监察、审计和财务工作。检察官的任职，应同时符合本法和公务员法的回避制度。

相关规定

《中华人民共和国公务员法》第 74 条；《中华人民共和国人民检察院组织法》第 4 条、第 43 条；《中共中央关于全面推进依法治国若干重大问题的决定》四；《党政领导干部任职回避暂行规定》第 3 条

第二十五条　检察官的配偶、父母、子女有下列情形之一的，检察官应当实行任职回避：

（一）担任该检察官所任职人民检察院辖区内律师事务所的合伙人或者设立人的；

（二）在该检察官所任职人民检察院辖区内以律师身份担任诉讼代理人、辩护人，或者为诉讼案件当事人提供其他有偿法律服务的。

条文主旨

本条是关于检察官任职回避的规定。

立法背景

党的十八大将不断提高司法公信力作为全面建成小康社会和深化改革开放的重要目标。党的十八届四中全会通过的《中共中央关于全面推进依法治国若干重大问题的决定》针对执法司法不规范、不严格、不透明、不文明现象较为突出，群众对执法司法不公和腐败问题反映强烈的情况，对遏制司法腐败提出要求："依法规范司法人员与当事人、律师、特殊关系人、中介组织的接触、交往行为。严禁司法人员私下接触当事人及律师、泄露或者为其打探案情、接受吃请或者收受其财物、为律师介绍代理和辩护业务等违法违纪行为，坚决惩治司法掮客行为，防止利益输送"；"坚决破除各种潜规则，绝不允许法外开恩，绝不允许办关系案、人情案、金钱案"；"对司法领域的腐败零容忍，坚决清除害群之马"。司法腐败产生的原因是复杂的、多方面的，人情关系是其中一个重要原因。从实践中的情况看，确实存在有的司法人员的配偶、父母、子女，作为执业律师，利用司法人员的影响力，或违法办案，或进行不正当竞争的现象。另外，从程序公正和避免利益冲突的角度，规定因配偶、父母、子女关系，要求检察官实行任职回避，也有利于树立人民检察院公正司法的形象和威信，取得人民群众对检察官依法独立公正行使职权的信赖。

关于亲属为执业律师的，检察官实行任职回避的规定，实际上也是总结借鉴了最高人民法院相关规定和做法。2011 年《最高人民法院关于对配偶子女从事律师职业的法院领导干部和审判执行岗位法官实行任职回避的规定（试行）》包含人民法院领导干部和审判、执行岗位法官，其配偶、子女在其任职法院辖区内从事律师职业的，应当实行任职回避的内容。该规定实施一段时间以来，取得了较好的社会效果。因此，这次法官法修改在法律中总结上述规定实施经验，作了规定，并相应在检察官法中也作了规定。总之，在任职回避问题上也只有这样从严要求，才能从体制机制上使人民群众体会到看得见的正义，也才能够通过不懈努力，实现让人民群众在每一个司法案件中感受到公平正义的要求。

2017年《中华人民共和国检察官法》第二十条第三款规定，检察官的配偶、子女不得担任该检察官所任职检察院办理案件的诉讼代理人或者辩护人。这是从诉讼代理人或者辩护人回避的角度作出的规定。对该规定，有的观点提出，这样规定限制了律师的执业，且检察官对案件处理有最终决定权，律师只是为社会提供法律服务的执业人员，并不对案件的处理起决定作用，根据权责一致的原则，回避的主体应该是检察官而非律师。此外，从实际执行情况来看，该款在适用中也存在一些问题，对检察官的配偶和子女的监管难落地，导致有的当事人对所聘请的诉讼代理人或辩护人是检察官的配偶或子女的情况并不知晓，也没有渠道知晓，案子到了检察院后就可能出现需要紧急更换诉讼代理人或辩护人的情况，不利于当事人权利的维护。因此，检察官法作为对检察官进行管理的法律，从对检察官从严要求的角度作出任职回避的规定，比从对律师作出禁止性规定更符合法律的定位，也更有利于回应社会各界对检察官回避利益冲突，保持客观公正立场的呼声。事实上对检察官的从严管理也更容易落到实处，从而取得预期的效果。

条文解读

根据检察院从严管理队伍的现实需要，本条规定了检察官任职回避的两种情形，出现以下情形的，就不能再在原检察院担任检察官：

一是检察官的配偶、父母、子女担任该检察官所任职人民检察院辖区内律师事务所的合伙人或者设立人的。根据律师法的规定，律师事务所的形式有合伙律师事务所和个人律师事务所等，律师事务所的合伙人或者设立人与律师事务所有千丝万缕的经济利益关系，合伙人、设立人与律师事务所办理的业务都有着关联。因此，检察官的配偶、父母、子女在其所任职人民检察院辖区内的律师事务所担任合伙人或者设立人的，检察官应当实行任职回避。

这里规定的“所任职人民检察院辖区”，是指所任职人民检察院管辖案件的地域范围。对于最高人民检察院的检察官来说，辖区是全国范围；对于省级人民检察院的检察官来说，辖区是所在省、自治区、直辖市的范围；对于设区的市级人民检察院的检察官来说，辖区是所在的地区；对于基层人民检察院的检察官来说，辖区是所在县（市）区。这里规定的“配偶”，包括检察官的丈夫或者妻子，“父母”包括生父母、养父母和有扶养关系的继父母，“子女”包括检察官的婚生子女、非婚生子女、养子女或者继子女。

二是检察官的配偶、父母、子女在该检察官所任职人民检察院辖区内以律师身份担任诉讼代理人、辩护人，或者为诉讼案件当事人提供其他有偿法律服务的。刑事诉讼法规定，犯罪嫌疑人、被告人除自己行使辩护权以外，还可以委托一至二人作为辩护人；被害人及其法定代理人或者近亲属可以委托诉讼代理人。民事诉讼法和行政诉讼法规定当事人、法定代理人可以委托一至二人作为诉讼代理人。刑事、民事、行政诉讼法还对辩护人和诉讼代理人的人员范围进行了规定。这里规定的是“以律师身份”担任诉讼代理人、辩护人的情况，如果不是以律师身份担任辩护人、诉讼代理人的，如是作为监护人、亲友而依法担任辩护人、诉讼代理人的，检察官的任职不受限制。

这里之所以在担任诉讼代理人、辩护人之外，还规定了为诉讼案件当事人提供其他有偿法律服务，主要针对的是，有的为了规避法律规定，让他人替自己出庭，自己虽然不作为诉讼代理人、辩护人亲自出庭，但在幕后为当事人出谋划策，实际提供有偿法律服务的情况。另外，这里规定的是“诉讼案件”而非“案件”，提供其他有偿法律服务的范围是限定在诉讼案件的，不包括非诉讼案件。这主要是考虑到非诉讼案件主要业务范围是法律咨询、合同审查、公司上市、企业并购等方面，不涉及诉讼，一般情况下与检察官没有直接利益关联，不会出现影响司法公正的情况。在法律修订草案审议的过程中，也有部门提出该意见，这里的“其他有偿法律服务”包括提供咨询意见、起草诉讼文书等。

需要注意的是，本条规定的亲属范围是“配偶、父母、子女”，不包括其他亲属。这主要是考虑到，任职回避毕竟是一种避免利益冲突的预防性措施，范围不宜过大，而不像案件回避，只要存在可能影响案件公正审理的因素，都应当予以排除。同时，任职回避也是对公民担任检察官权利的一种限制，不宜将任职回避的范围规定得太宽，毕竟检察官本人对有些亲属的职业选择、执业活动等，能够起到的影响作用也是比较有限的。而配偶、父母、子女与其他亲属关系不同，与检察官本人同为家庭的成员，属于关系亲密的经济共同体，限定在这个范围内是合适的。

此外，需要注意的是，除了本条规定的检察官的任职回避以外，我国刑事诉讼法还规定了诉讼回避制度，对于检察官的其他亲属在其所任人民检察院辖区内从事相关业务，可能影响对具体案件的公正办理的，检察官应当依照有关规定进行个案回避，这也都是确保程序公正的有效措施。具体规定如：根据《中华人民共和国刑事诉讼法》第二十九条的规定，检察人员是本案的当事人或者是当事人的近亲属的，本人或者他的近亲属和本案有利害关系的，应当回避。

在该条的理解适用中，还需要注意以下几个方面的问题：

第一，检察官任职回避制度与刑事、民事和行政诉讼法规定的诉讼回避制度是两种不同的制度。诉讼回避着眼于个案，通过诉讼过程中的回避，确保检察官办案在程序上的客观、公正，也消除诉讼当事人的疑虑，是世界上通行的一项司法原则和制度。而检察官的任职回避制度则有别于诉讼回避，它是对检察官执业权利的一种限制，其特点是不需要有具体诉讼案件的存在，而是基于检察官的特定身份对其作出的一种限制。从这个意义上讲，其影响的广度和深度，要更大于个案中的诉讼回避。

第二，检察官任职回避制度有利于促进司法廉洁，提高人民检察院司法公信力。各有关方面要充分认识检察官任职回避制度的重要意义，推动该制度的落实。本条规定落到实处还需要配套政策和规定的出台和落实。目前的规定有2016年中共中央办公厅出台的《从律师和法学专家中公开选拔立法工作者、法官、检察官办法》第十三条第二款规定："律师、法学专家选拔为法官、检察官的，其父母、配偶、子女在拟任职人民法院、人民检察院辖区内开办律师事务所、担任律师或者从事司法鉴定、司法拍卖等与司法活动利益相关职业的，应当按照任职回避的要求不再担任律师事务所设立人、合伙人或者退出股份、调整工作。"

针对实践中出现的问题，各地方也采取了相应的措施，如重庆市对配偶和子女采取"隐形代理"方式规避任职回避制度的，专门出台了禁止亲属隐形代理诉讼的有关规定。

此外，还存在检察官的配偶、子女在基层的司法所为诉讼案件当事人提供有偿法律服务的情形，这在实践中也是不允许的。

相关规定

《中华人民共和国刑事诉讼法》第29条、第33条；《从律师和法学专家中公开选拔立法工作者、法官、检察官办法》；《最高人民法院关于对配偶子女从事律师职业的法院领导干部和审判执行岗位法官实行任职回避的规定（试行）》

第五章　检察官的管理

第二十六条　检察官实行员额制管理。检察官员额根据案件数量、经济社会发展情况、人口数量和人民检察院层级等因素确定，在省、自治区、直辖市内实行总量控制、动态管理，优先考虑基层人民检察院和案件数量多的人民检察院办案需要。

检察官员额出现空缺的，应当按照程序及时补充。

最高人民检察院检察官员额由最高人民检察院商有关部门确定。

条文主旨

本条是关于检察官实行员额制管理的规定。

立法背景

检察官实行员额制管理是司法体制改革的核心内容之一。党的十八届三中全会通过的《中共中央关于全面深化改革若干重大问题的决定》中提出，确保依法独立公正行使检察权，完善司法人员分类管理制度。党的十八届四中全会通过的《中共中央关于全面推进依法治国若干重大问题的决定》中提出，要推进法治专门队伍正规化、专业化、职业化，提高职业素养和专业水平。根据司法体制改革要求，需要对检察官实行有别于普通公务员的管理制度，建立检察官员额制，对检察官在编制限额内实行员额管理。

检察官员额制有利于按司法规律优化配置人民检察院的人力资源，以形成高素质的检察官队伍，进一步贯彻落实司法责任制。在这个意义上，建立员额制是实现司法责任制，以及保障司法体制改革成功的一个重要方面。2017 年《中华人民共和国检察官法》、相关政策文件等方式对检察官的任职条件作了一些规定，但是对检察官员额没有作出过规定。长期以来，随着经济社会的发展，人民群众对司法的需求日益增长，人民检察院办理的案件数量也不断增加。为适应实践需要，人民检察院一直以来重视队伍建设，根据案件数量增加办案检察官数量，但仍然面临很多问题。比如，检察官岗位泛化，不少行政管理等非检察业务岗位人员被任命为检察官，有的检察官素质、能力不符合职业化、正规化、专业化要求，存在办案能力和办案质量不高，影响司法权威等问题。虽然随着时代的发展，人民检察院保证公正司法的能力以及提高司法公信力的水平不断增强，但与人民群众日益增长的对美好生活的向往包括对司法公正和司法效率的要求相比，同推进国家治理体系和治理能力现代化目标相比，还存在不少不适应、不符合的地方。检察官职业是一个专业性很强的职业，检察权必须由经过严格程序选任出来的群体来行使。从法治发达国家的情况看，检察权均由高度权威、职业化的检察官群体来行使，并且对这一群体的数量做了一定的限制。通过推行检察官员额制，一方面可以明确界定检察官的职业和岗位，进一步彰显检察官作为检察院办案主体的性质定位，突出司法责任，也彰显检察官的尊荣感。另一方面，经过严格检察官遴选，也可使具备丰富法律专业知识和检察业务经验的检察官行使检察权并将精力集中于办理案件，提高办案质量和效率，提高检察工作的严肃性和权威性，从而让人民群众在每一个司法案件中感受到公平正义，坚定法治信仰和信心。

为实施员额制改革，《中共中央办公厅、国务院办公厅关于加强法官检察官正规化专业化职业化建设全面落实司法责任制的意见》提出，“严格控制员额比例。以省（自治区、直辖市）为单位，按照中央规定的范围，严格控制法官、检察官员额比例。建立员额统筹管理、动态调整机制，由省级有关部门在总额度范围内明确辖区各法院、检察院员额控制的具体比例，确保员额配置向基层和案多人少矛盾突出的地区、单位倾斜”。对此，《中华人民共和国人民检察院组织法》第四十一条规定，“检察官实行员额制。检察官员额根据案件数量、经济社会发展情况、人口数量和人民检察院层级等因素确定。最高人民检察院检察官员额由最高人民检察院商有关部门确定。地方各级人民检察院检察官员额，在省、自治区、直辖市内实行总量控制、动态管理”。本条对检察官实行员额制管理也作了规定，与人民检察院组织法予以衔接。同时，根据实践中的情况，进一步细化各级人民检察院确定员额数量的方式。

2017 年 12 月，全国人大常委会对检察官法修订草案进行了初次审议。检察官法修订草案一次审议稿第二十九条规定，检察官员额根据人民检察院层级、案件数量以及经济社会发展情况、人口数量等因素确定。地方各级人民检察院检察官员额，在省、自治区、直辖市内实行总量控制，动态管理。常委会审议后，有的意见提出，员额制改革是本轮司法责任制改革的一项重要内容，涉及很多方面，建议修订草案更充分地反映相关内容，并体现员额向基层检察院、“案多人少”检察院倾斜的精神。有的意见提出，检察官因退休、调动等原因退出员额的，空缺的员额经常不能及时填补，建议增加相关规定要求及时补充空缺员额。有的意见提出，修订草案仅规定了省、自治区、直辖市级检察官的员额制管理，缺少最高人民检察院员额制管理的规定，建议增加相关规定。检察官法修订草案二次审议稿采纳了上述意见，第二十六条规定，检察官实行员额制管理。检察官员额根据案件数量、经济社会发展情况、人口数量和人民检察院层级等因素确定，在省、自治区、直辖市内实行总量控制、动态管理，优先考虑基层人民检察院和案件数量多的地方的人民检察院办案需要。检察官员额出现空缺的，应当按照程序及时补充。最高人民检察院检察官员额由最高人民检察院商有关部门确定。检察官法修订草案三次审议稿又作了一处文字修改，删去了“案件数量多的地方的人民检察院”中“地方的”规定，使表述更为准确。通过后的检察官法作了本条的规定。

条文解读

本条共分为三款。第一款是关于检察官实行员额制管理，检察官员额的确定、配置原则的规定。本款规定，检察官实行员额制管理。员额制管理是司法人员分类管理的一项内容。人民检察院在实行司法人员分类管理改革后，相关工作人员按照检察官、检察辅助人员、司法行政人员三类管理。对检察官实行员额制管理，包括确定员额数、进行遴选、实施单独职务序列管理、适用晋升办法、采取培训计划、给予福利待遇、设计考核奖励惩戒制度以及明确员额退出机制等，对检察官与检察辅助人员，司法行政人员分开进行管理，保障检察官依法履行职务的同时严格落实司法责任制。

确定检察官员额是检察官实行员额制管理的基础。本款规定，检察官员额根据案件数量、经济社会发展情况、人口数量和人民检察院层级等因素确定，在省、自治区、直辖市内实行总量控制、动态管理，优先考虑基层人民检察院和案件数量多的人民检察院办案需要。这里有三层意思：

一是，多种因素共同确定检察官员额数。这些因素主要是案件数量、经济社会发展情况、人口数量和人民检察院层级等因素。这些因素是确定检察官员额数的基础性因素。第一，检察官员额数量与案件数量需要科学配备。随着法治化进程的推进，各级人民检察院办理案件数量均逐年增多，各个检察院员额检察官数量要适应案件数量的需求。实践中各地检察院因经济发展等各方面因素影响，办理案件数量存在差异，比如东部经济发达地区案件数量大，西部欠发达地区则少得多，有的检察院“案多人少”更为突出。在配备检察官员额数量时要充分考量案件数量的因素。第二，检察官员额数量与经济社会发展情况需要科学匹配。不同经济社会发展状态的地区，案件数量、类型、难度存在差异。相对来说，经济社会发达地区，生产活动、经济贸易活动等更为频繁，领域更为广泛，会产生大量案件，案件类型更为多样化，办理难度也更大，平均每案的办案时间也可能更长，需要的检察官员额与经济社会发展状况薄弱的地区存在差异。比如，一些人民检察院的所在地具有特殊的经济和社会环境，可能会产生大量新类型、高难度、高关注度的案件，也就需要较多经验丰富、能力水平高的检察官办理案件。人民检察院在确定员额数时，应对地区的经济社会发展特点和水平有所考虑。第三，检察官员额数量与人口数量需要科学匹配。一般情况下，人民检察院所在地区的人口数量上升，将影响案件数量上升。人民检察院在确定员额数时，有必要根据人口数量及时调整。第四，检察官员额数量与人民检察院层级需要科学配备。考虑到层级的因素，基层人民检察院一般承担了各类大量案件，市、省级人民检察院以及一些专门人民检察院，常办理较为重大复杂的案件，在配备员额检察官数量时也应考虑案件难度反映出的工作量，准确衡量工作量的大小。第五，本款还规定了以上因素以外的“等因素”，即确定检察官员额还需要考虑一些其他因素，比如辖区面积因素。实践中，有些地区地广人稀，案件量少，按照案件数量，人口数量等因素分配检察官员额，可能员额检察官很少，影响检察院正常开展工作。比如，农垦矿区、林区草原等地，常设立派出人民检察院，如果不保证一定的员额检察官办案，将不便于派出人民检察院开展相应的工作，也不便于当地的人民群众及时有效地通过人民检察院维护自身合法权益。

二是，检察官员额在省、自治区、直辖市内实行总量控制、动态管理。这一规定有以下三层意思：第一，根据司法体制改革实践经验的做法，在法律中确定由省、自治区、直辖市级的人民检察院统一调配其统管范围内人民检察院的检察官员额。第二，检察官员额施行总量控制。总量控制是省、自治区、直辖市根据中央司法体制改革的整体部署，根据本区域人民检察院的中央政法编制数核定统管范围内的检察官员额数，并以本区域的实际情况和需要出发，确定实际允许检察官入额的数量。从司法体制改革进行过程中员额制落实的情况看，有的地方实际允许检察官入额的数量小于各地核定的检察官员额数，即可以根据各地各级检察院情况适当调整。当然，总量控制既要有对量的控制，更要将量建立在科学合理测算确定的基础上。第三，员额实行动态管理。所谓动态管理，是在省级统管、总量控制的基础上，检察官员额的数量既要有一定的稳定性，也要能够体现适应实践情况的灵活性，要做到在总体数量上的有增有减，即当增则增，当减则减；还要做到在空间、时间配置上的有进有出，即有需则进，无需则出。至于总量的测算确定，数量增减进出，则要按照本款规定，根据全省、自治区、直辖市范围内各级各类检察院案件负担、员额配置的实际情况进行，及时调整。

三是，检察官员额优先考虑基层人民检察院和案件数量多的人民检察院办案需要。在严格管理，总量控制的前提下，检察官实行员额制要综合考虑不同审级、不同地区检察院案件的类型和数量、人员配置以及辖区内经济社会发展状况、人口数量、辖区面积等因素，检察官员额经省、自治区、直辖市内统一调配、动态调整，确保员额配置向基层、向一线、向案多人少矛盾突出的地区、单位倾斜。

本条第二款是关于检察官员额空缺及时补充的规定。员额出现空缺，应当及时补充，这是检察官员额制改革的题中应有之义。从实际情况看，本轮检察官员额制改革，经过严挑细选，全国检察官经遴选入额的数量比原有检察官数量减少了不小的比例。本轮检察官员额制改革基本结束以后，将来的检察官员额相对比较稳定。因为检察官退休、离职等原因，检察官员额出现空缺的，应当及时补充。这一方面是及时补充办案力量的实际需要。另一方面使得检察官储备中的优秀人才能够及时获得任职，既有利于干部个人成长，也有利于高素质检察官队伍的可持续发展。在检察官法修订草案审议当中，有些地方反映，在检察官员额空缺补充方面存在工作不够及时的情况。特别是对人、案矛盾突出的检察院、相关业务部门，检察官员额空缺补充不及时的问题，整体上影响检察工作任务完成，加重其他检察官的工作负担，也一定程度挫伤了待任后备力量的积极性，建议立法予以解决。为此，本款中对员额空缺应当“及时”补充作了明确规定。

本条第三款是关于最高人民检察院检察官员额确定的规定。根据本款规定，最高人民检察院检察官员额由最高人民检察院商有关部门确定。一是明确最高人民检察院检察官也实行检察官员额制管理。二是最高人民检察院作为国家最高检察机关，其机关性质、职能、案件任务等，都与地方各级人民检察院不同，最高人民检察院的检察官员额，需要由最高人民检察院结合本院检察工作的实际情况、需要，以及人员配备的情况等，综合考虑。同时，最高人民检察院的检察官员额确定，还涉及组织、人力资源、财政保障等各个方面的事项，除了需要由最高人民检察院根据自身工作需要总体考虑外，还需要有关部门根据国家机构设置，人、财、物管理等方面做通盘考虑。为此，本条第三款规定，由最高人民检察院商有关部门确定。

实践中需要注意的是，按照中央关于推进检察官员额制改革的要求，检察官员额所占中央政法专项编制的比例要求是针对各省、自治区、直辖市检察院的中央政法专项编制而言，可以在不同审级、地域进行适当调剂。不同地方经济社会发展水平差异大，在确定员额比例和基数时不宜一刀切。按照中央要求，应当在省一级统筹调控各地区、各层级检察院员额数量，以人案匹配度和各级人民检察院职能定位为依据，坚持员额比例向基层倾斜，向人、案矛盾突出的地区、单位倾斜。

相关规定

《中华人民共和国人民检察院组织法》第41条

第二十七条　检察官实行单独职务序列管理。

检察官等级分为十二级，依次为首席大检察官、一级大检察官、二级大检察官、一级高级检察官、二级高级检察官、三级高级检察官、四级高级检察官、一级检察官、二级检察官、三级检察官、四级检察官、五级检察官。

条文主旨

本条是关于检察官单独职务序列管理的规定。

立法背景

2017年《中华人民共和国检察官法》第二十一条规定：“检察官的级别分为十二级。最高人民检察院检察长为首席大检察官，二至十二级检察官分为大检察官、高级检察官、检察官。”2019年修改，一方面，明确提出了检察官实行单独职务序列管理，突出了检察官职务序列的“单独性”；另一方面，在原法的基础上，进一步具体规定了检察官等级的“四等十二级”，并将“最高人民检察院检察长为首席大检察官”单列一条，这样内容上更加明确，逻辑上更合理。另外，本条规定注意了与人民检察院组织法的衔接，是对人民检察院组织法相关规定的落实和细化。2018 年修订的《中华人民共和国人民检察院组织法》第四十条规定：“人民检察院的检察官、检察辅助人员和司法行政人员实行分类管理。”第四十二条第三款规定：“检察官的职责、管理和保障，依照《中华人民共和国检察官法》的规定。”本条正是对检察官不同于检察辅助人员和司法行政人员管理模式的具体规定，保持两部法律的衔接一致。

条文解读

本条共分两款。第一款规定，“检察官实行单独职务序列管理。”这一规定不仅仅是文字性的修订，其主要目的在于突出检察官职务序列管理的“单独性”。1995 年检察官法建立了四等十二级的检察官等级序列，1997 年的《中华人民共和国检察官等级暂行规定》进行了细化。但是，这个等级规定有两个显著特点：一是不与行政职级对应，只与检察官职务对应，明确了“检察官等级按照检察官职务编制等级评定”，即，只与检察长、副检察长、检察员、助理检察员等职务有关系。二是只与检察津贴挂钩，检察官仍然是根据行政职级进行管理。2011 年，为落实司法体制改革任务，出台了相关规定，将现行检察官等级作为检察官职务序列，以检察官职务层次称谓取代了原来的行政职级称谓，标志着检察人员分类管理制度改革进入了一个新的阶段。但是由于此暂行规定基本上保持了检察官职务层次与行政机关公务员职务层次的一一对应关系，既没有完全解决检察官职务序列单独设置的问题，也没有完全体现检察官职务的司法属性和检察工作的特点。而分类管理改革后检察官的单独职务序列等级，已经从本质上发生了根本的变化。由最初主要作为检察官检察津贴发放依据的类似于技术职称的检察官等级，发展为与行政职级完全脱钩的检察官单独职务序列，并成为检察官职业发展、职业保障的重要内容，从而使检察官的管理从根本上区别于综合管理类公务员，更符合检察工作特点和检察官履行职权的规律。2015 年 10 月印发的相关文件对此进行了明确。因此，在修订后的检察官法中单列一款进行明确，凸显了改革成果的法律化。

本条第二款是关于检察官等级的具体规定，根据本款规定，检察官等级分为十二级，依次为首席大检察官、一级大检察官、二级大检察官、一级高级检察官、二级高级检察官、三级高级检察官、四级高级检察官、一级检察官、二级检察官、三级检察官、四级检察官、五级检察官。这里具体明确了各等级的名称，即分为首席大检察官、大检察官、高级检察官和检察官四类，其中大检察官分为一级大检察官和二级大检察官，高级检察官分为一级到四级高级检察官，检察官分为一级到五级检察官。这样就十分清晰地把四等十二级由高到低依次表述出来，便于更好地区分和把握。

在该条的理解适用中，还需要注意以下几个方面的问题：

一是对检察官单独职务序列等级的性质理解。在检察官单独职务序列确定过程中，涉及之前检察官等级过渡到现在的检察官单独职务序列等级。由于前后几个政策文件均采用了“四等十二级”的检察官等级设置，因此在检察官等级确定过程中，出现了等级名称的变化，容易造成等级升降的误解。因此，必须充分认识到前后等级性质上的本质性差异，两者不存在对比的可能性。即单独职务序列等级完全不同于此前的检察官等级，已与行政职级完全脱钩，并成为享受相关待遇的依据。

二是关于检察官单独职务序列等级的适用范围。在检察官员额制改革过程中，涉及检察官入额问题，还存在一些未进入员额的检察人员。而检察官单独职务序列只适用于进入员额的检察官，未进入员额的检察人员，根据检察人员分类管理的相关规定执行。

三是关于检察官单独职务序列等级配置。根据中央有关政策文件，省级检察院，设置二级大检察官至四级高级检察官；市（地）级检察院，设置一级高级检察官至三级检察官；县级检察院，设置三级高级检察官至五级检察官；直辖市检察院分院，设置一级高级至四级高级检察官；副省级城市检察院，设置一级高级检察官至一级检察官；直辖市所属区检察院的检察官等级设置，参照市（地）级检察院有关规定确定；直辖市所属县、副省级城市所属区检察院的检察官等级设置，参照有关规定确定。个别长期在县级检察院任职，工作特别优秀，为检察事业作出突出贡献的检察官，经审批可晋升至二级高级检察官。关于各级检察院进入员额的领导人员的等级，包括各级检察院的检察长、副检察长、检察委员会专职委员，从履行职责的需要出发，一般应具备一定的检察官等级。但是，领导人员的行政职级，不与检察官等级一一对应。比如，县级检察院的副检察长行政职务为正科级，检察官等级可以是三高、四高或一级。这样规定，既满足了进入员额的院领导履行办案职责的需要，也体现了与行政职级脱钩的要求。

四是司法行政人员、其他机关公务员进入员额，如何确定法官、检察官等级。根据中央有关政策规定，司法行政人员、其他机关公务员进入员额，应当综合考虑其职务职级、任职年限、工作年限等因素，比照检察院同等条件人员，确定检察官单独职务序列等级。

五是检察官转任检察辅助人员、司法行政人员或者交流到其他党政机关，如何确认行政职级。按照中央有关政策规定，检察官转任检察辅助人员、司法行政人员或者交流到其他党政机关的，据检察官等级晋升审批权限，综合考虑任职资历、工作经历等条件，比照确定职务层次：一级至五级检察官可确定为乡科级，三级、四级高级检察官可确定为县处级，一级、二级高级检察官可确定为厅局级。

相关规定

《中华人民共和国人民检察院组织法》第40条；《中共中央关于全面推进依法治国若干重大问题的决定》；《中华人民共和国检察官等级暂行规定》

第二十八条　最高人民检察院检察长为首席大检察官。

条文主旨

本条是关于首席大检察官的规定。

立法背景

2017 年《中华人民共和国检察官法》第二十一条规定："检察官的级别分为十二级。最高人民检察院检察长为首席大检察官，二至十二级检察官分为大检察官、高级检察官、检察官。"2019 年检察官法修改过程中，有专家学者提出，将"最高人民检察院检察长为首席大检察官"放在检察官等级的里面表述，一方面条文内容的逻辑上不顺，另一方面最高人民检察院检察长的等级不同于一般检察官，混含在其中不妥也不科学。经研究，决定在"实行检察官单独职务序列管理"之后，将最高人民检察院检察长的单独职务序列等级单列一条进行了规定。这样规定后，一是有利于理顺上下条文之间的内在逻辑联系。第二十七条规定的是检察官单独职务序列等级"如何设置"，第二十八条规定是最高人民检察院检察长的检察官单独职务序列等级"如何对应"，分开设置思路更清晰，条理更顺畅，更具科学合理性。二是有利于凸显最高人民检察院检察长这一检察官职务与首席大检察官这一检察官单独职务序列等级的特殊性。最高人民检察院检察长的职务和等级，无论是从宪法法律规定，还是司法实践，都具有最高性，单列可以使这一地位和特征更明显，防止将其一般化、普通化。三是有利于更好地区别于其他检察官等级设置。按照检察官单独职务序列规定，除最高人民检察院检察长外，其他检察官的等级均设置一定的职数比例。即同一检察官职务可能对应不同等级，同一等级也可以对应不同的检察官职务，比如基层检察院检察长的检察官等级可能为四级高级或三级高级甚至二级高级检察官，一级高级检察官可以为检察长、副检察长、检察委员会委员或检察员。将最高人民检察院检察长的检察官等级从其中区分开来，符合普遍性与特殊性相结合的原则，也避免表述上不清和认知上的混淆。另外，本条规定注意了与人民检察院组织法的衔接。2018 年修订的《中华人民共和国人民检察院组织法》第四十二条第三款规定：“检察官的职责、管理和保障，依照《中华人民共和国检察官法》的规定。”本条对最高人民检察院检察长单独职务序列等级的具体规定，是对人民检察院组织法进一步明确、细化和落实。

条文解读

本条是关于最高人民检察院检察长的检察官单独职务序列等级的规定，在理解和适用中要注意把握以下几点：一是最高人民检察院检察长的检察官等级应当为首席大检察官。其等级具有法定性，最高人民检察院检察长一经选举，其单独职务序列等级即为首席大检察官，也不需要评定。其他各级检察院检察长在本级人大选举后，还需要报上级人民检察院检察长提请本级人民代表大会常务委员会批准，其等级需要进行评定。二是只有最高人民检察院检察长才能为首席大检察官。其等级具有排他性，只适用于最高人民检察院检察长。其他各级检察院检察长均不能适用，不允许也不能通过检察官等级晋升方式成为首席大检察官。三是最高人民检察院检察长与首席大检察官是一体的，二者不可分割，指的是同一人。检察官职务与检察官等级是完全对应的。而其他检察长与其检察官等级之间不是完全一一对应的，比如有的县级检察院检察长可能是三级高级或四级高级检察官。

在该条的理解适用中，实践中还需要注意以下问题：一是首席大检察官只是检察官单独职务序列的等级，本身不是职务，其职务是最高人民检察院检察长，二者不能混同。二是最高人民检察院检察长与首席大检察官称谓，可以一并使用，也可以分开使用。比如履行职责时常用最高人民检察院检察长，对外交往多用最高人民检察院检察长、中华人民共和国首席大检察官。三是首席大检察官的“首席”是最高人民检察院检察长所独有的专用名词，其他地方各级检察院检察长均不能使用。也就是说，在最高人民检察院检察长之外的检察官称谓中，均不能出现“首席”二字。比如某省检察院检察长，不能称之为“某省首席大检察官”“某省首席检察官”。

相关规定

《中华人民共和国宪法》第 62 条、第 63 条、第 67 条、第 135 条；《中华人民共和国人民检察院组织法》第 37 条、第 42 条；《检察官职务序列设置暂行规定》

第二十九条　检察官等级的确定，以检察官德才表现、业务水平、检察工作实绩和工作年限等为依据。

检察官等级晋升采取按期晋升和择优选升相结合的方式，特别优秀或者工作特殊需要的一线办案岗位检察官可以特别选升。

条文主旨

本条是关于检察官等级确定和晋升原则的规定。

立法背景

本法第二十七条规定了检察官实行单独职务序列管理和“四等十二级”的检察官等级设置。检察官等级制度是 2017 年检察官法就规定的制度，2019 年修订后的检察官法对检察官等级“四等十二级”的具体设置也与 2017 年检察官法相同。但在近年来全面深化司法体制改革、实行司法人员分类管理、检察官单独职务序列和检察官员额制的情况下，检察官等级有了新的更重要的意义。本轮司法体制改革以前，法官、检察官和其他公务员一样具有行政级别，检察官等级是和行政级别并行的一种检察官衔级，类似于军人军衔、人民警察警衔、海关关衔，更多体现的是检察官的资历、荣誉，检察官的政治待遇、生活待遇等主要还是由行政级别决定。实行检察官单独职务序列以后，法官、检察官的职务序列与行政职级脱钩，“四等十二级”的检察官等级成为检察官具有的唯一衔级，也是新形势下确定检察官待遇的重要依据。检察官等级的确定和晋升对于激励检察官依法履行检察职责，努力提高政治业务水平，推进高素质检察官队伍建设，具有重要意义。本条对检察官等级的确定和晋升的原则作了规定。

2019 年《中华人民共和国检察官法》第二十二条规定，检察官的等级的确定，以检察官所任职务、德才表现、业务水平、检察工作实绩和工作年限为依据。这次修订检察官法，考虑到根据检察官单独职务序列改革的精神，检察官职务序列与行政职级脱钩，在确认检察官等级的依据中删去了“所任职务”。

本条规定体现了司法体制改革的重要内容。党的十八届四中全会通过的《中共中央关于全面推进依法治国若干重大问题的决定》提出，推进法治专门队伍正规化、专业化、职业化。2015 年 9 月 15 日，习近平总书记主持召开中央全面深化改革领导小组第十六次会议，审议通过了《法官、检察官单独职务序列改革试点方案》。会议强调，要突出法官、检察官职业特点，对法官、检察官队伍给予特殊政策，建立有别于其他公务员的单独职务序列。本条根据党中央决策部署，总结检察官单独职务序列改革试点工作中行之有效的经验，增加一款对检察官等级晋升的原则作出规定。

检察官法修订草案一审稿规定，检察官等级晋升采取按期晋升和择优选升相结合的方式，特别优秀或者工作特殊需要的检察官可以特别选升。有的部门提出，建议按照中央有关改革文件精神，将特别选升的范围修改为特别优秀或者工作特殊需要的“一线办案岗位检察官”。立法机关经研究，修订草案二审稿采纳了这一建议，作了相应修改。

条文解读

本条共分两款。第一款是关于检察官的等级确定的依据的规定。根据本法第二十七条的规定，检察官的等级分为四等十二级，依次为首席大检察官、一级大检察官、二级大检察官、一级高级检察官、二级高级检察官、三级高级检察官、四级高级检察官、一级检察官、二级检察官、三级检察官、四级检察官、五级检察官。除首席大检察官按照法律规定为最高人民检察院检察长外，其他检察官的等级需要经过等级评定来确定。本条规定了确定检察官等级的四个依据。

一是德才表现。德才表现是确定检察官等级的重要依据。“德”是指检察官的思想品德状况。包括政治表现，也包括个人品德，遵守社会公德、家庭美德的情况等。“才”是指检察官的才能、能力，包括检察官的法学理论专业水平、办案能力、处理复杂局面化解矛盾的能力、做群众工作的能力等。检察官的德才表现同时也是检察官年度考核的重要内容。

二是业务水平。根据检察官行使国家检察权的职业特点，检察官的业务水平主要是指检察官的检察业务水平，主要包括依法查明案件事实，准确适用法律，按照法定程序和时限要求完成检察工作任务的业务水平，也包括与检察业务相关的总结检察工作规律、调查研究等业务水平。对于担任院领导职务的检察官来说，该检察官对所任职检察院的工作指导水平和管理水平也是业务水平中的重要内容。考察检察官的业务水平，主要是看检察官办理案件的质量和对所任职检察院的管理能力，而不能仅仅看工作量的大小。

三是检察工作实绩。检察官的检察工作实绩是指检察官实际从事检察工作的成绩，包括检察官的办案工作量，完成检察工作的质量情况等。对于检察官检察工作实绩的考察，离不开一些数字和比率，如办案数量、胜诉率、抗诉成功率等，但不能简单地以数字评判检察官的办案质量，而应当根据具体情况作出客观全面的评价。

检察官的检察工作实绩是检察官年度考核的重点。前面提到的检察官的思想品德、检察业务和法学理论水平也都属于检察官年度考核的内容。因此，在实际操作中，检察官等级的确定，包括检察官等级的晋升、降低等，都要以检察官的年度考核结果为重要依据。

四是工作年限。检察官的工作年限，体现了工作经验的积累和资历的成长，也是确定检察官等级的重要依据。根据中央有关改革文件的精神和本法规定，各级检察院一定级别的检察官，都可以按照检察官的工作年限和考核结果确定检察官等级。对于一定级别以上的检察官，实行择优选升，但检察官工作年限也是择优选升时考虑的重要因素。

本条第二款是关于检察官晋升原则的规定。这一款是根据本轮司法体制改革的精神和实践经验新增加的规定。这一款规定了检察官晋升的两种基本方式和一种特别情形。

检察官晋升的两种基本方式是按期晋升和择优选升，这两种方式相结合构成检察官晋升的基本原则。按期晋升，是指检察官从事检察工作达到一定年限，经考核在检察工作实绩、职业道德、专业水平、工作能力、工作作风等方面合格的，就可以按期晋升到上一个检察官等级。根据中央有关改革文件精神，每个层级的检察院都有一定级别以下的检察官可以实行按期晋升。这个实行按期晋升的检察官的最高检察官等级，形象的说法是“天花板”，高层级的检察院高一些，低层级的检察院低一些。但无论是高级别检察院还是基层检察院，与本轮司法体制改革前实行的晋升行政职务的办法相比，广大检察官的职业成长通道都得到了较大幅度的拓宽。择优选升，是指对于各级检察院一定级别以上的检察官，因工作需要和检察官等级设置等原因，不能如同按期晋升那样，简单按照工作年限和考核结果到期就晋升，而要由检察院按照法律和规定的条件和程序，从下一级别检察官中选择优秀的人选晋升。择优选升需要对符合条件的人选进行相对于按期晋升考核更严格的考察，并在不同人选之间进行比较和竞争性的选拔，确定拟晋升的人选，还需要符合规定的等级设置。实行一定级别的按期晋升和一定级别以上的择优选升相结合的检察官晋升制度，既可以保证大多数的检察官都有比较充分的职业发展空间，特别是改变基层检察院案件数量大、工作任务重但职数少，大量检察官级别低、待遇差的局面，充分调动检察官队伍的积极性，又能够通过竞争性选拔，实现检察官队伍中更优秀的人才晋升到更高的层次，激励检察官努力提高政治业务素质和办案实绩，形成良好的选人用人导向，切实全面推进高素质检察官队伍建设。

本条规定的检察官晋升的特别情形，是特别优秀或者工作特殊需要的一线办案岗位检察官可以特别选升。这一制度针对的对象：一是特别优秀的检察官，即检察工作实绩特别突出，表现优异的检察官；二是工作特殊需要的一线办案岗位检察官，如办理新领域新类型案件的紧缺人才等。“一线办案岗位检察官”是指在检察工作第一线，直接负责办理案件工作的检察官，其他岗位的检察官不能适用这一规定。“特别选升”是指突破法律和有关规定关于晋升检察官等级在任职时间、级别层次等方面规定的条件，也就是破格提升。对于特别选升应当从严掌握，并按照规定履行审批程序，真正实现把特别优秀或者工作特殊需要的人才选出来的目的。

本条规定了检察官等级确定和晋升的原则，对于检察官等级确定和晋升的具体办法，目前按照中央有关试点文件执行。根据本法第三十条的规定，国家还要另行制定有关规定。

第三十条　检察官的等级设置、确定和晋升的具体办法，由国家另行规定。

条文主旨

本条是关于检察官的等级设置、确定和晋升的具体办法由国家另行规定的规定。

立法背景

按照2017年检察官法的规定，检察官实行等级制，具体等级设为四等十二级。同时，考虑到各级人民检察院检察官等级设定，检察官具体等级的确定，以及检察官等级的晋升等，情况比较复杂，2017年检察官法在原则上规定了检察官等级基本制度后，又作了授权规定，即检察官的等级设置、确定和晋升的具体办法，由国家另行规定。2019年检察官法修订，保留了原来关于由国家另行制定有关检察官等级设置、确定和晋升的具体办法的规定。同时，在法律中进一步明确检察官实行单独职务序列，明确了检察官等级晋升的按期晋升、择优选升、特别选升等方式。这也是为了全面推进高素质检察官队伍建设，总结和巩固近年来司法体制改革成果，依法健全检察官单独职务序列管理制度。

从近年来关于加强检察官队伍建设的规定看，有关方面为了全面落实司法责任制，在检察官法规定的检察官等级制度基本框架的基础上，出台了一系列关于检察官等级设置、调整等方面的文件。这些文件多是具体落实中央要求和法律规定的举措，有力的保障和促进了高素质检察官队伍建设。如《中共中央办公厅、国务院办公厅关于加强法官检察官正规化专业化职业化建设全面落实司法责任制的意见》中提出，法官、检察官单独职务序列以法官法、检察官法规定的“四等十二级”为基础，法官、检察官等级与行政职级脱钩，实行单独管理。等级晋升实行按期晋升和择优选升相结合，特别优秀或者工作特殊需要的一线办案岗位法官、检察官可以特别选升。最高人民法院、最高人民检察院二级高级法官、检察官及以下按期晋升，省级法院、检察院和直辖市中级人民法院、检察院分院三级高级法官、检察官及以下按期晋升，市地级法院、检察院和副省级城市中级人民法院、检察院以及直辖市区法院、检察院四级高级法官、检察官及以下按期晋升，县级法院、检察院一级法官、检察官及以下按期晋升。在规定等级比例内，县级法院、检察院的法官、检察官可以选升三级高级法官、检察官，市地级法院、检察院和副省级城市中级人民法院、检察院以及直辖市区法院、检察院的法官、检察官可以选升一级高级法官、检察官，省级法院、检察院和直辖市中级人民法院、检察院分院的法官、检察官可以选升一级高级法官、检察官。各级法院、检察院择优选升的高级法官、检察官中，在一线办案岗位的要保证有一定数量。

条文解读

为了具体落实员额制，实施检察官单独职务序列管理制度，检察官法规定了检察官的等级制度。检察官的等级制度涉及检察官的等级划分、各级人民检察院检察官的等级设置、检察官等级确定和晋升等一系列具体规定和办法。考虑到难以在法律中对这些操作层面的内容都作出具体明确的规定，检察官法只对检察官等级制度的一些主要原则和内容作了规定，同时规定具体办法由国家另行规定。

根据本条规定，检察官的等级设置、确定和晋升办法由国家另行规定。这里所说的“检察官的等级设置”，主要是指《中华人民共和国检察官法》第二十七条和第二十八条所规定的检察官的等级划分，以及在各级和不同类型的人民检察院中不同等级检察官职位的设置。按照检察官法的规定，检察官等级由高到低依次为首席大检察官、一级大检察官、二级大检察官、一级高级检察官、二级高级检察官、三级高级检察官、四级高级检察官、一级检察官、二级检察官、三级检察官、四级检察官、五级检察官。关于检察官等级设置的细化性内容，需要国家另行规定，例如不同级别的检察院、不同类型的检察院，具体应设置哪些等级的检察官职位，具体设置相应等级检察官的数量、比例等，都需要根据实际情况进一步细化，科学设置省级、地（市）级、县级人民检察院，副省级城市人民检察院，直辖市人民检察院分院，直辖市所属区、所属县的人民检察院，副省级城市所属区人民检察院的检察官等级。

这里所说的检察官的“等级确定”，是指对检察官具体任为哪一个等级。有关检察官等级确定的规定，主要包括确定检察官等级的程序和依据，如等级确定的标准、等级确定的审批程序、批准权限以及需要进行等级确定的情形等。如初任检察官的等级确定；从符合检察官条件的律师或者法学教学、研究人员等从事法律职业的人员中公开选拔的检察官的等级确定；对各级人民检察院领导人员，包括检察长、副检察长、检察委员会专职委员的等级确定等。检察官法规定检察官晋升采取按期晋升和择优选升相结合的方式，特别优秀或者工作特殊需要的一线办案岗位检察官可以特别选升，因此检察官等级确定工作很大一部分也涉及检察官晋升后的等级确定。此外，本法第二十九条第一款规定，检察官等级的确定，以检察官德才表现、业务水平、检察工作实绩和工作年限等为依据。对于考核不符合检察官任职要求，因工作能力或者其他原因不适合担任现任检察官等级的，也需要确定如何降低检察官等级。以上检察官等级确定的具体办法，由国家另行规定。

这里所说的检察官等级的"晋升办法"，是指检察官在任职期间根据工作年限、能力、职务调整等变化，相应予以晋升其检察官等级的具体办法。本法第二十九条第二款规定，检察官等级晋升采取按期晋升和择优选升相结合的方式，特别优秀或者工作特殊需要的一线办案岗位检察官可以特别选升。根据上述法律规定的晋升方式，其具体的晋升条件、要求、比例、特定等级晋升的审批权限等，都需在另行制定的国家规定中进一步细化。

根据本条的规定，关于检察官等级设置、确定和晋升的具体办法在检察官法中不作具体规定，由国家另行规定。有关方面在落实检察官法规定，制定具体办法时，应按照检察官法确定的检察官等级制度的基本框架和原则，本着全面建设高素质检察官队伍的总体要求，充分发挥检察官单独职务序列管理的正向激励作用，科学设定有关上述内容的详细的、具有可操作性的规定，并应当根据实践情况和需要及时修改完善。

相关规定

《中华人民共和国检察官法》第 26－29 条；《中共中央办公厅、国务院办公厅关于加强法官检察官正规化专业化职业化建设全面落实司法责任制的意见》

第三十一条　初任检察官实行统一职前培训制度。

条文主旨

本条是关于初任检察官统一职前培训制度的规定。

立法背景

本条是 2019 年检察官法修订新增的条款，体现了司法体制改革的重要内容。

2017 年检察官法规定了检察官培训制度。2017 年《中华人民共和国检察官法》第二十九条规定，对检察官应当有计划地进行理论培训和业务培训。检察官的培训，贯彻理论联系实际、按需施教、讲求实效的原则。为贯彻落实检察官法规定的培训制度，最高人民检察院也制定了相关规定并出台了司法解释。最高人民检察院在《检察官培训条例》中明确规定，检察官培训与任免、考核相结合。检察官未参加本条例规定的培训或参加培训后未通过考试、考核的，不得任职和晋级。根据《检察官培训条例》的规定，检察官培训分为领导素能培训、任职资格培训、专项业务培训和岗位技能培训。任职资格培训包括初任检察官培训、晋升高级检察官培训。初任检察官培训的对象为已通过国家司法考试拟任检察官的人员，内容包括检察官职业道德和职业规范、检察制度、检察实务和办案技能等。重点是使其具备检察官基本履职能力。培训时间不少于 90 天。2013 年，党的十八大提出要建立高素质的社会主义法治工作队伍，作为推进全面依法治国的重要力量。2014 年，党的十八届四中全会通过了《关于全面推进依法治国若干重大问题的决定》，指出要推进法治专门队伍正规化、专业化、职业化，提高职业素养和专业水平。完善法律职业准入制度，健全国家统一法律职业资格考试制度，建立法律职业人员统一职前培训制度。2015 年，《中共中央办公厅、国务院办公厅关于完善国家统一法律职业资格制度的意见》提出要按照统一标准、分系统实施原则，建立法律职业人员任职前培训制度。现行公务员法也对新录用公务员的培训制度作出了要求，第六十七条规定，机关对新录用人员应当在试用期内进行初任培训；对晋升领导职务的公务员应当在任职前或者任职后一年内进行任职培训；对从事专项工作的公务员应当进行专门业务培训。第六十八条第三款规定，公务员培训情况、学习成绩作为公务员考核的内容和任职、晋升的依据之一。

条文解读

根据本条的规定，初任检察官都要进行统一的职前培训。对初任检察官进行职前培训是基于司法实践中检察工作的现实需要。检察官作为依法行使国家检察权的检察人员，根据本法第 7 条的规定，承担以下职责：(1) 对法律规定由人民检察院直接受理的刑事案件进行侦查；(2) 对刑事案件进行审查逮捕、审查起诉，代表国家进行公诉；(3) 开展公益诉讼工作；(4) 开展对诉讼活动的监督工作；(5) 法律规定的其他职责。检察官对其职权范围内就案件作出的决定负责。随着员额制和司法责任制改革在全国各级人民检察院的全面落实，检察官、检察辅助人员和司法行政人员队伍的政治素养、专业水平、办案能力、职业操守都有了很大的提升，专业化、职业化、正规化特色凸显。在这样的背景下，人民检察院培训也要适应新的时代形势，规范培训过程，建立检察官培训的标准体系、评价体系、支持体系和研究体系，最大限度地避免出现初任检察官因检察专业技能不足、司法经验缺乏而影响办案质量和效率的问题。尤其是在近几年来公众对司法期待与要求不断提高的背景下，检察官不仅应当精通法律，而且应当善于洞察当事人矛盾，熟练掌握社情民意，既保障案件的法律效果，又能实现社会效果。因此，对检察官尤其是初任检察官进行职业培训，对法治工作人才队伍建设与司法改革成效显得尤为重要。

在初任检察官培训方面，大陆法系与英美法系国家都已形成一整套系统而又行之有效的制度设计，其职前培训普遍得到高度重视。在大陆法系国家，一般都规定了非常严格的司法官（包括检察官）职前培训制度。以德国为例，要想获得检察官资格必须以通过第一次国家司法考试的方式结束大学的法律专业学习，然后在检察官办公室、律师事务所、行政机关等进行专业实践和在职培训，在参加职业预备期培训的第20个月后方可参加第二次国家考试。通过两次国家考试后，才能取得担任检察官的资格。当某州检察院出现检察官空缺后，取得任职资格的人员可以向所在州的司法部提出申请，成功通过选拔的，取得见习检察官身份，接受职业所需人际交往、职业操守、公诉程序等专门培训，并通过直接接触检察实务，迅速进入状态。有别于大陆法系，英美法系的初任检察官培训不强调官方的、严格的任前培训，而是让未来检察官们通过从事律师等职业在司法实践中获取专业经验。在英美法系国家中，虽然没有对检察官职前培训制度作出明确规定，但其对律师的职前教育培训是非常严格的。如美国规定，只有在律师协会认定的法学院毕业的学生才能参加司法考试；英国规定只有在专门设立的律师学院参加职业培训并合格，方有可能成为检察官。而这些法学院或律师学院，必须对其学生进行全面、严格、系统的法律职业教育，为初任检察官的职业素养和执业能力提供保障。这种制度与英美法系国家信奉的"普通法从个别案件中抽象出规则然后运用到个案中的模式，要求富有实务经验的人来操作"的观点有关。尽管两大法系在初任检察官培训的内容、方式以及与检察官遴选制度关联度上存在明显的差异，但二者对检察官司法实践经验和能力的重视却是高度一致的，不论是任职前的统一学习，或个人在长期司法实践中的磨砺，均对我国的初任检察官培训制度有重要启示。

在我国现有刑事制度和司法体制改革的背景下，初任检察官必须通过国家统一法律职业资格考试并取得法律职业资格，且至少具有3到5年的法律工作经历，即具备一定的理论专业水平和司法实践基础。初任检察官经考试、考核被选拔录用后，在已有法律知识、法律职业经历的基础上进行统一的职前培训，有利于形成更为成熟完备的法律知识体系、法律运作技巧和职业道德素养，更有利于初任检察官迅速适应检察院检察工作，也更符合建立正规化专业化职业化检察官队伍的需要。

实行统一的职前培训中“统一”是指由国家指定的机构统一负责初任检察官培训事项，执行统一的标准，按照统一的程序执行。“职前”是指初任检察官经录取后，成为正式检察官审理案件前。最高人民检察院在2007年印发的《检察官培训条例》规定，检察官未参加本条例规定的培训或参加培训后未通过考试、考核的，不得任职和晋级。其中，最高人民检察院设立国家检察官学院统一负责初任检察官培训事项，且培训时间不少于90天。培训结束后，统一发放结业证书，其参加培训的履历、成绩和鉴定应存入本人档案，作为任职、等级晋升的依据之一。

实行统一的职前培训中“职前培训”的内容，应当紧密结合检察官的岗位需要及特点设置。《检察官培训条例》中就提出，初任检察官的培训内容包括检察官职业道德和职业规范、检察制度、检察实务和办案技能等。重点是使其具备检察官基本履职能力。检察官职业行为基本规范中提出，检察官要严格、公正、文明、廉洁执法。包括恪守职业道德，铸造忠诚品格，强化公正理念，树立清廉意识，提升文明素质。培养初任检察官的职业道德和规范行为，是建设高素质的检察官队伍、落实司法责任制的应有之义。另外，初任检察官均已具有法律知识专业基础，培训的核心任务应是检察实务，让初任检察官掌握必备职业技能，以适应检察工作的职业要求。当然，在统一培训标准和程序的前提下，具体培训内容及形式可由培训机构根据初任检察官拟担任的职务等方面情况，贯彻理论联系实际的原则予以确定。

相关规定

《中华人民共和国公务员法》第67条、第68条；《中华人民共和国检察官法》第7条、第12条、第14条；《中华人民共和国人民检察院组织法》第49条

第三十二条　对检察官应当有计划地进行政治、理论和业务培训。

检察官的培训应当理论联系实际、按需施教、讲求实效。

条文主旨

本条是有关检察官培训要求的规定。

立法背景

司法是实现社会正义的最后一道防线，检察官队伍作为法治建设的主力军，发挥着审查逮捕、审查起诉、提起公诉，开展对诉讼活动的法律监督工作等重要职能，检察官只有政治、业务素质和道德品行等都过硬，才可能让老百姓在每一个司法案件中感受到公平正义。检察官的工作专业性强、涉及面广，不仅要具备扎实的法律功底，更需要丰富的司法实践经验，这些知识和经验，除了在法学院接受法学教育外，主要是依靠从事检察官职业后通过在工作中的学习和培训中获得。检察官的教育培训理应贯穿检察官职业生涯的始终，从检察官准入到在职都需要通过专门的培训教育过程，使那些将要成为检察官的人达到职业化检察官的水平，同时也能使那些已经成为检察官的人自身的素质不断得到提高，进而保障检察官不断提升司法能力，在司法活动中实现司法公正。

我国1995年检察官法就规定了检察官培训的内容。2001年检

察官法对有关内容未作修改。2007 年开始施行的《检察官培训条例》更是对检察官培训的组织与管理、内容和形式、基础建设与保障、考核与责任作了更具体的规定，推动了检察官培训的落实。

本条沿袭了 2001 年《中华人民共和国检察官法》第 29 条的内容，并将“理论培训和业务培训”修改为“政治、理论和业务培训”。

条文解读

本条共分两款，第一款是关于对检察官进行政治、理论和业务培训的规定。

对检察官的培训是提高检察官素质，保证检察官正确适用法律的重要措施。随着我国经济社会发展，人民检察院办案领域也在不断扩展，案件的类型也在不断变化，检察官原有的知识和经验需要通过不断的教育培训和更新，才能适应不断发展变化的办案工作的需要。因此，必须有计划地、不断地更新检察官的知识，不断提高检察官的政治、理论和业务水平。因此，检察官法将培训作为专门内容作了规定。加强对政法干部的培训，也是中央的一贯精神。按照《检察官培训条例》等相关文件的规定，我国检察院的检察官培训主要分为领导素能培训、任职资格培训、专项业务培训和岗位技能培训等。任职资格培训包括初任检察官培训、晋升高级检察官培训，初任检察官培训是指对已通过法律职业资格考试并拟任检察官的人员的培训，注重检察官职业道德和职业规范、检察制度、检察实务和办案技能等方面；晋升高级检察官培训的对象为拟晋升高级检察官的人员，培训内容包括法学前沿理论、检察管理、司法改革理论与实践、高级检察官实务和重大疑难案件分析处理技能等，重点是使其具备高级检察官履职能力；领导素能培训的对象为地方各级人民检察院正副检察长及其他领导班子成员、检察委员会专职委员和业务部门负责人，内容包括政治理论与形势任务、法学前沿理论、检察改革理论与实践、检察领导与检察管理等；专项业务培训的对象为检察业务部门的检察官，内容包括最新法律和政策、检察业务专题与实务技能等，重点是提高检察官履行本职工作的能力和水平；岗位技能培训的对象为检察业务部门的检察官，内容包括计算机应用技术、电子检务、工作方法与技巧、公文写作与文书处理、外语等，重点是增强检察官岗位通用技能和岗位专门技能。

本款规定“有计划地进行政治、理论和业务培训”，其中“有计划”是指要将检察官培训制度化，分期、分批有针对性地对检察官进行培训，而不能把培训当作临时工作或者抓抓放放。培训的内容包括三方面，即政治、理论和业务培训，2019 年检察官法修改，将政治培训的内容从理论培训中独立出来予以规定，强调了政治培训的重要性。这里的“政治培训”主要是指对检察官进行思想政治培训，具体包括马列主义、毛泽东思想、邓小平理论、“三个代表”重要思想、科学发展观、习近平新时代中国特色社会主义思想等重要领域和内容；党的方针政策和有关文件、中央领导同志的讲话；国际、国内时事等。“理论培训”主要是指法学理论培训，加强检察官的理论培训旨在提高检察官理论水平，提高检察官的整体素质，提高检察官研究问题、分析问题的能力。“业务培训”主要是指检察业务的培训，包括新颁行法律、司法解释的理解、证据审查认定、司法文书制作、流程管理等培训；检察工作中的新方法、新问题的研究和法律适用问题的研究。加强对检察官的业务培训旨在使检察官能够及时适应检察业务工作的需要，适应情况的变化，胜任工作任务。

本条第二款是关于培训原则的规定。根据本款的规定，检察官培训应当遵循以下三项原则：

一是理论联系实际的原则。检察官培训的理论联系实际的原则，主要是指对检察官的培训既要注重理论水平的提高，又要注重实际工作能力的培训，二者不可偏废。在研究理论、学习理论的过程中，不能将理论束之高阁，或者把学习、研究理论变成学院式的纯理论研究，要结合实际的检察工作的情况去学习理论；而在研究实际问题时，要将问题提高到理论的高度去认识。这样才能使培训工作符合检察业务工作和提高检察官素质的需要，以防止理论与实际的脱节。

二是按需施教的原则。按需施教是指检察官培训应当从检察业务工作的实际需要和提高检察官理论、业务水平的需要出发进行培训。主要包括两个方面的内容：第一，根据检察业务工作情况的变化，学习新颁布的法律、司法解释等，研究实践中出现的新问题，以使检察官的知识和实际工作能力能够适应检察业务工作中新的需要；第二，要根据培训对象特点，科学、灵活地调整培训内容，如对经验丰富的资深检察官可以补充、更新有关知识为主，拓展知识面。对新任职检察官，可针对他们的实践经验欠缺的情况，重点丰富他们的办案经验，着力提升其出庭支持公诉的能力、法律适用能力和司法文书写作能力等实际工作能力。

三是讲求实效的原则。作为继续教育的一种类型，检察官培训具有一些自身的规律和要求。检察官培训时间一般不会太长，但需要接受大量的知识，这就要求培训以实效为出发点。注重检察官培训的实效，主要包括制定有效、有针对性的培训计划和采取生动、效果好的培训教育方法。如可以采取案例教学的培训方法，由于参加培训的学员大都已有一定的实践经验，他们在实践中碰到了很多新问题，如果结合实践中的一些典型疑难案例讲授理论，采用案例教学，通过对这些疑难案例的讨论，既加深了学员的求知力和理解力，从理论上弄清了案件的实质所在，也有利于提高学员解决案件难题的能力。

需要注意的是，落实检察官培训制度的过程中，培训的方式可以多样化。可以根据实际情况有针对性地开展在岗的新法律法规司法解释学习、检察业务研修等短时间的培训。在信息化背景下，除线下培训外，还可以补充采用网络培训的方式，推广网络教学，通过录制精品教学课件，开设“云端课堂”等方法加强资源共享，提高培训的便捷性和实效性。

相关规定

《中华人民共和国人民检察院组织法》第 49 条；《检察官培训条例》

第三十三条　检察官培训情况，作为检察官任职、等级晋升的依据之一。

条文主旨

本条是关于将检察官培训情况作为其任职、等级晋升的依据的规定。

立法背景

检察官的培训对于提高检察官素质、提高检察官的检察业务水平和办案质量具有重要意义，也是健全检察官制度的重要方面。将检察官的培训情况作为其任职、等级晋升的依据之一，是将检察官培训与其任职、等级晋升有机结合起来，从而使检察官培训成为检察官管理中重要的组成部分，是检察官培训制度化的具体体现，对于推动检察官培训工作，健全检察官培训机制，落实培训计划都具有重要意义。将检察官培训情况规定为其任职、等级晋升的依据，也有利于保证参加培训的检察官珍惜培训机会，努力学习，防止应付、走过场的情况发生。同时，将检察官的培训情况，作为其任职、晋升的依据，也是任职、晋升条件本身的要求。担任一定的职务，晋升为高一级的检察官，不仅要具有相应的检察业务工作经验、一定的工作年限，而且应当相应具备一定的理论水平和研究能力，而培训期间的情况也从一个方面反映了检察官的理论水平、研究能力等方面的素质。

2017 年《中华人民共和国检察官法》第三十一条就规定了检察官在培训期间的学习成绩和鉴定，作为其任职、晋升的依据之一。

2007年开始施行的最高人民检察院的《检察官培训条例》对检察官培训的考核内容更是作了具体详细的规定，如规定了检察官未通过考试、考核的，不能取得结业证书和获得相应的资格，检察官未参加规定的培训或未通过考试、考核的，应及时补训；无正当理由拒不参加补训的，由所在单位负责督促其及时改正。

本条沿袭了2017年《中华人民共和国检察官法》第三十一条的内容，并对该规定的内容进行了完善，将“学习成绩和鉴定”修改为“培训情况”，将“晋升”修改为“等级晋升”。

条文解读

随着员额制和司法责任制改革在全国检察系统的全面落实，检察官的政治素养、专业水平、办案能力、职业操守等都有了很大的提升，检察官职业的专业化、职业化、正规化特色凸显。在这样的背景下，检察官的培训显得更为重要。将检察官的培训情况作为检察官任职、等级晋升的依据之一，是检察官培训的评价体系的重要内容。

一般来说，检察官的培训会根据不同的培训对象，设置不同的课程和内容，目的是让检察官符合所任职务和检察官等级的要求。初任检察官培训是针对已通过法律职业资格考试并拟任检察官的人员，注重检察官职业道德和职业规范、检察制度、检察实务和办案技能等方面；晋升高级检察官培训的对象为拟晋升高级检察官的人员，内容包括法学前沿理论、检察管理、司法改革理论与实践、高级检察官实务和重大疑难案件分析处理技能等，重点是使其具备高级检察官履职能力；领导素能培训的对象为地方各级人民检察院正副检察长及其他领导班子成员、检察委员会专职委员和业务部门负责人，内容包括政治理论与形势任务、法学前沿理论、检察改革理论与实践、检察领导与检察管理等；专项业务培训的对象为检察业务部门的检察官，内容包括最新法律和政策、检察业务专题与实务技能等，重点是提高检察官履行本职工作的能力和水平；岗位技能培训的对象为检察业务部门的检察官，内容包括计算机应用技术、电子检务、工作方法与技巧、公文写作与文书处理、外语等，重点是增强检察官岗位通用技能和岗位专门技能。所以，培训的考勤、学习成绩和表现等情况可以从一方面反映出检察官是否符合其所任职务或所晋升的检察官等级的理论功底和工作水平，应当作为其任职和等级晋升的依据之一。

根据《检察官培训条例》及有关文件的规定，这里的“检察官任职”是指初任检察官，晋升高级检察官，担任人民检察院正副检察长及其他领导班子成员、检察委员会专职委员和业务部门负责人等。这里的“等级晋升”是指根据本法第二十七条的规定，检察官等级分为十二级，等级晋升是指检察官的等级往上升一级，比如由二级检察官晋升为一级检察官，由四级高等检察官上升为三级高等检察官，根据《检察官培训条例》及有关文件的规定，晋升高级检察官，必须接受晋级资格培训。

需要注意的是，将检察官培训情况作为检察官任职、等级晋升的依据，实际上是检察官培训的一种激励和约束机制，有助于检察官培训的制度化，也有助于检察官培训取得实效，全面推进高素质检察官队伍建设。检察官培训对检察官来说，既是权利也是义务，是检察官素质的重要保障手段。实践中，各级人民检察院应当在最高人民检察院的领导下，积极落实本条规定、《检察官培训条例》和相关文件的精神，把该规定落到实处。

相关规定

《中华人民共和国公务员法》第68条；《检察官培训条例》

第三十四条　检察官培训机构按照有关规定承担培训检察官的任务。

条文主旨

本条是关于检察官培训机构及其职责的规定。

立法背景

本法第三十一条至第三十三条规定了初任检察官的统一职前培训、检察官常规培训的内容、原则，并规定检察官培训情况作为检察官任职、等级晋升的依据之一。检察官从事的检察工作是一项复杂的复合型智力劳动，专业性、技术性很强，要求检察工作者必须经过严格的职业训练，具有扎实的法学理论功底和娴熟的检察技能，具备准确理解法律、正确适用法律的能力，具备通过侦查、审查案件去伪存真、查明事实的能力，具备阐明法律，以案释法的能力，具备做好当事人和其他诉讼参与人的工作，化解矛盾、维护社会稳定的能力，具备通过履职活动践行公平正义等社会主义核心价值观，推动全民守法和法治社会建设的能力。信息社会经济社会发展变动不居、日新月异，各种新情况新问题不断出现，作为社会治理重要手段的法律法规、司法解释更新很快，这些都需要检察官不断更新知识结构，提升司法能力，以适应新形势下检察工作的需要。检察官的培训不同于学校教育，也不同于一般的干部培训，而是要从检察官职业的特点和需要出发，有针对性地养成和保持检察官从事检察工作的各种知识和技能，既要有理论学习，更需要经验传授，是一项专业性、技术性都很强的教育培训工作，承担检察官培训职责的相关机构应当从建立高素质检察官队伍的需要出发，建立起有效的检察官培训体系。

全国人大常委会在检察官法立法工作中重视对检察官培训制度的规定，1995 年制定检察官法时就对检察官培训机构及其职责作了规定。2017 年《中华人民共和国检察官法》第三十条规定，国家检察官院校和其他检察官培训机构按照有关规定承担培训检察官的任务。这里规定的“国家检察官院校”主要是指最高人民检察院直属的国家检察官学院和各地的检察官学院。党的十八届四中全会通过的《中共中央关于全面推进依法治国若干重大问题的决定》提出，建立法律职业人员统一职前培训制度。2015 年 12 月，中共中央办公厅、国务院办公厅印发了《关于完善国家统一法律职业资格制度的意见》，该《意见》将建立统一职前培训制度作为完善国家统一法律职业资格制度的重要任务之一，提出按照统一标准、分系统实施原则，建立法律职业人员任职前培训制度。目前，最高人民法院、最高人民检察院、司法部等部门正在就法律职业人员统一职前培训制度的培训标准、实施机构等具体办法进行研究。2019 年修订检察官法，考虑到新形势下对包括法官、检察官、律师等在内的法律职业人员实行统一职前培训以及对法律职业人员常规培训等，都是进一步深化政法领域司法体制改革的重要内容，为了给检察官教育培训改革实践留有空间，删去了 2017 年《中华人民共和国检察官法》第三十条中关于“国家检察官院校”的表述，对检察官培训机构的规定相对较为原则。

本条规定注意了与公务员法的衔接。《中华人民共和国公务员法》第六十六条第二款规定，国家建立专门的公务员培训机构。根据需要也可以委托其他培训机构承担公务员培训任务。本条规定的“检察官培训机构”是针对检察官这一特殊群体的公务员承担培训任务的专门的公务员培训机构。这次修订检察官法对本条进行的修改，与公务员法规定的可以委托其他培训机构承担公务员培训任务的精神也是一致的。

条文解读

本条规定的“检察官培训机构”是指承担本法第三十一条、第三十二条规定的初任检察官统一职前培训，检察官政治、理论和业务培训的机构。2019 年修订检察官法删去了 2017 年《中华人民共和国检察官法》第三十条中关于“国家检察官院校”的表述。修订后的规定以“检察官培训机构”代替“检察官院校”的用语，更为强调检察官培训的职能，不限于特定院校、单位，这样概括表达更为准确，也更便于适应检察官培训工作的需要。

长期以来，最高人民检察院都高度重视检察官培训工作，建立了较为完备的检察官培训体系。从实际情况看，承担检察官培训主体任务的是最高人民检察院主管的国家检察官学院和地方各级检察院主管的检察官培训院校。目前，国家检察官学院是最高人民检察院的直属事业单位，是中国检察官教育培训的主要机构。该学院成立于 1998 年，其前身是 1989 年成立的中国高级检察官培训中心。学院承担对省级检察院领导班子成员培训、市县两级检察院检察长培训等领导素能培训，检察业务精准化实战化专题培训，青年检察人才、师资培养等专项人才培训，西藏、新疆及西部少数民族地区检察业务骨干培训等培训任务。学院设有教学、教务、培训管理等内设机构和专兼职师资队伍。注重选派专职教师到检察实务部门挂职锻炼，以切实增强司法实践经验。在检察实务单位和教学科研机构选聘兼职教师。实行“检察官教检察官”的教学模式，确保检察官培训针对性强。以实战、实用、实效为导向，服务保障推动“四大检察”全面协调充分发展，做到学以致用，提高检察官处理解决检察工作中的疑难复杂问题的能力。学院在各省、自治区、直辖市设立分院，国家检察官学院分院同时也是各省、自治区、直辖市人民检察院的检察官教育培训机构，承担辖区内检察官培训任务。

本条规定的“检察官培训机构”，除国家检察官学院等国家检察官院校外，还可以包括其他承担检察官培训任务的教学、研究等机构，各级检察院与法学高等院校合作设立的培训机构，接受各级检察院委托承担检察官培训任务的机构等。国家关于法律职业人员统一职前培训制度的有关具体规定出台后，根据规定承担法律职业人员统一职前培训任务的机构也是本条规定的“检察官培训机构”。

根据本条的规定，检察官培训机构按照“有关规定”承担培训检察官的任务。这里的“有关规定”，首先是检察官法对检察官培训制度的基本规定，即本法第三十一条至第三十四条的规定，也包括最高人民检察院、公务员主管部门等制定的关于检察官培训、公务员培训的具体规定。2007 年 1 月，最高人民检察院根据检察官法制定了《检察官培训条例》，对检察官培训工作的基本原则、种类、内容与形式、组织管理、基础建设与保障、考核评估与责任等作了规定。最高人民检察院制定检察教育培训规划等也对检察官培训工作提出了要求。检察官培训机构的培训工作应当贯彻落实本法和有关规定，遵循教育培训规律，为保持和提升检察官队伍的政治业务素质，确保国家检察权公正行使提供保障。

相关规定

《中华人民共和国公务员法》第66条；《中共中央关于全面推进依法治国若干重大问题的决定》；《检察官培训条例》

第三十五条　检察官申请辞职，应当由本人书面提出，经批准后，依照法律规定的程序免除其职务。

条文主旨

本条是关于检察官辞职程序的规定。

立法背景

检察官辞职制度是检察官人事管理的重要制度。本法第五章“检察官的管理”在对检察官员额制、检察官等级、检察官培训制度的规定之后，对检察官辞职的有关制度作了规定。

1995年制定检察官法时就对检察官辞职制度作了规定，2017年《中华人民共和国检察官法》第四十二条规定，检察官要求辞职，应当由本人提出书面申请，依照法律规定的程序免除其职务。2019年修订检察官法，根据公务员辞去公职的有关规定，将该条中的“要求”辞职改为“申请”辞职，增加了“经批准后”免除检察官职务的表述，进一步严格了检察官辞去公职的程序规定。

本条规定注意了与公务员法的衔接。《中华人民共和国公务员法》第八十五条规定公务员辞去公职的申请和审批程序，第八十六条规定了公务员不得辞去公职的六种情形。本条是关于检察官辞职的原则规定。根据本法第六十九条的规定，关于检察官辞职的有关制度和程序，本法未作规定的，适用《中华人民共和国公务员法》第八十五条、第八十六条和有关公务员辞职的其他规定。

条文解读

检察官的辞职，是指检察官根据本人意愿提出申请辞去公职，经任免机关批准，不再担任检察官职务，也不再保留国家公务员身份。按照本人意愿申请辞职，是检察官的权利。检察官提出辞职申请后，需要按照法律规定的程序进行审查批准和免职程序。有关机关审批同意检察官辞职后，免去辞职检察官职务的法律程序，主要适用人民检察院组织法等法律规定的检察官“免职”程序。《中华人民共和国公务员法》第八十五条、第八十六条对公务员辞职作了规定。2009 年 7 月，中央组织部、人力资源和社会保障部制定了《公务员辞去公职规定（试行）》，对公务员辞去公职的有关工作程序作了具体规定。根据本法、公务员法和上述《规定》，检察官辞去公职应当按照下列程序办理：

一是检察官本人书面申请。自愿辞去公职的检察官应当根据干部管理权限向有关机关提出书面申请，表明自己辞去公职的意愿，填写《公务员辞去公职申请表》。

二是按照规定的程序审批。有干部管理权限的机关收到检察官辞去公职的书面申请后，应当由组织人事部门审核提出意见，呈报审批。审核和审批时，应当审查申请辞去公职的检察官有没有法律规定的不得辞去公职的情形。根据《中华人民共和国公务员法》第八十六条的规定，公务员有下列情形之一的，不得辞去公职：（1）未满国家规定的最低服务年限的；（2）在涉及国家秘密等特殊职位任职或者离开上述职位不满国家规定的脱密期限的；（3）重要公务尚未处理完毕，且须由本人继续处理的；（4）正在接受审计、纪律审查、监察调查，或者涉嫌犯罪，司法程序尚未终结的；（5）法律、行政法规规定的其他不得辞去公职的情形。根据公务员法第八十五条的规定，相关机关应当自接到申请之日起三十日内予以审批，其中对领导成员辞去公职的申请，应当自接到申请之日起九十日内予以审批。审批应当作出同意辞去公职或者不同意辞去公职的批复，并将审批结果以书面形式通知公务员所在单位和申请辞去公职的公务员，并将同意辞去公职的批复送同级公务员主管部门备案。公务员申请辞去公职未予批准的，可以按照规定申请复核或者提出申诉。复核、申诉期间不停止该人事处理的执行。经批准辞去公职的检察官，离职前应当办理公务交接手续，必要时按照规定接受审计。

三是依照法律规定免除检察官职务。对于经审批同意检察官辞去公职的，应当按照《中华人民共和国人民检察院组织法》和本法第十八条等法律规定的程序，提请任命该检察官的机关免去其检察官职务。根据本法第十八条的规定，对于最高人民检察院副检察长、检察委员会委员和检察员，由最高人民检察院检察长提请全国人大常委会免去其检察官职务；对于地方各级人民检察院副检察长、检察委员会委员和检察员，由本院检察长提请本级人大常委会免去其检察官职务；对于省、自治区、直辖市人民检察院分院检察长、副检察长、检察委员会委员和检察员，由省、自治区、直辖市人民检察院检察长提请本级人大常委会免去其检察官职务；对于省级人民检察院和设区的市级人民检察院依法设立作为派出机构的人民检察院的检察长、副检察长、检察委员会委员和检察员，由派出的人民检察院检察长提请本级人大常委会免去其检察官职务；对于新疆生产建设兵团各级人民检察院、专门人民检察院检察长、副检察长、检察委员会委员和检察员，依照全国人大常委会有关规定免去其检察官职务。

为防止离任检察官利用原职务的影响力谋取不正当利益，影响司法公正，本法第三十七条对检察官从人民检察院离任后以律师身份担任诉讼代理人或者辩护人等行为作了一定限制。根据该条的规定，检察官从人民检察院离任后两年内，不得以律师身份担任诉讼代理人或者辩护人。检察官从人民检察院离任后，除作为当事人的监护人或者近亲属代理诉讼或者进行辩护的外，不得担任原任职检察院办理案件的诉讼代理人或者辩护人。另外，为防止辞去公职的公务员从业中的违纪违法现象，《公务员辞去公职规定（试行）》中对公务员辞去公职后的行为作了一些限制性规定。2017年4月，中共中央组织部、人力资源社会保障部、国家工商总局、国家公务员局联合印发了《关于规范公务员辞去公职后从业行为的意见》，对公务员辞去公职的从业行为作出了更具体的规范。从人民检察院辞去公职的检察官在离任后，应当严格遵守这些规定。

检察官自愿提出不再担任检察官职务，除本法规定的检察官辞职外，还有一种情况是辞去现任的检察官职务，但仍然保留公务员身份。这在实践中主要是因为工作调整变动，如检察官从原任职检察院交流调动到其他检察院、法院或者其他国家机关任职等，也包括一些检察官因为个人原因提出不再担任检察官职务，但仍保留公务员身份，在检察院从事司法辅助、司法行政等工作或者到其他国家机关工作，还有检察院的领导人员因为工作严重失误、失职等原因引咎辞职等。对于这种类型的职务变动，应当适用本法第二十条第三项规定的“职务变动不需要保留检察官职务的，或者本人申请免除检察官职务经批准”的规定，和《中华人民共和国公务员法》第八十七条关于担任领导职务的公务员因工作变动依照法律规定需要辞去现任职务，因工作严重失误、失职造成重大损失或者恶劣社会影响等原因引咎辞去领导职务的规定。《中华人民共和国全国人民代表大会议事规则》第三十八条、《中华人民共和国地方各级人民代表大会和地方各级人民政府组织法》第二十七条中规定的人民检察院检察长“辞职”有关程序，主要是针对这种情形。

相关规定

《中华人民共和国公务员法》第85－87条；《公务员辞去公职规定（试行）》；《关于规范公务员辞去公职后从业行为的意见》

第三十六条　辞退检察官应当依照法律规定的程序免除其职务。

辞退检察官应当按照管理权限决定。辞退决定应当以书面形式通知被辞退的检察官，并列明作出决定的理由和依据。

条文主旨

本条是关于辞退检察官应免除其职务并履行相应程序的规定。

立法背景

2017 年《中华人民共和国检察官法》第四十四条规定，辞退检察官应当依照法律规定的程序免除其职务。2019 年检察官法修订在 2017 年《中华人民共和国检察官法》规定的基础上，进一步增加规定："辞退检察官应当按照管理权限决定。辞退决定应当以书面形式通知被辞退的检察官，并列明作出决定的理由和依据。"在检察官法中对辞退检察官的程序作出明确规定，主要是考虑到辞退涉及检察官职务去留，属于检察官管理中的重要事项，依法明确程序既是检察官队伍管理工作的需要，也关系检察官重要权益。一方面，检察官是实行单独职务序列管理的，检察官职务依法由有关的权力机关依照法定程序任命。因此，辞退检察官应先由任命机关免除检察官职务后，再按照辞退公务员的程序进行辞退。另一方面，从保护检察官依法履行法定职责的角度出发，非因法定事由、非经法定程序不能辞退检察官，有必要明确辞退检察官的程序。同时，检察官是实行单独职务序列管理的公务员，《中华人民共和国公务员法》第九十条第一款规定，辞退公务员，按照管理权限决定，辞退决定应当以书面形式通知被辞退的公务员，并应当告知辞退依据和理由。本条的规定也是为了与公务员法的规定相衔接。

关于哪些情形下可以辞退检察官，2017 年《中华人民共和国检察官法》第四十三条作了规定，即检察官有下列情形之一的，予以辞退：（1）在年度考核中，连续两年确定为不称职的；（2）不胜任现职工作，又不接受另行安排的；（3）因检察机构调整或者缩减编制员额需要调整工作，本人拒绝合理安排的；（4）旷工或者无正当理由逾假不归连续超过十五天，或者一年内累计超过三十天的；（5）不履行检察官义务，经教育仍不改正的。检察官法修订草案一次审议稿中保留了 2017 年检察官法的上述规定。2017 年 12 月全国人大常委会对检察官法修订草案进行初次审议时，有的常委委员提出，检察官法中有的规定与公务员法的规定重复，建议通盘研究，做好衔接。全国人大宪法和法律委员会经研究，考虑到检察官法修订草案一次审议稿中有的内容属于与公务员管理共性的规定，公务员法已有规定的，可以不作重复。上述有关辞退检察官的具体情形等几处规定属于重复性规定，遂予以删去，并在附则中作衔接性规定：有关检察官的权利、义务和管理制度，本法已有规定的，适用本法的规定；本法未作规定的，适用公务员管理的相关法律法规。因此，2019 年修订后的检察官法中没有规定具有哪些情形的，可以辞退检察官，辞退检察官的具体情形应当按照《中华人民共和国公务员法》第八十八条的规定，即有下列情形之一的，予以辞退：（1）在年度考核中，连续两年被确定为不称职的；（2）不胜任现职工作，又不接受其他安排的；（3）因所在机关调整、撤销、合并或者缩减编制员额需要调整工作，本人拒绝合理安排的；（4）不履行公务员义务，不遵守法律和公务员纪律，经教育仍无转变，不适合继续在机关工作，又不宜给予开除处分的；（5）旷工或者因公外出、请假期满无正当理由逾期不归连续超过十五天，或者一年内累计超过三十天的。对此，在《保护司法人员依法履行法定职责规定》第七条中也有相应规定，实践中可按照规定执行。

条文解读

本条共分为两款。第一款是关于辞退检察官应当依照法律规定的程序免除其职务的规定。辞退是出现法定情形时，有关机关依法解除检察官职务的行为。检察官作为单独职务序列管理的公务员，如果出现法定应当予以辞退的情形，需要依法予以辞退。根据本法第六十九条的规定，有关检察官的权利、义务和管理制度，检察官法未作规定的，适用公务员管理的相关法律法规。如上所述，辞退检察官的具体情形，检察官法未作具体规定，依法应适用公务员法关于辞退的具体情形的规定。根据《中华人民共和国公务员法》第八十八条规定，公务员有下列情形之一的，予以辞退：（1）在年度考核中，连续两年被确定为不称职的；（2）不胜任现职工作，又不接受其他安排的；（3）因所在机关调整、撤销、合并或者缩减编制员额需要调整工作，本人拒绝合理安排的；（4）不履行公务员义务，不遵守法律和公务员纪律，经教育仍无转变，不适合继续在机关工作，又不宜给予开除处分的；（5）旷工或者因公外出、请假期满无正当理由逾期不归连续超过十五天，或者一年内累计超过三十天的。因此，检察官如果有以上情形之一的，应予以辞退。这里需要注意的是，检察官应当履行的义务，既包括公务员法规定的公务员的义务，还包括本法第十条专门规定的检察官的义务。检察官如果有不履行公务员法以及本法规定的义务的情况，经单位或组织教育后仍不履行义务或者不改正的，可以依法予以辞退。

根据本款的规定，辞退法官应当依照法律规定的程序免除其职务。这里“法律规定的程序”是指根据宪法、地方各级人民代表大会和地方各级人民政府组织法、人民检察院组织法以及本法关于检察官任免的有关规定，分别由全国人民代表大会、全国人民代表大会常务委员会、地方各级人民代表大会、地方各级人民代表大会常务委员会依照法律规定的程序免除其现任职务。省级人民检察院和设区的市级人民检察院依法设立作为派出机构的人民检察院的检察长、副检察长、检察委员会委员和检察员，由派出的人民检察院检察长提请本级人民代表大会常务委员会任免。此外，根据人民检察院组织法的规定，新疆生产建设兵团各级人民检察院、专门人民检察院的检察长、副检察长、检察委员会委员和检察员，依照全国人民代表大会常务委员会的有关规定任免。因此，这里的法律规定的程序，还包括全国人大常委会相关决定中规定的法官任免的程序。本款规定辞退检察官要依照法律规定的程序免除其职务，主要是因为检察官是由各级人民代表大会或者各级人民代表大会的常务委员会依照法律规定的程序选举或者任命的，所以，在免除其职务时也同样应当由对其进行选举或者任命的机构行使此权利。这里的“职务”指依法行使检察权的检察官职务，如各级人民检察院的检察长、副检察长、检察委员会委员和检察员。本款规定还考虑到了与本法第二十条第七项规定的衔接。根据《中华人民共和国检察官法》第二十条规定，检察官有规定的情形的，应当依法提请免除其检察官职务，其中所列举的第七项情形就是“辞职或者依法应当予以辞退的”。

本条第二款是关于辞退检察官应当履行相应程序的规定。一是，根据本款的规定，“辞退检察官应当按照管理权限决定”。一般来说，辞退公务员的权限由公务员所在单位组织人事部门行使。各级人民检察院辞退检察官的，应按照有管理各级检察官的权限的组织人事部门作出相关决定。这里需要注意，辞退检察官与免除检察官职务是性质不同的两种行为，虽然检察官是由各级人大或人大常委会任免的，但是各级人大或人大常委会并不负有辞退检察官的职责。二是，根据本款的规定，辞退决定应当以书面形式通知被辞退的检察官，并列明作出决定的理由和依据。这里有三层意思，第一，辞退决定需要以书面形式作出，并通知被辞退的检察官，以表明辞退是组织的正式决定，是经正式程序作出并告知被辞退检察官的，这也是保证辞退决定严肃性的需要。第二，辞退决定应列明作出决定的理由和依据，以便于被辞退检察官了解被辞退原因、依据，并据此对辞退决定提出复核、申诉等异议，行使救济权利。如本法第十一条第二项规定，检察官非因法定事由、非经法定程序，不被调离、免职、降职、辞退或者处分。《中华人民共和国公务员法》第八十九条规定，对有下列情形之一的公务员，不得辞退：（1）因公致残，被确认丧失或者部分丧失工作能力的；（2）患病或者负伤，在规定的医疗期内的；（3）女性公务员在孕期、产假、哺乳期内的；（4）法律、行政法规规定的其他不得辞退的情形。第三，以书面形式作出决定，可以使得辞退决定有据可查。另外，根据国家相关规定，被辞退的公务员再从事国家行政机关等工作，存在一定的从业限制。书面决定能够便于其他国家机关调取和掌握，了解相关情况。

相关规定

《中华人民共和国宪法》第62条、第67条；《中华人民共和国地方各级人民代表大会和地方各级人民政府组织法》第8条、第21条、第26条、第44条；《中华人民共和国人民检察院组织法》第14条、第15条；《全国人民代表大会常务委员会关于新疆维吾尔自治区生产建设兵团设置人民法院和人民检察院的决定》第4条；《中华人民共和国公务员法》第88－90条；《中华人民共和国检察官法》第11条、第18条、第20条、第69条；《保护司法人员依法履行法定职责规定》第7条

第三十七条 **检察官从人民检察院离任后两年内，不得以律师身份担任诉讼代理人或者辩护人。**

检察官从人民检察院离任后，不得担任原任职检察院办理案件的诉讼代理人或者辩护人，但是作为当事人的监护人或者近亲属代理诉讼或者进行辩护的除外。

检察官被开除后，不得担任诉讼代理人或者辩护人，但是作为当事人的监护人或者近亲属代理诉讼或者进行辩护的除外。

条文主旨

本条是关于检察官离任后担任诉讼代理人、辩护人的限制规定。

立法背景

2017年《中华人民共和国检察官法》第二十条第一款、第二款

规定：“检察官从人民检察院离任后二年内，不得以律师身份担任诉讼代理人或者辩护人。检察官从人民检察院离任后，不得担任原任职检察院办理案件的诉讼代理人或者辩护人。”在检察官法修订的过程中，有的意见提出，近年来，实践中出现一些被开除的检察官，继续以各种名义从事法律服务活动，扰乱法律服务的秩序，损害当事人合法权益，损害法律权威，应当依法予以禁止。经研究，检察官法在本条中增加一款，明确检察官被开除后，不得担任诉讼代理人或者辩护人。另外，考虑到如果被开除的检察官是当事人的监护人或者近亲属，当事人愿意委托其代理诉讼或者进行辩护，是基于双方之间的亲情和信任，与一般代理诉讼和辩护应有区别，刑事诉讼法在规定被开除公职和被吊销律师、公证员执业证书的人不得担任辩护人的同时，也明确如果其系犯罪嫌疑人、被告人的监护人、近亲属的除外，因此检察官法对此也作了例外的规定。

本条规定注意了与刑事诉讼法、律师法的衔接。《中华人民共和国律师法》第四十一条规定，曾经担任检察官、法官的律师，从人民检察院、人民检察院离任后二年内，不得担任诉讼代理人或者辩护人。《中华人民共和国刑事诉讼法》第三十三条第三款规定，被开除公职和被吊销律师、公证员执业证书的人，不得担任辩护人，但系犯罪嫌疑人、被告人的监护人、近亲属的除外。

本条新增加的第三款规定，体现了司法体制改革的重要内容，《中共中央关于全面推进依法治国若干重大问题的决定》四、（六）“加强对司法活动的监督”中提出，对因违法违纪被开除公职的司法人员、吊销执业证书的律师和公证员，终身禁止从事法律职业，构成犯罪的要依法追究刑事责任。本条规定的内容是对该决定要求的细化和落实。

条文解读

本条共分三款。第一款是关于检察官从人民检察院离任后两年内，不得以律师身份担任诉讼代理人或者辩护人。本款的规定是同律师法的规定相一致的。《中华人民共和国律师法》第四十一条规定：“曾经担任检察官、法官的律师，从人民法院、人民检察院离任后二年内，不得担任诉讼代理人或者辩护人。”检察官与律师同属法律职业群体，检察官辞职从事律师职业与从律师中选拔检察官一样，有利于促进法律职业共同体的融合、发展。但是实践中，也存在检察官辞职后从事律师执业时，继续利用其原职务的影响力，影响司法公正的事例。为了避免这种情况的发生，法律规定禁止检察官从人民检察院离任后二年内以律师身份担任诉讼代理人或者辩护人，这样有利于维护公正司法，维护司法权威。这里所规定的“离任”，具体包括退休、辞职、辞退和调离等离开人民检察院，不再担任检察官的情况。这里所规定的“诉讼代理人”，包括以律师身份在刑事诉讼中接受公诉案件被害人及其法定代理人或者近亲属的委托或者接受自诉案件自诉人及其法定代理人的委托，或者接受附带民事诉讼的当事人及其法定代理人的委托，担任代理人，以及在民事诉讼中担任原告、被告、第三人等当事人及其法定代理人的诉讼代理人以及在行政诉讼中担任原告、被告、第三人等当事人及其法定代理人的诉讼代理人。“辩护人”，是指以律师身份在刑事诉讼中担任犯罪嫌疑人、被告人的辩护人。

本款对检察官离任后不得担任诉讼代理人和辩护人的规定只限于“以律师身份”。这样规定，主要是考虑到《中华人民共和国刑事诉讼法》第三十三条规定，可以被委托担任诉讼代理人、辩护人的人除律师外，还包括人民团体或者犯罪嫌疑人、被告人所在单位推荐的人和犯罪嫌疑人、被告人的监护人、亲友。根据刑事诉讼法第一编第四章的规定，律师作为辩护人享有相较于其他辩护人更为广泛的诉讼参与权利。《中华人民共和国民事诉讼法》第五十八条第二款规定，可以被委托担任诉讼代理人的人除律师外，还包括基层法律服务工作者、当事人的近亲属或者工作人员，当事人所在社区、单位以及有关社会团体推荐的公民。《中华人民共和国行政诉讼法》第三十一条第二款也规定可以被委托担任诉讼代理人的人除律师外，还包括基层法律服务工作者、当事人的近亲属或者工作人员，当事人所在社区、单位以及有关社会团体推荐的公民。同时，考虑到本条第二款已对检察官从人民检察院离任后担任原任职检察院办理案件的诉讼代理人或者辩护人的情况加以禁止，法律不宜再对离任的检察官不以律师身份，而仅作为不在其原任职检察院进行诉讼的当事人的近亲属、监护人或者亲友等出庭担任诉讼代理人或者辩护人的情况予以禁止。因此，检察官在离任后二年内，如果符合刑事诉讼法、民事诉讼法、行政诉讼法关于辩护人、诉讼代理人在律师以外的人员范围的规定，同时所受理案件不属于其原任职检察院办理的案件，而以律师身份以外的其他身份担任辩护人、诉讼代理人，是可以的。当然，如果是不再担任检察官，但也没有取得律师执业证书的，还应当遵守《中华人民共和国律师法》第十三条的规定，即没有取得律师执业证书的人员，不得以律师名义从事法律服务业务；除法律另有规定外，不得从事诉讼代理或者辩护业务。

本条第二款是关于检察官从人民检察院离任后，不得担任原任职检察院办理案件的诉讼代理人或者辩护人的规定。作出这一规定，主要是考虑到检察官从人民检察院离任后，如果允许其担任原任职检察院办理案件的诉讼代理人或者辩护人，由于办理案件的检察官往往是其过去的同事，甚至办理案件的检察官还曾受其领导，这样就很难保证检察官在办理案件时不受情面关系等影响，即使办理案件的检察官完全是依法办案，也可能会对人民检察院的公正形象造成影响。同时也考虑到，检察官从人民检察院离任，尤其是退休后，仍然会同原任职检察院保持着一定的关系，如退休后的工资福利待遇等仍然由原任职检察院负责。因此，即使办理案件的检察官是离任检察官所不认识的，也可能会出现上述问题。因此，有必要规定检察官从人民检察院离任后，不得担任原任职检察院办理案件的诉讼代理人或者辩护人。这里所说的“办理案件”，包括人民检察院办理的各类案件，包括对法律规定由人民检察院直接受理的刑事案件进行侦查；对刑事案件进行审查逮捕、审查起诉，代表国家进行公诉；开展公益诉讼工作；开展对诉讼活动的监督工作等。需要指出的是，本款规定检察官从人民检察院离任后，不得担任原任职检察院办理案件的诉讼代理人或者辩护人，并不是仅限定不得以律师身份担任诉讼代理人或者辩护人，而是无论以什么身份担任诉讼代理人或者辩护人都是被禁止的。此外，本款对上述情况作了例外规定，即作为当事人的监护人或者近亲属，低理诉讼或者进行辩护的除外。

本条第三款是关于被开除公职的检察官不得担任诉讼代理人或者辩护人及其例外的规定。本款规定是2019年检察官法修订新增加的内容。《中共中央关于全面推进依法治国若干重大问题的决定》四、(六)“加强对司法活动的监督”中规定，对因违法违纪被开除公职的司法人员、吊销执业证书的律师和公证员，终身禁止从事法律职业，构成犯罪的要依法追究刑事责任。近年来，实践中一些被开除的检察官，继续以各种名义从事法律服务活动，扰乱法律服务的秩序，损害当事人合法权益，损害法律权威。担任诉讼代理人、辩护人的，应当模范遵守法律，因违法违纪被开除公职的人员也不适宜再担任诉讼代理人、辩护人。本条的规定是落实决定的要求，并与刑事诉讼法等法律规定衔接，从法律上禁止被开除公职的检察官担任诉讼代理人或者辩护人。其他法律中也有类似的规定，如《中华人民共和国律师法》第七条第三项规定，检察官被开除公职的，不予颁发律师执业证书。同时，考虑到被开除公职的检察官，如果其作为当事人的监护人或者近亲属代理诉讼或者进行辩护，也是可以的，因此法律对此作了例外的规定。《中华人民共和国刑事诉讼法》第三十三条第三款也有相似的规定：“被开除公职和被吊销律师、公证员执业证书的人，不得担任辩护人，但系犯罪嫌疑人、被告人的监护人、近亲属的除外。”

相关规定

《中华人民共和国刑事诉讼法》第33条；《中华人民共和国律

师法》第 41 条；《中共中央关于全面推进依法治国若干重大问题的决定》四、（六）

第三十八条　检察官因工作需要，经单位选派或者批准，可以在高等学校、科研院所协助开展实践性教学、研究工作，并遵守国家有关规定。

条文主旨

本条是关于检察官可以在高等学校、科研院所协助开展相关教学、研究工作的规定。

立法背景

《中共中央关于全面推进依法治国若干重大问题的决定》“六、（三）创新法治人才培养机制”中提出，健全政法部门和法学院校、法学研究机构人员双向交流机制，实施高校和法治工作部门人员互聘计划，重点打造一支政治立场坚定、理论功底深厚、熟悉中国国情的高水平法学家和专家团队，建设高素质学术带头人、骨干教师、专兼职教师队伍。实践中，有关部门按照这一要求开展了相关活动。2013 年教育部、中央政法委、最高人民法院、最高人民检察院、公安部、司法部发布实施《关于实施高等学校与法律实务部门人员互聘“双千计划”》，2018 年教育部、中央政法委制定了《实施卓越法治人才教育培养计划 2.0》进一步提出，强化法学实践教学，切实发挥法院、检察院等在法治人才培养中的作用，健全法学院校和法治实务部门双向交流机制，选聘法治实务部门专家到高校任教，在法学院校探索设立实务教师岗位。据此，根据中央关于加强法治人才培养的要求，根据实践情况，本条规定，检察官因工作需要经单位选派或者批准，可以在高等学校、科研院所协助开展实践性教学、研究工作，并遵守国家有关规定。这也是加强检察官队伍自身建设，提高检察官理论素养和水平的重要工作，因而法治人才的培养也是双向的，相互促进。从一些国家做法来看，检察官到高校开展教学研究和授课工作一般也是允许的。这也是世界上一些国家的通行做法。

条文解读

本条可以从以下几个方面理解：一是，从程序上看，检察官到高等学校、科研院所开展教学研究工作，需因工作需要，并经单位选派或者批准。检察官到高校从事教学研究工作，不完全是个人行为。有的是根据组织需求，单位有计划进行的统一选派，如根据上述“双千计划”的需要，或者有关高等学校与人民检察院建立合作关系后，派检察官前往交流从事教学研究工作的。对于个人与高校之间建立聘用关系从事教学研究的，也要符合工作需要的条件，并经过单位批准。批准的权限要按照公务员组织人事管理的规定，经过人事部门批准或者上级组织部门批准，因而批准程序上是较为严格的。在决定是否批准时，应当根据审查是否符合工作需要，是否会对本职工作造成影响等。同时，要注重考查检察官的政治素质和专业能力是否符合要求。根据“双千计划”的有关规定，到高校从事教学、研究工作的实务部门专家，应当具有较高的思想政治素质，忠于党和国家，忠于人民和法律，具有十年以上法律实务工作经验，较高的职业素养和专业水平，实绩突出，法学理论功底扎实，对本专业领域法律问题有较深入研究。

二是，从具体工作看，是协助开展实践性教学、研究工作。检察官开展教学、研究工作的定位是协助开展，检察官不可能成为培养法学人才的主力军，其在高等学校的工作只能是协助性的、补充性和完善性的。在当前“案多人少”矛盾突出的情况下，检察官不能因为在高校开展教学研究工作，对本职工作造成影响。检察官在高校的教学研究工作也要侧重于实践性的教学、研究，这是考虑到发挥实务经验知识丰富的优势。实名部门的同志在部分教学研究工作中具有优势，例如有关证据学、诉讼程序、辩护实务方面的课程，检察官具有相关丰富的经验，将生动实践、疑难复杂案件引入教学研究工作。实践中，一些高校积极探索开展实践性教学工作，开设了法律诊所、模拟法庭等课程，专门开设有关实务方面的课程，请实务部门的专家授课等。

三是，从要求来看，要遵守国家有关规定。一方面，要遵守国家有关公务员管理的规定。如，不得影响本职工作，不得领取兼职报酬、不得超过一定兼职数量等。另一方面，要遵守有关检察官职业道德、行为规范的规定，维护人民群众对司法公正和权威的信赖。在高校、科研院所不得从事教学、研究之外的工作，更不能有影响司法公正的言行和利益输送。高等学校中也有老师做兼职律师，将来也可能有学生做律师等，这些情况应当按照案件回避制度执行有关规定。

此外，需要注意的是，本法并没有从兼职的角度作出规定，而是从管理的角度，对检察官到高校从事教学研究工作作出规范管理，主要工作是协助开展实践性教学、研究工作，并对此提出了上述较为严格的要求。有关方面也将加强管理监督，对于违反规定的，应当依照检察官法和公务员法等法律法规的规定，以及组织人事、纪律处分方面的规定追究相应责任。

相关规定

《中华人民共和国公务员法》第44条；《中共中央关于全面推进依法治国若干重大问题的决定》；《教育部、中央政法委实施卓越法治人才教育培养计划2.0》；《教育部、中央政法委、最高人民法院、最高人民检察院、公安部、司法部关于实施高等学校与法律实务部门人员互聘“双千计划”》

第六章　检察官的考核、奖励和惩戒

第三十九条　人民检察院设立检察官考评委员会，负责对本院检察官的考核工作。

条文主旨

本条是关于检察官考评委员会的设立及职责的规定。

立法背景

1995年《中华人民共和国检察官法》第五十一条规定，人民检察院设立检察官考评委员会。检察官考评委员会的职责是指导检察官的培训、考核、评议工作。具体办法另行规定。1995年8月最高人民检察院关于印发《检察官考评委员会章程（试行）》，对检察官考评委员会的组织机构、职责等作了规定，后2002年失去法律效力。2001年、2017年检察官法修正时，对本条内容未作修改。本次修订检察官法，将本条内容修改为，人民检察院设立检察官考评委员会，负责对本院检察官的考核工作。

检察官考评委员会作为人民检察院对检察官业绩进行评价的主体，应当切实负担起其在考评体系设定、考核规则执行、考评结果决定等具体工作中的职责，以确保检察官考评的公正合理。对检察官进行考核是我国检察院人事管理中的一项重要内容，是提高检察院管理水平、提升检察官职业素养的重要举措。公开公正公平的进行考核，有利于做到公平客观地反映检察官的实际工作能力和水平。科学合理利用运用考核结果，有利于促进检察官办案、调研以及其他工作的能力和人民检察院解决纠纷能力的提升，增强司法公信力，最终实现“让人民群众在每一个司法案件中感受到公平正义”的目标。设立检察官考评委员会一方面可以吸收检察院各方面的人员参加考评，有利于更全面充分听取吸收各方面的意见，另一方面也可以在考评工作中贯彻民主公平原则，避免由领导决定考评而产生一言堂，违反客观公正原则的情况出现，保障考核的公平性，这样也使考核更有公信力，有利于被考核人、社会各方面对考核结果的认同，提高司法的权威。检察官考评委员会对检察官的考核，应当遵循全面、客观、公正的原则，考核检察官的检察工作实绩、职业道德、专业水平、工作能力、工作作风，重点考核检察工作实绩，做到考核工作公平公正公开。

条文解读

本条是关于人民检察院设立检察官考评委员会以及考评委员会职责的规定。这里所说的检察官考评委员会，是指人民检察院依法设置的指导对检察官考核工作的机构。检察官考评委员会可以依照相关规定履行审查本院检察官年度考核方案，指导考核工作的职责以及其他职责。检察官考评委员会负责对本院检察官的考核工作，应当依照本案第四十一条、第四十二条的规定，考核应当全面、客观、公正，并做到平时考核和年度考核相结合。

相关规定

《中华人民共和国法官法》第 38 条

第四十条　检察官考评委员会的组成人员为五至九人。

检察官考评委员会主任由本院检察长担任。

条文主旨

本条是关于检察官考评委员会组成人员及检察长担任检察官考评委员会主任的规定。

立法背景

1995 年《中华人民共和国检察官法》第五十条规定，检察官考评委员会的组成人员为五至九人。检察官考评委员会主任由本院检察长担任。2001 年、2017 年《检察官法》修改时未作修改，2019 年修订检察官法未作修改。

检察官法修订草案审议过程中，有的建议，检察官考评委员会要对考评事项工作作出表决，是依照少数服从多数原则作出决定。建议明确检察官考评委员会组成人员为单数。有的建议，对检察官的考核不应只在检察院内部考评，应有检察院外人员参与，以提高检察官考评委员会考评的公开性和透明度，建议规定“检察官考评委员会有人大代表、政协委员和律师参加”。有的建议，为了保障检察官考评人员能公正考评，作为检察官考评委员会成员的检察官，在考核其本人时应当回避，建议增加一款“检察官考评委员会组成人员是检察官的，考核其本人时应当回避”。

条文解读

检察官考评委员会是对检察官进行考核评定的机构，其组成人员和领导人员的产生、人数等要符合公平公正的要求，既要能够按照民主集中制的原则，客观公正对检察官进行考评，又要符合检察院实际，保障考评委员会工作组织有序、顺利进行。因此，本条对考评委员会的组成人数、主任作了规定。

本条第一款是关于检察官考评委员会组成人员的规定。检察官考评委员会是对检察官进行民主测评的机构，其构成原则要求应有一定数量的人员，能够充分反映各方面的意见，并能够按照公平公正的程序作出决定。同时，由于我国各级、各地检察院存在较大的差异，有的检察院人员数量、案件数量很多，有的地方则较少，检察官考评委员会人员的具体数量需要根据具体情况予以掌握，不宜一刀切。因此，本条规定，检察官考评委员会的组成人员为五至九人。检察官考评委员会实行民主集中制，根据需要，适时召开会议，会议由主任或受委托的副主任主持，决定事项须经全体委员的半数以上同意。

本条第二款是关于检察官考评委员会主任的规定。《中华人民共和国人民检察院组织法》第三十六条规定，人民检察院检察长领导本院检察工作，管理本院行政事务。依据这一条规定，检察长不仅要依照法律规定履行相关办理案件职责，依法主持检察委员会讨论检察工作中的重大事项，还负有从宏观上指导检察院各项检察工作，组织研究相关重大问题和制定相关管理制度，综合负责检察管理工作，依法主持检察官考评委员会对检察官进行业绩评价的职责。检察院检察长对于本院检察官的考评工作具有管理的职责，因此，本条规定，检察官考评委员会主任由本院检察长担任，检察官考评委员会主任由本院检察长担任。检察长作为考评委员会主任，其职责主要是负责检察官考评委员会的组织管理，如及时组织开展考评、召开会议、作出考评意见等，在对检察官进行具体考核时，检察长仍然要遵守民主评议的原则，与检察官考评委员会其他成员平等地行使职权。

相关规定

《中华人民共和国法官法》第 39 条

第四十一条　对检察官的考核，应当全面、客观、公正，实行平时考核和年度考核相结合。

条文主旨

本条是关于检察官考核原则的规定。

立法背景

1995 年《中华人民共和国检察官法》第二十三条规定，对检察官的考核，应当客观公正，实行领导和群众相结合，平时考核和年度考核相结合。2001 年、2017 年修改检察官法时，对本条未作修改。2019 年修改检察官法，将相关内容修改为：对检察官的考核，应当全面、客观、公正，实行平时考核和年度考核相结合。

2014 年 10 月，党的十八届四中全会通过的《中共中央关于全面推进依法治国若干重大问题的决定》提出，明确各类司法人员工作职责、工作流程、工作标准，实行办案质量终身负责制和错案责任倒查问责制，确保案件处理经得起法律和历史检验，司法责任制改革逐步得到落实。检察官考核评价应当做到全面客观公正，实行平时考核和年度考核相结合，以符合我国检察队伍建设的实际，契合新一轮司法体制改革的方向目标。考核的结果应当做到公平公正公开，对考核优秀的予以奖励，激发工作热情，并将考核结果作为调整检察官等级、工资以及检察官奖惩、免职、降职、辞退的依据。

条文解读

根据本条的规定，检察官考核应当遵循全面、客观、公正的原则，并实行平时考核与年度考核相结合。

一是根据本条规定，检察官考核要遵循全面、客观、公正的原则。

(1) 全面原则。

对检察官的考核应当坚持全面的原则。本法第四十二条规定，对检察官的考核内容包括：检察工作实绩、职业道德、专业水平、工作能力、工作作风。对检察官的考核，既要考核检察官的办案数量、办案质量、办案效率以及办案效果等业务实绩，也要考核检察官的履职能力、遵守工作纪律的情况、司法作风以及司法礼仪等行为。关于依法履职行为，主要考核检察官遵守法定职责权限的情况，包括有无办人情案、金钱案、关系案；是否做到秉公办案、廉洁办案；司法行为是否符合客观、公正的要求；办理案件程序意识以及办案中遵守法定程序的情况，有无违反办案程序规定的行为等。关于遵守工作纪律，主要考核检察官在行使职权过程中，能否严格遵守政治纪律、组织纪律、工作纪律、廉洁纪律、办案纪律、保密纪律和卷宗管理纪律等。关于司法作风相关情况，司法作风是司法行为的客观反映，体现着司法行为的规范性、合法性。关于与司法礼仪相关的司法行为，主要考核检察官的工作礼仪、着装礼仪、接待礼仪和语言礼仪等。检察官是一项特殊职业，对司法礼仪有着特殊要求。司法礼仪作为司法行为的外在表现，关系到司法行为的严肃性和权威性。

对检察官的考核内容应当全面，应当注意把握住检察工作实绩这个重点。检察官包括检察长、科（处、室）长的办案数量和质量是考核的一个重要方面。《最高人民检察院关于完善人民检察院司法责任制的若干意见》规定，检察官必须在司法一线办案，并对办案质量终身负责。担任检察院领导职务的检察官办案要达到一定数量。2017 年 3 月中共中央政法委员会《关于严格执行法官、检察官遴选标准和程序的通知》要求，法院、检察院领导干部入额后应当办理一定数量的案件，并带头办理重大疑难复杂案件。其中，庭（处、科）长应当达到本部门法院、检察院平均办案的 50%—70%；基层法院院长、检察院检察长办案数量应当达到本院法官、检察官平均办案数量的 5%—10%，其他院领导应当达到 30%—40%；地市级法院院长、检察院检察长应当达到 5%，其他院领导应当达到 20%—30%。检察长、科（处、室）长应当落实上述规定的要求，达到办理案件数量的要求。同时，案件也要符合质量的要求。应当注意的是，在考核办案数量质量的同时，根据全面考核的要求，不能偏废政治素养、职业道德、专业水平、工作能力、工作作风等内容的考核。

（2）客观原则。

客观是指对检察官的考核必须严格按照考核标准，实事求是地确定考核结果。这里所说的“客观”，是指从被考核的检察官实际工作表现出发，对其进行实事求是的评价，既不能夸大成绩或者忽视成绩，也不能夸大出现的问题或者掩饰缺点、问题，既要考虑到别人的评价和个人主观认识，又要注重考察工作实绩。应当根据被考核检察官的实际情况作出客观评价，而不能仅凭主观的认为去随意作出评价。

（3）公正原则。

公正是指对检察官的考核必须严格按照考核标准，公平合理地确定考核结果。这里所说的“公正”，是指对检察官进行考核时，不能因性别、民族、年龄、出身、信仰、文化等因素而尺度不一，必须一视同仁，不偏不倚，做到考核标准面前人人平等。考核的程序和考核的结果都应当贯彻公正的要求。要有公正考核程序，考核中全面听取各方面的意见，全面考察被考核人的工作实绩，充分保证被考核人的陈述权利，充分保证各方面有反映意见的机会，认真核实相关情况，力求客观公正。只有客观公正地对待每一个被考核的检察官，才能使考核的情况符合检察官的实际，被考核者才会对考核结果心服口服，考核才能发挥应有的作用，人民群众也才能信服考评结果，逐步提高司法公信力。

二是考核要做到平时考核与年度考核相结合。平时考核与年度考核相结合，是指日常的对检察官的考核工作与年度的考核工作相结合。这样更有利于发挥考核的作用，促进检察官素质的提高、业务的进步和工作的开展。平时考核的含义较为宽泛，包括日常工作中对检察官的考查、民主生活会中对检察官的批评，以及对检察官在处理个人问题、工作问题上做法的考察等。通过这种平时考核可以及时指出检察官存在的问题，同时也为年度考核奠定基础。年度考核是指在每一个年度结束时，综合检察官一年来各方面的工作情况，集中对其进行全面考核并作出评价。对检察官的考核内容包括：检察工作实绩、职业道德、专业水平、工作能力、工作作风等，重点考核检察工作实绩。

实践中需要注意：一是，我国公务员法对公务员考核的内容和考核形式作了具体规定。《中华人民共和国公务员法》第三十五条规定，公务员的考核应当按照管理权限，全面考核公务员的德、能、勤、绩、廉，重点考核政治素质和工作实绩。第三十六条规定，公务员的考核分为平时考核、专项考核和定期考核等方式。定期考核以平时考核、专项考核为基础。检察官实行单独职务序列管理，在考核过程中，应当把握检察岗位特殊性，重点考核检察工作实绩，做到考察全面，结果公正。对于考核事宜本法没有规定的，适用公务员管理的相关法律法规。二是，在考核中要坚持领导与群众相结合的原则。考核实行领导和群众相结合，是指在考核中既要注意倾听群众的意见、评价，又要考虑该检察官主管领导对其检察工作实绩、法学理论和业务水平等方面的评价。坚持我们一贯倡导的群众路线，加强群众的参与、监督作用；同时又考虑到检察官考核中更重要的是对检察官检察工作实绩以及检察业务的考查，在这方面检察官的主管领导有着直接的了解，可以作出中肯的评价。人民群众的监督是考核的一方面。综合同被考核人共同办理案件的检察人员的意见建议，听取人民群众对被考核检察官的评价，包括该检察官办理的案件的当事人的评价，是全面、客观、公正考核的一个重要形式，这种领导和群众相结合的做法有利于防止考核流于形式情况的发生。

相关规定

《中华人民共和国法官法》第40条；《中华人民共和国公务员法》第35条、第36条

第四十二条　对检察官的考核内容包括：检察工作实绩、职业道德、专业水平、工作能力、工作作风。重点考核检察工作实绩。

条文主旨

本条是关于检察官考核内容的规定。

立法背景

2017年《中华人民共和国检察官法》第二十六条规定，对检察官的考核内容包括：检察工作实绩，思想品德，检察业务和法学理论水平，工作态度和工作作风。重点考核检察工作实绩。党的十八届四中全会提出，全面推进依法治国，必须大力提高法治工作队伍思想政治素质、业务工作能力、职业道德水准。推进法治专门队伍正规化、专业化、职业化，提高职业素养和专业水平。党的十八大以来，《中共中央办公厅、国务院办公厅关于加强法官检察官正规

化专业化职业化建设全面落实司法责任制的意见》等一系列司法体制改革文件，对办案业绩、职业道德、检察作风等方面提出了可行的评价办法。因此，本条在原规定的考核内容基础上，根据党中央提出的思想政治素质、业务工作能力、职业道德水准、职业素养和专业水平等法治工作队伍的要求，结合检察院考核工作实际，对相关表述进行了整合归纳。

本条注意了与公务员法的衔接。《中华人民共和国公务员法》第三十五条规定，公务员的考核应当按照管理权限，全面考核公务员的德、能、勤、绩、廉，重点考核政治素质和工作实绩。考核指标根据不同职位类别、不同层级机关分别设置。本条规定的考核内容，与公务员法规定的考核内容本质上是一致的，较为全面地体现了对公务员考核的要求，也体现了检察官工作的特点。

条文解读

根据本条的规定，检察官考核的内容包括：检察工作实绩、职业道德、专业水平、工作能力、工作作风五个方面。重点考核检察工作实绩。

"检察工作实绩"，是指检察官从事检察工作中所取得的成绩，包括检察工作的质量、数量、效率以及所产生的社会效益、受奖励的情况等。本条将检察工作实绩作为考核的重点，体现了检察官工作的特点和考核的主要方向，是适应检察工作的实际需要的。根据本法规定和检察工作实际，各级人民检察院应当成立检察官考评委员会，建立检察官业绩评价体系和业绩档案。业绩档案应当以检察官个人日常履职情况、办案数量、检察质量、司法技能、廉洁自律、外部评价等为主要内容。检察官业绩评价应当作为检察官任职、评先评优和晋职晋级的重要依据。

2015 年，最高人民检察院在《关于贯彻落实〈中共中央关于全面推进依法治国若干重大问题的决定〉的意见》中提出，进一步明确各类检察人员的工作职责、工作流程、工作标准，制定科学的评价标准和考核指标。落实司法档案制度，将办案情况记入办案人员司法档案，作为考评、奖惩的重要依据。中共中央、国务院在《保护司法人员依法履行法定职责规定》中提出，考核法官、检察官办案质量，评价工作业绩，应当客观公正、符合司法规律。对法官、检察官的德、能、勤、绩、廉进行年度考核，不得超出其法定职责与职业伦理的要求。考核的办法和标准由最高人民法院、最高人民检察院统一制定，地方可以结合实际进行适当调整。不得以办案数量排名、末位淘汰、接待信访不力等方法和理由调整法官、检察官工作岗位。

需要说明的是，2017 年最高人民检察院印发了《关于实行检察官以案释法制度的规定》，提出各级人民检察院要充分认识普法作为法治建设基础性工作的重要性，将其纳入检察工作总体布局，把检察官以案释法作为落实检察环节普法责任制的重要抓手，形成检察长统一领导、办案部门各尽其责、新闻宣传部门协调配合、齐抓共管的普法工作格局。同时，各级人民检察院要建立检察官以案释法评价激励机制，对在以案释法工作中表现突出、成绩显著的检察官以及其他检察人员给予表彰和奖励。检察官在释法说理过程中形成的工作记录、附页或者释法说明书等材料应当归入检察工作卷宗。据此，部分地方在司法实践中将“以案释法”作为检察官办案业绩评价指标纳入考核体系。随着司法体制改革的不断深入，检察官办案业绩评价体系的内涵也会随着司法实践需要不断变化发展，以更好地服务于检察官队伍建设。

“职业道德”，核心是忠诚、公正、清廉、严明。“忠诚”，是践行检察官职业道德的政治和法律基础。根据人民检察院组织法和检察官法的要求，检察官必须忠于党，忠于国家，忠于人民，忠于宪法和法律。这就要求检察官必须具有坚定的理想信念，坚决执行党的基本路线和基本纲领，坚持和实践“三个代表”重要思想，坚决执行上级检察机关的指示，坚持检察一体，恪守职业信誉、职业良心和职业责任，以高尚的职业素养取信于党和人民。“公正”，是践行检察官职业道德、保障先进生产力发展、维护最广大人民利益的核心要求。它要求公正无私，严格执法，秉公办案，坚持以事实为依据，以法律为准绳，适用法律人人平等，不偏不倚，不枉不纵，切实维护程序公正和实体公正。严格遵守法定诉讼时限，提高司法效率，增强监督效能，注重法律效果和社会效果的统一，为党和国家工作大局提供优质高效的服务。“清廉”，是践行检察官职业道德的人格和纪律要求。必须自觉抵制权势和人情的干扰，抵制金钱美色的诱惑，淡泊名利，一尘不染，两袖清风，努力养成艰苦、刻苦、吃苦的作风，模范遵守各项法律法规和纪律，自觉维护检察机关的良好形象。“严明”，是检察官践行检察官职业道德的思想和业务根基。必须严格执法，嫉恶如仇，铁面无私，不畏权势，刚直不阿，不渎职，不越权，敢于监督，严于监督，善于监督，坚决同一切违法行为作不妥协的斗争，维护宪法和法律尊严；必须依法办案，文明执法，严格遵守法定程序，讲求司法文明，依法维护当事人的合法权益。

“专业水平”，是指对法学理论学习、掌握和运用的程度。法学理论，既包括法学基础理论，也包括刑法、民法、经济法、行政法、诉讼法等部门法。司法实践中主要是指该检察官从事具体检察工作应当掌握的法学专业理论。

“工作能力”，是指检察官从事检察工作所需的能力，包括办理刑事案件以及其他检察业务的能力。检察官办理刑事案件，应当严格坚持罪刑法定原则，尊重和保障人权，既要追诉犯罪，也要保障无罪的人不受刑事追究。一方面，检察官应当依法全面客观地收集、审查和使用证据，排除非法证据，在办案过程中严格遵循法定程序，维护程序正义，以保障实体公正；另一方面，检察官应当能够正确把握办案力度、质量、效率、效果的关系，正确把握罪与非罪、一罪与数罪、轻罪与重罪之间的界限，实现办案的法律效果、社会效果、政治效果的有机统一。除此之外，检察官的法律监督尤其是对诉讼活动的监督职责，要求其坚持秉公办案，严格按照法定职责权限、标准和程序，判断并纠正错误裁判和违法审判活动，保障司法公正和司法权威。随着司法体制改革的不断深入和司法实践的不断发展变化，包含公益诉讼在内的检察工作将对检察官工作能力提出更多的挑战。将工作能力作为检察官考核的一项重要内容，是建设高素质专门法治工作队伍、落实司法责任制的应有之义。

"工作作风"，是指检察官在审理案件的过程中，能否作到勤勉尽责、清正廉明。比如是否存在歧视刑事诉讼中的被告人，是否存在刑讯逼供、非法收集证据等违法违规行为，是否存在司法腐败现象等等。《中共中央关于全面推进依法治国若干重大问题的决定》中提出，要完善检察机关行使监督权的法律制度，加强对刑事诉讼、民事诉讼、行政诉讼的法律监督。完善人民监督员制度，重点监督检察机关查办职务犯罪的立案、羁押、扣押冻结财物、起诉等环节的执法活动。依法规范司法人员与当事人、律师、特殊关系人、中介组织的接触、交往行为。严禁司法人员私下接触当事人及律师、泄露或者为其打探案情、接受吃请或者收受其财物、为律师介绍代理和辩护业务等违法违纪行为，坚决惩治司法掮客行为，防止利益输送。坚决破除各种潜规则，绝不允许法外开恩，绝不允许办关系案、人情案、金钱案。坚决反对和克服特权思想、衙门作风、霸道作风，坚决反对和惩治粗暴执法、野蛮执法行为。对司法领域的腐败零容忍，坚决清除害群之马。

本条的考核对象是经检察官遴选委员会遴选后进入员额的检察官，包括入额的检察长、副检察长、检察委员会委员和检察员。通过对检察官的考核，可以为检察官的奖惩、任免、等级、工资等管理工作提供依据。因此，对本法规定的考核内容予以公正、客观评价，并进行有所侧重的考量，有利于对检察官队伍进行有效管理，从而建设一批高素质的检察官队伍。

相关规定

《中华人民共和国公务员法》第3条、第35条；《中共中央关于全面推进依法治国若干重大问题的决定》

第四十三条　年度考核结果分为优秀、称职、基本称职和不称职四个等次。

考核结果作为调整检察官等级、工资以及检察官奖惩、免职、降职、辞退的依据。

条文主旨

本条是关于检察官考核等次及考核结果的使用的规定。

立法背景

通过确定考核等次并赋予相应的考核结果以一定的法律效力，是实现对检察官奖惩的主要途径，也是检察院管理的重要手段，对于调动检察官办案积极性，促进办案质效的提升，具有重要作用。这也是各国通行的对检察官乃至所有公务人员的法定评价方式，只是考核标准和考核等次的设置有所不同。如日本的考核等次分为ABCDE五等。A等最高，一般不超过被评人数的百分之十。新中国成立后，在较长一段时间内，对干部考核都采用评语的方式，考核结果不分等次，只进行定性的描述。1993年《国家公务员暂行条例》将公务员考核等次分为优秀、称职和不称职三个等次。据此，我国1995年检察官法制定时，将检察官的年度考核等次及考核结果效力规定为："年度考核结果分为优秀、称职、不称职三个等次。考核结果作为对检察官奖惩、培训、辞退以及调整等级和工资的依据。"2001年检察官法沿用了这一规定。由于1993年的《国家公务员暂行条例》在实施过程中，有的意见反映，考核结果确定为三个等次过少，人事部门据此试行增设了"基本称职"等次，并被2005年公务员法采纳，在第三十六条第一款规定："定期考核的结果分为优秀、称职、基本称职和不称职四个等次"；第三十七条规定："定期考核的结果作为调整公务员职务、级别、工资以及公务员奖励、培训、辞退的依据"。2017年检察官法修改时，由于只是对涉及国家统一法律职业考试的相关制度进行修改，所以暂未将考核等次规定与2005年公务员法相衔接，相关制度依然沿用2001年《中华人民共和国检察官法》第二十七条的规定。

2018年公务员法修改时，在第三十八条第一款规定："定期考核的结果分为优秀、称职、基本称职和不称职四个等次"；第三十九条规定："定期考核的结果作为调整公务员职位、职务、职级、级别、工资以及公务员奖励、培训、辞退的依据"。2019年检察官法修改时，参照《中华人民共和国公务员法》第三十八条第一款的规定，在第四十三条第一款将检察官的年度考核等次规定为："年度考核结果分为优秀、称职、基本称职和不称职四个等次。"同时，针对检察官职务的特殊绩效考核情况，以及司法人员分类管理制度改革之后，对检察官和检察辅助人员、司法行政人员实行分类管理，检察官实行员额制管理，实行单独职务序列，检察官职务与行政职务脱钩等情况，对2017年检察官法关于考评结果的效力规定进行了相应的修改完善。主要是：首先，将2017年检察官法中的"调整等级"修改为"调整检察官等级"，以强调检察官与检察辅助人员、司法行政人员在管理上独特性和针对性。其次，在职务影响指标的相关规定上，由于检察官实行单独职务序列后，检察官职务与行政职级脱钩，不再具有级别，所以，未采纳2018年公务员法关于职级、级别等的考核结果影响因素，只规定"免职、降职、辞退"等考核结果影响因素；其中"降职"是在2017年检察官法基础上新增加的规定，以解决原来的考核结果影响因素指标太少，相应的处置方案过陡，缓冲度不够的问题。最后，取消了"培训"这一影响因素，是考虑到培训应基于工作需要，不能完全依考核结果而定。

条文解读

本条共分两款。第一款是关于检察官考核等次的规定。

考核等次是检察官年度考核的最终结果，是对检察官年度表现的一种高度概括性的法定评价形式。根据本款的规定，检察官的考核分为优秀、称职、基本称职和不称职四个等次，与公务员考核结果中关于等次的规定是一致的。这个考核结果，是按照公务员法及检察官法相关规定确定的检察官考核原则、权限、程序及考核内容，对检察官个人的工作表现及功过进行记录、概括和总结，并最终确定的对检察官个人的总评价，相应的等次是对考核结果的具体体现。

“优秀”，主要是指检察官在检察工作中正确贯彻执行党的方针、路线、政策，模范遵守宪法、法律及各项规章制度，在检察工作实绩、思想品德、专业水平、工作能力、检察作风等方面都表现出色，成绩显著的。由于在实际评定优秀时，大多有人数的限制，因而被评定为“优秀”的，应当是在一定范围的检察官中表现突出的检察官。

“称职”，主要是指检察官能够正确贯彻执行党的路线、方针、政策，自觉地遵守宪法、法律及各项规章制度，熟悉或者比较熟悉检察业务，在检察工作实绩、思想品德、专业水平、工作能力、检察作风等方面能达到任职的要求，能够完成或者比较好地完成检察工作任务。

“基本称职”，主要是指检察官思想政治素质和业务素质一般，能基本完成检察工作，但在检察工作作风等方面存在明显不足，工作积极性、主动性不够，完成工作的质量和效率不高，或在工作中有某些失误，有待进一步改进提高。

“不称职”，主要是指检察官的政治、业务素质比较差，在检察工作实绩、思想品德、专业水平、工作能力、检察作风等方面都难以适应工作要求，或工作责任心不强，不能完成检察工作任务，或在检察工作中造成严重失误。也就是说，达不到该职位的要求。

本条第二款是关于检察官考核结果使用的规定。

将检察官定期考核结果作为评价检察官工作实绩、职业道德、专业水平、工作能力、工作态度和工作作风的主要标准，并作为检察官调整检察官等级、工资以及检察官奖惩、免职、降职、辞退的基本依据，可以较为全面、客观、准确地对检察官的各项工作进行综合评价，真实反映工作业绩，有效调动检察官工作的积极性，有力保障教育、激励和监督检察官的各项工作，切实提高检察官队伍的整体素质、提高司法质效。这样规定，也有利于将检察官考核与对检察官的管理工作有机地结合起来，既强调了考核的重要作用，又防止了考核与管理脱节，以免形成走过场的情况出现。

考核结果作为对检察官奖惩的依据，是指根据检察官考核的结果，人民检察院采取相应的奖励或者惩罚措施，以激励在检察工作中表现突出的检察官，教育处理不称职的检察官，从而达到考核的目的。将考核结果作为调整检察官等级、工资、免职、降职、辞退的依据，主要是指对经考核评定为不称职的检察官，根据其具体情况，采取免职、降职、辞退等处置措施；对于评定为基本称职的检察官，仍可晋升级别和工资，但一定时间内不得晋升职务，通过诫勉谈话、培训等，促其改正提高；对于经考核评定为称职的检察官，按照规定晋升检察官等级、调整工资级别；对于经考核评定为优秀的，可以在规定的幅度内提前晋升检察官等级、调升工资级别等。具体的检察官等级、工资调整以及检察官奖惩、免职、降职、辞退等在实施过程中按照法律法规及有关规定办理。相关部门可以根据本法以及公务员法规定的精神，结合检察官单独职务序列管理的特点，作出具体的规定。

需要注意的是，检察官实行单独职务序列管理，同时，检察官也是国家机关工作人员，根据本法第六十九条的规定，有关检察官的权利、义务和管理制度，本法未作规定的，适用公务员管理的相关法律法规，因此对检察官的考核本法未作规定的，可以参考公务员法相关规定。

相关规定

《中华人民共和国公务员法》第 38 – 39 条；《中华人民共和国检察官法》第 39 – 42 条、第 44 条

第四十四条　考核结果以书面形式通知检察官本人。检察官对考核结果如果有异议，可以申请复核。

条文主旨

本条是关于检察官对考核结果申请复核的规定。

立法背景

本条是2017年检察官法的规定，2019年修改作了文字修改，将对考核结果有异议的，可以申请“复议”修改为“复核”，与公务员法有关表述相一致。本条规定在公务员法中也有相应规定，《中华人民共和国公务员法》第三十八条规定，定期考核的结果分为优秀、称职、基本称职和不称职四个等次。定期考核的结果应当以书面形式通知公务员本人。同时，公务员法也规定了公务员对考核不称职申请复核的程序。本条是对公务员法有关规定的重申和细化。

条文解读

本条规定的考核是指对检察官的年度考核，是对其一个年度内的检察工作实绩、职业道德、专业水平、工作能力、工作作风的评价。考核结果分为优秀、称职、基本称职和不称职四个等次。考核结果作为调整检察官等级、工资以及检察官奖惩、免职、降职、辞退的依据。因此，考核结果是很重要的，直接关系到检察官的切身利益和有关人事处理，必须作到公开、公平、公正。本条对考核结果作了两方面的要求：对考核结果应当以书面形式通知检察官本人，以及检察官对考核结果有异议的救济程序。

一是，考核结果以书面形式通知检察官本人。检察官对考核结果的知晓要通过正式书面形式获知。《中华人民共和国公务员法》第三十八条规定，定期考核的结果以书面形式通知公务员本人。本条对公务员法规定的重申，也是基于考核的公开性考虑的。将考核结果以书面形式通知考核者本人，这是对检察官考核中的一项重要、具体的措施，以防止考核中偏激、暗箱操作、打击报复等不公正的情况发生，同时也体现了对被考核者权利的尊重和对被考核结果认定的慎重。及时得知考核结果，也是被考核者的权利。只有以书面形式通知检察官本人，才能给予提出异议复核的正式依据，否则不利于保障检察官复核的权利。这样规定既体现了考核的严肃性，同时，也有利于被考核者维护自身的合法权益。

二是，对考核结果有异议，可以申请复核。为了保证考核结果的正确性，维护被考核者的合法权益，本条规定本人对考核结果有异议的，可以申请复核。申请复核的前提是被考核者对考核结果持有异议，在实践中主要表现在对于“不称职”的考核结果提出异议。本人申请复议除了对考核结果应当明确提出异议外，还应提出存在异议的理由、实际情况，以供考评委员会或者院领导在复核时考虑。对于被考核者的复核申请由作出考核结果的人民检察院受理。本法未对如何“复核”作出具体规定，根据实际情况，对考核结果的复核主要应进行以下三个方面的工作：一是就申请复核提出的理由、情况进行核查，看本人申诉是否属实，理由是否充分；二是再次听取有关人员意见；三是由考评委员会或院领导对考核结果是否作出变更进行研究并作出决定。

对于申请复核的具体程序，应当参照公务员法的有关规定。《中华人民共和国公务员法》第九十五条、第九十七条规定，公务员对涉及本人的定期考核定为不称职等下列人事处理不服的，可以自知道该人事处理之日起三十日内向原处理机关申请复核；对复核结果不服的，可以自接到复核决定之日起十五日内，按照规定向同级公务员主管部门或者作出该人事处理的机关的上一级机关提出申诉；也可以不经复核，自知道该人事处理之日起三十日内直接提出申诉。对省级以下机关作出的申诉处理决定不服的，可以向作出处理决定的上一级机关提出再申诉。受理公务员申诉的机关应当组成公务员申诉公正委员会，负责受理和审理公务员的申诉案件。原处理机关应当自接到复核申请书后的三十日内作出复核决定，并以书面形式告知申请人。受理公务员申诉的机关应当自受理之日起六十日内作出处理决定；案情复杂的，可以适当延长，但是延长时间不得超过三十日。复核、申诉期间不停止人事处理的执行。检察官不因申请复核、提出申诉而被加重处理。公务员申诉的受理机关审查认定人事处理有错误的，原处理机关应当及时予以纠正。上述规定的程序和要求适用于检察官对考核结果不称职有异议的复核程序。根据本法规定，人民检察院设立考评委员会，负责对本院检察官的考核工作。对检察官的考核评价必须由检察官考评委员会作出，考核结果应当公示，检察官对考核结果如有异议，可以申请复核。据此，检察官对考核结果有异议的，可以向检察官考评委员会提出。

相关规定

《中华人民共和国公务员法》第38条、第95条、第97条

第四十五条　检察官在检察工作中有显著成绩和贡献的，或者有其他突出事迹的，应当给予奖励。

条文主旨

本条是关于对有显著成绩和贡献的检察官给予奖励的规定。

立法背景

本条规定是原法的规定，同时删去了原法中“对检察官的奖励，实行精神鼓励和物质鼓励相结合的原则”的规定。需要说明的是，这一删除是从与公务员法衔接的角度作出的调整，不是实质调整。这主要是考虑到，检察官也是公务员，检察官法中有的内容属于与公务员管理共性的规定，考虑到公务员法已有规定，可以不作重复。据此，删去了奖励的形式、种类和程序等具体规定，适用时可参照公务员法等法律法规。本法第四十六条第二款也作了进一步明确，检察官的奖励按照有关规定办理。与本法第四十六条相比，本条是原则性、概括性规定，第四十六条是具体奖励情形的规定。

本条规定与公务员法有关奖励的规定在精神上是一致的。检察官代表国家从事有关检察工作。作为检察工作的主体，检察官的素质尤为重要，其直接关系司法公正，以及检察工作的效率和质量。为了提高检察官的素质和能力，要建立对检察官奖励的制度，以鼓励检察官提高自己的素质和能力。建立相应的奖励的制度，就需要依法、合理、公平、公正、公开，这样才能真正起到奖励的作用，激发检察官的积极性和创造性，去努力实现司法公正，杜绝司法腐败。同时，对检察官的奖励还具有引导和示范作用。奖励不仅对受奖励人具有一定的激励作用，而且对整个检察官群体都会产生巨大的影响。它向人民检察官表明，应当如何从事检察工作，应当如何坚持和做到司法公正，以保护国家、集体和人民的利益。

条文解读

根据本条的规定，检察官的奖励，是指人民检察院在有关检察工作中，根据检察官法或者其他有关规定，对在检察实践工作中具有显著成绩和贡献的，或者有其他突出事迹的检察官给予的精神鼓励和物质鼓励。根据本条的规定，检察官的奖励具有以下特点：第一，奖励的主体主要是各级人民检察院，包括最高人民检察院和地方各级人民检察院。当然，国家对于有特殊贡献的检察官也可以予以奖励。第二，受奖励的对象是各级人民检察院中行使检察职能的人民检察官，即在检察工作中有显著成绩和贡献的，或者有其他突出事迹的检察官。这里所说的"工作中有显著成绩和贡献"，本法第四十六条中作了具体明确的规定，包括：公正司法，成绩显著的；总结检察实践经验成果突出，对检察工作有指导作用的；在办理重大案件、处理突发事件和承担专项重要工作中，做出显著成绩和贡献的；对检察工作提出改革建议被采纳，效果显著的；提出检察建议被采纳或者开展法治宣传、解决各类纠纷，效果显著的；有其他功绩的。同时，还应当结合公务员法有关奖励情形的规定，对检察工作之外的工作上有显著成绩或者贡献的予以奖励。第三，奖励具有法律依据，是依法进行，关于奖励的条件、等级、审批程序都有严格的法律规定。

本条需要结合公务员法的有关规定作进一步理解。一是，在奖励方式上，对检察官的奖励坚持定期奖励与及时奖励相结合，精神奖励与物质奖励相结合、以精神奖励为主的原则。坚持精神鼓励和物质鼓励结合是我国奖励制度的经验总结。对检察官的奖励，必须兼顾物质和精神两方面的需要，把二者紧密结合起来。毕竟物质鼓励与精神鼓励的作用中，各有各的长处，同时又各有不足。如物质鼓励有利于改善检察官的物质生活，精神鼓励有利于提高人的觉悟和激发努力向上，只有将二者有机结合起来，相辅相成、互为补充，才能最大限度地发挥各自的作用。当然，随着社会进步和经济的发展，对检察官的奖励也要注意从实际情况出发，因人制宜，因地制宜，在注意物质鼓励与精神鼓励相结合的同时，还必须坚持以精神鼓励为主的原则，突出精神鼓励的作用。在坚持物质鼓励与精神鼓励相结合原则的基础上，对检察官的奖励还应注意以下两点：第一，奖励要客观公正。这就要求奖励必须严格以法律规定的条件为根据，以工作成绩和社会效果为准则，按照法律规定的程序，进行奖励。要注意奖励制度面前人人平等，是非分明。防止滥用奖励或者平均奖励，以及借奖励打击报复等。这样才能真正发挥奖励的积极作用。第二，奖励要定期奖励与及时奖励相结合。年度考核奖励是定期奖励，同时对一些工作的奖励必须及时、迅速，该奖则奖，及时奖励，使奖励发挥应有的激励作用。如该奖不奖，拖拖拉拉就可能使奖励失去作用或者使作用降低。

二是，对检察官的奖励方式还可依照有关国家规定，授予功勋荣誉表彰。在检察官法草案修订过程中对检察官授予功勋荣誉表彰曾作了规定，考虑到与公务员属于共性规定，因此未作明确规定。2015 年 12 月，第十二届全国人大常委会第十八次会议通过了国家勋章和国家荣誉称号法，对国家勋章和国家荣誉作了规定；《中华人民共和国公务员法》第五十三条、第五十五条规定，奖励分为：

嘉奖、记三等功、记二等功、记一等功、授予称号。按照国家规定，可以向参与特定时期、特定领域重大工作的公务员颁发纪念证书或者纪念章。根据国家功勋荣誉表彰条例的规定，功勋荣誉表彰分为四类：勋章、荣誉称号、表彰奖励和纪念章。

三是，给予检察官奖励，按照规定的权限和程序决定或者审批。对具有下列情形之一的，撤销奖励：弄虚作假，骗取奖励的；申报奖励时隐瞒严重错误或者严重违反规定程序的；有严重违纪违法等行为，影响称号声誉的；有法律、法规规定应当撤销奖励的其他情形的。

相关规定

《中华人民共和国公务员法》第51条、第53条、第55条；《中华人民共和国国家勋章和国家荣誉称号法》第3条

第四十六条 检察官有下列表现之一的，应当给予奖励：

（一）公正司法，成绩显著的；

（二）总结检察实践经验成果突出，对检察工作有指导作用的；

（三）在办理重大案件、处理突发事件和承担专项重要工作中，做出显著成绩和贡献的；

（四）对检察工作提出改革建议被采纳，效果显著的；

（五）提出检察建议被采纳或者开展法治宣传、解决各类纠纷，效果显著的；

（六）有其他功绩的。

检察官的奖励按照有关规定办理。

条文主旨

本条是关于给予检察官奖励的表现的规定。

立法背景

在1995年2月28日第八届全国人大常委会第十二次会议通过检察官法之前，我国对检察官的奖励规定一直是参照行政机关工作人员奖励规定，所以对检察官奖励的条件和对国家行政机关工作人员奖励条件大致是相同的。考虑到检察官工作的特点和检察工作的特殊性，1995年制定《中华人民共和国检察官法》时，在参照多年奖励经验的基础上，对检察官的奖励的情形专门作了规定。1995年《中华人民共和国检察官法》第三十一条规定，检察官有下列表现之一的，应当给予奖励：（1）在检察工作中秉公执法，成绩显著的；（2）提出检察建议或者对检察工作提出改革建议被采纳，效果显著的；（3）保护国家、集体和人民利益，使其免受重大损失，事迹突出的；（4）勇于同违法犯罪行为作斗争，事迹突出的；（5）保护国家秘密和检察工作秘密，有显著成绩的；（6）有其他功绩的。2001年、2017年修改检察官法时，对本条未作修改。2019年修订检察官法对本条作了修改：一是，增加了"在办理重大案件、处理突发事件和承担专项重要工作中，做出显著成绩和贡献的"作为第三项；二是，将第三十一条第三项"保护国家、集体和人民利益，使其免受重大损失，事迹突出的"、第四项"勇于同违法犯罪行为作斗争，事迹突出的"、第五项"保护国家秘密和检察工作秘密，有显著成绩的"调整出本条，如果有以上三种情形，表现突出的，可以依照公务员法相关规定给予奖励。三是，增加"检察官的奖励按照有关规定办理"作为第二款。

条文解读

本条是关于对检察官予以奖励的条件的规定。根据本条的规定，检察官有下列表现之一的，应当给予奖励：

（1）公正司法，成绩显著的。公正司法是检察官素质的基本要求，是检察官的一项法定义务，这主要是由检察官工作的特殊性质决定的。总则第三条、第四条、第五条对检察官公正司法作出规定，检察官必须忠实执行宪法和法律，维护社会公平正义，全心全意为人民服务；检察官应当勤勉尽责，清正廉明，恪守职业道德；检察官办理案件，应当以事实为根据，以法律为准绳，秉持客观公正的立场。检察官办理刑事案件，应当严格坚持罪刑法定原则，尊重和保障人权，既要追诉犯罪，也要保障无罪的人不受刑事追究。如果检察官在办理案件中不能秉公执法，甚至徇私枉法、贪赃枉法，则该检察官不适宜担任检察官职务。作为具体行使法律监督权的司法人员，代表国家和人民执行法律，是国家权力的象征，如果做不到公正司法，则国家的威严和法律的威慑力将大大降低，影响司法公信力，不能做到让人民群众在每一个案件中都感受到公平正义。当然，公正司法属于检察官的基本要求，是检察官应该履行的职责。只有在公正司法方面作出显著成绩的，才能受到奖励。

（2）总结检察实践经验成果突出，对检察工作有指导作用的。检察官在具有扎实的法律知识的同时，还要具有丰富的办理案件的实践。在妥善处理所承办案件的同时，要善于总结检察工作实践的经验，以指导检察工作。“总结检察实践经验成果突出，对检察工作有指导作用的”，是指检察官对检察工作中的疑难问题或者带有普遍性的问题，经过研究和总结经验，提出符合法律本意，正确适用法律的方法和建议，而这一经验的成果对于全国或者部分地区检察工作在某一方面的开展具有指导作用。

（3）在办理重大案件、处理突发事件和承担专项重要工作中，做出显著成绩和贡献的。办理重大案件、处理突发事件和承担专项工作中一般会存在社会舆论关注度高、涉及面广、影响大的情况，处理起来较为复杂。对于在办理重大案件、处理突发事件和承担专项重要工作中，做出显著成绩和贡献的，应当给予相应的奖励。

（4）对检察工作提出改革建议被采纳，效果显著的。我国目前处于全面深化改革时期，经济、社会生活等各方面都在进行改革，作为检察工作也应贯彻改革的精神，使检察工作适应社会改革的需要。对于检察工作的改革需要充分调动广大检察官的积极性和创造性，对检察工作提出改革建议。近年来，在我国司法体制改革进程中，广大检察官在具体检察工作中进行广泛的探索试验，积累了一批丰富的检察实践经验。结合检察经验，对检察工作提出改革建议，有利于改进、完善检察制度，有利于检察官正确行使检察权，有利于在检察工作中正确适用法律。对检察工作提出的改革建议，如果被采纳，并且效果显著的，应当予以相应的奖励。

(5) 提出检察建议被采纳或者开展法治宣传、解决各类纠纷，效果显著的。检察官的工作不仅限于提出支持公诉，提出检察建议、开展法治宣传、解决各类纠纷也是检察官工作的重要组成部分。检察官在解决各类纠纷中要注意运用法治宣传的积极作用，充分发挥法律的威慑作用和教育作用。同时，根据有关规定，检察官有权依法提出检察建议，以最大限度地保护国家、集体和公民个人的权益，解决各类纠纷，化解社会矛盾，维护社会和谐稳定。

2014 年 10 月，党的十八届四中全会通过的《中共中央关于全面推进依法治国若干重大问题的决定》提出，健全普法宣传教育机制。各级党委和政府要加强对普法工作的领导，宣传、文化、教育部门和人民团体要在普法教育中发挥职能作用。实行国家机关“谁执法谁普法”的普法责任制，建立法官、检察官、行政执法人员、律师等以案释法制度，加强普法讲师团、普法志愿者队伍建设。把法治教育纳入精神文明创建内容，开展群众性法治文化活动，健全媒体公益普法制度，加强新媒体新技术在普法中的运用，提高普法实效。为体现检察官通过办理案件以案释法开展法治宣传的作用，本条增加“开展法治宣传，效果显著的”作为给予奖励的情形。对于开展上述工作取得显著效果的，应当予以相应的奖励。

(6) 有其他功绩的。这主要是指在上述五种情形之外，在检察工作中有显著成绩和贡献的，或者有其他突出事迹的，应当给予奖励的行为。如最高人民检察院、人事部印发的《检察机关奖励暂行规定》第四条规定：“符合下列条件之一的人员，应当给予奖励：

(一）忠于职守，秉公执法，努力工作，成绩显著的；（二）坚持原则，办事公道，在同违法违纪和不正之风作斗争中表现突出的；（三）工作中有发明创造或提出重大改革建议，对改进工作、完善和发展有中国特色的社会主义检察制度成果显著的；（四）为保卫国家、集体和人民群众的生命、财产安全事迹突出的；（五）参与社会主义精神文明建设和社会治安综合治理成效显著的；（六）保守、保护国家和检察工作秘密事迹突出的；（七）在对外交往、查处涉外案件中，维护国家声誉和利益成绩突出的；（八）其他方面有突出成绩的。”第五条规定：“符合下列条件的集体，应当给予奖励：（一）坚决贯彻执行党的路线、方针、政策，坚持检察工作方针，依法办案，服务大局；（二）领导班子团结、坚强，有凝聚力，能充分发挥表率和核心作用；（三）全体人员有较高的政治、业务素质，公正执法，文明办案，清正廉洁；（四）各项工作实现规范化、科学化管理，完成工作任务成绩突出的；（五）积极开展群众性的精神文明创建活动成效显著的。”

本条第二款规定，对检察官奖励的权限和程序，按照有关规定办理。有关规定是指最高人民检察院、有关组织部门或者公务员主管部门等部门实施的相关奖励规定。如最高人民检察院、人事部印发的《检察机关奖励暂行规定》，对检察官奖励的种类、比例、权限、考察、实施以及监督等作了详细规定。按照此规定，奖励分为个人奖励和集体奖励。奖励种类分为：嘉奖，记三等功、二等功、一等功，授予荣誉称号。个人奖励按下列标准给予：工作成绩优秀，事迹较为突出的，给予嘉奖或记三等功；工作成绩优异、贡献重大，事迹特别突出的，给予记二等功或一等功；工作成绩卓著，堪称楷模的，授予荣誉称号。集体奖励适用于县级人民检察院和各级人民检察院按编制序列设置的内部机构和派出机构。在特殊情况下，省、地级人民检察院和因查办大案、要案而临时组成的办案组或其他临时组成的工作机构也可适用集体奖励。集体奖励按下列标准给予：各项工作成绩显著，给予嘉奖或记三等功；各项工作成绩优异，给予记二等功；各项工作成绩卓著，贡献重大，给予记一等功；各项工作成绩卓著，经过一定时间检验，堪称楷模的，授予荣誉称号。检察机关个人和集体可以参加地方或国家组织的表彰奖励活动，并接受奖励。集体奖励按照下列权限批准：嘉奖、记三等功，由地级以上人民检察院批准，县级人民检察院内设机构的嘉奖由所在院批准；记二等功、一等功，由省级人民检察院批准，省级人民检察院审批一等功，须向最高人民检察院备案；授予荣誉称号，经国务院人事部门审核后，由最高人民检察院批准。需要由国务院授予荣誉称号的，按有关规定报批。对个人给予记一等功以上奖励和各级人民检察院正、副检察长记二等功以上奖励，应按干部管理权限征求地方党委的意见。对集体给予记一等功以上奖励，应征求同级地方党委的意见。

我国公务员法第八章对公务员奖励的情形、种类以及奖励撤销等内容作了规定。检察官实行单独职务序列管理，对检察官的奖励适用本法规定，本法没有规定的，适用公务员管理的相关法律法规。

相关规定

《中华人民共和国法官法》第45条

第四十七条 检察官有下列行为之一的，应当给予处分；构成犯罪的，依法追究刑事责任：

（一）贪污受贿、徇私枉法、刑讯逼供的；

（二）隐瞒、伪造、变造、故意损毁证据、案件材料的；

（三）泄露国家秘密、检察工作秘密、商业秘密或者个人隐私的；

（四）故意违反法律法规办理案件的；

（五）因重大过失导致案件错误并造成严重后果的；

（六）拖延办案，贻误工作的；

（七）利用职权为自己或者他人谋取私利的；

（八）接受当事人及其代理人利益输送，或者违反有关规定会见当事人及其代理人的；

（九）违反有关规定从事或者参与营利性活动，在企业或者其他营利性组织中兼任职务的；

（十）有其他违纪违法行为的。

检察官的处分按照有关规定办理。

条文主旨

本条是关于应当给予检察官处分的情形的规定。

立法背景

2017年《中华人民共和国检察官法》第三十五条规定："检察官不得有下列行为：（一）散布有损国家声誉的言论，参加非法组织，参加旨在反对国家的集会、游行、示威等活动，参加罢工；（二）贪污受贿；（三）徇私枉法；（四）刑讯逼供；（五）隐瞒证据或者伪造证据；（六）泄露国家秘密或者检察工作秘密；（七）滥用职权，侵犯自然人、法人或者其他组织的合法权益；（八）玩忽职守，造成错案或者给当事人造成严重损失；（九）拖延办案，贻误工作；（十）利用职权为自己或者他人谋取私利；（十一）从事营利性的经营活动；（十二）私自会见当事人及其代理人，接受当事人及其代理人的请客送礼；（十三）其他违法乱纪的行为。"第三十六条规定："检察官有本法第三十五条所列行为之一的，应当给予处分；构成犯罪的，依法追究刑事责任。"第三十八条规定："处分的权限和程序按照有关规定办理。"2019年修订后的检察官法将上述三条关于应当给予检察官处分的情形和程序的内容整合在一条中，并对具体的内容作了修改。

本条体现了司法体制改革的重要内容。一是，《中共中央办公厅、国务院办公厅关于加强法官检察官正规化专业化职业化建设全面落实司法责任制的意见》第四条规定，惩戒委员会认定构成故意或者因重大过失导致案件错误并造成严重后果的，法院、检察院依照有关规定予以惩戒。二是，《保护司法人员依法履行法定职责规定》第十一条规定，法官、检察官非因故意违反法律、法规或者有重大过失导致错案并造成严重后果的，不承担错案责任。

本条规定注意了与公务员法的衔接。《中华人民共和国公务员法》第五十九条规定："公务员应当遵纪守法，不得有下列行为：(一) 散布有损宪法权威、中国共产党和国家声誉的言论，组织或者参加旨在反对宪法、中国共产党领导和国家的集会、游行、示威等活动；(二) 组织或者参加非法组织，组织或者参加罢工；(三) 挑拨、破坏民族关系，参加民族分裂活动或者组织、利用宗教活动破坏民族团结和社会稳定；(四) 不担当，不作为，玩忽职守，贻误工作；(五) 拒绝执行上级依法作出的决定和命令；(六) 对批评、申诉、控告、检举进行压制或者打击报复；(七) 弄虚作假，误导、欺骗领导和公众；(八) 贪污贿赂，利用职务之便为自己或者他人谋取私利；(九) 违反财经纪律，浪费国家资财；(十) 滥用职权，侵害公民、法人或者其他组织的合法权益；(十一) 泄露国家秘密或者工作秘密；(十二) 在对外交往中损害国家荣誉和利益；(十三) 参与或者支持色情、吸毒、赌博、迷信等活动；(十四) 违反职业道德、社会公德和家庭美德；(十五) 违反有关规定参与禁止的网络传播行为或者网络活动；(十六) 违反有关规定从事或者参与营利性活动，在企业或者其他营利性组织中兼任职务；(十七) 旷工或者因公外出、请假期满无正当理由逾期不归；(十八) 违纪违法的其他行为。"检察官属于公务员的一种，根据本法第六十九条的规定，有关检察官的权利、义务和管理制度，本法已有规定的，适用本法的规定；本法未作规定的，适用公务员管理的相关法律法规。因此，检察官也应当遵守公务员法的规定。

检察官法修订草案第四十九条第九项规定，私自会见当事人及其代理人，接受当事人及其代理人不正当利益输送。有的地方建议将“私自会见”修改为“违反规定会见”；还有的地方建议第九项明确为两种情形，修改为：“私自会见当事人及其代理人，或者接受当事人及其代理人不正当利益输送”。修改后的法律，采纳了上述意见。

检察官法修订草案三次审议稿第四十七条第一款第二项规定，检察官隐瞒、伪造、变造或者故意损毁证据的，应当给予处分。审议中，有的常委委员提出，上述规定不全面，对于隐瞒、伪造、变造、故意损毁案件材料的，也应给予处分。修改后的法律，采纳了上述意见，将第四十七条第一款第二项修改为“隐瞒、伪造、变造、故意损毁证据、案件材料的”。

条文解读

本法第十一条第二项规定，检察官非因法定事由、非经法定程序，不被调离、免职、降职、辞退或者处分。本条的规定属于第十一条第二项规定的法定事由之一。

本条共分两款。第一款规定的是应当追究检察官责任的情形。检察官是依法行使国家检察权的检察人员，承担忠实执行宪法和法律、维护司法公正、维护社会公平正义的重要责任，要求检察官本身必须具备优良的品德和素质，必须做到勤勉尽责、清正廉明、恪守职业道德。这是保证检察官依法履行职责的基本要求，也是为落实党中央关于建设社会主义法治国家和依法治国的基本方略而对检察官提出的基本要求。本条规定针对我国法治建设的具体情况和当前在检察官队伍建设方面存在的问题，并总结近些年来我国在加强检察官队伍管理方面的实际做法和经验，对应当依法追究责任的检察官违法违纪行为作了列举规定。这些规定具有较强的针对性，有利于加强检察官队伍建设，提高检察官素质，同时也有利于人民群众对检察官的监督，具有重要意义。

本款第一项规定，“贪污受贿、徇私枉法、刑讯逼供的”。检察官不得有“贪污受贿”行为。《中华人民共和国刑法》第三百八十二条规定：“国家工作人员利用职务上的便利，侵吞、窃取、骗取或者以其他手段非法占有公共财物的，是贪污罪。”第三百八十五条规定：“国家工作人员利用职务上的便利，索取他人财物的，或者非法收受他人财物，为他人谋取利益的，是受贿罪。国家工作人员在经济往来中，违反国家规定，收受各种名义的回扣、手续费，归个人所有的，以受贿论处。”“徇私枉法”，主要是指检察官在履行职务活动中为了谋取某些个人利益或私情而违背法律的行为，如在刑事案件办理过程中为了私利，对明知是无罪的人而使他受追诉，对明知是有罪的人而故意包庇不使他受追诉的行为。根据刑法的规定，徇私枉法构成犯罪的，应当追究刑事责任。“刑讯逼供”，主要是指在办理案件过程中，为了获得当事人的口供或者有关证人的证言，而对当事人或者证人使用暴力或者进行肉体折磨、精神折磨。这种行为不仅严重侵害公民的合法权益，而且容易“屈打成招”，形成虚假的口供或证言，同时也严重损害了司法机关的形象和法律的尊严。《中华人民共和国刑法》第二百四十七条规定，司法工作人员对犯罪嫌疑人、被告人实行刑讯逼供或者使用暴力逼取证人证言的，处三年以下有期徒刑或者拘役。致人伤残、死亡的，依照刑法第二百三十四条规定的伤害罪、第二百三十二条规定的杀人罪定罪从重处罚。

本款第二项规定，“隐瞒、伪造、变造、故意损毁证据、案件材料的”。本项规定了两种客体，四种违法行为。根据本项的规定，违法行为的客体包括证据和案件材料两类，“证据”，根据《中华人民共和国刑事诉讼法》第五十条的规定，可以用于证明案件事实的材料，都是证据，包括物证、书证、证人证言、被害人陈述、犯罪嫌疑人、被告人供述和辩解、鉴定意见、勘验、检查、辨认、侦查实验等笔录、视听资料、电子数据。“案件材料”是指在办理案件的过程中形成的，用于记录案件的侦查、审查起诉、庭审等情况的书面或电子的记录、影像资料等，如起诉书、庭审笔录、送达回执等。针对上述两种客体的违法行为包括“隐瞒、伪造、变造、故意损毁”。“隐瞒”是指将已经获知的证据、案件材料隐瞒不报；“伪造”是指无中生有编造虚假证据、案件材料；“变造”是指对原有的证据、案件材料进行篡改、变造等；“故意损毁”是指将证据、案件材料丢弃、销毁、删除等。证据、案件材料的虚假、隐匿和灭失，尤其是可作为定案根据的关键证据、案件材料的虚假、隐匿和灭失，会对案件的办理造成严重的影响，乃至造成冤假错案。近年来，实践中也曾出现司法工作人员隐瞒、伪造、变造、故意损毁证据、案件材料的案例，对此必须予以严厉惩处。

本款第三项规定，“泄露国家秘密、检察工作秘密、商业秘密或者个人隐私的”。“国家秘密”是指关系国家的安全和利益，依照法定程序确定，在一定时间内只限一定范围的人员知悉的事项。“检察工作秘密”主要是指与检察工作有关、在特定时间内不应对外公开的事项。通常情况下，在检察工作中涉及追查刑事犯罪的有关事项，按照法律规定属于国家秘密，其他有关事项经法定程序确定，有的也可以成为国家秘密。但除此之外，在检察工作中还有许多没有被列为国家秘密的事项，为了保证检察工作的正常进行，保护有关当事人的合法权利，在一定时间内也只限于特定的人员知悉，对此检察官有义务不得泄露。“商业秘密”是指不为公众所知悉，能为权利人带来经济利益，具有实用性并经权利人采取保密措施的技术信息和经营信息。“个人隐私”是指个人生活中不愿公开或不愿为他人知悉的秘密。国家秘密关系国家安全和利益，商业秘密关系权利人的经济利益，隐私权是个人的重要人身权利。保密法、刑法、侵权责任法等法律对国家秘密、商业秘密、个人隐私的保护作了规定。《中华人民共和国保守国家秘密法》第三条第二款规定：“一切国家机关、武装力量、政党、社会团体、企业事业单位和公民都有保守国家秘密的义务。”《中华人民共和国刑法》第三百九十八条第一款规定：“国家机关工作人员违反保守国家秘密法的规定，故意或者过失泄漏国家秘密，情节严重的，处三年以下有期徒刑或者拘役；情节特别严重的，处三年以上七年以下有期徒刑。”检察官对在办案过程中接触到的涉及国家秘密、商业秘密、个人隐私的证据和案件材料，应当妥善保管，不得遗失、泄露，不得让不该知悉的人知悉。

本款第四项规定，“故意违反法律法规办理案件的”。本法第十条第一项规定，检察官应当严格遵守宪法和法律。检察官应当模范遵守法律，严格依照法律法规办理案件，如果其故意违法办案，必然会损害司法公正，危害司法权威。故意违反法律法规办理案件，既包括违反程序法律法规，也包括违反实体法律法规。需要说明的是，认定检察官故意违反法律法规办理案件，需要检察官惩戒委员会提出审查意见。本法第四十九条中规定，最高人民检察院和省、自治区、直辖市设立检察官惩戒委员会，负责从专业角度审查认定检察官是否存在本法第四十七条第四项、第五项规定的违反检察职责的行为，提出构成故意违反职责、存在重大过失、存在一般过失或者没有违反职责等审查意见。非经检察官惩戒委员会审查认定，不能以“故意违反法律法规办理案件”规定追究检察官责任。

本款第五项规定，“因重大过失导致案件错误并造成严重后果的”。《保护司法人员依法履行法定职责规定》第十一条规定，法官、检察官非因故意违反法律、法规或者有重大过失导致错案并造成严重后果的，不承担错案责任。本条的规定与上述规定的内容是一致的。“因重大过失导致案件错误并造成严重后果的”，是指由于重大疏忽或者对工作缺乏责任心而导致案件错误，并造成公共财产、国家和人民利益遭受重大损失，或者导致当事人利益遭受重大损失等严重后果的。为了保证检察官依法行使检察权，法律规定了检察官的一系列职权和职责，检察官有义务也有责任按照法律的规定，正确履行职责，行使检察权，确保司法公正，维护当事人的合法权益。任何滥用职权、玩忽职守的行为都是对人民利益的不负责任，都势必在一定程度上对国家的法治建设、对公共利益、当事人的利益造成损害。需要说明的是，认定检察官“因重大过失导致案件错误并造成严重后果的”，也需要检察官惩戒委员会提出审查意见。

本款第六项规定，“拖延办案，贻误工作”，主要是指检察官在办理案件过程中在没有正当理由的情况下，有意或无意长期拖延，使案件得不到解决，有的是为了达到某些个人目的；有的是严重的官僚主义作风，本来完全有条件结案的而故意拖延不办；也有的因忙于个人私事，将工作丢在一边，严重影响案件的及时处理等。

本款第七项规定的“利用职权为自己或者他人谋取私利”，主要是指检察官利用自己工作上的职权，尤其是行使检察权的条件，通过要求、暗示和接受他人提供某种利益和好处等方式为自己谋取利益。这种利益和好处，有可能是当事人提供的，有可能是其他有关的人提供的；有可能检察官本人接受了这些利益和好处，也有可能是检察官的亲属、朋友或其他关系人接受了这些利益和好处。这里应说明的是：一是“谋取私利”必须是检察官利用了自己工作上的职权，如果获得利益与自己的工作职权没有关系，不属于这里规定的情况；二是这里规定的“谋取私利”是指贪污受贿以外的情况，如接受一些免费或廉价的娱乐活动、房屋装修，或为自己的亲朋好友安排工作等，检察官如果有贪污受贿行为，则应当按照贪污受贿依法处理；三是检察官在谋取私利的同时有本款第一项规定的徇私枉法行为的，还构成徇私枉法犯罪的，应按照法律的有关规定处理。

本款第八项规定，“接受当事人及其代理人利益输送，或者违反有关规定会见当事人及其代理人的”。检察官不得接受当事人及其代理人利益输送，不得违反有关规定会见当事人及其代理人，是对检察官廉洁自律的基本要求，也是防止腐败的有效措施。在刑事案件中，“当事人”是指被害人、自诉人、犯罪嫌疑人、被告人、附带民事诉讼的原告人和被告人；“代理人”包括有关当事人的法定代理人和受有关当事人委托参加诉讼的诉讼代理人。在民事诉讼中，“当事人”是指参加诉讼的原被告双方，包括作为原告或被告的公民、法人和其他组织；“代理人”包括有关当事人的法定代理人、指定代理人、委托代理人三种。在行政案件中，“当事人”包括作为原告的公民、法人或其他组织，以及作为被告的行政机关；“代理人”包括有关当事人的法定代理人和受有关当事人委托参加诉讼的诉讼代理人。在任何案件中，当事人和代理人必然与案件的办理结果存在程度不同的利害关系或其他利益关系，检察官应当以事实为根据、以法律为准绳，不偏不倚，秉公断案。如果检察官接受当事人及其代理人利益输送，必然会影响其在检察工作中秉持客观公正的立场。“利益输送”既包括直接的请客送礼，也包括以各种形式掩盖的利益交往，如借款、代为理财等。检察官因工作需要会见当事人或代理人的，应当按照规定的程序进行，如果其违反规定私下会见当事人或代理人，因缺少监督，容易出现各种舞弊的情况。

本款第九项规定的“违反有关规定从事或者参与营利性活动，在企业或者其他营利性组织中兼任职务的”，包括检察官个人通过经商、办企业等从事第二职业，或者在公司、企业等经济实体中兼职领取报酬，或者从事有偿的中介活动等。检察官从事营利性的经营活动，不仅违背职责，而且在办理有利害关系的案件中容易产生腐败，妨害司法公正，有损检察官职业的纯洁和尊严。

本款第十项规定的“其他违纪违法行为”，主要是指除以上九项行为以外的其他违纪违法行为。本条规定的禁止性行为，主要局限于检察官履行职务当中，具有较强的针对性，但并不能穷尽所有情形。无论是在工作上还是在现实生活中，检察官与每个国家机关工作人员一样，还必须遵守法律和纪律的有关规定，都要遵法守法，由于这些法律和纪律规定涉及各个方面，不可能在本条规定中一一列举，因此本条除了在前九项中针对检察官在行使检察权过程中可能发生、危害性较大或者人民群众反映强烈的一些行为作出具体规定外，还在本项作了兜底性的原则性规定。

根据本款的规定，检察官有上述十种行为之一的，原则上应区分为两种情况处理。一是，对一般违纪违法行为，即尚未达到构成犯罪的程度的，应当给予行政或纪律处分。二是，对于检察官有上述行为构成犯罪的，应当依法追究刑事责任。

本条第二款规定，检察官的处分按照有关规定办理。这里的有关规定，主要包括公务员法第九章关于惩戒的规定，《公职人员政务处分暂行规定》《最高人民法院、最高人民检察院关于建立法官、检察官惩戒制度的意见（试行）》等。

在该条的理解适用中，还需要注意以下几个方面的问题：

第一，关于给予处分的顺序。《公职人员政务处分暂行规定》第二条规定，公职人员有违法违规行为应当承担法律责任的，监察机关可以根据被调查的公职人员的具体身份，依照相关法律、法规、国务院决定和规章对违法行为及其适用处分的规定，给予政务处分。第七条规定，公职人员中的中共党员严重违犯党纪涉嫌犯罪的，应当由党组织先做出党纪处分决定，并由监察机关依法给予政务处分后，再依法追究其刑事责任。非中共党员的公职人员涉嫌犯罪的，应当先由监察机关依法给予政务处分，再依法追究其刑事责任。

第二，同一违法行为一般只能给予一次处分。《公职人员政务处分暂行规定》第十九条规定，公职人员有违法行为的，任免机关、单位可以履行主体责任，依照公务员法等规定，对公职人员给予处分。对公职人员同一违法行为，监察机关已经给予政务处分的，任免机关、单位不再给予处分；任免机关、单位已经给予处分的，监察机关不再给予政务处分。

相关规定

《中华人民共和国公务员法》第59条；《中华人民共和国刑法》第382条、第385条、第398条；《中华人民共和国保守国家秘密法》第3条；《中共中央办公厅关于加强法官检察官正规化专业化职业化建设全面落实司法责任制的意见》第4条；《保护司法人员依法履行法定职责规定》第11条；《公职人员政务处分暂行规定》；《最高人民法院、最高人民检察院关于建立法官、检察官惩戒制度的意见（试行）》

第四十八条　检察官涉嫌违纪违法，已经被立案调查、侦查，不宜继续履行职责的，按照管理权限和规定的程序暂时停止其履行职务。

条文主旨

本条是关于暂停检察官履行职务的规定。

立法背景

本条是2019年修订检察官法新增加的规定。作为依法行使国家检察权的检察人员，检察官必须忠实执行宪法和法律，全心全意为人民服务，勤勉尽责，清正廉明，恪守职业道德。如果检察官涉嫌违纪违法，说明其可能已经违背了检察官的义务要求，存在行为不当之处，在调查、侦查结束，查清事实之前，如果由其继续履行义务，一方面接受调查、侦查的检察官存在继续违法违纪的可能，另一方面也不够严肃，影响司法权威。如果是因徇私枉法、滥用职权等被立案调查、侦查的，不暂时停止其履行职务，其还可能做出不合法合规的行为，影响司法公正。因此，法律规定了暂停检察官履行职务的条件和程序。

本条体现了司法体制改革的重要内容。2015年《最高人民检察院关于对检察机关办案部门和办案人员违法行使职权行为纠正、记录、通报及责任追究的规定》第十二条的规定，责任追究应当根据办案人员发生违法行使职权行为的事实、情节和后果，以及相关纪律和法律规定，作如下处理：(1) 批评教育。采取责令检查、诫勉谈话、通报批评、到上级人民检察院检讨责任等措施。(2) 组织处理。采取暂停执行职务、调离司法办案岗位、延期晋级晋职、责令辞职、免职、调离检察机关、辞退等措施。(3) 纪律处分。对于违纪行为，应当依照党纪处分条例和检察纪律规定给予处分。(4) 刑事处理。对于构成犯罪的，应当依法追究刑事责任。办案部门违法行使职权的，应当对办案部门负责人和直接责任人根据具体情形追究责任，同时视情依照有关规定对部门进行组织处理并开展专项整改。对办案部门和办案人员违法行使职权的责任追究适用《最高人民检察院关于完善人民检察院司法责任制的若干意见》等有关规定。

检察官法修订草案二次审议稿第四十七条规定："检察官违纪违法，已经被立案调查，不宜继续履行职责的，可以按照管理权限和规定的程序暂停其履行职务。"有的建议，增加因涉嫌犯罪被立案侦查的内容，修改为"检察官违纪违法，已经被立案调查或者因涉嫌犯罪被立案侦查，不宜继续履行职责的，可以按照管理权限和规定的程序暂停其履行职务"。立法机关经研究，采纳了这一意见。

条文解读

检察官涉嫌违纪违法，已经被立案调查、侦查，不宜继续履行职责的，可以按照管理权限和规定的程序暂停其履行职务。

根据本条的规定，检察官被暂停履行职务需要符合以下条件：

一是涉嫌违法违纪，即根据证据，有关部门发现检察官存在违法、违纪行为，并已经掌握了部分违法违纪的事实。

二是涉嫌违法违纪的检察官已经被立案调查、侦查。根据监察法的规定，监察委员会有调查职务违法和职务犯罪的职权，是监察委员会的一项经常性工作。《中华人民共和国监察法》第三十九条规定，"经过初步核实，对监察对象涉嫌职务违法犯罪，需要追究法律责任的，监察机关应当按照规定的权限和程序办理立案手续。监察机关主要负责人依法批准立案后，应当主持召开专题会议，研究确定调查方案，决定需要采取的调查措施。立案调查决定应当向被调查人宣布，并通报相关组织。涉嫌严重职务违法或者职务犯罪的，应当通知被调查人家属，并向社会公开发布。"调查是监察委员会开展廉政建设和反腐败建设，维护宪法和法律尊严的一项重要措施，调查的主体是与党的纪律检查机关合署办公的国家监察机关，调查的对象是行使公权力的公职人员，包括本法中的检察官，而不是普通的刑事犯罪嫌疑人，调查的内容是职务违法和职务犯罪，而不是一般刑事犯罪。

立案侦查，根据刑事诉讼法的规定，公安机关和人民检察院依照法律规定的案件管辖范围承担着对犯罪案件的侦查工作，肩负着打击犯罪，维护社会治安，维护社会稳定的职责，因此发现犯罪事实或者犯罪嫌疑人的，应当由公安机关或者人民检察院立案侦查。刑事诉讼法根据公安机关和人民检察院职能的不同，对其各自负责立案侦查的刑事案件管辖范围进行了分工。根据《中华人民共和国刑事诉讼法》第十九条的规定，一般的刑事案件，由公安机关负责立案侦查；人民检察院在对诉讼活动实行法律监督中发现的司法工作人员利用职权实施的非法拘禁、刑讯逼供、非法搜查等侵犯公民权利、损害司法公正的犯罪，可以由人民检察院立案侦查。对于公安机关管辖的国家机关工作人员利用职权实施的重大犯罪案件，需要由人民检察院直接受理的时候，经省级以上人民检察院决定，可以由人民检察院立案侦查。公安、检察机关立案侦查刑事案件，必须按照法律规定的案件管辖范围进行。立案应当根据法定条件进行，刑事诉讼法规定，侦查机关对具有以下两种情形之一的，即应立案：一是发现犯罪事实，二是发现犯罪嫌疑人，并不要求二者都具备。

三是，不宜继续履行职责的。并不是检察官所有的违法违纪行为都需要暂停其继续履行职责，是否暂停检察官履行职务，还看其违法违纪行为的严重程度及对其客观公正履行职务的影响。对于不宜继续履行职责的，应当按照管理权限和规定的程序暂时停止其履行职务。这样规定，主要是考虑实践中情况的复杂性，需要根据具体案件情况掌握。

暂停检察官履行职务需要按照权限和程序进行。《中华人民共和国检察官法》第十一条第二项规定，非因法定事由、非经法定程序，不被调离、免职、降职、辞退或者处分。暂停检察官履行职务，也是对检察官权利的重大影响，不可以随意行使，只能按照管理权限和规定的程序进行。这里的“管理权限”和“规定的程序”，是指根据监察法、公务员法、《最高人民检察院关于完善人民检察院司法责任制的若干意见》、《公职人员政务处分暂行规定》等的规定，由主管机关根据法定权限暂停检察官履行职务。

相关规定

《中华人民共和国监察法》第39条；《中华人民共和国刑事诉讼法》第19条；《公职人员政务处分暂行规定》；《最高人民检察院关于完善人民检察院司法责任制的若干意见》

第四十九条 **最高人民检察院和省、自治区、直辖市设立检察官惩戒委员会，负责从专业角度审查认定检察官是否存在本法第四十七条第四项、第五项规定的违反检察职责的行为，提出构成故意违反职责、存在重大过失、存在一般过失或者没有违反职责等审查意见。检察官惩戒委员会提出审查意见后，人民检察院依照有关规定作出是否予以惩戒的决定，并给予相应处理。**

检察官惩戒委员会由检察官代表、其他从事法律职业的人员和有关方面代表组成，其中检察官代表不少于半数。

最高人民检察院检察官惩戒委员会、省级检察官惩戒委员会的日常工作，由相关人民检察院的内设职能部门承担。

条文主旨

本条是关于检察官惩戒委员会的设立、职责范围、人员组成、工作程序的规定。

立法背景

1. 相关背景情况

本条是2019年修订检察官法时新增加的规定，体现了司法体制改革的重要内容。检察官是依法行使国家检察权的检察人员，对于维护社会公平正义发挥着十分重要的作用，但没有任何一个国家能百分之百地杜绝检察官违纪违法现象的发生，检察官权力一旦滥用，不仅将直接损害案件当事人的合法权益，更将会对司法公信力和司法公正造成严重冲击。公平公正的检察官队伍是建设法治国家的重要基础，为保障检察官队伍的清正廉洁，有必要建立对检察官的监督机制和惩戒制度。检察官惩戒制度，给检察官以行为的尺度，促使检察官自我约束规范其行为，恪守职业道德，努力实现司法公正。另外，建立检察官惩戒制度也给被惩戒检察官一个维护合法权益的渠道和途径，避免对检察官任意惩戒、过度追责，使检察官动辄得咎。因此，公平公正、科学严格的检察官惩戒制度本身也是对检察官权利的一种保障。《中共中央关于全面深化改革若干重大问题的决定》要求，建立健全司法人员依法履行法定职责保护机制。《保护司法人员依法履行法定职责规定》要求，检察官依法履行法定职责受法律保护。非因法定事由，非经法定程序，不得将检察官调离、免职、辞退或者作出降级、撤职等处分，并对调离、免职、辞退、降级、撤职的情形作了具体明确的规定。同时还规定，检察官非因故意违反法律、法规或者有重大过失导致错案并造成严重后果的，不承担错案责任。检察官惩戒委员会审议检察官错案责任案件，应当进行听证。人民检察院相关机构应当派员向检察官惩戒委员会通报当事检察官违纪违法事实以及拟处理意见、依据。当事检察官有权陈述、申辩。检察官惩戒委员会根据查明的事实和法律规定，作出无责、免责或者给予惩戒处分的建议。为落实中央司改精神，2016 年 10 月最高人民法院、最高人民检察院印发的《关于建立法官、检察官惩戒制度的意见（试行)》，其中对检察官惩戒委员会的工作职责、审查程序、处理权限作了规定。

2. 各方面提出的意见

检察官法修订草案第五十七条规定：“最高人民检察院和省、自治区、直辖市设立检察官惩戒委员会，负责审查认定检察官是否存在违反本法第五十二条第五项检察职责的行为，提出构成故意违反职责、存在重大过失、存在一般过失或者没有违反职责的意见，人民检察院依照有关规定作出惩戒决定，并给予相应处理。检察官惩戒委员会由检察官代表和社会其他代表组成，其中检察官代表不少于半数。省级检察官惩戒委员会在省级人民检察院设立办公机构，负责检察官惩戒委员会的日常工作。”

在征求有关方面意见过程中，有的地方建议，应明确规定检察官惩戒委员会的职权、职能、审查程序等。

全国人大宪法和法律委员会经研究，建议对有关检察官惩戒委员会的规定作出以下修改补充：一是，明确检察官惩戒委员会的职能是从专业角度对是否属于错案、拖延办案作出审查判断。二是，进一步明确检察官惩戒委员会中社会其他代表的组成。三是增加有关检察官惩戒委员会工作程序的规定。

有的地方提出，第一款规定的检察官惩戒委员会提出没有违反职责的意见的，就不应作出惩戒决定，建议对“作出惩戒决定”的表述予以斟酌，或者修改为“作出是否惩戒的决定”。有的地方建议，增加规定检察官对惩戒决定可以申请“听证、提出复议”。

有的部门和地方建议将第二款规定的“社会其他代表”修改为“社会有关代表”，与草案第十六条遴选委员会中的表述相一致；有的地方建议将检察官代表“不少于半数”修改为“不少于三分之二”。

有的部门提出，第三款规定省级检察官惩戒委员会设立办公机构。根据深化司法体制改革精神，省以下检察院正推进精简机构，建议删去该项规定。

有的社会公众建议增加被惩戒检察官有权申请复议、听证的内容。

修订草案二次审议稿第四十八条规定：“最高人民检察院和省、自治区、直辖市设立检察官惩戒委员会，负责从专业角度审查认定检察官是否存在违反本法第四十六条第四项、第五项、第六项规定的违反检察职责的行为，提出构成故意违反职责、存在重大过失、存在一般过失或者没有违反职责等审查意见，人民检察院依照有关规定作出是否予以惩戒的决定，并给予相应处理。检察官惩戒委员会由检察官代表、其他从事法律职业的人员和有关方面代表组成，其中检察官代表不少于半数。最高人民检察院检察官惩戒委员会、省级检察官惩戒委员会的日常工作，由其内设职能部门承担。”

在常委会第二次审议过程中，有的常委委员建议增加一款，“未经省级检察官惩戒委员会作出惩戒决定，不得启动对检察官的责任追究”。

在征求有关方面意见时，有的全国人大代表提出，对检察官不正当行为的处理，应该先由惩戒委员会做出审查意见，再由有关部门介入追究刑事责任。同时，建议明确监察委员会和检察官惩戒委员会的职责分工、工作衔接等。

条文解读

本条共分三款。第一款是关于检察官惩戒委员的设立、职责范围和工作程序的规定。

本款规定了以下几层意思：第一，最高人民检察院和省、自治区、直辖市设立检察官惩戒委员会。这里所说的“检察官惩戒委员会”，分为由最高人民检察院设立的和省、自治区、直辖市设立的两级。需要注意的是，最高人民检察院检察官惩戒委员会是由最高人民检察院设立的；省级检察官惩戒委员会是在省、自治区、直辖市设立，而不是由省级人民检察院设立。

第二，明确检察官惩戒委员会的职责范围。即负责从专业角度审查认定检察官是否存在本法第四十七条第四项、第五项规定的违反检察职责的行为。本法第四十七条规定了十项检察官违纪违法行为，其中第四项故意违反法律法规办理案件、第五项因重大过失导致案件错误并造成严重后果。这两项规定的行为涉及事实认定、证据取舍、法律适用等专业性问题，不同的检察官可能存在不同的认识。因此，本款规定由检察官惩戒委员会从专业角度进行审查判断，以认定当事检察官是否具有违反检察职责的行为，从而既惩戒违反检察职责的检察官，同时也维护检察官的合法权益。

第三，检察官惩戒委员会提出审查意见。即检察官惩戒委员会经审查，提出构成故意违反职责、存在重大过失、存在一般过失或者没有违反职责等审查意见。主要包括四种审查意见：一是，提出检察官构成故意违反职责的审查意见。这里所说的“故意违反职责”，是指检察官故意违反法律及相关规定办理案件的行为，如违反规定应当回避而不回避；故意违反规定采取、变更或者解除强制措施的；故意毁弃、隐匿、伪造证据或者其他诉讼材料的；指使、帮助他人作伪证或者阻止他人作证；故意泄露检察工作秘密；故意违背事实和法律，使无罪的人受到法律追诉等。二是，提出检察官存在重大过失的审查意见。“存在重大过失”，是指检察官因重大过失导致案件结果错误并造成严重后果的行为，如因重大过失，违反法定程序或者证据规则，造成严重后果的；因重大过失，导致被羁押人员脱逃、自伤、自杀或者行凶伤人的等。过失是指因疏忽大意或者过于自信，未达到法律法规对检察官履行职责的基本要求或者未尽到注意义务的情况。所谓“重大过失”是指过失程度比较严重，具体可从违反注意义务的程度和违反义务对于造成错案结果的影响程度两个方面考虑。如严重不负责任，对明显可以注意到的事项或者可以避免发生的事项，未尽到应有的注意义务，未能尽责使之避免发生，同时，该违反注意义务或未尽责的行为对于导致案件错误结果，错误司法行为，他人权益受到侵害等具有直接、重要影响。三是，提出检察官存在一般过失的审查意见。“存在一般过失”，是指检察官因过失，使办理的案件存在一些瑕疵、偏差和错误，但过失程度相对较轻的情况。四是，提出检察官没有违反职责的审查意见。“没有违反职责”，是指检察官不存在故意违反法律法规办理案件，也没有因重大过失导致裁判结果错误并造成后果的行为，不能对检察官予以处罚。

第四，检察官惩戒委员会提出审查意见后，人民检察院依照有关规定作出是否予以惩戒的决定，并给予相应处理。根据本款规定，检察官惩戒委员会提出构成故意违反职责、存在重大过失、存在一般过失或者没有违反职责等审查意见后，人民检察院应当依照有关规定，根据上述四类不同的审查意见，作出是否予以惩戒的决定，对于没有违反职责的，不能予以惩戒；对于存在一般过失、重大过失或者故意违反职责的行为，应当根据其违反职责的严重程度以及造成的后果，并根据有关规定给予相应处理。本法对具体的惩戒措施未作规定，《中华人民共和国公务员法》第六十二条对公务员违纪违法规定的处分种类有警告、记过、记大过、降级、撤职、开除。《最高人民法院、最高人民检察院关于建立法官、检察官惩戒制度的意见（试行）》规定的，对检察官惩戒的种类主要有停职、延期晋升、免职、责令辞职、辞退等。实践中，有的地方检察院规定的惩戒种类包括责令检查、通报批评、延期晋升检察官等级、降低检察官等级、免除检察官职务等。对检察官的具体惩戒措施可以由最高人民检察院商有关部门确定。

本条第二款是关于检察官惩戒委员会组成的规定。

根据本款的规定，检察官惩戒委员会由检察官代表、其他从事法律职业的人员和有关方面代表组成，其中检察官代表不少于半数。

检察官惩戒委员会应当由政治素质高、专业能力强、职业操守好的人员组成，并且应当具有专业性和广泛代表性，既要有经验丰富的检察官代表，也要具有广泛代表性的社会人士代表。根据本款的规定，检察官惩戒委员会的组成人员应当包括以下几类人员：一是，检察官代表，且检察官代表不少于半数。检察官代表不能只从省级人民检察院选择，也要考虑广泛代表性，注意从基层人民检察院、设区的市级人民检察院、专门人民检察院的检察官中挑选，要具有广泛代表性，而且检察官代表的人数不能少于惩戒委员会总人数的一半。这样规定的主要考虑是，惩戒委员会需要认定的事项具有很强的专业性，较多的检察官代表参与审查，更能从检察工作的实际出发，公正作出合乎职业共同体公允准则的判断，从而有利于维护检察官的合法权益。二是，其他从事法律职业的人员。可以包括法官、法学专家、律师等代表。三是，有关方面代表。可以包括人大代表、政协委员、组织部门、监察部门以及其他社会各界代表。

本条第三款是关于检察官惩戒委员会的日常工作机构的规定。

根据本款的规定，最高人民检察院检察官惩戒委员会、省级检察官惩戒委员会的日常工作，由相关人民检察院的内设职能部门承担。这里所说的“日常工作”主要包括受理检察官违反检察职责材料；组织召开审议会议；受理当事检察官不服惩戒决定的申诉以及其他事务性工作。

相关规定

《中华人民共和国检察官法》第47－52条；《中华人民共和国人民检察院组织法》第10条、第13条；《中华人民共和国公务员法》第62条；《保护司法人员依法履行法定职责规定》；《最高人民法院、最高人民检察院关于建立法官、检察官惩戒制度的意见（试行）》

第五十条　检察官惩戒委员会审议惩戒事项时，当事检察官有权申请有关人员回避，有权进行陈述、举证、辩解。

条文主旨

本条规定了当事检察官在检察官惩戒委员会审议惩戒事项时申请回避、进行陈述、举证和辩解的权利。

立法背景

为贯彻中央关于深化司法体制改革的总体部署，完善人民检察院的司法责任制，2016年《最高人民法院、最高人民检察院关于建立法官、检察官惩戒制度的意见（试行）》出台。其中，对检察官惩戒委员会的设立、职责、审查程序、处理权限以及当事检察官在惩戒决定程序中的权利保障等作了详细的规定，具体包括惩戒委员会审议惩戒事项时，有关人民检察院应当向惩戒委员会提供当事检察官涉嫌违反检察职责的事实和证据，并就其违法检察行为和主观过错进行举证；当事检察官有权进行陈述、举证、辩解，当事检察官可以对惩戒委员会的审查意见提出异议等内容。

检察官惩戒委员会的作用在于，一是审查认定检察官是否存在本法第四十七条第四项、第五项规定的违反检察职责的行为，提出构成故意违反职责、存在重大过失、存在一般过失或者没有违反职责等审查意见，为检察院决定是否惩戒检察官提供专业角度的判断；二是保障检察官的合法权利，防止检察官独立公正行使检察权的行为受到不当干扰，避免检察官因正常履职工作受到不正确的评价或者有时难免出现的小的差错而受到不公允的处罚。

由于检察官惩戒委员会的审查意见直接关系到人民检察院作出是否惩戒的决定和对检察官的处理结果，在检察官惩戒委员会审议惩戒事项的制度设计时，一定要注意保障当事检察官的合法权益，做到公平公正。这包括检察官惩戒委员会的组成需合理、当事检察官在检察官惩戒委员会审议惩戒事项中要有充分参与，当事检察官对检察官惩戒委员会作出的审查意见有提出异议的权利等。这些内容在本法第四十九条、本条和第五十一条中都作了明确规定。

条文解读

这里规定的“审议惩戒事项”是指检察官惩戒委员会根据本法第四十九条的规定，从专业角度审查认定检察官是否存在本法第四十七条第四项故意违反法律法规办理案件、第五项因重大过失导致案件错误并造成严重后果的行为，提出构成故意违反职责、存在重大过失、存在一般过失或者没有违反职责等审查意见。这些事项涉及案件事实认定、证据取舍、法律适用等，情况复杂，专业性强，需要收集各方面意见、证据，结合检察业务工作实践、职业习惯、特定背景等，审议起来比较复杂，审查意见的作出必须建立在充分了解有关事实的基础上。检察官惩戒委员会除了根据人民检察院提供的当事检察官违反检察业务职责的事实和证据作出判断外，当事检察官在惩戒事项审议过程中的充分参与也很重要。

本条规定了当事检察官在检察官惩戒委员会审议惩戒事项时的两方面的权利。一是当事检察官有权申请有关人员回避。惩戒委员会需要就有关情况作出判断，提出意见，为了保证惩戒委员会的审议工作能够客观、公正地进行，参与审议的惩戒委员会的人员必须处于客观公正、独立超脱的立场，而不能与涉及审议的事项、涉事的检察官之间有利害关系或其他可能影响作出公正判断的情况。为此，本条对当事检察官申请回避的权利进行了明确规定。这主要是指当事检察官认为检察官惩戒委员会的组成人员与其有利害关系或者与审议的惩戒事项有利害关系，可能影响审查意见的公正性的，可以申请组成人员回避。具体包括组成人员与检察官审理的案件有利害关系，组成人员与检察官个人有利害关系，组成人员的亲属与检察官审理的案件或检察官个人有利害关系等情况。当然，如果惩戒委员会的组成人员发现有上述情况的，就应当自行回避，不参与对当事检察官的审议。对于有利害关系等因素，但未自行回避的，当事检察官自然是依法有权申请其回避。虽然法律中未明确规定，申请回避在惩戒委员会尚未结束审议的任何时间节点，均可提出。至于申请回避的提出程序，提出后如何处理，这些具体的操作问题，本法没有作具体细致规定，但已在本法第五十二条授权由最高人民检察院商有关部门确定。

二是当事检察官有权进行陈述、举证、辩解。凡事兼听则明，检察官惩戒委员会在审议惩戒事项时，除了根据人民检察院提供的有关材料认定事实，提出审查意见外，还必须充分听取当事检察官的意见。当事检察官对与惩戒事项有关的事项可以进行陈述、举证和辩解。

当事检察官陈述的内容包括与惩戒事项有关的所有内容，既包括其有无过错的事实和情节，办理案件中的有关考虑，减轻或排除其过错的有关事实和情节，也包括根据事实和证据情况，对自己应当承担的责任的意见，还包括对自己犯错原因的分析和悔过感受，从轻处理的请求等。

当事检察官进行举证是指当事检察官对与惩戒事项有关的内容提出证据，以证明自己的主张。根据《最高人民法院、最高人民检察院关于建立法官、检察官惩戒制度的意见（试行）》第七条的规定，惩戒委员会审议惩戒事项时，有关人民检察院应当向惩戒委员会提供当事检察官涉嫌违反检察职责的事实和证据，并就其违法检察行为和主观过错进行举证。查清事实情况，证明检察官构成故意违反职责、存在重大过失、存在一般过失或者没有违反职责的举证责任是在人民检察院。但当事检察官对认定的事实和责任有异议的，可以提出自己的证据，以证明自己的主张。

当事检察官进行辩解是指当事检察官对认定自己有责任的事实和责任有异议的，可以为自己进行辩护和解释，认为对事实的认定不合理，对自己的责任认定过重的，都可以提出看法和意见。

需要注意的是，关于本条的执行问题，当事检察官的这些权利如何保障，如当事检察官申请有关人员回避的，向谁提出，如何处理等具体内容，一是可以参照《最高人民法院、最高人民检察院关于建立法官、检察官惩戒制度的意见（试行）》；二是根据本法第五十二条的规定，检察官惩戒委员会惩戒事项的具体程序，由最高人民检察院商有关部门确定。实践中，还需要最高人民检察院通过制定工作程序规定等具体的办法，对本条予以落实。

相关规定

《最高人民法院、最高人民检察院关于建立法官、检察官惩戒制度的意见（试行）》

第五十一条 检察官惩戒委员会作出的审查意见应当送达当事检察官。当事检察官对审查意见有异议的，可以向惩戒委员会提出，惩戒委员会应当对异议及其理由进行审查，作出决定。

条文主旨

本条是关于检察官对检察官惩戒委员会审查意见提出异议和检察官惩戒委员会对异议处理的规定。

立法背景

本法第四十九条、第五十条对检察官惩戒委员会的职责、组成、工作机构和检察官惩戒委员会审议惩戒事项时检察官的权利作了规定。根据第四十九条的规定，检察官惩戒委员会经过审议后，从专业角度对检察官是否存在故意违反法律法规办理案件、因重大过失导致案件错误并造成严重后果等违反检察职责的行为，提出构成故意违反职责、存在重大过失、存在一般过失或者没有违反职责等审查意见。这种审查意见虽然不是对检察官的惩戒处理决定，但却是人民检察院对检察官作出是否予以惩戒、如何惩戒的决定的重要依据，对当事检察官的权益有着实质性的影响。从程序公正的角度，应当赋予当事检察官对检察官惩戒委员会作出的审查意见提出异议、申请救济的程序性权利，以增强检察官惩戒程序的公开性、公正性，保障当事检察官的合法权益。本条对检察官惩戒委员会将审查意见送达当事检察官，当事检察官提出异议和对异议处理的程序作了规定。

本条体现了司法体制改革的重要内容。2017 年检察官法规定了对检察官违法违纪行为给予处分，没有规定检察官惩戒委员会的工作制度。党的十八届三中、四中全会对深化司法体制改革，完善法官、检察官办案责任制作出了决策部署。2015 年 8 月 18 日，中央全面深化改革领导小组第 15 次会议审议通过了《最高人民法院关于完善人民法院司法责任制的若干意见》和《最高人民检察院关于完善人民检察院司法责任制的若干意见》，对人民法院、人民检察院的司法办案组织及运行机制、司法人员的职责权限、司法责任的认定和追究机制等作了规定，提出建立法官惩戒委员会、检察官惩戒委员会，负责对法官、检察官司法责任的认定提出意见。2016 年 7 月 23 日，中央全面深化改革领导小组第 26 次会议审议通过了《最高人民法院、最高人民检察院关于建立法官、检察官惩戒制度的意见（试行)》，对法官、检察官惩戒制度作出了具体安排，规定了法官惩戒委员会、检察官惩戒委员会的设置、工作职责、工作程序、当事法官检察官在惩戒程序中的权利义务等，其中明确了当事法官、检察官对惩戒委员会提出的审查意见提出异议的权利和惩戒委员会对异议的处理机制。2019 年修订检察官法，在规定检察官惩戒委员会设立的基础上，根据司法体制改革文件精神和有关方面的意见，将这方面的改革举措在法律中固定下来。

本条规定注意了与公务员法的衔接。《中华人民共和国公务员法》第六十一条中规定，公务员因违纪违法应当承担纪律责任的，依法给予处分。第六十三条第二款规定，公务员违纪违法的，应当由处分决定机关决定对公务员违纪违法的情况进行调查，并将调查认定的事实以及拟给予处分的依据告知公务员本人。公务员有权进行陈述和申辩，处分决定机关不得因公务员申辩而加重处分。对于法官、检察官追究司法责任时，由惩戒委员会对司法责任认定提出意见，是对法官、检察官给予处分的特别程序。本条规定的检察官提出异议的权利和异议处理机制，与公务员法保障公务员申辩权的精神是一致的。

检察官法修订草案对检察官惩戒委员会的职责、人员组成等作了规定。有的地方、部门和社会公众提出，应进一步明确检察官惩戒委员会的工作程序，规范其运行。立法机关经研究，采纳了这一意见，在草案二审稿中增加有关检察官惩戒委员会工作程序的规定，包括本条有关检察官异议的规定。

条文解读

本条规定可以从三个方面来理解：

一是检察官惩戒委员会作出的审查意见应当送达当事检察官。这是规定了检察官惩戒委员会将作出的审查意见送达当事检察官的义务。这里规定的“审查意见”，是指检察官惩戒委员会按照本法第四十九条和《最高人民法院、最高人民检察院关于建立法官、检察官惩戒制度的意见（试行）》的有关规定，根据人民检察院提供的当事检察官涉嫌违反检察职责的事实和证据，经过审议由全体委员的三分之二以上多数通过的，关于当事检察官构成故意违反职责、存在重大过失、存在一般过失或者没有违反职责等审查意见。这一审查意见应当以书面的形式作出。“送达”是指依法将审查意见送交当事检察官。检察官法对送达方式未作具体规定，检察官惩戒委员会要保证当事检察官收到审查意见。规定检察官惩戒委员会要将审查意见送达当事检察官，是在第五十条规定当事检察官的申请回避、陈述、举证、辩解等权利的基础上，确保当事检察官能够知悉检察官惩戒委员会对其作出的审查意见，保障其知情权、救济权。审查意见送达的具体工作可以由人民检察院有关内设职能部门承担。

二是当事检察官对审查意见有异议的，可以向惩戒委员会提出。根据本法第四十七条和《最高人民法院、最高人民检察院关于建立法官、检察官惩戒制度的意见（试行）》的有关规定，检察官惩戒委员会作出的审查意见是相关人民检察院是否据此作出惩戒决定的重要依据。当事检察官对于检察官惩戒委员会作出的这一对自身权益有重大影响的审查意见不服的，应当有权向检察官惩戒委员会提出异议，请求检察官惩戒委员会重新审查。当事检察官的“异议”，包括对检察官惩戒委员会审查意见事实认定、责任认定等实体问题的异议，也包括对检察官惩戒委员会审议惩戒事项时落实回避制度，保障当事检察官陈述、举证、辩解权利等程序性事项的异议。

三是惩戒委员会应当对当事检察官的异议及其理由进行审查，

作出决定。检察官惩戒委员会收到当事检察官提出的异议后，应当针对异议及其理由，对当事检察官涉嫌违反检察职责的行为重新进行审查，并作出决定。重新审查、作出决定过程中，也要遵守有关审查程序和保障当事检察官合法权益的规定，如充分听取当事检察官的意见，决定需经全体委员三分之二以上多数通过等。考虑到检察官惩戒委员会的决定不是终局性的实体处理决定，而是从专业角度对司法责任认定的意见。本条规定的由检察官惩戒委员会本身进行复议的程序，既保障了当事检察官的救济权利，又维护了检察官惩戒程序的效率。

考虑到从实践的情况来看，检察官惩戒委员会组成和运作的经验还不多，本条对检察官惩戒委员会对当事检察官异议的处理程序作了原则规定。有关程序的具体细节，如当事检察官提出异议、检察官惩戒委员会作出决定的期限等，可以根据本法第五十二条的规定，由最高人民检察院商有关部门根据实际情况作出规定。

相关规定

《中华人民共和国公务员法》第 61 条、第 63 条；《最高人民法院、最高人民检察院关于建立法官、检察官惩戒制度的意见（试行）》

第五十二条　检察官惩戒委员会审议惩戒事项的具体程序，由最高人民检察院商有关部门确定。

条文主旨

本条是关于检察官惩戒委员会审议具体程序的授权规定。

立法背景

本条是 2019 年修订检察官法时新增加的规定。为建立健全司法人员依法履行法定职责保护机制，2016 年 7 月中办、国办印发《保护司法人员依法履行法定职责规定》，其第十四条规定，法官、检察官履行法定职责的行为，非经法官、检察官惩戒委员会审议不受错案责任追究。法官、检察官因违反党纪，审判、检察纪律，治安及刑事法律，应当追究错案责任之外的其他责任的，依照相关规定办理。法官、检察官惩戒委员会审议法官、检察官错案责任案件，应当进行听证。人民法院、人民检察院相关机构应当派员向法官、检察官惩戒委员会通报当事法官、检察官违纪违法事实以及拟处理意见、依据。当事法官、检察官有权陈述、申辩。法官、检察官惩戒委员会根据查明的事实和法律规定，作出无责、免责或者给予惩戒处分的建议。为此，本法第四十七条对检察官违纪违法行为作了列举性规定；第四十九条对检察官惩戒委员会的设立、职责范围、组成人员、工作程序等作了规定；第五十条对检察官有权进行陈述、举证、辩解作了规定；第五十一条对当事检察官对审查意见有异议作了规定。虽然法律作了一些规定，但法律的规定还是比较原则，进一步明确检察官惩戒委员会的工作程序，是规范检察官惩戒工作开展的重要保障。开展检察官惩戒工作，既要加强对检察官违反检察职责行为的监督和责任追究，又要充分保障检察官的合法权利，保护检察官依法履行职责，制定体现司法规律和检察官职业特点的工作规则，科学实施司法责任认定和追究工作，确保检察官惩戒工作程序公正是十分必要的。建立检察官惩戒制度是落实司法责任制的一项重要内容，为了确保检察官惩戒委员会工作的有效开展，本条进一步规定，检察官惩戒委员会审议惩戒事项的具体程序由最高人民检察院商有关部门确定，也就是授权最高人民检察院商有关部门制定配套规定。

条文解读

《最高人民法院、最高人民检察院关于建立法官、检察官惩戒制度的意见（试行）》对检察官惩戒委员会的工作程序作了规定，如明确惩戒委员会履行的职责是：制定和修订惩戒委员会章程；根据人民检察院调查的情况，依照程序审查认定检察官是否违反检察职责，提出构成故意违反职责、存在重大过失、存在一般过失或者没有违反职责的意见；受理检察官对审查意见的异议申请，作出决定；审议决定检察官惩戒工作的其他相关事项。再如，规定惩戒委员会审议惩戒事项时，有关人民检察院应当向惩戒委员会提供当事检察官涉嫌违反检察职责的事实和证据，并就其违法行为和主观过错进行举证；当事检察官有权进行陈述、举证、辩解；惩戒委员会经过审议，应当根据查明的事实、情节和相关规定，经全体委员的三分之二以上的多数通过，对当事检察官构成故意违反职责、存在重大过失、存在一般过失或者没有违反职责提出审查意见。再如规定当事检察官或者有关人民检察院对审查意见有异议的，可以向检察官惩戒委员会提出；检察官惩戒委员会应当对异议及其理由进行审查，作出决定，并回复当事检察官或者有关人民检察院。当事检察官对惩戒决定不服的，可以向作出决定的人民检察院申请复议，并有权向上一级人民检察院申诉。但上述规定还是比较原则，实践中，虽然多数省、自治区、直辖市已经设立检察官惩戒委员会，但各地尚未实质开展检察官惩戒工作，原因之一是检察官惩戒程序性规定仍不完善，检察官惩戒工作实际运行受到影响。因此，迫切需要建立细化的、具有可操作性的检察官惩戒程序性规定，指导、规范各地依法推进检察官惩戒工作。

为了保证检察官惩戒委员会有效开展工作，依法维护检察官合法权益，本条规定，检察官惩戒委员会审议惩戒事项的具体程序由最高人民检察院商有关部门确定。这里所说的“审议惩戒事项的具体程序”，包括惩戒委员会的设置、运行，对惩戒事项的调查程序，惩戒委员会的听证和审议程序，人民检察院作出惩戒决定程序以及复议、申诉和救济程序等。根据人民检察院组织法规定，最高人民检察院是最高检察机关，领导地方各级人民检察院和专门人民检察院的工作。因此，法律规定由最高人民检察院牵头确定检察官惩戒委员会审议惩戒事项的具体程序。同时，检察官惩戒委员会的组成不仅包括检察官，还包括具有广泛代表性的社会其他方面代表。检察官惩戒委员会开展工作必须公开、公正，因此，法律规定最高人民检察院商有关部门确定，即最高人民检察院在制定相关配套规定时，应当根据具体的内容与有关部门沟通协商。

相关规定

《中华人民共和国检察官法》第49－51条；《中华人民共和国人民检察院组织法》第10条、第18条；《保护司法人员依法履行法定职责规定》；《最高人民法院、最高人民检察院关于建立法官、检察官惩戒制度的意见（试行）》

第七章　检察官的职业保障

第五十三条　人民检察院设立检察官权益保障委员会，维护检察官合法权益，保障检察官依法履行职责。

条文主旨

本条是关于检察官权益保障委员会及其职责的规定。

立法背景

本条是2019年修订检察官法增加的规定，2017年检察官法未规定检察官权益保障委员会。本轮司法体制改革中的重要任务是建立司法责任制，为保障司法责任制的落实，需要加强和健全司法人员依法履行法定职责保护机制。2019年检察官法修订，为切实维护检察官合法权益，保障检察官依法履行职责，在总结实践经验和做法的基础上，根据各方面意见，在法律中明确规定，人民检察院设立检察官权益保障委员会。这一规定为检察官权益保障委员会的设立和依法开展工作提供了法律依据。

检察官法修订草案一次审议稿第五十八条规定，人民检察院设立检察官权益保障委员会，保障检察官依法履行职责。2017 年 12 月，第十二届全国人大常委会第三十一次会议对检察官法修订草案进行初次审议中，有的常委委员提出，设立检察官权益保障委员会的目的，除要保障检察官依法履行职责外，也应明确对检察官合法权益的维护，建议增加有关规定。检察官法修订草案二次审议稿中采纳了上述意见，在保障检察官依法履行职责后，增加了维护检察官合法权益的内容。

2018 年 12 月，第十三届全国人大常委会第七次会议对检察官法修订草案进行二次审议中，有的常委委员提出，设立检察官权益保障委员会的初衷是维护检察官合法权益，而维护检察官合法权益最终是为了保障检察官依法履职，建议在文字顺序上进行调整。检察官法修订草案三次审议稿中采纳了上述意见，形成本条现在的规定，即人民检察院设立检察官权益保障委员会，维护检察官合法权益，保障检察官依法履行职责。

条文解读

本条规定，人民检察院设立检察官权益保障委员会。这里的“人民检察院”应与人民检察院组织法中对人民检察院的定义和设置的规定相一致。《中华人民共和国人民检察院组织法》第十二条规定：“人民检察院分为：（一）最高人民检察院；（二）地方各级人民检察院；（三）军事检察院等专门人民检察院。”第十三条规定：“地方各级人民检察院分为：（一）省级人民检察院，包括省、自治区、直辖市人民检察院；（二）设区的市级人民检察院，包括省、自治区辖市人民检察院，自治州人民检察院，省、自治区、直辖市人民检察院分院；（三）基层人民检察院，包括县、自治县、不设区的市、市辖区人民检察院。”第十四条规定：“在新疆生产建设兵团设立的人民检察院的组织、案件管辖范围和检察官任免，依照全国人民代表大会常务委员会的有关规定。”第十五条规定：“专门人民检察院的设置、组织、职权和检察官任免，由全国人民代表大会常务委员会规定。”第十六条规定：“省级人民检察院和设区的市级人民检察院根据检察工作需要，经最高人民检察院和省级有关部门同意，并提请本级人民代表大会常务委员会批准，可以在辖区内特定区域设立人民检察院，作为派出机构。”本条所指的人民检察院应包括最高人民检察院、地方各级人民检察院、由省级人民检察院和设区的市级人民检察院依法设立作为派出机构的人民检察院、专门人民检察院和新疆生产建设兵团设立的人民检察院。上述人民检察院都应设立检察官权益保障委员会。

根据本条的规定，检察官权益保障委员会的设立，是为了维护检察官合法权益，保障检察官依法履行职责。检察官权益保障委员会的设立、职责、运行程序等内容本法未作具体规定，各级人民检察院应在完善检察官依法履职、维护检察官及其近亲属人身财产安全、及时提供救助等方面，通过检察官权益保障委员会发挥积极作用，使检察官权益保障委员设立真正发挥作用。各级人民检察院可以根据检察官法的规定，结合本院实际情况，出台相关制度和规定加以落实。

第五十四条 **除下列情形外，不得将检察官调离检察业务岗位：**

（一）按规定需要任职回避的；

（二）按规定实行任职交流的；

（三）因机构调整、撤销、合并或者缩减编制员额需要调整工作的；

（四）因违纪违法不适合在检察业务岗位工作的；

（五）法律规定的其他情形。

条文主旨

本条是关于非因法定情形，不得将检察官调离检察业务岗位的规定。

立法背景

本条是2019年修订检察官法新增的检察官职业保障方面的有关内容。为保障检察官依法独立公正履行法定职责，排除不当干扰，消除后顾之忧，2019年检察官法修订强化了检察官职业保障的内容，对检察官职业保障作了专章规定。非因法定原因，不得将检察官调离检察业务岗位的内容在2016年中共中央办公厅、国务院办公厅印发的《保护司法人员依法履行法定职责规定》中即有规定。该文件是为了贯彻落实党的十八届四中全会《中共中央关于全面推进依法治国若干重大问题的决定》的有关要求，建立健全司法人员依法履行法定职责保护机制而出台的。为保障检察官独立公正履行法定职责，排除不当干扰，在办理案件时不用顾虑职位难保，保障不听“招呼”的检察官不被随意调离，决定专门对调离检察官的情形作了明确规定。《保护司法人员依法履行法定职责规定》第五条规定：“只有具备下列情形之一的，方可将检察官调离：（一）按规定需要任职回避的；（二）因干部培养需要，按规定实行干部交流的；（三）因机构调整或者缩减编制员额需要调整工作的；（四）受到免职、降级等处分，不适合在司法办案岗位工作的；（五）违反法律、党纪处分条例和检察纪律规定，不适合在司法办案岗位工作的其他情形。”

从实践中的情况看，检察官因坚持原则，依法办案，触动一些组织、个人利益等原因而被打击报复、调离岗位甚至被免职、降职的情况时有发生，这种严重破坏法治原则、损害司法权威的恶劣行径无疑会对检察官独立公正行使检察权造成负面影响，该规定的出台受到了广大检察官及社会各方面的关注和支持，实践中也起到了良好的社会效果。根据各方面的意见，2019年检察官法修改总结实践经验和改革成果，对非因法定事由不得将检察官调离检察业务岗位作了规定，并明确列举了将检察官调离检察业务岗位的情形。

条文解读

非因法定事由、非经法定程序，不被调离，是本法第十一条规定的检察官权利之一，本条也是第十一条规定的检察官权利的细化。根据本条规定，可以将检察官调离检察业务岗位的情形有以下五种：

一是按规定需要任职回避的。本法第二十四条、第二十五条规定了检察官任职回避的内容，具体是指第二十四条的有夫妻关系、直系血亲关系、三代以内旁系血亲以及近姻亲关系的一定职务的检察官，不得在同一检察院、同一业务部门或者上下相邻两级人民检察院同时任职的规定；第二十五条的检察官的配偶、父母、子女担任该检察官所任职人民检察院辖区内律师事务所的合伙人或者设立人，在该检察官所任职人民检察院辖区内以律师身份担任诉讼代理人、辩护人或者为诉讼案件当事人提供其他有偿法律服务的，检察官应当实行任职回避的规定。任职回避实际上是为了保障检察官客观公正行使职权，而对检察官任职设定的一种限制，对于有法律规定的需要任职回避的情形的，检察官就需要实行任职回避，调离检察业务岗位，或者通过法定的程序，到不发生任职回避情形的人民检察院担任检察官职务。

二是按规定实行任职交流的。实行任职交流是提升检察官队伍司法能力，提高检察官队伍综合素质的重要途径，按规定实行任职交流，需要调离检察业务岗位的，可以将检察官调离检察业务岗位。实践中，要注意任职交流要依照有关规定进行，不能因其他非正当目的，以任职交流为名，将检察官调离检察业务岗位，使检察官“被交流”。

三是因机构调整、撤销、合并或者缩减编制员额需要调整工作的。一种情形是，根据国家机构调整和司法体制改革的工作要求，检察院的机构会出现调整、撤销、合并的情况，检察官的职数可能会发生相应变化；另一种情形是，根据本法第二十六条的规定，检察官实行员额制管理，检察官员额在省、自治区、直辖市内实行总量控制、动态管理，优先考虑基层人民检察院和案件数量多的人民检察院办案需要。检察官所在检察院的员额数量有可能会因案件量的降低等原因而减少。这两种情形都会需要将一部分检察官调离检察业务岗位。本项规定的核心精神是，这些情形都是检察官所任职检察院本身出现的总体性、结构性的变化，而不是有目的地针对具体、特定的对象的职务调整，因而属于正当的职务调整。

四是因违纪违法不适合在检察业务岗位工作的。检察官的违纪违法行为给检察院的司法公信力带来了严重危害，对于检察官的违纪违法行为，有关法律和文件等都明确规定了相应后果，对不适合在检察业务岗位工作的，可以将检察官调离检察业务岗位。如根据本法四十七条的规定，检察官有贪污受贿、徇私枉法、刑讯逼供，隐瞒、伪造、变造、故意损毁证据、案件材料，泄露国家秘密、检察工作秘密、商业秘密或者个人隐私，故意违反法律法规办理案件等行为的，应当对检察官给予处分。处分的内容根据情况可以包括撤职、开除等，在撤职、开除前可以先将其调离检察业务岗位。

五是法律规定的其他情形。这一项是兜底性规定，是指法律规定的可以将检察官调离检察业务岗位的其他情形。如根据本法第二十条的规定，检察官因健康原因长期不能履行检察官职务的，可以先将其调离检察业务岗位，再依照法定程序提请免除其检察官职务等。对这一兜底性规定的理解必须非常严格，不能随意作过于宽泛解释。具体可以把以下握两点：一是必须是相关法律中有规定，二是与前面几项情形在性质、必要性等方面具有相当性。

在该条的理解适用中，还需要注意以下几个方面的问题：

第一，这里的“调离检察业务岗位”是指调到不再从事检察业务的岗位。根据组织人事安排和工作需要，将检察官从一个业务岗位调到另一个业务岗位，属于检察业务岗位的调整，而非调离检察业务岗位。对实践中存在的将检察官正在办理的案件交由其他检察官负责的情形，这其中情况很复杂，有的是因回避等法定原因，有的是案件管理的需要，也有的是对检察官办理案件的干预，具体由检察官管理的有关规定予以规范。

第二，检察官调离检察业务岗位，可能会引起检察官职务的免除。根据本法第二十条的规定，检察官职务变动不需要保留检察官职务的，检察官因违纪违法不宜继续任职的，检察官调出本检察院的，应当依法提请免除其检察官职务。检察官调离检察业务岗位后，符合本法第二十条规定的情形的，应当依法提请免除其检察官职务。

相关规定

《保护司法人员依法履行法定职责规定》；《检察人员执法过错责任追究条例》

第五十五条　任何单位或者个人不得要求检察官从事超出法定职责范围的事务。

对任何干涉检察官办理案件的行为，检察官有权拒绝并予以全面如实记录和报告；有违纪违法情形的，由有关机关根据情节轻重追究有关责任人员、行为人的责任。

条文主旨

本条是关于禁止干涉司法活动的规定。

立法背景

本条是检察官法2019年修订时新增加的规定。本条是《中华人民共和国宪法》第一百三十六条“人民检察院依照法律规定独立行使检察权，不受行政机关、社会团体和个人的干涉”的延伸和细化，也是本法第一条保障人民检察院依法独立行使检察权的法律保障。2014年10月23日，党的十八届四中全会通过的《中共中央关于全面推进依法治国若干重大问题的决定》提出，完善确保依法独立公正行使审判权和检察权的制度。各级党政机关和领导干部要支持法院、检察院依法独立公正行使职权。建立领导干部干预司法活动、插手具体案件处理的记录、通报和责任追究制度。任何党政机关和领导干部都不得让司法机关做违反法定职责、有碍司法公正的事情，任何司法机关都不得执行党政机关和领导干部违法干预司法活动的要求。对干预司法机关办案的，给予党纪政纪处分；造成冤假错案或者其他严重后果的，依法追究刑事责任。2015 年 3 月，中央办公厅、国务院办公厅印发了《领导干部干预司法活动、插手具体案件处理的记录、通报和责任追究规定》，中央政法委员会印发了《司法机关内部人员过问案件的记录和责任追究规定》，为司法机关依法独立、公正行使职权提供了制度支持。2016 年 7 月 28 日，中央办公厅、国务院办公厅印发了《保护司法人员依法履行法定职责规定》，明确要求建立健全司法人员依法履行法定职责保护机制。上述规定建立了对领导干部干预司法活动、插手具体案件处理和司法机关内部人员过问案件的记录制度、通报制度、责任追究制度。本法和人民检察院组织法将上述规定的要求上升为法律，为依法处置非法干预司法活动的行为提供了法律依据。

条文解读

本条共分两款。第一款是关于不得要求检察官超出法定职责范围的事务的规定。

维护检察官合法权益，保障人民检察院依法独立行使检察权，保障检察官依法履行职责，保障司法公正，是本法立法的重要目的和宗旨。禁止干涉司法活动是这一立法目的的制度保障。

保障人民检察院依法独立行使检察权，保障检察官依法履行职责，除检察官严格依照法定职权、遵循法定程序，依法履行职责外，还要防止来自人民检察院外部和内部的违法干涉司法活动的行为，本条关于任何单位或者个人不得要求检察官从事超出法定职责范围的事务，进一步完善了保护司法人员依法履行法定职责的法律依据，有利于确保人民检察院依法独立公正行使检察权。

检察官的职责是依法履行国家检察职责。从实践看，要求检察官从事超出法定职责范围的事务通常包括：安排检察官从事招商引资、行政执法、治安巡逻、交通疏导、卫生整治、行风评议等事务，对此类情形人民检察院应当拒绝，并不得以任何名义安排检察官从事上述活动。此外，从实践看，要求检察官从事超出法定职责范围的事务还包括要求检察官参与地方招商、联合执法，提前介入土地征收、房屋拆迁等具体行政管理活动，参加地方牵头组织的各类“拆迁领导小组”“项目指挥部”等临时机构。

本条第二款是关于干涉检察官办理案件的行为处理及责任追究的规定。《中华人民共和国人民检察院组织法》第四十七条第二款规定，对于领导干部等干预司法活动、插手具体案件处理，或者人民检察院内部人员过问案件情况的，办案人员应当全面如实记录并报告；有违法违纪情形的，由有关机关根据情节轻重追究行为人的责任。本条的规定与人民检察院组织法的上述规定在精神上是一致的。本法与人民检察院组织法的规定有两个方面不同：一是，对干涉检察官办理案件，本法规定的检察官的权利是，“检察官有权拒绝并予以全面如实记录和报告”，人民检察院组织法规定的是，“办案人员应当全面如实记录并报告”。从实践情况看，能够过问和插手案件的，多数都是领导干部，甚至是对办案检察官有领导关系的领导干部，“办案人员应当全面如实记录”没有问题，但让其报告，在执行中可能难以做到，也不利于问题的发现。因此本法规定的是授权检察官“有权拒绝并予以全面如实记录和报告”。二是，追究的责任人员的范围。人民检察院组织法规定的是“由有关机关根据情节轻重追究行为人的责任”，本条规定的是“由有关机关根据情节轻重追究有关责任人员、行为人的责任”，增加了对有关责任人员的规定，这里主要针对的是对单位实施的干涉检察官办案情况的责任追究。

本款规定包括两个方面的内容：一是，对任何干涉检察官办理案件的行为，检察官有权拒绝并予以全面如实记录和报告。干涉检察官办理案件的行为，通常表现为领导干部等干预司法活动、插手具体案件处理，或者人民检察院内部人员过问案件情况。第一，领导干部等干预司法活动、插手具体案件的情况。根据《领导干部干预司法活动、插手具体案件处理的记录、通报和责任追究规定》，这里的领导干部，包括在各级党的机关、人大机关、行政机关、政协机关、审判机关、检察机关、军事机关以及公司、企业、事业单位、社会团体中具有国家工作人员身份的领导干部。除领导干部外，实践中还有其他人或者组织干预司法活动，也属于本条规定范围。根据该规定，领导干部有下列行为之一的，属于违法干预司法活动，党委政法委按程序报经批准后予以通报，必要时可以向社会公开：(1) 在线索核查、立案、侦查、审查起诉、审判、执行等环节为案件当事人请托说情的；(2) 要求办案人员或办案单位负责人私下会见案件当事人或其辩护人、诉讼代理人、近亲属以及其他与案件有利害关系的人的；(3) 授意、纵容身边工作人员或者亲属为案件当事人请托说情的；(4) 为了地方利益或者部门利益，以听取汇报、开协调会、发文件等形式，超越职权对案件处理提出倾向性意见或者具体要求的；(5) 其他违法干预司法活动、妨碍司法公正的行为。第二，人民检察院内部人员过问案件情况的情况。这里的人民检察院内部人员，主要是指在人民检察院工作的各类人员，包括检察官、检察辅助人员和司法行政人员等。人民检察院离退休人员违反规定干预办案的，也适用本条。根据《司法机关内部人员过问案件的记录和责任追究规定》，人民检察院内部人员有下列过问案件情况行为之一的，属于违反规定干预办案，负有干部管理权限的司法机关按程序报经批准后予以通报，必要时可以向社会公开：(1) 在线索核查、立案、侦查、审查起诉、审判、执行等环节为案件当事人请托说情的；(2) 邀请办案人员私下会见案件当事人或其辩护人、诉讼代理人、近亲属以及其他与案件有利害关系的人的；(3) 违反规定为案件当事人或其辩护人、诉讼代理人、亲属转递涉案材料的；(4) 违反规定为案件当事人或其辩护人、诉讼代理人、亲属打探案情、通风报信的；(5) 其他影响司法人员依法公正处理案件的行为。二是，对违纪违法的情形，由有关机关根据情节轻重追究有关责任人员、行为人的责任。领导干部有违法干预司法活动行为，造成后果或者恶劣影响的，按照《领导干部干预司法活动、插手具体案件处理的记录、通报和责任追究规定》规定，依照《中国共产党纪律处分条例》《行政机关公务员处分条例》《检察人员纪律处分条例（试行)》等规定给予纪律处分；造成冤假错案或者其他严重后果，构成犯罪的，依法追究刑事责任。领导干部对司法人员进行打击报复的，依照《中国共产党纪律处分条例》《行政机关公务员处分条例》《检察人员纪律处分条例（试行)》等规定给予纪律处分；构成犯罪的，依法追究刑事责任。对人民检察院内部人员有过问案件情况行为，根据《司法机关内部人员过问案件的记录和责任追究规定》，构成违纪的，依照《中国共产党纪律处分条例》《检察人员纪律处分条例（试行)》等规定给予纪律处分；构成犯罪的，依法追究刑事责任。根据该规定，办案人员不记录或者不如实记录司法机关内部人员过问案件情况的，予以警告、通报批评；两次以上不记录或者不如实记录的，依照《中国共产党纪律处分条例》《检察人员纪律处分条例（试行)》等规定给予纪律处分。主管领导授意不记录或者不如实记录的，依法依纪追究主管领导责任。需要注意的是，《领导干部干预司法活动、插手具体案件处理的记录、通报和责任追究规定》《司法机关内部人员过问案件的记录和责任追究规定》均发布于 2015 年，2018 年 3 月，第十三届全国人民代表大会第一次会议通过了监察法，对于以上干涉案件的行为，有违反监察法情形的，还应依法予以政务处分。

需要注意的是，依照法律实施的监督行为，对司法工作负有领导职责的机关，因履行职责需要，可以依照工作程序了解案件情况，组织研究司法政策，统筹协调依法处理工作，督促司法机关依法履行职责，为司法机关创造公正司法的环境，但不得对案件的证据采信、事实认定、司法裁判等作出具体决定。另外，根据本法及《人民检察院组织法》等的规定，人民检察院的检察长、检察委员会委员等因履行法定职责需要，向办案人员了解正在办理的案件有关情况的，应当依照法定程序或者工作程序进行，不属于本条的干涉检察官办理案件的行为。

相关规定

《中共中央关于全面推进依法治国若干重大问题的决定》；《领导干部干预司法活动、插手具体案件处理的记录、通报和责任追究规定》；《司法机关内部人员过问案件的记录和责任追究规定》；《保护司法人员依法履行法定职责规定》

第五十六条　检察官的职业尊严和人身安全受法律保护。

任何单位和个人不得对检察官及其近亲属打击报复。

对检察官及其近亲属实施报复陷害、侮辱诽谤、暴力侵害、威胁恐吓、滋事骚扰等违法犯罪行为的，应当依法从严惩治。

条文主旨

本条是关于检察官的职业尊严和人身安全保护的规定。

立法背景

本条是2019年修订检察官法时新增加的规定。检察官是依法行使国家检察权的检察人员，是社会公平正义的维护者，检察官依法履行职责，受法律保护。检察官依法行使国家检察权，或多或少都会触及案件相关人员的利害关系，一些人甚至因此迁怒于检察官等司法工作人员。近年来，实践中曾经发生检察官等司法工作人员因为办理案件被伤害甚至杀害的案件；也有个别当事人为了获得有利于己的案件处理结果，对检察官采取损害尊严、人格、人身安全的行为。为了维护检察官的合法权益，保障检察官依法履职，检察官法对保护检察官的职业尊严和人身安全作了专门规定。

本条规定体现了司法体制改革的重要内容。《保护司法人员依法履行法定职责的规定》第十七条规定，对干扰阻碍司法活动，威胁、报复陷害、侮辱诽谤、暴力伤害司法人员及其近亲属的行为，应当依法从严惩处。对以恐吓威胁、滋事骚扰、跟踪尾随、攻击辱骂、损毁财物及其他方式妨害司法人员及其近亲属人身自由和正常生活的，公安机关接警后应当快速出警、有效制止；对正在实施违法犯罪行为的，应当依法果断处置、从严惩处。对实施暴力行为危害司法人员及其近亲属人身安全的精神病人，在人民检察院决定强制医疗之前，经县级以上公安机关负责人批准，公安机关可以采取临时保护性约束措施，必要时可以将其送精神病医院接受治疗。

条文解读

本条共分三款。本条第一款是关于检察官的职业尊严和人身安全受法律保护的规定。本法第十一条中规定，检察官依法享有人身、财产和住所安全受法律保护的权利；第六条中规定，检察官依法履行职责，受法律保护。本条规定是对上述规定内容的进一步落实和具体化。根据本法第二条的规定，检察官是依法行使国家检察权的检察人员，检察官是受人尊敬的职业，享有职业尊严、荣誉感。“人身安全”，是指检察官的人身不受非法侵犯。

根据本款的规定，检察官的职业尊严和人身安全受法律保护。这样规定主要是为了保障检察官的人身免受非法侵犯，保护检察官不因依法履职受到不法伤害。在履职过程中，检察官可能受到当事人等相关人员的侮辱、诽谤、谩骂、威胁、恐吓、滋事骚扰、跟踪尾随、殴打，偷窥、偷拍、窃听、散布隐私等侵犯，住所受非法侵入、损坏、滋扰等侵犯。从行为方式上看，有的是当面实施，有的是电话或者邮件滋扰、侮辱等。对于实践中常见的侵害检察官合法权益的行为，本条第三款有更具体的规定。对于此类因为履行法定职责或法律义务而面临安全危险的保护措施，其他法律也有相应规定。例如，《中华人民共和国刑事诉讼法》第六十四条规定：“对于危害国家安全犯罪、恐怖活动犯罪、黑社会性质的组织犯罪、毒品犯罪等案件，证人、鉴定人、被害人因在诉讼中作证，本人或者其近亲属的人身安全面临危险的，人民检察院、人民检察院和公安机关应当采取以下一项或者多项保护措施：（一）不公开真实姓名、住址和工作单位等个人信息；（二）采取不暴露外貌、真实声音等出庭作证措施；（三）禁止特定的人员接触证人、鉴定人、被害人及其近亲属；（四）对人身和住宅采取专门性保护措施；（五）其他必要的保护措施。证人、鉴定人、被害人认为因在诉讼中作证，本人或者其近亲属的人身安全面临危险的，可以向人民检察院、人民检察院、公安机关请求予以保护。人民检察院、人民检察院、公安机关依法采取保护措施，有关单位和个人应当配合。”又如，根据《中华人民共和国反恐怖主义法》第七十六条的规定，因报告和制止恐怖活动，在恐怖活动犯罪案件中作证，或者从事反恐怖主义工作，本人或者其近亲属的人身安全面临危险的，经本人或者其近亲属提出申请，公安机关、有关部门应当采取下列一项或者多项保护措施，其中也包括对人身和住宅采取专门性保护措施的内容。公安机关、有关部门应当依照规定，采取不公开被保护单位的真实名称、地址，禁止特定的人接近被保护单位，对被保护单位办公、经营场所采取专门性保护措施，以及其他必要的保护措施。相对于刑事诉讼法、反恐怖主义法的规定，本条对检察官职业尊严和人身安全予以保护的内容只是做了原则规定，实践中可以根据具体情况，由相关部门采取禁止特定人员接触检察官，对检察官的人身、住所采取专门保护措施等方式。

本条第二款规定，任何单位和个人不得对检察官及其近亲属打击报复。第一款中规定的“检察官的职业尊严和人身安全受法律保护”是从正面对检察官履职保障、法律保护的规定，“任何单位和个人不得对检察官及其近亲属打击报复”则是从为其他单位和个人设定义务的方式对检察官的履职保障、法律保护作出了规定。根据本款的规定，任何单位和个人不得对检察官及其近亲属打击报复，义务主体是任何单位和个人，义务的内容是不得打击报复，保护的对象除检察官外，还包括其近亲属。对于近亲属的范围，不同的法律、规定有不同的范围，如《中华人民共和国刑事诉讼法》第一百零八条第六项规定，刑事诉讼法中的“近亲属”是指夫、妻、父、母、子、女、同胞兄弟姊妹。《最高人民法院关于贯彻执行〈中华人民共和国民法通则〉若干问题的意见（试行)》将民法通则中规定的近亲属，解释为包括配偶、父母、子女、兄弟姐妹、祖父母、外祖父母、孙子女、外孙子女。这里的不得“打击报复”只是一个原则的规定。对检察官及其近亲属的打击报复一般是指相关人员通过利用职权或者其他手段对检察官及其近亲属进行打击、报复、陷害，侵犯其人身、民主权利的行为。具体方式多种多样，如以暴力、威胁或者非法限制人身自由的方式侵犯检察官或者近亲属的人身安全的；非法占有或者损毁检察官或者其近亲属的财产的；栽赃陷害检察官或者其近亲属的；对检察官或者其近亲属进行侮辱、诽谤甚至威胁、殴打的；违反规定解聘、辞退或者开除检察官或者其近亲属的；克扣或者变相克扣检察官或者其近亲属的工资、奖金或者其他福利待遇的；对检察官或者其近亲属无故给予党纪、政纪、政务处分或者违反规定加重处分的；在职务晋升、岗位安排、评级考核等方面对检察官或者其近亲属进行刁难、压制的；对检察官或者其近亲属提出的合理申请应当批准而不予批准或者故意拖延的；等等。既可能涉及职务级别调整，也可能涉及福利待遇，极端的还可能涉及人身伤害；既包括直接侵犯人身财产的显性打击报复，可能更多地表现为利用职权进行的变相打击的隐性报复。

本条第三款是对检察官及其近亲属实施报复陷害、侮辱诽谤、暴力侵害、威胁恐吓、滋事骚扰等违法行为的，应当依法从严惩治的规定。本款保护的对象包括检察官及其近亲属。实施上述违法犯罪行为的主体既包括个人，也包括单位。行为人实施上述行为的，根据具体情况需要承担相应的民事责任、行政责任、刑事责任。

具体而言：一是，刑事责任。（1）报复陷害的刑事责任。《中华人民共和国刑法》第二百五十四条规定了报复陷害罪，国家机关工作人员滥用职权、假公济私，对控告人、申诉人、批评人、举报人实行报复陷害的，处二年以下有期徒刑或者拘役；情节严重的，处二年以上七年以下有期徒刑。《中华人民共和国刑法》第二百五十四条规定的打击报复的方式主要是“滥用职权、假公济私”，目的是“报复陷害”。滥用职权是指国家机关工作人员违背职责而行使职权。假公济私是指国家机关工作人员以工作为名，为徇私情或者实现个人目的而利用职务上的便利。报复陷害主要是指利用手中的权力，以种种借口进行政治上或者经济上的迫害，如降职、降级、调离岗位、经济处罚、开除公职、捏造事实诬陷其经济、生活作风上有问题等。报复陷害的行为，必须采取滥用职权或者假公济私的方法。如果行为人进行报复陷害与滥用职权、假公济私没有联系，则不构成本罪。

此外，根据其行为的具体表现，报复陷害行为还可能构成《中华人民共和国刑法》第二百四十三条诬告陷害罪，即捏造事实诬告陷害他人，意图使他人受刑事追究，情节严重的行为，根据刑法规定可以处三年以下有期徒刑、拘役或者管制；造成严重后果的，处三年以上十年以下有期徒刑。国家机关工作人员犯该罪的，从重处罚。《中华人民共和国宪法》第三十八条规定，中华人民共和国公民的人格尊严不受侵犯。禁止用任何方法对公民进行侮辱、诽谤和诬告陷害。对于诬告陷害，情节严重的，可以追究其诬告陷害罪的刑事责任。需要注意的是，构成诬告陷害罪的诬告陷害他人，首先，必须以使他人受刑事追究为目的，如果不以使他人受刑事追究为目的而捏造事实诬告的，如以败坏他人名誉、阻止他人得到某种奖励或者晋升等为目的而诬告他人有违法或不道德行为的，则不构成本罪。其次，捏造的事实必须是他人的犯罪事实，如果捏造的事实不足以使他人受到刑事追究的，则不构成本罪。再次，不仅捏造了他人的犯罪事实，而且将捏造的犯罪事实向有关机关进行了告发。最后，诬告陷害情节严重的才能追究刑事责任。这里所说的“情节严重”，主要是指捏造的犯罪事实情节严重、诬陷手段恶劣、严重影响了司法机关的正常工作、社会影响恶劣等。只要诬告陷害的行为符合以上条件，本罪就成立。对于造成严重后果，予以更重的处罚，主要是指被害人被错误地追究了刑事责任，或者使被诬陷人的人身权利、民主权利、财产权利等受到重大损害，或者使司法机关的正常工作遭受特别重大的损害。检察官因为履行检察职责，其本人或者近亲属被诬告陷害的，可追究相关人员诬告陷害罪的刑事责任。

（2）侮辱诽谤的刑事责任。侮辱、诽谤属于两种行为，侮辱诽谤检察官，情节严重的，可能构成侮辱罪、诽谤罪，以及《中华人民共和国刑法》第三百零九条规定的扰乱法庭秩序罪。《中华人民共和国宪法》第三十八条规定，中华人民共和国公民的人格尊严不受侵犯。禁止用任何方法对公民进行侮辱、诽谤和诬告陷害。1979年《中华人民共和国刑法》第一百四十五条规定了侮辱罪和诽谤罪，1997年刑法对侮辱罪和诽谤罪分别予以规定：“以暴力或者其他方法公然侮辱他人或者捏造事实诽谤他人，情节严重的，处三年以下有期徒刑、拘役、管制或者剥夺政治权利。”“前款罪，告诉的才处理，但是严重危害社会秩序和国家利益的除外。”2015年8月，《刑法修正案（九）》增加了第三款，规定：“通过信息网络实施第一款规定的行为，被害人向人民检察院告诉，但提供证据确有困难的，人民检察院可以要求公安机关提供协助。”侮辱罪、诽谤罪侵犯的客体是他人的人格尊严和名誉权，人格尊严和名誉权是宪法规定的公民基本的人身权利。检察官作为中华人民共和国公民，也享有这些基本权利。侵犯其人格尊严和名誉权的，可能承担的刑事责任是侮辱罪、诽谤罪。所谓人格尊严，是指公民基于自己所处的社会环境、地位、声望等客观条件而对自己或他人的人格价值和社会价值的认识和尊重。所谓名誉，是指公民在社会生活中所获得的名望声誉，是一个人的品德、才干、信誉等在社会生活中所获得社会评价。所谓名誉权，是指以名誉的维护和安全为内容的人格权。侮辱罪、诽谤罪的犯罪对象只能是自然人，侮辱、诽谤法人以及其他团体、组织等单位，不构成侮辱罪和诽谤罪。在客观表现方面，侮辱罪和诽谤罪有所不同。侮辱罪客观方面主要表现为以暴力或其他方法公然贬损他人人格、破坏他人声誉，情节严重的行为。这里所说的侮辱行为，可以是暴力，也可以是暴力以外的其他方法。所谓暴力，是指以强制方法来损害他人人格和名誉，如强迫他人“戴高帽”游行、当众剥光他人衣服、以粪便泼人、强迫他人作出有辱人格的动作等。这里的暴力，其目的不是损害他人的身体健康，如果在实施暴力侮辱的过程中造成他人死亡或者伤害后果的，可能同时构成故意杀人罪或者故意伤害罪。所谓其他方法，是指以语言、文字等暴力以外的方法侮辱他人，语言侮辱如当众用恶毒刻薄的语言对被害人进行嘲笑、辱骂，使其当众出丑，散布被害人的生活隐私、生理缺陷等，文字侮辱如贴传单、漫画、书刊或者其他公开的文字等方式诋毁他人人格、侮辱他人。值得注意的是，随着信息网络的普及和发展，利用互联网侮辱、诽谤他人的行为也不断增多，如通过网络对他人进行辱骂攻击、发布涉及他人隐私信息或图片、捏造损害他人人格、名誉的事实等，这类行为借助互联网传播快、范围广，往往给被害人造成更大的伤害。侮辱他人的行为，必须是公然进行，如果不是公然，不构成本罪。所谓公然侮辱他人，是指当众或者利用能够使多人听到或看到的方式，对他人进行侮辱，公然侮辱并不一定要求被害人在场。如果行为人仅仅针对被害人进行侮辱，没有第三人在场，也不可能被第三者知悉，则不构成本罪，因为只有他人在场，被害人的名誉才会受到伤害。所谓他人，在这里是指特定的人，即侮辱他人的行为必须是明确地针对某特定的人实施，如果不是针对特定的人，而是一般的“骂街”、谩骂等，不构成侮辱罪。

诽谤罪在客观方面表现为行为人实施捏造并散布某种虚构的事实，足以贬损他人人格、名誉的行为。诽谤是指故意捏造事实，并且进行散播。所谓捏造事实，就是无中生有，凭空制造虚假的事实，而且这些内容已经或足以给被害人的人格、名誉造成损害。诽谤除捏造事实外还要将该捏造的事实进行散播，散播包括使用口头方法和书面方法。捏造事实的行为与散播行为必须同时具备才构成本罪。如果只是捏造事实与个别亲友私下议论，没有散播的，或者散播的是客观事实而不是捏造的虚假事实的，即使有损于他人的人格、名誉，也不构成本罪。与侮辱罪类似，诽谤罪也必须是针对特定的人实施，这种行为不一定公开地指明对方姓名，但是只要从内容上知道被害人是谁，就可以构成诽谤罪，如果行为人捏造并散布的内容不针对特定的对象，也不能构成本罪。

需要注意的是，根据《中华人民共和国刑法》第二百四十六条第二款的规定，侮辱诽谤犯罪一般属于告诉才处理的犯罪。只有被侮辱、被诽谤的检察官亲自向人民法院控告的，人民法院才能受理，对于被侮辱人、被诽谤人不控告的，司法机关不能主动追究侮辱、诽谤行为人的刑事责任。根据《刑法修正案（九）》增加的规定，对于被害人向人民法院告诉的通过网络实施的侮辱、诽谤行为，被害人提供证据确有困难，受理被害人告诉的人民法院可以根据具体情况，要求公安机关提供协助。

另外，检察官履行检察职责时，行为人侮辱诽谤检察官的，还可能构成《中华人民共和国刑法》第三百零九条规定的扰乱法庭秩序罪。根据《中华人民共和国刑法》第三百零九条第三项的规定，侮辱、诽谤、威胁司法工作人员或者诉讼参与人，不听法庭制止，严重扰乱法庭秩序的，构成扰乱法庭秩序罪。1997 年《中华人民共和国刑法》第三百零九条规定了扰乱法庭秩序罪。该条规定，聚众哄闹、冲击法庭，或者殴打司法工作人员，严重扰乱法庭秩序的，处三年以下有期徒刑、拘役、管制或者罚金。近年来，人民法院开庭审理的案件数量大幅增长，扰乱法庭秩序的行为也出现了新的情况和特点，除 1997 年《中华人民共和国刑法》第三百零九条规定的三种行为外，还有殴打司法工作人员以外的其他诉讼参与人，对司法工作人员或者其他诉讼参与人进行侮辱、诽谤、威胁等情形。2015 年《刑法修正案（九）》对扰乱法庭秩序罪做了修改。在案件审理过程中，侮辱、诽谤检察官，情节严重的，可以追究其扰乱法庭罪的刑事责任。和一般的侮辱诽谤罪的自诉犯罪不同，扰乱法庭秩序罪属于公诉犯罪，由公安机关侦查、检察机关起诉。

（3）暴力侵害检察官及其近亲属行为的刑事责任。这种行为可能构成故意伤害、故意杀人罪。《中华人民共和国刑法》第二百三十二条规定："故意杀人的，处死刑、无期徒刑或者十年以上有期徒刑；情节较轻的，处三年以上十年以下有期徒刑。"第二百三十四条规定："故意伤害他人身体的，处三年以下有期徒刑、拘役或者管制。犯前款罪，致人重伤的，处三年以上十年以下有期徒刑；致人死亡或者以特别残忍手段致人重伤造成严重残疾的，处十年以上有期徒刑、无期徒刑或者死刑。刑法另有规定的，依照规定。"故意杀人罪以非法剥夺他人生命为目的，是侵犯公民人身权利最严重的犯罪，也是古今中外刑法重点惩治的犯罪之一。故意伤害罪属于严重侵犯公民人身安全的犯罪，也是司法实践中比较常见的犯罪形式。对于暴力侵害检察官及其近亲属的，应当根据案件的具体情况以故意杀人罪、故意伤害罪等罪名追究行为人的刑事责任。

（4）威胁恐吓、滋事骚扰检察官及其近亲属行为的刑事责任。这种行为可能构成寻衅滋事罪。《中华人民共和国刑法》第二百九十三条规定："有下列寻衅滋事行为之一，破坏社会秩序的，处五年以下有期徒刑、拘役或者管制：（一）随意殴打他人，情节恶劣的；（二）追逐、拦截、辱骂、恐吓他人，情节恶劣的；（三）强拿硬要或者任意损毁、占用公私财物，情节严重的；（四）在公共场所起哄闹事，造成公共场所秩序严重混乱的。纠集他人多次实施前款行为，严重破坏社会秩序的，处五年以上十年以下有期徒刑，可以并处罚金。"

二是，行政责任。这里主要指与报复陷害、侮辱诽谤、暴力侵害、威胁恐吓、滋事骚扰检察官及其近亲属行为有关的行政处罚、行政处分。这里的行政处罚主要是治安管理处罚。根据《中华人民共和国治安管理处罚法》第二条的规定："扰乱公共秩序，妨害公共安全，侵犯人身权利、财产权利，妨害社会管理，具有社会危害性，依照《中华人民共和国刑法》的规定构成犯罪的，依法追究刑事责任；尚不够刑事处罚的，由公安机关依照本法给予治安管理处罚。”第二十六条规定：“有下列行为之一的，处五日以上十日以下拘留，可以并处五百元以下罚款；情节较重的，处十日以上十五日以下拘留，可以并处一千元以下罚款：(一)结伙斗殴的；(二)追逐、拦截他人的；(三)强拿硬要或者任意损毁、占用公私财物的；(四)其他寻衅滋事行为。”第四十二条规定：“有下列行为之一的，处五日以下拘留或者五百元以下罚款；情节较重的，处五日以上十日以下拘留，可以并处五百元以下罚款：(一)写恐吓信或者以其他方法威胁他人人身安全的；(二)公然侮辱他人或者捏造事实诽谤他人的；(三)捏造事实诬告陷害他人，企图使他人受到刑事追究或者受到治安管理处罚的；(四)对证人及其近亲属进行威胁、侮辱、殴打或者打击报复的；(五)多次发送淫秽、侮辱、恐吓或者其他信息，干扰他人正常生活的；(六)偷窥、偷拍、窃听、散布他人隐私的。”第四十三条规定：“殴打他人的，或者故意伤害他人身体的，处五日以上十日以下拘留，并处二百元以上五百元以下罚款；情节较轻的，处五日以下拘留或者五百元以下罚款。有下列情形之一的，处十日以上十五日以下拘留，并处五百元以上一千元以下罚款：(一)结伙殴打、伤害他人的；(二)殴打、伤害残疾人、孕妇、不满十四周岁的人或者六十周岁以上的人的；(三)多次殴打、伤害他人或者一次殴打、伤害多人的。”对于报复陷害、侮辱诽谤、暴力侵害、威胁恐吓、滋事骚扰检察官及其近亲属，尚不够刑事处罚的，可依法予以治安管理处罚。

行政责任除了行政处罚外，还包括行政处分，对国家工作人员实施的报复陷害、侮辱诽谤检察官及其近亲属的行为，还可以根据公务员法等的规定予以行政处分。根据《中华人民共和国公务员法》第五十九条的规定，公务员必须遵守纪律，不得有压制批评，打击报复，滥用职权，侵害公民、法人或者其他组织的合法权益等行为。公务员违反上述规定的，应当依法承担纪律责任的，依照公务员法的规定给予处分，包括警告、记过、记大过、降级、撤职、开除等。

三是，民事责任。对侮辱诽谤、暴力侵害、威胁恐吓、滋事骚扰检察官及其近亲属的民事责任，属于民事法律调整范围的，主要规定在民法通则、侵权责任法中。《中华人民共和国民法通则》第一百零一条规定，公民、法人享有名誉权，公民的人格尊严受法律保护，禁止用侮辱、诽谤等方式损害公民、法人的名誉。根据《中华人民共和国侵权责任法》第二条的规定，侵犯生命权、健康权、名誉权、荣誉权等民事权益的，应当依法承担侵权责任。《中华人民共和国侵权责任法》第十五条规定了承担侵权责任的方式，包括停止侵害、排除妨碍、消除危险、赔礼道歉、消除影响、恢复名誉等。对侮辱诽谤、威胁恐吓、滋事骚扰检察官及其近亲属的应依法承担赔礼道歉、消除影响、恢复名誉等侵权责任。根据《中华人民共和国侵权责任法》第二十一条的规定，侵权行为危及他人人身、财产安全的，被侵权人可以请求侵权人承担停止侵害、排除妨碍、消除危险等侵权责任。第十六条规定，侵害他人造成人身损害的，应当赔偿医疗费、护理费、交通费等为治疗和康复支出的合理费用，以及因误工减少的收入。造成残疾的，还应当赔偿残疾生活辅助具费和残疾赔偿金。造成死亡的，还应当赔偿丧葬费和死亡赔偿金。第十七条规定，因同一侵权行为造成多人死亡的，可以以相同数额确定死亡赔偿金。

需要注意的是，以上三种责任承担方式中，尚不够刑事处罚的，予以行政处罚，即刑事责任和行政处罚不能同时承担，但承担刑事责任和行政处罚时，不排除还要依法承担民事责任、给予行政处分。

相关规定

《中华人民共和国刑法》第232条、第234条、第243条、第246条、第254条、第293条、第309条；《中华人民共和国治安管理处罚法》第26条、第43条；《中华人民共和国侵权责任法》第2条、第21条；《中华人民共和国刑事诉讼法》第108条；《保护司法人员依法履行法定职责的规定》第17条

第五十七条　检察官因依法履行职责遭受不实举报、诬告陷害、侮辱诽谤，致使名誉受到损害的，人民检察院应当会同有关部门及时澄清事实，消除不良影响，并依法追究相关单位或者个人的责任。

条文主旨

本条是关于检察官因依法履职而遭受名誉损害的保障制度的规定。

立法背景

本条是2019年修订新增的内容，体现了司法体制改革的重要内容。党的十八届四中全会决定提出，要建立健全司法人员依法履行法定职责保护机制，这体现了党和国家对司法工作与司法工作人员的高度重视和亲切关怀，对全面推进以司法责任制为核心的司法体制改革，确保人民检察院依法独立行使检察权，具有重要意义。司法公信是确保法律正确实施的基础，检察官良好声誉是司法公信的重要组成部分。实践中，一些当事人尤其是刑事案件当事人因对诉讼结果不满，实施了恶意举报、在互联网等媒介上夸大事实、捏造谎言、侮辱检察官人格和名誉等行为。这些行为不仅侵犯了检察官个人权益，有关不实材料和言论在一定范围内的传播、散布，也使人民群众对检察官及其办案行为的公正性产生怀疑，从而影响了正常的诉讼秩序，甚至严重损害国家司法权威。《中华人民共和国公务员法》第十条规定，公务员依法履行职责的行为，受法律保护。2016年，中共中央办公厅、国务院办公厅印发的《保护司法人员依法履行法定职责规定》提出，检察官因依法履职遭受不实举报、诬

告陷害、利用信息网络等方式侮辱诽谤，致使名誉受到损害的，人民检察院、公安机关应当会同有关部门及时澄清事实，消除不良影响，维护检察官良好声誉，并依法追究相关单位或者个人的责任。为贯彻落实中央文件精神、满足司法改革与司法实践需要，本法对检察官的履职保障作了规定，提供了明确具体的法律依据。

条文解读

名誉，是指人们对于公民或法人的品德、才干、声望、信誉和形象等各方面的综合评价。名誉权是人格权的一种，受法律保护。民法总则中明确规定，自然人享有的名誉权受法律保护，任何组织或者个人不得侵犯。检察官的名誉，特别是其在履职过程中，能否勤勉尽责、清正廉明、恪守职业道德，能否以事实为根据，以法律为准绳，秉持客观公正的立场，不仅关系检察官个人，也会影响社会公众对办案行为公正性的认识，进而影响司法公信力。因此，除按照民事法律规定予以保护外，对检察官因履职行为而遭受的名誉损害，本法也作了特别规定。

依法履职，是指本法第七条规定的职责，包括：（1）对法律规定由人民检察院直接受理的刑事案件进行侦查；（2）对刑事案件进行审查逮捕、审查起诉，代表国家进行公诉；（3）开展公益诉讼工作；（4）开展对刑事、民事、行政诉讼活动的监督工作；（5）法律规定的其他职责。检察官对其职权范围内就案件作出的决定负责。当事人对检察官依法履职行为不满而进行的不实举报、诬告陷害、侮辱诽谤，人民检察院应当会同有关部门及时澄清事实，消除不良影响，并依法追究相关单位或者个人的责任。非因履职行为而遭受名誉损害的，检察官可以根据相应法律规定，采取民事诉讼、行政控告、刑事举报等合法手段维权。

不实举报，是指明知不是真实情况，采取捏造事实、虚构证据等手段对检察官予以举报的，包括向公安机关、上级人民检察院举报，也包括向监察机关等部门举报；举报方式包括采取口头或书面形式举报，也包括现场举报或利用互联网等媒介进行线上举报。需要注意的是，如果举报人并无主观故意，而是因证据不足、错告等原因致使举报失察失实、检察官名誉受损的，人民检察院及有关部门也应及时澄清事实，消除不良影响，但一般不予追究举报人的法律责任。

诬告陷害，是指采取捏造或者歪曲事实等手段虚假告发，意图陷害检察官，使检察官受行政处分、政务处分或刑事追究的。根据《中华人民共和国宪法》第四十一条第一款的规定，中华人民共和国公民对于任何国家机关和国家工作人员的违法失职行为，有向有关国家机关提出申诉、控告或者检举的权利，但是不得捏造或者歪曲事实进行诬告陷害。同时，《中华人民共和国刑法》第二百四十三条也对捏造事实诬告陷害他人，意图使他人受刑事追究的行为予以惩处，规定情节严重的，处三年以下有期徒刑、拘役或者管制；造成严重后果的，处三年以上十年以下有期徒刑。诬告陷害行为不仅侵犯了检察官的合法权益，也扰乱了司法机关、行政机关的正常工作秩序。

侮辱，是指使用暴力或者其他方法公然贬损检察官人格的行为。诽谤，是指故意捏造事实，公然损害检察官的人格和名誉的行为。《中华人民共和国治安管理处罚法》第四十二条规定，公然侮辱他人或者捏造事实诽谤他人的，处五日以下拘留或者五百元以下罚款；情节较重的，处五日以上十日以下拘留，可以并处五百元以下罚款。《中华人民共和国刑法》第二百四十六条规定，以暴力或者其他方法公然侮辱他人或者捏造事实诽谤他人，情节严重的，处三年以下有期徒刑、拘役、管制或者剥夺政治权利。上述犯罪，告诉的才处理，但是严重危害社会秩序和国家利益的除外。

检察官因依法履行职责致使名誉受到损害的，人民检察院应当会同有关部门及时采取相应措施。一是，了解事实，认真调查有关情况，确认举报、控告或者散布的事实是否属实。二是，消除影响，即采取适当方式向知悉不实情况的社会公众及时通报真实情况，防止不实信息继续扩散，对检察官履职情况作出解释说明，消除对检察官办理案件过程及案件处理结果的质疑；检察官因诬告陷害遭受调查处理的，应当及时停止或者商有关机关及时停止调查处理等。关于澄清事实和消除影响的范围、方式，应结合有关情况确定。例如，检察官所在人民检察院可以通过官方网站、微博、微信公众号或者新闻发布会等形式及时澄清事实，总之要在相应范围内消除不良影响，维护检察官良好声誉。三是，会同有关部门依法追究相关单位或者个人的责任。对于构成犯罪的，应当依法予以立案侦查，对于需要追究刑事责任的，应当依法移送审查起诉；违反治安管理处罚法的，由公安机关依法给予罚款或拘留。有关部门和单位也应当依照相关规定对责任人给予处分。

对于损害检察官名誉的行为，除人民检察院应当会同有关部门依法追究相关单位和个人责任外，检察官个人也可以依法要求侵权人承担民事责任，包括停止侵害、消除影响、恢复名誉、赔礼道歉、赔偿损失等。另外，名誉侵权的责任主体可以是个人，也可以是单位。其中，单位责任也包括个人通过互联网渠道实施侵害检察官名誉的不法行为的，网络经营者或者平台服务商知道或者应当知道该行为属于不实举报、诬告陷害、侮辱诽谤，而未采取必要措施的，网络经营者或者平台服务商也要依法承担相应责任的情形。

相关规定

《中华人民共和国宪法》第38条、第41条；《中华人民共和国刑法》第243条、第246条；《中华人民共和国民法总则》第3条、第110条；《中华人民共和国治安管理处罚法》第42条；《中华人民共和国公务员法》第10条；《中华人民共和国检察官法》第7条、第53条、第56条

第五十八条　检察官因依法履行职责，本人及其近亲属人身安全面临危险的，人民检察院、公安机关应当对检察官及其近亲属采取人身保护、禁止特定人员接触等必要保护措施。

条文主旨

本条是关于检察官因依法履职导致的本人及近亲属人身安全面临危险的保障制度的规定。

立法背景

本条是2019年修订新增的内容。党的十八届四中全会决定提出，要建立健全司法人员依法履行法定职责保护机制，这体现了党和国家对司法工作与司法工作人员的高度重视和亲切关怀，对全面推进以司法责任制为核心的司法体制改革，确保人民检察院依法独立行使检察权，具有重要意义。实践中，有的当事人因对检察官所办理的案件结果不满，恶意伤害检察官及其近亲属。有的为了获得对自己有利的案件结果，采取暴力、威胁检察官及其近亲属的方式。这些行为不仅严重侵害了检察官及其近亲属的人身安全，也挑战了司法权威，构成了对检察官职业的重大风险。《中华人民共和国公务员法》第十条规定："公务员依法履行职责的行为，受法律保护。"本法对检察官的履职保障作了规定，为检察官及其近亲属的人身安全保护提供了明确、具体的法律依据。

检察官法修订草案第六十三条规定，在办理案件中，检察官及其近亲属面临人身危险的，应当对检察官及其近亲属采取人身保护、禁止特定人员接触等必要保护措施。有的意见建议，增加"人民检察院应当会同公安机关等有关部门实施保护"的规定，明确本条措施的实施主体。有的意见提出，侵害行为也可能发生在检察官办理案件之后，建议将"在办理案件中，检察官及其近亲属面临人身危险的"修改为"检察官因依法履行法定职责，而使自己及其亲属面临人身危险的"。经研究，对上述两条建议予以采纳。

条文解读

人身安全保护的前提是检察官因依法履行职责而导致本人及近

亲属面临危险的。依法履职，主要是指本法第七条规定的职责，包括：(1) 对法律规定由人民检察院直接受理的刑事案件进行侦查；(2) 对刑事案件进行审查逮捕、审查起诉，代表国家进行公诉；(3) 开展公益诉讼工作；(4) 开展对刑事、民事、行政诉讼活动的监督工作；(5) 法律规定的其他职责。检察官对其职权范围内就案件作出的决定负责。对于因其他非履职行为而遭受人身安全危险的，检察官可以根据相关规定，向公安机关报案或者向有关部门举报等。

人身安全保护的对象不限于检察官，还包括检察官的近亲属。之所以将人身安全保护的范围扩大至检察官的近亲属，是因为人身安全直接涉宪法规定的生命权、健康权，对人身安全的侵害是较为严重的违法犯罪行为。在有些情况下，对检察官的打击报复、侵犯人身安全的行为，不仅针对检察官本人，也会针对其近亲属。行为人的目的，一般是利用检察官近亲属的人身安全来威胁、逼迫检察官撤诉或者作出对其有利的诉讼行为，损害司法公正和司法权威。因此，检察官的近亲属因检察官履职而面临人身安全危险的，应当依法给予保护。

2016 年，中共中央办公厅、国务院办公厅印发的《保护司法人员依法履行法定职责规定》第十七条明确提出，对干扰阻碍司法活动，威胁、报复陷害、侮辱诽谤、暴力伤害司法人员及其近亲属的行为，应当依法从严惩处。对以恐吓威胁、滋事骚扰、跟踪尾随、攻击辱骂、损毁财物及其他方式妨害司法人员及其近亲属人身自由和正常生活的，公安机关接警后应当快速出警、有效制止；对正在实施违法犯罪行为的，应当依法果断处置、从严惩处。对实施暴力行为危害司法人员及其近亲属人身安全的精神病人，在人民法院决定强制医疗之前，经县级以上公安机关负责人批准，公安机关可以采取临时保护性约束措施，必要时可以将其送精神病医院接受治疗。第十八条规定，人民检察院办理恐怖活动犯罪、黑社会性质组织犯罪、重大毒品犯罪、邪教组织犯罪等危险性高的案件，应当对检察官及其近亲属采取出庭保护、禁止特定人员接触以及其他必要的保护措施。对检察官近亲属还可以采取隐匿身份的保护措施。办理危险性较高的其他案件，经司法人员本人申请，可以对司法人员及其近亲属采取上述保护措施。

对于侵害检察官及其近亲属人身权利、使检察官及其近亲属面临人身安全危险的，人民检察院及公安机关应当综合所面临危险的严重程度、紧急程度等各方面情况，采取必要的保护措施，如人身保护、禁止特定人员接触等。人身保护是指防止侵害检察官及其近亲属人身安全行为发生的措施，如派人同被保护的检察官及其近亲属在一起，以防止侵害发生或者发生侵害行为时予以制止；对其住所采取专门性的保护措施，防止他人非法入侵等。禁止特定人员接触是指要求特定的人员，如已知扬言要对检察官及其近亲属实施伤害的人，不得接近检察官及其近亲属的措施。在具体实施过程中，也可以针对不同情况采取一些其他措施，如可以不公开面临人身安全危险的检察官近亲属的姓名、住址、工作单位等个人信息。但检察官因履行职务需要公开的，属于司法公开的基本要求，应当予以公开。为保护面临人身安全危险的检察官及其近亲属而采取的具体保护措施，由检察院或者公安机关依照职责分别执行。

应当注意的是，对检察官及其近亲属的人身保护，应以必要程度为限，其方式、限度足以保障检察官及其近亲属安全即可。检察官在履职过程中，可能会面临一些潜在的人身安全危险，对于没有现实危害性的，或者其手段、方式、严重程度不足以采取保护措施的，可以不采取。人身安全保护措施的种类、限度以足以防止危险发生为限，以避免司法实践中保护措施被滥用，甚至成为变相的特权。

相关规定

《中华人民共和国刑法》第 277 条、第 290 条、第 309 条；《中华人民共和国刑事诉讼法》第 64 条；《中华人民共和国公务员法》第 10 条

第五十九条　检察官实行与其职责相适应的工资制度，按照检察官等级享有国家规定的工资待遇，并建立与公务员工资同步调整机制。

检察官的工资制度，根据检察工作特点，由国家另行规定。

条文主旨

本条是关于检察官工资制度的规定。

立法背景

2017 年《中华人民共和国检察官法》第三十九条规定，检察官的工资制度和工资标准，根据检察工作特点，由国家规定。2019 年修订在原有规定的基础上增加了司法体制改革中关于检察官工资制度改革的内容，以体现检察官作为单独职务序列管理的公务员具有不同于一般公务员的工资制度。2019 年修订检察官法作上述修改，主要考虑：

一是，落实中央司法体制改革的要求。党的十八届四中全会通过的《中共中央关于全面推进依法治国若干重大问题的决定》提出，建立法官、检察官、人民警察专业职务序列及工资制度。

二是，总结和巩固司法体制改革中工资制度的相关成果。为贯彻党的十八届四中全会精神，2015 年人力资源社会保障部、财政部出台了《法官、检察官工资制度改革试点方案》，明确了法官、检察官的工资水平高于当地其他公务员工资收入一定比例的相关政策，并根据实践运行的情况又作出了适当调整。

三是，增强司法体制改革内生动力，保障检察官依法履职。检察官的工资待遇是保障检察官依法履职的重要基础。员额制改革后，检察官实行单独职务序列管理，其工资待遇也有单独的制度性安排。通过将改革中已经行之有效的工资制度上升为法律，可以进一步落实责、权、利相统一的原则，切实加强检察官职业保障，为司法体制改革和人民检察院发展提供内生动力。

检察官法修订草案一审稿第六十四条规定，检察官实行与其职责相适应的工资制度，按照检察官等级享有国家规定的工资福利待遇，并建立与公务员工资同步增长机制。检察官的工资制度，根据检察工作特点，由国家另行规定。在2017年12月全国人大常委会第一次审议检察官法修订草案后，有的意见提出，该条中关于检察官工资建立与公务员工资“同步增长机制”的表述不规范，建议修改为“同步调整机制”。全国人大宪法和法律委员会经研究，于检察官法修订草案二次审议稿中采纳上述意见。2019年4月全国人大常委会第三次审议检察官法修订草案，有的意见提出，本条中规定的“福利”在本法第六十一条中已有规定，建议删去。通过后的法律采纳了上述意见，作了本条的规定，即检察官实行与其职责相适应的工资制度，按照检察官等级享有国家规定的工资待遇，并建立与公务员工资同步调整机制。检察官的工资制度，根据检察工作特点，由国家另行规定。

条文解读

本条共分两款。第一款是关于检察官实行与其职责相适应的工资制度，享有工资待遇并按计划同步调整的规定。本款规定检察官实行与其职责相适应的工资制度，按照检察官等级享有国家规定的工资待遇，并建立与公务员工资同步调整机制。这里的与职责相适应的工资制度，是指根据检察官作为单独职务序列管理的公务员的性质，由国家规定的工资制度。该项工资制度的基本原则有以下几个方面：一是，坚持统一制度，根据员额制改革的精神，建立全国统一的检察官工资制度，并合理体现地区工资差异。二是，体现职业特点，建立与检察官职业性质、等级、考核相适应的工资制度。三是，体现激励和约束，建立与工作职责、实绩和贡献紧密联系的工资分配制度，在提高检察官积极性的同时，健全完善约束机制。四是，注重向一线倾斜，加大对一线办案人员的工资政策倾斜力度，形成合理的政策导向。总体上看，这里的工资制度包括工资组成结构、工资标准、分配原则、工资档次晋升条件、特殊性质工资、与其他分类管理的司法人员工资制度的关系、工资来源、地方的实施方式、实施时间等一系列内容。按照检察官等级享有国家规定的工资待遇是指根据检察官所任职级、工作实绩和资历等确定与等级相一致的工资档次，执行相适应的职务等级工资标准。此外，本款规定要“建立与公务员工资同步调整机制”。《中华人民共和国公务员法》第八十一条规定，公务员的工资水平应当与国民经济发展相协调、与社会进步相适应。国家实行工资调查制度，定期进行公务员和企业相当人员工资水平的调查比较，并将工资调查比较结果作为调整公务员工资水平的依据。根据公务员法的规定，公务员工资会根据国民经济发展水平和社会进步程度予以调整。当调整公务员的工资时，检察官作为单独职务序列管理的公务员，也应同步调整。

本条第二款是关于检察官的工资制度，根据检察工作特点，由国家另行规定的规定。作为保障司法工作人员依法履职的重要制度，检察官工资制度需要结合检察工作的特点，制定具体的内容规范。这里的检察工作特点是检察官履行职责的工作特点。《中华人民共和国宪法》第一百三十四条规定，中华人民共和国人民检察院是国家的法律监督机关。《中华人民共和国人民检察院组织法》第二十条具体列举了人民检察院的职能，包括依照法律规定对有关刑事案件行使侦查权；对刑事案件进行审查，批准或者决定是否逮捕犯罪嫌疑人；对刑事案件进行审查，决定是否提起公诉，对决定提起公诉的案件支持公诉；依照法律规定提起公益诉讼；对诉讼活动实行法律监督；对判决、裁定等生效法律文书的执行工作实行法律监督；对监狱、看守所的执法活动实行法律监督等。司法体制改革后，各级人民检察院检察官履行职责的范围和权限得以进一步明确。检察官依法行使国家检察权，在办理刑事案件、开展公益诉讼等活动中，为维护社会公平正义将发挥更积极的作用。检察系统应通过相应机制科学考核工作绩效，确定检察官的工资薪酬。因此，改革后，检察官的工资制度应充分考虑检察工作的特点，主要从检察官的履职情况、办案数量、办案质效、办案难度、司法能力、职业操守等因素综合评价，通过科学制定分配、考核办法确定薪酬。同时，在工资计算方面增大一线办案的考察权重，从制度上保证向一线办案人员倾斜。有关方面应按照检察官法确定的基本框架和原则，本着充分发挥检察官单独职务序列管理的正向激励作用，制定适合我国检察系统工作特点的，科学、合理的，充满激励机制的工资制度和工资标准。

第六十条　检察官实行定期增资制度。

经年度考核确定为优秀、称职的，可以按照规定晋升工资档次。

条文主旨

本条是关于检察官实行定期增资制度的规定。

立法背景

1995 年《中华人民共和国检察官法》第三十八条规定，检察官实行定期增资制度。经考核确定为优秀、称职的，可以按照规定晋升工资；有特殊贡献的，可以按照规定提前晋升工资。2001 年、2017 年检察官法均未作出修改。2019 年修订作了两处修改，一是将“经考核”进一步明确为“经年度考核”；二是删除了“有特殊贡献的，可以按照规定提前晋升工资”的规定。

《中华人民共和国公务员法》第七十九条第三款规定，国家建立公务员工资的正常增长机制。《中共中央关于全面推进依法治国若干重大问题的决定》中提出，要加快建立符合职业特点的法治工作人员管理制度，完善职业保障体系，建立法官、检察官、人民警察专业职务序列及工资制度。改革检察官工资制度，是司法体制改革的一项重要内容。根据上述规定，司法体制改革尤其是检察官员额制和司法责任制改革需要建立与检察官单独职务序列设置相衔接、有别于其他公务员的工资制度。

检察官法修订草案第六十五条第二款规定，有特殊贡献的，可以按照规定提前晋升工资档次。有的意见提出，2006年公务员工资制度改革和法官、检察官工资制度改革有关文件均没有提前晋升工资档次的规定，建议删去。经研究，采纳了这一建议。

条文解读

本条共分两款。第一款规定检察官实行定期增资制度。工资，是指劳动者根据其劳动成果所获得的以货币形式表现的收入。公务员工资，是指国家根据按劳动分配原则，分配给公务员个人消费品的货币表现，建立合理、科学、公平的检察官工资制度，对于充分发挥工资的保障、激励、调节功能具有重大的作用。定期增资制度，是指检察官的工资在规定的期限内，按照规定定期增加工资的一项基本制度。原则上来说，在检察官任职期间，只要符合条件，就应当得到定期增加工资的待遇。至于"定期"为多长时间，每个级别增加多少工资等，可由国家有关部门根据本法规定的精神和原则，做出具体详细的实施办法。

有的国家已实行对公务员定期增资的做法。例如，日本的一般职员报酬法规定："公务员工作优良，满十二个月提薪一次，工作成绩格外优秀者，提前提薪或越级提薪。"我国历来重视增资制度对公务员的激励作用。1956年，《国务院关于工资制度改革的决定》中强调，要"使升级成为一种制度"。1993年的工资制度改革确立了公务员正常晋升工资的制度。一般来说，工资增长的机制主要有：一是公务员晋升职务，按职务确定相应的工资；二是公务员晋升级别，按级别相应确定工资；三是根据考核结果，按照有关规定对符合条件的公务员给予定期增资；四是国家根据经济发展水平和财力状况，相应提高工资标准，使公务员工资增长与国民经济发展、财政收入增长、消费水平、社会工资水平相适应。1997年7月、1999年7月、2001年1月和10月、2003年7月，根据经济发展、财力增长和物价变动等情况，国家五次调整了工资标准。为了保证检察官工资的正常增长，调动检察官履职的积极性，本条确认了检察官实行定期增资的制度原则。

本条第二款规定，经年度考核确定为优秀、称职的，可以按照规定晋升工资档次。这是检察官定期增资制度的具体内容。年度考核，是指本法第四十一条规定的，每一年度对检察官进行的阶段性综合评价。考核内容包括：检察工作实绩、职业道德、专业水平、工作能力、工作作风，重点考核检察工作实绩。年度考核结果分为优秀、称职、基本称职和不称职四个等次，作为调整检察官等级、工资以及检察官奖惩、免职、降职、辞退的依据。如前所述，检察官的定期增资制度是受法律保护的。根据本条规定，只要经年度考核确定为优秀、称职的检察官，都将根据法律和有关规定获得晋升工资档次的待遇。检察官工资的具体晋升办法，可由有关部门作出规定。

相关规定

《中华人民共和国公务员法》第79条；《中华人民共和国检察官法》第41条；《中共中央关于全面推进依法治国若干重大问题的决定》

第六十一条　检察官享受国家规定的津贴、补贴、奖金、保险和福利待遇。

条文主旨

本条是关于检察官津贴、补贴、奖金、保险和福利待遇的规定。

立法背景

建立一支高素质的检察官队伍，不仅要从政治思想建设方面下功夫，同时还要关心他们的生活待遇。这也是体现党和国家对我们检察官队伍建设的关怀。有关检察官工资福利待遇改革是本轮司法体制改革的一项重要工作，总体上对检察官职业待遇作了较大提升。本法第五十九条至第六十四条根据检察官单独职务序列改革的职业特点，对检察官实行专门工资福利待遇制度作了具体规定。本条规定的津贴、补贴、奖金、保险和福利待遇是检察官总体待遇的一个方面。本条将2017年检察官法规定的“检察津贴、地区津贴、其他津贴”修改为“津贴”，不再具体列举，同时增加了“奖金”的规定。

条文解读

公务员法对有关公务员的津贴、补贴、奖金、保险和福利待遇作了规定。检察官实行与其单独职务序列改革相适应的工资配套制度，津贴、补贴、奖金、保险和福利待遇中有的与公务员有所不同，具体需要依照有关国家规定或者政策文件具体确定。一是，津贴。包括按国家政策规定的实施范围，享受地区附加津贴、艰苦边远地区津贴、岗位津贴等。检察院系统由于所在地区不同，各级检察院，特别是基层检察院往往设立在边远地区或者是设立在条件比较艰苦的地区，这些地区物质生活条件较差，交通不便，为了便于人民群众诉讼，检察官往往要深入群众办案，因此这些地区的办案人员，往往要付出更加艰辛的努力。因此，有必要对这样一些地区的检察人员在物质方面给予一定的补偿。二是，补贴。补贴是指按照国家规定享受住房、医疗等补贴、补助，以及改革性补贴等。补贴与检察官等级、任职资格条件等也有关系，具体标准依照国家政策文件确定。三是，奖金。包括年度考核奖金，检察官办案业绩、绩效考核奖励等。需要注意的是，绩效考核奖金，应当不与检察官职务等级挂钩，而应主要依据检察官办案质量、办案数量和办案难度等因素确定，向一线办案人员倾斜。四是，保险。保险待遇是指检察官在人身、财产等方面，按照规定应当享受的风险保障待遇。由于检察官在具体办案过程中，不可避免地要面对人身安全、家庭财产安全等各个方面的风险，为了让检察官在安心地秉公办案、严格执法的同时消除后顾之忧，国家应当给他们付予相应的保险。有关部门根据本法规定的精神确定具体的有关检察人员享受保险待遇的规定。在研究过程中，有的意见建议将本条中的“保险”修改为“社会保险”。本条的保险主要是指社会保险，目前公务员逐步纳入和实行社会保险。《中华人民共和国公务员法》第八十三条第一款规定，公务员依法参加社会保险，按照国家规定享受保险待遇。有的意见提出，为检察官职业建立商业保险制度，实践中有关方面也对一些特殊职业群体探索建立商业保险制度，将来还可进一步研究。五是，福利待遇。福利待遇是指检察官按照规定所应当享受的其他方面的一些福利待遇。包括参照享受由国家规定的国家公务人员在休假、降温补助、防寒补助、交通补助和家庭困难补助等方面的福利待遇。国家根据社会经济发展水平提高包括检察官在内的公务员福利待遇。

应当注意的是，目前，司法体制改革还在不断深入推进，检察官工资福利制度是检察官单独职务序列改革的配套改革，有关配套政策如退休或者转任后的职务职级和相关待遇等，还需要根据改革精神进一步建立完善，落实好检察官工资福利待遇政策，保障检察官依法履职。

相关规定

《中华人民共和国公务员法》第 80 条、第 82－84 条

第六十二条　检察官因公致残的，享受国家规定的伤残待遇。检察官因公牺牲、因公死亡或者病故的，其亲属享受国家规定的抚恤和优待。

条文主旨

本条是关于检察官伤残待遇和对检察官亲属抚恤、优待的规定。

立法背景

保护司法人员依法履行职责是司法体制改革的重要内容，近年来，社会上侵害检察官合法权益的违法犯罪行为时有发生。有的检察官遭受侵害，甚至牺牲。中央有关文件提出，国家完善医疗保障制度和抚恤优待办法，为检察官人身、财产、医疗等权益提供与其职业风险相匹配的保障。为加强检察官履职保障，解决社会保障后

顾之忧，维护司法公正，在公务员法规定的基础上，本条专门规定了检察官伤残待遇和有关抚恤优待政策。本条是2019年修订检察官法新增的规定。

条文解读

本条规定应当结合公务员有关伤残待遇和亲属抚恤优待的有关政策具体确定。2017年《中华人民共和国公务员法》第七十七条规定，国家建立公务员保险制度，保障公务员在退休、患病、工伤、生育、失业等情况下获得帮助和补偿。公务员因公致残的，享受国家规定的伤残待遇。公务员因公牺牲、因公死亡或者病故的，其亲属享受国家规定的抚恤和优待。2018年修订后的《中华人民共和国公务员法》第八十三条对此作了相应修改，规定：公务员依法参加社会保险，按照国家规定享受保险待遇。公务员因公牺牲或者病故的，其亲属享受国家规定的抚恤和优待。2019年公务员法对此的修改，使有关伤残待遇、抚恤和优待的表述上更为规范、科学。检察官法的规定与公务员法的规定在实质上是一致的。目前，有关检察官因公致残、抚恤、优待政策主要还是依据公务员有关规定，两者基本上是一致的。

一是，因公致残的，享受国家规定的伤残待遇。我国建立了公务员依法参加社会保险，按照国家规定享受保险待遇的制度，其中，包括伤残方面的保险待遇。伤残分因公伤残和非因公伤残。因公伤残的待遇高于非因公伤残的待遇，对因公伤残的，属于完全残废或完全丧失工作能力的，可以退休并发给因公伤残抚恤费；属于部分伤残的，发给本人标准工资一定比例的护理费。具体按照《伤残抚恤管理办法》确定。

二是，因公牺牲、因公死亡或者病故的，其亲属享受国家规定的抚恤和优待。抚恤是对因公牺牲、因公死亡或者病故的人员的亲属进行安慰和给予物质帮助，发放抚恤金。抚恤金，依照国家有关规定包括一次性发放的抚恤金和具有特定情形的定期抚恤金。优待是指对因公牺牲、死亡或者病故人员的亲属给予有关物质保障上的优待，社会活动方面的优待，以及子女教育、工作安置等方面的优待措施。具体依照国家有关规定确定。

相关规定

《中华人民共和国公务员法》第83条

第六十三条　检察官的退休制度，根据检察工作特点，由国家另行规定。

条文主旨

本条是关于检察官退休制度的规定。

立法背景

检察官退休制度，是指检察官工作到一定年限，达到规定的年龄，符合法定的退休条件，根据国家规定办理手续，离开工作岗位退职休养，享受一定数额的退休金等保障的制度。完善的检察官退休制度，对于保障检察官年老以后的待遇，解除检察官的后顾之忧，激励在职检察官尽职工作，维护检察官队伍稳定，具有重要意义，是检察官职业保障制度的重要内容。本法第七章“检察官的职业保障”在关于检察官工资福利、伤残保障的规定后，专门对检察官退休制度作了规定。

2017年《中华人民共和国检察官法》第四十五条规定，检察官的退休制度，根据检察工作特点，由国家另行规定。2019年修订检察官法对这一规定未作修改。

本条规定注意了与公务员法的衔接。公务员法第十四章“退休”规定了公务员退休制度，第九十二条至九十四条分别对公务员退休的条件、提前退休的条件和程序、退休后的待遇等作了规定。检察官作为公务员的组成部分，适用公务员法的上述规定和关于公务员退休制度的其他法律法规和规定。国家对检察官退休制度作出特别规定的，适用特别规定。

检察官退休制度包括检察官退休条件、退休后的待遇保障、退休检察官的安置等内容。考虑到检察官是实行单独职务序列管理的，检察工作有自身的规律与特点，检察官法规定，检察官退休制度，由国家另行规定。目前，在关于检察官退休的专门规定尚未出台的情况下，检察官的退休主要是执行公务员法和其他有关公务员退休的规定。关于退休的条件，可以分为正常退休和提前退休两种情况。《中华人民共和国公务员法》第九十二条对正常退休作了规定，根据该条规定，公务员达到国家规定的退休年龄或者完全丧失工作能力的，应当退休。另外，《中华人民共和国公务员法》第九十三条对提前退休作了规定。根据该条规定，公务员符合下列条件之一的，本人自愿提出申请，经任免机关批准，可以提前退休：(1) 工作年限满三十年的；(2) 距国家规定的退休年龄不足五年，且工作年限满二十年的；(3) 符合国家规定的可以提前退休的其他情形的。关于退休后的待遇保障，《中华人民共和国公务员法》第九十四条规定，公务员退休后，享受国家规定的养老金和其他待遇，国家为其生活和健康提供必要的服务和帮助，鼓励发挥个人专长，参与社会发展。按照有关法规政策，公务员退休后享受有关政治待遇，包括参加组织生活、阅读有关文件资料、参加有关会议等，享受养老金、公费医疗或医疗保险等生活待遇。除国家对检察官退休制度有特别规定的以外，公务员退休的有关规定都适用于检察官。

根据本条的规定，检察官的退休制度，根据检察工作特点，由国家另行规定。这里的国家另行规定，包括由最高人民检察院、中央公务员主管部门等规定。这样规定是考虑到检察官作为行使国家检察权的检察人员，其从事的检察工作具有与其他岗位的公务员不同的特点。检察官从事的侦查、审查逮捕、公诉、公益诉讼、法律监督等工作，需要准确查明案件事实，正确适用法律，要求具备扎实的法学知识、娴熟的检察技能和说理释法、化解矛盾等方面的素质，专业性和技术性都很强。有的达到普通公务员退休年龄的检察官，检察工作经验丰富，办案业绩良好，身体条件也符合继续在检察岗位工作的条件，如果和普通公务员一样退休离开检察岗位，对国家的检察事业和检察官个人都是损失。因此，需要针对检察官职业的特点，在退休条件、退休后的待遇保障等方面作出与普通公务员不同的特别规定。目前，有的地方在检察官退休制度方面有一些特别的做法，如一定级别的检察官适当延迟退休年龄，一些地方探索实行退休检察官返聘制度等，这些探索为国家制定检察官退休制度的特别规定积累了经验。

从国外的情况看，许多国家对法官、检察官都实行不同于其他公职人员的退休制度。有的国家实行司法官员终身制，司法官员除因违法犯罪被弹劾或者自愿辞职外，终身任职。有的国家实行检察官任期制度，对检察官退休的年龄只作原则性规定。有的国家对检察官实行非强制退休制度，达到退休年龄后的检察官自愿决定是否退休。这些情况都可以作为我国制定检察官退休制度特别规定的参考。

相关规定

《中华人民共和国公务员法》第92－94条

第六十四条　检察官退休后，享受国家规定的养老金和其他待遇。

条文主旨

本条是关于检察官退休后的待遇的规定。

立法背景

1. 相关背景情况

本条是1995年制定检察官法时所作的规定。1995年《中华人民共和国检察官法》第四十四条规定："检察官退休后，享受国家规定的养老保险金和其他待遇。”2019年修订检察官法只对本条作了文字修改，将“养老保险金”修改为“养老金”，这样规定与公务员法的表述一致。本法第六十三条规定了检察官的退休制度。检察官工作到一定年限，达到规定年龄，符合退休条件的，根据国家规定离开工作岗位，享受一定数额的养老金和其他待遇，安度晚年，这是检察官职业保障的重要内容。检察官退休制度也是遵循人的生理发展规律，保持检察官队伍的生机和活力的重要措施，科学合理的退休制度有利于实现新老交替，保持检察官队伍的生机和活力。同时，退休后生活有保障，能够使检察官在履职期间全身心地投入工作，更好地履行检察官职责。检察官退休制度是国家对退休检察官的一项保障制度。世界上多数国家都规定了检察官的退休制度，并对检察官退休后的待遇作了明确规定。

2. 各方面提出的意见

检察官法修订草案第六十六条规定：“检察官退休后，享受国家规定的养老保险金和其他待遇。”

在征求有关方面意见时，有的部门建议将“养老保险金”表述修改为“养老金”。

有的社会公众提出，检察官入额以后，已无行政级别，只有检察官等级。员额制改革中出现了既有员额检察官，又有非员额检察官的情况，还有的检察官临近退休时退出了员额，这些不同人员退休的待遇问题，应当作出明确规定。

3. 有关国家对检察官养老金的规定

许多国家对检察官的任期和退休年龄作了专门规定。在法国、德国、日本等大陆法系国家，检察官为终身任职制度，除非法律另有规定，检察官一经任命，即可终身履职直到退休，非经法定事由不得被免职。在法国和德国，检察官与法官一样，退休年龄为65岁，高于国家公务员60岁的退休年龄。在美国，联邦总检察长、联邦地方检察官的任期一般与总统任期相同；美国各州的检察官任期也各有不同，2年、4年、5年、8年抑或更长不等。

在美国，检察官退休金数目，一般根据个人服务时间长短以及本人工作时间的一段特定时期的平均工资数来确定。美国联邦公务员退休金包括社会保险津贴、基本津贴等，其中社会保险津贴是个人因退休、残疾或死亡而收入减少时给予一定的津贴补偿；基本津贴一般以任职期间任意一个连续3年的最高基本工资的平均值为依据。检察官一般是按照公务员的规定发放退休金。在法国，检察官的退休金为后25年工资总额的平均数。

条文解读

根据本条的规定，检察官退休后，享受国家规定的养老金和其他待遇。本条规定检察官退休后享受的待遇与《中华人民共和国公务员法》第九十四条的规定是一致的。该条规定，公务员退休后，享受国家规定的养老金和其他待遇。

检察官退休后的待遇是检察官退休后依法享受的权利，主要是指经济待遇。根据本条的规定，检察官退休后，可以享受两部分待遇：第一，享受国家规定的养老金。本条所说的养老金，在以前主要指退休金。关于退休金的发放，我国自1951年实行退休制度以来，一直是从退休之日起，按月发放退休金，直到本人去世为止。近年来，国家实行养老保险制度，公务员法也作了明确规定。《中华人民共和国公务员法》第八十三条第一款规定："公务员依法参加社会保险，按照国家规定享受保险待遇。"《中华人民共和国社会保险法》第十条第一款规定："职工应当参加基本养老保险，由用人单位和职工共同缴纳基本养老保险费。"第十六条规定："参加基本养老保险的个人，达到法定退休年龄时累计缴费满十五年的，按月领取基本养老金。参加基本养老保险的个人，达到法定退休年龄时累计缴费不足十五年的，可以缴费至满十五年，按月领取基本养老金；也可以转入新型农村社会养老保险或者城镇居民社会养老保险，按照国务院规定享受相应的养老保险待遇。"

第二，检察官享受的其他福利待遇。其他福利待遇，是指其他各种生活福利补贴。退休的检察官按照规定享受相应的福利待遇。总的来说，本条明确了检察官依法享受国家规定的养老金和其他待遇的法律依据。考虑到这方面情况比较复杂，具体详细的操作性规定，需要人力资源、财政、社会保障等各方面共同研究确定，法律中未作具体规定。根据本法第六十三条的规定，检察官的退休制度，根据检察工和特点，由国家另行规定。检察官退休后养老金和其他待遇，需要在相关规定中明确。

相关规定

《中华人民共和国检察官法》第63条；《中华人民共和国公务员法》第83条、第94条；《中华人民共和国社会保险法》第10条、第16条

第六十五条　对于国家机关及其工作人员侵犯本法第十一条规定的检察官权利的行为，检察官有权提出控告。

条文主旨

本条是关于检察官有权对侵犯其权利的行为提出控告的规定。

立法背景

本条是1995年制定检察官法时所作的规定。1995《中华人民共和国检察官法》第四十七条规定："检察官提出申诉和控告，应当实事求是。对捏造事实、诬告陷害的，应当依法追究其责任。"2019年修订检察官法保留了这一规定。有权利就要有救济，任何人的合法权益受到侵犯，都应当有权依法提出申诉、控告，检察官自然不应例外。检察官通常是社会公众权利的维护者，检察官自身权利受到侵犯能否得到有效救济，是衡量一个社会的权利法治保障机制是否有效的试金石。检察官权利的保障对于全面推进高素质检察官队伍建设，促进检察官依法履行职责，维护社会公平正义，实现司法公正，具有十分重要的意义。1990年联合国大会批准的《关于

检察官作用的准则》第二十一条规定，对检察官违纪行为的处理应以法律或法律条例为依据，对检察官涉嫌已超出专业标准幅度的方式行事的控告应按照适当的程序迅速而公平地加以解决。检察官应有权利获得公正申诉的机会。为进一步保障检察官依法履行法定职责，维护检察官合法权益，中共中央办公厅、国务院办公厅印发的《保护司法人员依法履行法定职责规定》第二十三条规定："国家机关及其工作人员有下列行为之一的，司法人员有权提出控告，对直接责任者和领导责任者，应当给予纪律处分；构成犯罪的，依法追究刑事责任：（一）干预司法活动妨碍司法公正的；（二）要求法官、检察官从事超出法定职责范围事务的；（三）违反本规定，将法官、检察官调离、免职、辞退或者作出降级、撤职等处分的；（四）对司法人员的依法履职保障诉求不作为的；（五）侵犯司法人员控告或者申诉权利的；（六）其他严重侵犯法官、检察官法定权利的行为。"第二十四条规定："本规定所称司法人员，是指在人民法院、人民检察院承担办案职责的法官、检察官和司法辅助人员。"公务员法也明确规定了公务员对其合法权益受到侵犯时有权提出控告。因此，明确规定检察官对于国家机关及其工作人员侵犯其合法权利有权提出控告，是对检察官权利的有效保障。

条文解读

根据本条的规定，对于国家机关及其工作人员侵犯本法第十一条规定的检察官权利的行为，检察官有权提出控告。

检察官权利是法律所确定的权利，是检察官合法、有效地履行职务所享有的、受法律保护的权利和利益。本法第六条规定："检察官依法履行职责，受法律保护，不受行政机关、社会团体和个人的干涉。"本法第十一条对检察官享有的权利作了明确列举。特别需要注意的是，本法第十一条关于检察官的权利的规定，在明确列举了五项权利后，又在第六项规定"法律规定的其他权利"，作为检察官权利的兜底性规定。因此，本条所说的侵犯本法第十一条规定的检察官的权利，实际上并不限于检察官法本身的规定，如公务员法关于公务员权利的规定，也适用于检察官。检察官权利受法律保护，当检察官权利受到侵犯时，检察官自然有权提出控告。这里所说的“控告”，是指检察官对国家机关及其工作人员侵犯其合法权益的行为向有关机关或者人员提出指控。

根据本法和公务员法的规定，检察官控告应当符合以下条件：第一，侵犯其权利的对象必须是国家机关及其工作人员。这里所说的国家机关，是依据宪法和法律设立的，依法承担一定的国家和社会公共事务的管理职责和权力的组织，包括国家的权力机关、行政机关、监察机关、审判机关、检察机关和军事机关。

第二，侵犯的是本法第十一条规定的检察官权利。本法第十一条规定：“检察官享有下列权利：（一）履行检察官职责应当具有的职权和工作条件；（二）非因法定事由、非经法定程序，不被调离、免职、降职、辞退或者处分；（三）履行检察官职责应当享有的职业保障和福利待遇；（四）人身、财产和住所安全受法律保护；（五）提出申诉或者控告；（六）法律规定的其他权利。”

另外，根据《中华人民共和国公务员法》第九十九条的规定，检察官提出控告，应当尊重事实，不得捏造事实，诬告、陷害他人。对捏造事实，诬告、陷害他人的，依法追究法律责任。

关于控告的处理。根据《中华人民共和国公务员法》第九十八条规定，检察官可以依法向上级机关或者监察机关提出控告。受理控告的机关应当按照规定及时处理。根据这一规定，有关部门接到检察官的控告，应当按照国家有关规定对控告人提供的情况进行审查、判断，对需要立案的，应当及时立案。对检察官提出的控告立案审理的，应当区分不同情况做出处理决定，并将处理决定送达控告人、被控告机关、被控告人和被控告人所在的机关。同时，受理控告的部门也应当对提出控告的检察官应当予以保护，不得歧视、刁难。对检察官提出的控告，不得置之不理或者敷衍塞责，不得将控告材料转给被控告人。

相关规定

《中华人民共和国检察官法》第6条、第11条；《中华人民共和国公务员法》第98条、第99条；《保护司法人员依法履行法定职责规定》

第六十六条　对检察官处分或者人事处理错误的，应当及时予以纠正；造成名誉损害的，应当恢复名誉、消除影响、赔礼道歉；造成经济损失的，应当赔偿。对打击报复的直接责任人员，应当依法追究其责任。

条文主旨

本条是关于对检察官处分或人事处理错误的纠正措施的规定。

立法背景

2019年修改检察官法对本条作了修改。本条的基本内容是1995年检察官法的规定。1995年《中华人民共和国检察官法》第四十八条规定："对检察官处分错误的，应当及时予以纠正；造成名誉损害的，应当恢复名誉、消除影响、赔礼道歉；造成经济损失的，应当赔偿。对打击报复的直接责任人员，应当依法追究责任。"2001年修改检察官法，将本条修改为"对检察官处分或者处理错误的，应当及时予以纠正；造成名誉损害的，应当恢复名誉、消除影响、赔礼道歉；造成经济损失的，应当赔偿。对打击报复的直接责任人员，应当依法追究其责任。"增加了"处理错误的"应当予以纠正的情形。2017年修改检察官法时对本条未做修改。2019年修改检察官法，将修改前检察官法规定的"对检察官处分或者处理错误的"修改为"对检察官处分或者人事处理错误的"，将原来规定的"处理错误"明确为"人事处理错误"，以便于实践中及时纠正对检察官的人事处理错误。

本条规定注意了与公务员法的衔接。《中华人民共和国公务员法》第一百一十条规定："机关因错误的人事处理对公务员造成名誉损害的，应当赔礼道歉、恢复名誉、消除影响；造成经济损失的，应当依法给予赔偿。"

条文解读

违法必究、有错必改，是人民检察院检察官管理和监督中必须坚持的原则。实践中，由于多种原因，人民检察院错误处分或者人事处理不当的现象可能会发生，为了使人民检察院及其工作人员能够慎重处理涉及检察官权益的问题，同时为补偿检察官因受到错误的处理而造成的损失，法律规定人民检察院及其工作人员对检察官错误处分或者人事处理后应采取相应的纠正措施。具体包括以下内容：

（1）对检察官处分或者人事处理错误的，应当及时予以纠正。人民检察院应当本着实事求是、有错必纠的原则，一经发现由其作出的对检察官的处分或者人事处理决定是错误的，必须尽快、及时地予以纠正，避免造成检察官权益的更大损害。这里的处分，是指根据本法第四十七条的规定，给予检察官的处分。本法第四十七条第一款规定："检察官有下列行为之一的，应当给予处分，构成犯罪的，依法追究刑事责任：（一）贪污受贿、徇私枉法、刑讯逼供的；（二）隐瞒、伪造、变造、故意损毁证据、案件材料的；（三）泄露国家秘密、检察工作秘密、商业秘密或者个人隐私的；（四）故意违反法律法规办理案件的；（五）因重大过失导致案件错误并造成严重后果的；（六）拖延办案，贻误工作的；（七）利用职权为自己或者他人谋取私利的；（八）接受当事人及其代理人利益输送，或者违反有关规定会见当事人及其代理人的；（九）违反有关规定从事或者参与营利性活动，在企业或者其他营利性组织中兼任职务的；（十）有其他违纪违法行为的。"这里的"人事处理"，是指根据本法第六十九条和《中华人民共和国公务员法》第九十五条的规定，对因法律规定的情形，对检察官作出的除处分以外的，如辞退、不予批准辞职、定期考核定为不称职、扣减福利待遇等其他处理事项。《中华人民共和国公务员法》第九十五条第一款规定："公务员对涉及本人的下列人事处理不服的，可以自知道该人事处理之日起三十日内向原处理机关申请复核；对复核结果不服的，可以自接到复核决定之日起十五日内，按照规定向同级公务员主管部门或者作出该人事处理的机关的上一级机关提出申诉；也可以不经复核，自知道该人事处理之日起三十日内直接提出申诉：（一）处分；（二）辞退或者取消录用；（三）降职；（四）定期考核定为不称职；（五）免职；（六）申请辞职、提前退休未予批准；（七）不按照规定确定或者扣减工资、福利、保险待遇；（八）法律、法规规定可以申诉的其他情形。"本法第六十九条规定，有关检察官的权利、义务和管理制度，本法已有规定的，适用本法的规定；本法未作规定的，适用公务员管理的相关法律法规。如果给予检察官的处分或者人事处理错误的，应当及时纠正。

（2）造成名誉损害的，应当恢复名誉、消除影响、赔礼道歉。公民享有名誉和名誉权，所谓名誉，是指公民在社会生活中所获得的名望声誉，是一个人的品德、才干、信誉等在社会生活中所获得社会评价。名誉权，是指以名誉的维护和安全为内容的人格权。这里所说的名誉损害，是指由于人民检察院及其工作人员对检察官的处分或者人事处理错误，在一定范围内损害了检察官的名声、信誉。对于造成检察官名誉损害的，应当向检察官赔礼道歉，并负责在造成检察官名誉损害的范围内恢复检察官的名誉，并消除因对检察官处分或者人事处理错误而造成的不良影响。

（3）造成经济损失的，应当赔偿。由于人民检察院及其工作人员对检察官的错误处分或者处理，从而给检察官造成经济损失的，人民检察院应当负责赔偿。比如，《中华人民共和国公务员法》第六十四条规定，公务员在受处分期间不得晋升职务、职级和级别，其中受记过、记大过、降级、撤职处分的，不得晋升工资档次。受处分的期间为：警告，六个月；记过，十二个月；记大过，十八个月；降级、撤职，二十四个月。受撤职处分的，按照规定降低级别。第八十条第四款规定，公务员在定期考核中被确定为优秀、称职的，按照国家规定享受年终奖金。由于对检察官的错误处分或者处理，导致检察官工资福利方面的损失，应当予以赔偿。

（4）对打击报复的直接责任人员，应当依法追究其责任。这里所说的打击报复，是指人民检察院的工作人员利用手中的权力，以各种借口对检察官进行的报复行为，如降职、降级、调离岗位、经济处罚、开除公职、捏造事实诬陷其经济、生活作风上有问题等。对打击报复检察官的直接责任人员，应当依法追究其行政责任；对于滥用职权、假公济私、报复陷害，构成犯罪的，应当依照《中华人民共和国刑法》第二百五十四条报复陷害罪的规定追究其刑事责任。即国家机关工作人员滥用职权、假公济私，对控告人、申诉人、批评人、举报人实行报复陷害的，处二年以下有期徒刑或者拘役；情节严重的，处二年以上七年以下有期徒刑。该条规定的打击报复的方式主要是“滥用职权、假公济私”，目的是“报复陷害”。滥用职权是指国家机关工作人员违背职责而行使职权；假公济私是指国家机关工作人员以工作为名，为徇私情或者实现个人目的而利用职务上的便利；报复陷害主要是指利用手中的权力，以各种借口进行政治上或者经济上的迫害，如降职、降级、调离岗位、经济处罚、开除公职、捏造事实诬陷其经济、生活作风上有问题等。

相关规定

《中华人民共和国公务员法》第95条、第110条；《中华人民共和国检察官法》第47条、第69条；《中华人民共和国刑法》第254条

第八章　附　则

第六十七条　国家对初任检察官实行统一法律职业资格考试制度，由国务院司法行政部门商最高人民检察院等有关部门组织实施。

条文主旨

本条是关于初任检察官实行统一法律职业资格考试制度的规定。

立法背景

本法第十二条第一款第七项规定，初任检察官应当通过国家统一法律职业资格考试取得法律职业资格。《中华人民共和国法官法》第十二条第一款第七项也规定，初任法官应当通过国家统一法律职业资格考试取得法律职业资格。根据上述规定，通过国家法律职业资格考试是担任法官、检察官的必备条件。国家统一法律职业资格考试是国家选拔法律职业人才的重要法定考试，对于完善法律职业资格制度，全面推进高素质检察官队伍建设，具有重要意义。本法附则对初任检察官实行统一法律职业资格考试制度和考试的组织实施作了规定。

改革开放以来，我国的法律职业资格考试制度经历了由建立到完善的过程，检察官法关于初任检察官任职资格的规定也多次修改完善。2001 年以前，我国初任法律职业人员的资格考试是由各法律职业主管部门分别组织的，即由法院系统组织初任法官资格考试，检察院系统组织初任检察官资格考试，司法行政机关组织律师资格考试。1995 年《中华人民共和国检察官法》第十三条第一款规定，初任检察员、助理检察员采用公开考试、严格考核的办法，按照德才兼备的标准，从具备检察官条件的人员中择优提出人选。这里规定的公开考试，就是指检察院系统组织的初任检察官资格考试。从实践情况看，各方面普遍反映认为全国统一的律师资格考试在试题难度、考试纪律、分数评定等方面都相对较为严格、规范，对初任法官、检察官的要求不能比取得律师资格的要求低，也应当实行全国统一的法律业务考试。2001 年，有关部门在修改法官法、检察官法工作中对设立国家统一司法考试进行了研究，达成了共识，即设立国家统一司法考试制度，有利于提高法律职业人员素质，加强法律职业人员管理，保障法律职业人员依法履行职责，保障司法公正。2001 年 6 月，全国人大常委会对法官法、检察官作出了修改。修改后的《中华人民共和国检察官法》第十三条第一款规定，初任检察官采用严格考核的办法，按照德才兼备的标准，从通过国家统一司法考试取得资格，并且具备检察官条件的人员中择优提出人选。第五十四条规定，国家对初任检察官、法官和取得律师资格实行统一的司法考试制度。国务院司法行政部门会同最高人民检察院、最高人民法院共同制定司法考试实施办法，由国务院司法行政部门负责实施。随后，全国人大常委会对律师法和公证法也作了相应修改。2001 年 10 月，最高人民法院、最高人民检察院、司法部联合制定了《国家司法考试实施办法》，对国家统一司法考试的考试内容、考试组织、资格授予等工作作了规定。司法部还牵头组织了国家司法考试协调委员会，最高人民法院、最高人民检察院等有关部门和专家学者参加，负责就确定、调整国家司法考试的有关政策、原则进行协调，就国家司法考试制度的健全，完善提供咨询。涵盖初任法官、检察官、律师、公证员的国家统一司法考试制度建立起来。

自 2002 年以来，司法部开始牵头组织国家统一司法考试。司法考试实行国家统一命题、统一组织、统一评卷、统一录取的实施模式，命题范围以司法部制定并公布的《国家司法考试大纲》为依据，命题专家以法学各学科权威专家为主、中青年专家为辅，命题来源以题库案例库为基础并及时更新。考试一般安排在 9 月的第三个双休日举行，采用闭卷、笔试的方式，分四卷进行。每年度司法考试的通过人数及合格分数线，由司法部商最高人民法院、最高人民检察院确定后公布。参加司法考试成绩合格，并不具有不能报名参加国家司法考试规定情形的人员，可向司法部申请授予法律职业资格，由司法部颁发《法律职业资格证书》。从 2002 年到 2016 年，共组织了 15 次司法考试，全国共有 460 万余人参加考试，授予法律职业资格 87 万余人，其中 40 多万人从事法官、检察官、律师、公证员和其他法律职业，为全面依法治国提供了重要人才保障。

2014 年 10 月，党的十八届四中全会通过的《中共中央关于全面推进依法治国若干重大问题的决定》提出，完善法律职业准入制度，健全国家统一法律职业资格考试制度。2015 年 9 月，《中共中央办公厅、国务院办公厅关于完善国家统一法律职业资格制度的意见》，提出将司法考试制度调整为国家统一法律职业资格考试。将应当取得法律职责资格的人员由法官、检察官、律师、公证员扩大到法律顾问、仲裁员（法律类）和政府部门中从事行政处罚决定审核、行政复议、行政裁决的人员。根据党中央的决策部署，有关部门对关于法律职业资格的法律进行了研究修改。2017 年 9 月 1 日，第十二届全国人大常委会第二十九次会议通过了《关于修改〈中华人民共和国法官法〉等八部法律的决定》，对法官法、检察官法、公务员法、律师法、公证法、仲裁法、行政处罚法、行政复议法有关规定进行了“打包修改”，对法律职业人员范围、取得法律职业资格的条件、禁止从事法律职业的情形等作出规定，法律规定中的“统一司法考试”被修改为“国家统一法律职业资格考试”。2017 年修改的检察官法第十三条第一款规定，初任检察官采用考试、考核的办法，按照德才兼备的标准，从通过国家统一法律职业资格考试取得法律职业资格并且具备检察官条件的人员中择优提出人选。第五十四条规定，国家对初任检察官实行统一法律职业资格考试制度，由国务院司法行政部门商最高人民检察院等有关部门组织实施。同年 4 月，司法部制定了《国家统一法律职业资格考试实施办法》，对国家统一法律职业资格考试的考试组织、报名条件、考试内容和方式、违纪处理、法律职业资格授予和管理作了规定。同年 8 月，司法部印发了印发《国家统一法律职业资格考试工作规则》《国家统一法律职业资格考试应试规则》《国家统一法律职业资格考试监考规则》，对国家统一法律职业资格考试考务工作作了具体规定。司法部牵头的国家司法考试协调委员会也改为国家统一法律职业资格考试协调委员会。按照新的考试实施办法，2018 年 9 月 22 日，首次国家统一法律职业资格考试进行了客观题考试，10 月 20 日进行了主观题考试。

2019 年修订检察官法，贯彻落实党中央完善国家统一法律职业资格制度，建立国家统一法律职业资格考试制度的决策部署，总结国家统一法律职业资格考试制度的改革实践经验，进一步完善了有关检察官条件的规定。对于 2017 年修改后的《中华人民共和国检察官法》第五十四条的规定未再作修改。

本条规定注意了与人民检察院组织法、公务员法的衔接。《中华人民共和国人民检察院组织法》第四十二条中规定，检察官从取得法律职业资格并且具备法律规定的其他条件的人员中选任。《中华人民共和国公务员法》第二十五条第二款规定，国家对行政机关中初次从事行政处罚决定审核、行政复议、行政裁决、法律顾问的公务员实行统一法律职业资格考试制度，由国务院司法行政部门商有关部门组织实施。本条的规定体现了《中华人民共和国人民检察院组织法》第四十二条规定的精神，也与《中华人民共和国公务员法》第二十五条第二款规定的精神相衔接。

条文解读

本条规定了两层意思。一是，国家对初任检察官实行统一法律职业资格考试制度。这里规定的“初任检察官”是指首次担任检察官，国家统一法律职业资格考试实施前已经担任检察官的人员，不需要再通过国家统一法律职业资格考试。国家统一法律职业资格考试是指由国家统一组织的对从事法律职业，即法官、检察官、律师、公证员、法律顾问、仲裁员（法律类）和政府部门中从事行政处罚决定审核、行政复议、行政裁决的人员进行的统一的资格考试。通过这一资格考试的人员，具有担任检察官的资格，也具有从事其他法律职业的资格。

二是，国家统一法律职业资格考试由国务院司法行政部门商最高人民检察院等有关部门组织实施。国务院司法行政部门即司法部，是牵头组织国家统一法律职业资格考试的部门，考试的具体考务工作由司法部和地方司法行政机关负责承担。同时，国家统一法律职业资格考试涉及的主要法律职业的主管部门等也参加考试的组织工作，本条规定司法部“商最高人民检察院等有关部门”组织实施。实践中，国家统一法律职业资格考试协调委员会是司法部牵头各部门就考试的政策制度进行协调的重要机制，参加这一委员会的除司法部和最高人民检察院外，还有最高人民法院、全国人大有关专门委员会和工作机构等部门。

关于对国家统一法律职业资格考试组织的具体工作制度，司法部制定的《国家统一法律职业资格考试实施办法》和《国家统一法律职业资格考试工作规则》《国家统一法律职业资格考试应试规则》《国家统一法律职业资格考试监考规则》对此作了规定。根据有关规定，国家统一法律职业资格考试由司法部负责实施。省级司法行政机关应当明确专门机构，按照有关规定承办国家统一法律职业资格考试的考务等工作。设区的市级或者直辖市的区（县）司法行政机关，应当在上级司法行政机关的监督指导下，承担本辖区内的国家统一法律职业资格考试的考务等工作。国家统一法律职业资格考试实行全国统一命题，考试内容和命题范围以司法部当年公布的《国家统一法律职业资格考试大纲》为准。考试每年举行一次，分为客观题考试和主观题考试两部分，综合考查应试人员从事法律职业应当具有的政治素养、业务能力和职业伦理。

应试人员客观题考试成绩合格的方可参加主观题考试，客观题考试合格成绩在本年度和下一个考试年度内有效。考试实行全国统一评卷，统一确定合格分数线，考试成绩及合格分数线由司法部公布。参加国家统一法律职业资格考试成绩合格，且不具有不得报名参考情形的人员，可以按照规定程序申请授予法律职业资格，由司法部颁发法律职业资格证书。

相关规定

《中华人民共和国人民检察院组织法》第42条；《中华人民共和国公务员法》第25条；《国家统一法律职业资格考试实施办法》

第六十八条　人民检察院的检察官助理在检察官指导下负责审查案件材料、草拟法律文书等检察辅助事务。

人民检察院应当加强检察官助理队伍建设，为检察官遴选储备人才。

条文主旨

本条是关于加强检察官助理队伍建设的规定

立法背景

1. 新增加强检察官助理队伍建设规定的背景

落实司法人员分类改革制度规定。司法人员分类制度改革，完善检察院人员的分类管理，是推进全面依法治国，提高司法公信力，保证公正司法的客观要求，在深化司法体制改革中居于基础性地位。本条是2019年修订检察官法时新增加的条款，将司法体制改革中执行有关规定的情况进一步予以明确。党的十八届三中全会提出要“建立符合职业特点的司法人员管理制度”“完善司法人员交流管理制度”，十八届四中全会进一步提出要“加快建立符合职业特点的法治工作人员管理制度”“建立法官、检察官、人民警察专业职务序列及工资制度”。实行司法人员分类改革，完善检察院人员的分类管理，是推进全面依法治国，提高司法公信力，保证公正司法的客观要求，在深化司法体制改革中居于基础性地位。实行人员分类管理，是遵循检察工作规律、提升检察工作质效的内在需求。长期以来，检察院人员的考核管理与普通公务员一样，检察官与其他工作人员混编管理，未能体现司法规律和职业特点，不易调动各类工作人员的积极性。司法运行规律要求司法机关采取有别于普通公务员管理的制度，突出检察院职责的特殊性，根据不同岗位的工作特点，并为其搭建各自的发展平台，使每类人员都有晋升渠道，实现人尽其才和才尽其用。检察院人员分类管理制度，是指根据检察机关工作人员的岗位性质和任务分工进行分类管理的制度。检察院工作人员分为检察官、检察辅助人员和司法行政人员。核心是实行检察官员额制，检察辅助人员按国家有关规定管理，司法行政人员按综合管理类公务员管理。检察院人员分类管理制度的目标是建立具有中国特色、符合检察工作规律、体现人民检察院工作人员职业特点，分类科学、结构合理、职责明晰、管理规范的管理制度。检察官是依法行使国家检察权的司法人员，遴选初任检察官采用考核、考试的办法，按照德才兼备的标准，从具备检察官条件的人员中择优提出人选。检察官的产生一般通过逐级遴选的方式，初任检察官一般到基层人民检察院任职。上级人民检察院检察官一般逐级遴选。

检察官助理制度是为落实司法体制改革和深化干部人事制度改革的总体部署，推行人民检察院工作人员分类管理制度改革的一项重要制度安排。中共中央组织部、最高人民检察院于 2013 年印发《关于印发〈人民检察院工作人员分类管理制度改革意见〉的通知》（中组发〔2013〕11 号），开始在我国探索推行检察官助理制度。《最高人民检察院关于完善人民检察院司法责任制的若干意见》（高检发〔2015〕10 号）规定推行检察官办案责任制，实行检察人员分类管理，落实检察官员额制。独任检察官和检察官办案组办理案件，配备必要的检察辅助人员。同年，中央组织部、最高人民法院、最高人民检察院印发《〈关于招录人民法院法官助理、人民检察院检察官助理的意见〉的通知》（组通字〔2015〕46 号），对检察官助理招录原则、条件、程序等作出了具体规定。这两个文件为进一步推行检察官助理制度提供了依据。2013 年 11 月《中共中央关于全面深化改革若干重大问题的决定》提出，建立符合职业特点的司法人员管理制度，健全法官、检察官、人民警察统一招录、有序交流、逐级遴选机制，完善司法人员分类管理制度，健全法官、检察官、人民警察职业保障制度。检察官助理是辅助检察官办案的重要力量，承担着大量具体事务性工作。检察官遴选的一个重要途径就是从法官助理、检察官助理中产生。虽然检察官助理在性质上不属于检察官，但从长远规划和后备人才培养考虑，这支队伍的建设应当进一步加强，因此本法对此作了原则性规定。

2. 各方面提出的意见

有的意见提出，草拟法律文书是检察官最核心的工作，建议删除检察官助理“草拟法律文书”；检察官助理和书记员在检察院承担重要工作，建议附则中增加“在人民检察院工作的检察官助理和书记员，参照本法第五十四条予以保护”的规定。

有的意见提出，《中华人民共和国人民检察院组织法》第四十三条对检察官助理的职责作了规定，检察官法可对相关内容不作规定，建议删去。

条文解读

本条是关于检察官助理职责及加强检察官助理队伍建设的规定。本条第一款规定了检察官助理的职责。建立检察官助理职能是遵循检察规律，落实司法责任制，优化司法资源配置，全面深化改革的关键环节。明确检察官助理的职能定位，有利于其更好地发挥自身优势，确保司法体制相关改革积极稳妥开展。依据《中华人民共和国人民检察院组织法》第四十三条第一款和本条规定，检察官助理是专职检察辅助工作的司法人员，但不同于司法体制改革前的助理检察员，不具有独立办案的资格。检察官助理在检察官指导下负责审查案件材料、草拟法律文书等检察辅助事务。检察官助理需在检察官的指导下开展工作，具有辅助性。《中华人民共和国人民检察院组织法》第四十三第二款规定，符合检察官任职条件的检察官助理，经遴选后可以按照检察官任免程序任命为检察官。根据这一规定，检察官助理也是检察官的后备人员，属于检察官的重要来源之一。检察官助理作为人民检察院的工作人员，其工作重心必须紧紧围绕和服务于检察院的职权和工作。检察官助理作为检察辅助人员，其必须协助检察官，在检察官的指导下开展工作。同时，根据本条第一款的规定，检察官助理负责审查案件材料、草拟法律文书等检察辅助事务，不能独立开展检察业务。《中华人民共和国人民检察院组织法》第二十条规定："人民检察院行使下列职权：（一）依照法律规定对有关刑事案件行使侦查权；（二）对刑事案件进行审查，批准或者决定是否逮捕犯罪嫌疑人；（三）对刑事案件进行审查，决定是否提起公诉，对决定提起公诉的案件支持公诉；（四）依照法律规定提起公益诉讼；（五）对诉讼活动实行法律监督；（六）对判决、裁定等生效法律文书的执行工作实行法律监督；（七）对监狱、看守所的执法活动实行法律监督；（八）法律规定的其他职权。"根据这一规定，检察院的工作主要有以下几个方面：（1）自侦案件的刑事侦查；（2）对刑事案件的审查、批准或者决定逮捕；（3）对刑事案件的审查公诉，并支持公诉；（4）提起公益诉讼；五是进行法律监督，即对诉讼活动、生效法律文书的执行、监狱和看守所的执法活动实行法律监督，对生效判决、裁定提起抗诉等。根据上述规定，检察官助理的职责主要有以下几个方面：（1）审查自侦和提请批捕、公诉的刑事案件的材料；（2）审查检察院提起的公益诉讼案件的材料；（3）审查检察院提起抗诉案件的材料；（4）协助检察官对诉讼活动、生效法律文书的执行、监狱和看守所的执法活动实行法律监督；（5）起草法律文书，主要是批准或者不批准逮捕决定书、公诉书、抗诉书等；（6）从事检察官交办的其他检察辅助事务。

本条第二款是加强检察官助理队伍建设的规定。有的地方反映，检察院岗位吸引力不足，招录人员困难；员额制改革后，检察院人才流失，检察官助理队伍不足，不能做到入额检察官每人配检察官助理，年龄断层严重。检察官助理作为辅助检察官办案的重要力量，承担着大量具体事务性工作。检察官遴选的一个重要途径就是从检察官助理中产生。虽然检察官助理在性质上不属于检察官，但从长远规划和后备人才培养考虑，这支队伍的建设应当进一步加强，因此本法对此作了原则性规定。人民检察院加强检察官助理队伍建设，不仅要增加检察官助理数量，还要依据检察官的标准来提高检察官助理的政治素养、专业能力，培养其良好的职业操守，使其在工作中逐步积累参与办理案件的实践经验，做好遴选检察官的准备。

人民检察院的检察官助理在检察官指导下负责审查案件材料、草拟法律文书等检察辅助事务。检察官助理工作具有辅助性、专业性的特点，不享有签发法律文书、出庭支持公诉的权利。按照权利义务相一致的原则，在其职权范围内承担相应的法律责任。在追究司法责任时，应当正确区分责任。

相关规定

《中华人民共和国法官法》第67条

第六十九条　有关检察官的权利、义务和管理制度，本法已有规定的，适用本法的规定；本法未作规定的，适用公务员管理的相关法律法规。

条文主旨

本条是关于检察官法与公务员管理相关法律法规衔接适用的规定。

立法背景

在本法修订过程中，与公务员法的衔接一直是一个重要问题。修订草案一审稿中对检察官管理制度中与公务员共性的内容都作了规定。在研究过程中，有意见提出，对于与公务员共性的内容，检察官法可不再作出规定，检察官法应当集中规定检察官职业特色管理制度。也有意见提出，保持法律完整性，在本法中适当重复公务员法的相关内容，明确检察官的权利、辞退、奖励、处分以及处分的复核申诉等。经通盘考虑，检察官也是公务员，检察官法中有的内容属于与公务员管理共性的规定，公务员法已有规定，为突出检察官职业特有的规范管理内容，解决实践中检察官队伍建设管理的主要矛盾，采取对与公务员共性内容不作规定，作出衔接性适用规定的办法。据此，删去了有关检察官辞退情形、降职、奖励种类、处分种类和期间计算、人事处理的复核申诉等具体规定。同时，将附则中本条修改为："有关检察官的权利、义务和管理制度，本法已有规定的，适用本法的规定；本法未作规定的，适用公务员管理的相关法律法规。"这一规定是2019年修改新增加的规定。

修订草案二次审议稿第六十八条规定："检察官是实行单独职务序列管理的公务员。有关检察官的权利、义务和管理制度，本法已有规定的，适用本法的规定；本法未作规定的，适用公务员管理的相关法律法规。"在常委会第二次审议过程中，有的常委委员建议，为处理好与公务员法的关系，保持法律完整性，在本法中适当重复公务员法的相关内容，明确检察官的权利、辞退、奖励、处分以及处分的复核申诉等。在征求有关方面意见的过程中，有的部门、专家建议在权利、惩戒等方面进一步明确检察官的特殊性，或者恢复对检察官权利保障的相关内容，做好检察官法修订与公务员法、人民检察院组织法等法律的衔接。

条文解读

一是，有关检察官的权利、义务和管理制度，本法已有规定的，适用本法的规定。《中华人民共和国公务员法》第三条规定，公务员的义务、权利和管理，适用本法。法律对公务员中领导成员的产生、任免、监督以及监察官、法官、检察官等的义务、权利和管理另有规定的，从其规定。本条与公务员上述规定相互衔接。检察官是实行单独职务序列管理的公务员，在本轮司法体制改革过程中探索建立了一些基于检察官职业特色的权利义务和管理制度，本法中作了规定。对于本法已作出规定的，本法相比公务员法属于特别规定，应当适用本法的规定。本法共分八章，对检察官履职的原则、职责、义务和权利、条件和遴选、任免、管理、考核、奖励、惩戒、保障等作了较为全面的规定。本条中规定的“管理制度”是一个大概念，包括本法中的管理以及除了权利义务以外的其他各章内容。

本法对检察官权利义务和管理制度，与公务员具有的相应共性制度性比较，应当注意的具有特殊性的内容包括：(1) 对检察官条件的规定方面，与公务员相比，具有更高的要求，如对于检察官学历条件、从事法律工作年限和取得法律职业资格的要求。(2) 有关检察官任免程序的规定，与一般公务员具有较大不同。(3) 有关任职回避、具有亲属关系任职的回避更为严格。(4) 实行单独职务序列，与公务员职务、职级具有不同，在有关工资保障方面由国家另行规定。检察官的退休制度，根据检察工作特点，由国家另行规定。(5) 实行员额制管理，严格控制员额比例。(6) 考核方面，除与公务员共同的年度考核外，还有对办案能力的考核。实践中，有的人民检察院制定了对检察官办案业绩、绩效考核管理办法。对检察官实行办案考核也是本轮司法体制改革的一项内容，对于经考核不能胜任检察官职务的，要依法免除其检察官职务。因此，检察官办案能力考核与公务员年度考核具有不同，但二者在具体操作中也有交叉，有的检察院实行一次考核两次运用，有的检察院则完全分开。这方面将来还需要在改革实践中进一步完善。(7) 在职业保障方面，本法作了较多的特殊规定，如设立权益保障委员会，以及检察官因依法履行职责面临人身危险的，人民检察院、公安机关应当对检察官及其近亲属采取人身保护、禁止特定人员接触等必要保护措施。上述主要是检察官法与公务员法相关规定在从宏观制度层面的不同，在检察官法和公务员法都有规定的一些共性内容上，检察官法的具体规定也有差别，这些都应当按照检察官法的规定去执行。

二是，本法未作规定的，适用公务员管理的相关法律法规。修订后的检察官法对与公务员管理具有共性的辞职辞退、降职、处分、奖励等内容作了删除。但这样处理只是从两法衔接的角度不再作出重复规定，对检察官的上述管理制度仍应适用公务员法有关规定：

（1）有关辞退的规定。2017 年《中华人民共和国检察官法》第四十三条对检察官的辞退情形作了规定，修订后不再规定。对此，《中华人民共和国公务员法》第八十八条规定："公务员有下列情形之一的，予以辞退：（一）在年度考核中，连续两年被确定为不称职的；（二）不胜任现职工作，又不接受其他安排的；（三）因所在机关调整、撤销、合并或者缩减编制员额需要调整工作，本人拒绝合理安排的；（四）不履行公务员义务，不遵守法律和公务员纪律，经教育仍无转变，不适合继续在机关工作，又不宜给予开除处分的；（五）旷工或者因公外出、请假期满无正当理由逾期不归连续超过十五天，或者一年内累计超过三十天的。"同时，第八十九条规定："对具有下列情形之一的公务员，不得辞退：（一）因公致残，被确认丧失或者部分丧失工作能力的；（二）患病或者负伤，在规定的医疗期内的；（三）女性检察官在孕期、产假、哺乳期内的；（四）法律、行政法规规定的其他不得辞退的情形。"检察官非因上述法定事由、非经法定程序不被辞退。

（2）有关检察官辞职的规定。《中华人民共和国公务员法》第八十六条规定："公务员有下列情形之一的，不得辞去公职：（一）未满国家规定的最低服务年限的；（二）在涉及国家秘密等特殊职位任职或者离开上述职位不满国家规定的脱密期限的；（三）重要公务尚未处理完毕，且须由本人继续处理的；（四）正在接受审计、纪律审查、监察调查，或者涉嫌犯罪，司法程序尚未终结的；（五）法律、行政法规规定的其他不得辞去公职的情形。"上述辞职规定适用于检察官。

3. 有关考核降职的规定。检察官法修订草案一审稿曾对检察官降职作了规定，考虑到与公务员相同，未再作规定。《中华人民共和国公务员法》第五十条第二款的规定，公务员在年度考核中被确定为不称职的，按照规定程序降低一个职务或者职级层次任职。结合检察官职务管理特点，检察官在年度考核中被确定为不称职的，应予降职，检察官降职应当降低一个检察官等级任职，不能将多个等级。根据本法规定，检察官等级分为十二级，依次为首席大检察官、一级大检察官、二级大检察官、一级高级检察官、二级高级检察官、三级高级检察官、四级高级检察官、一级检察官、二级检察官、三级检察官、四级检察官、五级检察官。降职就是降低一个级别，如从四级高级检察官降为一级检察官，从四级检察官降为五级检察官等。如果连续两年考核不合格的，应当予以辞退。根据《推进领导干部能上能下若干规定（试行)》的有关规定，因不适宜担任现职调离岗位、改任非领导职务、免职的，一年内不得提拔；降职的，两年内不得提拔。影响期满后，对德才表现和工作实绩突出，因工作需要且经考察符合任职条件的，可以提拔任职。

（4）有关检察官的奖励。修订后的检察官法删去了有关奖励种类、权限和程序的规定，并增加规定检察官的奖励按照有关规定办理。因此，检察官的奖励适用公务员法等法律法规的规定，如奖励分为：嘉奖，记三等功、二等功、一等功，授予荣誉称号等。

（5）有关处分情形的规定。修订后的检察官法对一些应予处分的行为作了修改。主要针对检察官职业特点对一些应予处分的情形作了规定，对于检察官作为普通公务员应予处分的情形应当适用公务员法的规定。结合公务员法的相关规定，检察官除了本法第四十六条有关行为应予处分之外，具有下列情形之一，应当承担纪律责任的，依照公务员法给予处分或者由监察机关依法给予政务处分；违纪违法行为情节轻微，经批评教育后改正的，可以免予处分。检察官具有上述违法违纪情形的，适用上述规定处理。具体包括：①散布有损宪法权威、中国共产党和国家声誉的言论，组织或者参加旨在反对宪法、中国共产党领导和国家的集会、游行、示威等活动；②组织或者参加非法组织，组织或者参加罢工；③挑拨、破坏民族关系，参加民族分裂活动或者组织、利用宗教活动破坏民族团结和社会稳定；④不担当，不作为，玩忽职守，贻误工作；⑤拒绝执行上级依法作出的决定和命令；⑥对批评、申诉、控告、检举进行压制或者打击报复；⑦弄虚作假，误导、欺骗领导和公众；⑧违反财经纪律，浪费国家资财；⑨滥用职权，侵害公民、法人或者其他组织的合法权益；⑩在对外交往中损害国家荣誉和利益；⑪参与或者支持色情、吸毒、赌博、迷信等活动；⑫违反职业道德、社会公德和家庭美德；⑬违反有关规定参与禁止的网络传播行为或者网络活动；⑭旷工或者因公外出、请假期满无正当理由逾期不归；⑮违纪违法的其他行为。

（6）修订后的检察官法对有关检察官处分具体内容不再规定，而是在本法第四十七条第二款作了转引规定："检察官的处分按照有关规定办理"。《中华人民共和国公务员法》第六十二条至第六十五条对公务员处分制度作了较为全面的规定。例如，有关公务员处分程序的规定，对公务员的处分，应当事实清楚、证据确凿、定性准确、处理恰当、程序合法、手续完备。公务员违纪违法的，应当由处分决定机关决定对公务员违纪违法的情况进行调查，并将调查认定的事实以及拟给予处分的依据告知公务员本人。公务员有权进行陈述和申辩；处分决定机关不得因公务员申辩而加重处分。处分决定机关认为对公务员应当给予处分的，应当在规定的期限内，按照管理权限和规定的程序作出处分决定。处分决定应当以书面形式通知公务员本人。有关处分种类、处分期间和解除的规定，处分分为：警告、记过、记大过、降级、撤职、开除。公务员在受处分期间不得晋升职务、职级和级别，其中受记过、记大过、降级、撤职处分的，不得晋升工资档次。受处分的期间为：警告，六个月；记过，十二个月；记大过，十八个月；降级、撤职，二十四个月。受撤职处分的，按照规定降低级别。公务员受开除以外的处分，在受处分期间有悔改表现，并且没有再发生违纪违法行为的，处分期满后自动解除。解除处分后，晋升工资档次、级别和职务、职级不再受原处分的影响。但是，解除降级、撤职处分的，不视为恢复原级别、原职务、原职级。上述这些规定以及其他有关公务员处分的法律法规适用于检察官处分的规定。需要注意的是有关检察官处分种类的问题。公务员处分种类分为：警告、记过、记大过、降级、撤职、开除等六类。其中，降级是指降低级别，给予公务员降级处分，一般降低一个级别，如果本人级别为最低的，可给予记大过处分。撤职是撤销职务，撤职后按降低一级以上职务另行确定职务，根据新任职务确定相应的级别和职务工资档次。有的意见认为，由于检察官实行单独职务序列改革，检察官职务与行政职级脱钩，不再具有行政级别，不应将降级作为处分种类。降低检察官等级，如从一级检察官降为二级检察官，是降低职务层次，在性质上属于“撤职”或“降职”；而降级在公务员法上是指降低级别，受处分人原职务层次依然不变。因此，检察官处分种类不应再包括降级。应当说，对上述检察官处分种类认识的分歧，是在概念分类层面的理解，对检察官实质上的处分不会产生影响。即检察官违法违纪给予处分的，可以警告、记过、记大过、降低检察官等级和开除。

（7）对有关人事处理不服的复核与申诉。2019 年修订后的检察官法删去了检察官对有关人事处理不服予以申请复核和申诉的规定。对此，应当适用公务员法的相关规定，给予检察官履职行为充分保障。结合公务员法的相关规定，检察官对涉及本人的下列人事处理不服的，可以自知道该人事处理之日起三十日内向原处理机关申请复核；对复核结果不服的，可以自接到复核决定之日起十五日内，按照规定向同级公务员主管部门或者作出该人事处理的机关的上一级机关提出申诉；也可以不经复核，自知道该人事处理之日起三十日内直接提出申诉：①处分；②辞退；③降职；④定期考核定为不称职；⑤免除检察官职务的；⑥申请辞职、提前退休未予批准；⑦不按照规定确定或者扣减工资、福利、保险待遇；⑧法律、法规规定可以申诉的其他情形。对省级以下机关作出的申诉处理决定不服的，可以向作出处理决定的上一级机关提出再申诉。原处理机关应当自接到复核申请书后的三十日内作出复核决定，并以书面形式告知申请人。受理申诉的机关应当自受理之日起六十日内作出处理决定；案情复杂的，可以适当延长，但是延长时间不得超过三十日。检察官不因申请复核、提出申诉而被加重处理。

上述列举的七项规定是 2019 年修订后的检察官法从与公务员法衔接的角度，对原法有关内容不再规定或者调整规定的方面，因此这里专门作了说明。对于上述七项内容以外，检察官法没有规定的有关检察官的权利义务和管理制度，都应当适用公务员法等涉及公务员管理的有关法律法规，检察官法有特别规定或者专门规定的除外。对于检察官和公务员管理制度的适用和区分，将来还应结合检察官法、公务员法的实施和司法体制改革的发展而不断清晰和完善。

相关规定

《中华人民共和国公务员法》第 3 条、第 53 条、第 55 条、第 59 条、第 62 条、第 64 条、第 86 条、第 88 条、第 89 条、第 95 条

第七十条　本法自 2019 年 10 月 1 日起施行。

条文主旨

本条是对检察官法生效日期的规定。

条文解读

法律生效日期，是任何一部法律都涉及的问题。《中华人民共和国立法法》第五十七条规定，法律应当明确规定施行日期。一部法律通过以后，就产生了从什么时候开始生效、在什么地域范围内生效、对什么人有效的问题，即法律的时间效力、空间效力和对人的效力问题。法律的生效日期是法律的时间效力问题的规定。

法律的时间效力包括法律从何时开始生效、到何时终止生效和法律生效后有无溯及力三个问题。正确的理解法律的生效时间，是

运用法律不可缺少的条件。法律从何时开始生效，一般是在立法时根据该项法律的性质和实际需要来决定的，有的法律是在法律条文中明确规定，其从公布之日起生效施行。还有的法律是公布后并不立即生效施行，而是经过一段时间后才开始施行，法律中明确规定具体的生效施行的日期。

本条规定，本法自 2019 年 10 月 1 日起施行，即通过以后经过一段时间再实施。就是为了使法律在通过后能在一段时间做好各方面的准备，以便更好地实施。在这段时间内，有关部门、地方和单位，应当做好施行前的准备工作：一是本法规定的一些制度措施，需要进一步作出具体配套规定的，有关部门应当抓紧制定有关的配套规定；二是有关部门应做好本法的宣传工作，增加对本法的了解。

相关规定

《中华人民共和国立法法》第 57 条

附　录

（一）法　律

中华人民共和国检察官法

（1995年2月28日第八届全国人民代表大会常务委员会第十二次会议通过　根据2001年6月30日第九届全国人民代表大会常务委员会第二十二次会议《关于修改〈中华人民共和国检察官法〉的决定》第一次修正　根据2017年9月1日第十二届全国人民代表大会常务委员会第二十九次会议《关于修改〈中华人民共和国法官法〉等八部法律的决定》第二次修正　2019年4月23日第十三届全国人民代表大会常务委员会第十次会议修订）

目　　录

第一章　总　　则

第一条　为了全面推进高素质检察官队伍建设，加强对检察官的管理和监督，维护检察官合法权益，保障人民检察院依法独立行使检察权，保障检察官依法履行职责，保障司法公正，根据宪法，制定本法。

第二条 检察官是依法行使国家检察权的检察人员，包括最高人民检察院、地方各级人民检察院和军事检察院等专门人民检察院的检察长、副检察长、检察委员会委员和检察员。

第三条 检察官必须忠实执行宪法和法律，维护社会公平正义，全心全意为人民服务。

第四条 检察官应当勤勉尽责，清正廉明，恪守职业道德。

第五条 检察官履行职责，应当以事实为根据，以法律为准绳，秉持客观公正的立场。

检察官办理刑事案件，应当严格坚持罪刑法定原则，尊重和保障人权，既要追诉犯罪，也要保障无罪的人不受刑事追究。

第六条 检察官依法履行职责，受法律保护，不受行政机关、社会团体和个人的干涉。

第二章 检察官的职责、义务和权利

第七条 检察官的职责：

（一）对法律规定由人民检察院直接受理的刑事案件进行侦查；

（二）对刑事案件进行审查逮捕、审查起诉，代表国家进行公诉；

（三）开展公益诉讼工作；

（四）开展对刑事、民事、行政诉讼活动的监督工作；

（五）法律规定的其他职责。

检察官对其职权范围内就案件作出的决定负责。

第八条 人民检察院检察长、副检察长、检察委员会委员除履行检察职责外，还应当履行与其职务相适应的职责。

第九条 检察官在检察长领导下开展工作，重大办案事项由检察长决定。检察长可以将部分职权委托检察官行使，可以授权检察官签发法律文书。

第十条 检察官应当履行下列义务：

（一）严格遵守宪法和法律；

（二）秉公办案，不得徇私枉法；

（三）依法保障当事人和其他诉讼参与人的诉讼权利；

（四）维护国家利益、社会公共利益，维护个人和组织的合法权益；

（五）保守国家秘密和检察工作秘密，对履行职责中知悉的商业秘密和个人隐私予以保密；

（六）依法接受法律监督和人民群众监督；

（七）通过依法办理案件以案释法，增强全民法治观念，推进法治社会建设；

（八）法律规定的其他义务。

第十一条 检察官享有下列权利：

（一）履行检察官职责应当具有的职权和工作条件；

（二）非因法定事由、非经法定程序，不被调离、免职、降职、辞退或者处分；

（三）履行检察官职责应当享有的职业保障和福利待遇；

（四）人身、财产和住所安全受法律保护；

（五）提出申诉或者控告；

（六）法律规定的其他权利。

第三章 检察官的条件和遴选

第十二条 担任检察官必须具备下列条件：

（一）具有中华人民共和国国籍；

（二）拥护中华人民共和国宪法，拥护中国共产党领导和社会主义制度；

（三）具有良好的政治、业务素质和道德品行；

（四）具有正常履行职责的身体条件；

（五）具备普通高等学校法学类本科学历并获得学士及以上学位；或者普通高等学校非法学类本科及以上学历并获得法律硕士、法学硕士及以上学位；或者普通高等学校非法学类本科及以上学历，获得其他相应学位，并具有法律专业知识；

（六）从事法律工作满五年。其中获得法律硕士、法学硕士学位，或者获得法学博士学位的，从事法律工作的年限可以分别放宽至四年、三年；

（七）初任检察官应当通过国家统一法律职业资格考试取得法律职业资格。

适用前款第五项规定的学历条件确有困难的地方，经最高人民检察院审核确定，在一定期限内，可以将担任检察官的学历条件放宽为高等学校本科毕业。

第十三条 下列人员不得担任检察官：

（一）因犯罪受过刑事处罚的；

（二）被开除公职的；

（三）被吊销律师、公证员执业证书或者被仲裁委员会除名的；

（四）有法律规定的其他情形的。

第十四条 初任检察官采用考试、考核的办法，按照德才兼备的标准，从具备检察官条件的人员中择优提出人选。

人民检察院的检察长应当具有法学专业知识和法律职业经历。副检察长、检察委员会委员应当从检察官、法官或者其他具备检察官条件的人员中产生。

第十五条 人民检察院可以根据检察工作需要，从律师或者法学教学、研究人员等从事法律职业的人员中公开选拔检察官。

除应当具备检察官任职条件外，参加公开选拔的律师应当实际执业不少于五年，执业经验丰富，从业声誉良好，参加公开选拔的法学教学、研究人员应当具有中级以上职称，从事教学、研究工作五年以上，有突出研究能力和相应研究成果。

第十六条 省、自治区、直辖市设立检察官遴选委员会，负责初任检察官人选专业能力的审核。

省级检察官遴选委员会的组成人员应当包括地方各级人民检察院检察官代表、其他从事法律职业的人员和有关方面代表，其中检察官代表不少于三分之一。

省级检察官遴选委员会的日常工作由省级人民检察院的内设职能部门承担。

遴选最高人民检察院检察官应当设立最高人民检察院检察官遴选委员会，负责检察官人选专业能力的审核。

第十七条 初任检察官一般到基层人民检察院任职。上级人民检察院检察官一般逐级遴选；最高人民检察院和省级人民检察院检察官可以从下两级人民检察院遴选。参加上级人民检察院遴选的检察官应当在下级人民检察院担任检察官一定年限，并具有遴选职位相关工作经历。

第四章　检察官的任免

第十八条　检察官的任免，依照宪法和法律规定的任免权限和程序办理。

最高人民检察院检察长由全国人民代表大会选举和罢免，副检察长、检察委员会委员和检察员，由检察长提请全国人民代表大会常务委员会任免。

地方各级人民检察院检察长由本级人民代表大会选举和罢免，副检察长、检察委员会委员和检察员，由检察长提请本级人民代表大会常务委员会任免。

地方各级人民检察院检察长的任免，须报上一级人民检察院检察长提请本级人民代表大会常务委员会批准。

省、自治区、直辖市人民检察院分院检察长、副检察长、检察委员会委员和检察员，由省、自治区、直辖市人民检察院检察长提请本级人民代表大会常务委员会任免。

省级人民检察院和设区的市级人民检察院依法设立作为派出机构的人民检察院的检察长、副检察长、检察委员会委员和检察员，由派出的人民检察院检察长提请本级人民代表大会常务委员会任免。

新疆生产建设兵团各级人民检察院、专门人民检察院的检察长、副检察长、检察委员会委员和检察员，依照全国人民代表大会常务委员会的有关规定任免。

第十九条　检察官在依照法定程序产生后，在就职时应当公开进行宪法宣誓。

第二十条　检察官有下列情形之一的，应当依法提请免除其检察官职务：

（一）丧失中华人民共和国国籍的；

（二）调出所任职人民检察院的；

（三）职务变动不需要保留检察官职务的，或者本人申请免除检察官职务经批准的；

（四）经考核不能胜任检察官职务的；

（五）因健康原因长期不能履行职务的；

（六）退休的；

（七）辞职或者依法应当予以辞退的；

（八）因违纪违法不宜继续任职的。

第二十一条 对于不具备本法规定条件或者违反法定程序被选举为人民检察院检察长的，上一级人民检察院检察长有权提请本级人民代表大会常务委员会不批准。

第二十二条 发现违反本法规定的条件任命检察官的，任命机关应当撤销该项任命；上级人民检察院发现下级人民检察院检察官的任命违反本法规定的条件的，应当要求下级人民检察院依法提请任命机关撤销该项任命。

第二十三条 检察官不得兼任人民代表大会常务委员会的组成人员，不得兼任行政机关、监察机关、审判机关的职务，不得兼任企业或者其他营利性组织、事业单位的职务，不得兼任律师、仲裁员和公证员。

第二十四条 检察官之间有夫妻关系、直系血亲关系、三代以内旁系血亲以及近姻亲关系的，不得同时担任下列职务：

（一）同一人民检察院的检察长、副检察长、检察委员会委员；

（二）同一人民检察院的检察长、副检察长和检察员；

（三）同一业务部门的检察员；

（四）上下相邻两级人民检察院的检察长、副检察长。

第二十五条 检察官的配偶、父母、子女有下列情形之一的，检察官应当实行任职回避：

（一）担任该检察官所任职人民检察院辖区内律师事务所的合伙人或者设立人的；

（二）在该检察官所任职人民检察院辖区内以律师身份担任诉讼代理人、辩护人，或者为诉讼案件当事人提供其他有偿法律服务的。

第五章 检察官的管理

第二十六条 检察官实行员额制管理。检察官员额根据案件数量、经济社会发展情况、人口数量和人民检察院层级等因素确定，在省、自治区、直辖市内实行总量控制、动态管理，优先考虑基层人民检察院和案件数量多的人民检察院办案需要。

检察官员额出现空缺的，应当按照程序及时补充。

最高人民检察院检察官员额由最高人民检察院商有关部门确定。

第二十七条 检察官实行单独职务序列管理。

检察官等级分为十二级，依次为首席大检察官、一级大检察官、二级大检察官、一级高级检察官、二级高级检察官、三级高级检察官、四级高级检察官、一级检察官、二级检察官、三级检察官、四级检察官、五级检察官。

第二十八条 最高人民检察院检察长为首席大检察官。

第二十九条 检察官等级的确定，以检察官德才表现、业务水平、检察工作实绩和工作年限等为依据。

检察官等级晋升采取按期晋升和择优选升相结合的方式，特别优秀或者工作特殊需要的一线办案岗位检察官可以特别选升。

第三十条 检察官的等级设置、确定和晋升的具体办法，由国家另行规定。

第三十一条 初任检察官实行统一职前培训制度。

第三十二条 对检察官应当有计划地进行政治、理论和业务培训。

检察官的培训应当理论联系实际、按需施教、讲求实效。

第三十三条 检察官培训情况，作为检察官任职、等级晋升的依据之一。

第三十四条 检察官培训机构按照有关规定承担培训检察官的任务。

第三十五条 检察官申请辞职，应当由本人书面提出，经批准后，依照法律规定的程序免除其职务。

第三十六条 辞退检察官应当依照法律规定的程序免除其职务。

辞退检察官应当按照管理权限决定。辞退决定应当以书面形式通知被辞退的检察官，并列明作出决定的理由和依据。

第三十七条 检察官从人民检察院离任后两年内，不得以律师身份担任诉讼代理人或者辩护人。

检察官从人民检察院离任后，不得担任原任职检察院办理案件的诉讼代理人或者辩护人，但是作为当事人的监护人或者近亲属代理诉讼或者进行辩护的除外。

检察官被开除后，不得担任诉讼代理人或者辩护人，但是作为当事人的监护人或者近亲属代理诉讼或者进行辩护的除外。

第三十八条 检察官因工作需要，经单位选派或者批准，可以在高等学校、科研院所协助开展实践性教学、研究工作，并遵守国家有关规定。

第六章 检察官的考核、奖励和惩戒

第三十九条 人民检察院设立检察官考评委员会，负责对本院检察官的考核工作。

第四十条 检察官考评委员会的组成人员为五至九人。

检察官考评委员会主任由本院检察长担任。

第四十一条 对检察官的考核，应当全面、客观、公正，实行平时考核和年度考核相结合。

第四十二条 对检察官的考核内容包括：检察工作实绩、职业道德、专业水平、工作能力、工作作风。重点考核检察工作实绩。

第四十三条 年度考核结果分为优秀、称职、基本称职和不称职四个等次。

考核结果作为调整检察官等级、工资以及检察官奖惩、免职、降职、辞退的依据。

第四十四条 考核结果以书面形式通知检察官本人。检察官对考核结果如果有异议，可以申请复核。

第四十五条 检察官在检察工作中有显著成绩和贡献的，或者有其他突出事迹的，应当给予奖励。

第四十六条 检察官有下列表现之一的，应当给予奖励：

（一）公正司法，成绩显著的；

（二）总结检察实践经验成果突出，对检察工作有指导作用的；

（三）在办理重大案件、处理突发事件和承担专项重要工作中，做出显著成绩和贡献的；

（四）对检察工作提出改革建议被采纳，效果显著的；

（五）提出检察建议被采纳或者开展法治宣传、解决各类纠纷，效果显著的；

（六）有其他功绩的。

检察官的奖励按照有关规定办理。

第四十七条 检察官有下列行为之一的，应当给予处分；构成犯罪的，依法追究刑事责任：

（一）贪污受贿、徇私枉法、刑讯逼供的；

（二）隐瞒、伪造、变造、故意损毁证据、案件材料的；

（三）泄露国家秘密、检察工作秘密、商业秘密或者个人隐私的；

（四）故意违反法律法规办理案件的；

（五）因重大过失导致案件错误并造成严重后果的；

（六）拖延办案，贻误工作的；

（七）利用职权为自己或者他人谋取私利的；

（八）接受当事人及其代理人利益输送，或者违反有关规定会见当事人及其代理人的；

（九）违反有关规定从事或者参与营利性活动，在企业或者其他营利性组织中兼任职务的；

（十）有其他违纪违法行为的。

检察官的处分按照有关规定办理。

第四十八条 检察官涉嫌违纪违法，已经被立案调查、侦查，不宜继续履行职责的，按照管理权限和规定的程序暂时停止其履行职务。

第四十九条 最高人民检察院和省、自治区、直辖市设立检察官惩戒委员会，负责从专业角度审查认定检察官是否存在本法第四十七条第四项、第五项规定的违反检察职责的行为，提出构成故意违反职责、存在重大过失、存在一般过失或者没有违反职责等审查意见。检察官惩戒委员会提出审查意见后，人民检察院依照有关规定作出是否予以惩戒的决定，并给予相应处理。

检察官惩戒委员会由检察官代表、其他从事法律职业的人员和有关方面代表组成，其中检察官代表不少于半数。

最高人民检察院检察官惩戒委员会、省级检察官惩戒委员会的日常工作，由相关人民检察院的内设职能部门承担。

第五十条 检察官惩戒委员会审议惩戒事项时，当事检察官有权申请有关人员回避，有权进行陈述、举证、辩解。

第五十一条 检察官惩戒委员会作出的审查意见应当送达当事检察官。当事检察官对审查意见有异议的，可以向惩戒委员会提出，惩戒委员会应当对异议及其理由进行审查，作出决定。

第五十二条 检察官惩戒委员会审议惩戒事项的具体程序，由最高人民检察院商有关部门确定。

第七章 检察官的职业保障

第五十三条 人民检察院设立检察官权益保障委员会，维护检察官合法权益，保障检察官依法履行职责。

第五十四条 除下列情形外，不得将检察官调离检察业务岗位：

（一）按规定需要任职回避的；

（二）按规定实行任职交流的；

（三）因机构调整、撤销、合并或者缩减编制员额需要调整工作的；

（四）因违纪违法不适合在检察业务岗位工作的；

（五）法律规定的其他情形。

第五十五条 任何单位或者个人不得要求检察官从事超出法定职责范围的事务。

对任何干涉检察官办理案件的行为，检察官有权拒绝并予以全面如实记录和报告；有违纪违法情形的，由有关机关根据情节轻重追究有关责任人员、行为人的责任。

第五十六条 检察官的职业尊严和人身安全受法律保护。

任何单位和个人不得对检察官及其近亲属打击报复。

对检察官及其近亲属实施报复陷害、侮辱诽谤、暴力侵害、威胁恐吓、滋事骚扰等违法犯罪行为的，应当依法从严惩治。

第五十七条 检察官因依法履行职责遭受不实举报、诬告陷害、侮辱诽谤，致使名誉受到损害的，人民检察院应当会同有关部门及时澄清事实，消除不良影响，并依法追究相关单位或者个人的责任。

第五十八条 检察官因依法履行职责，本人及其近亲属人身安全面临危险的，人民检察院、公安机关应当对检察官及其近亲属采取人身保护、禁止特定人员接触等必要保护措施。

第五十九条 检察官实行与其职责相适应的工资制度，按照检察官等级享有国家规定的工资待遇，并建立与公务员工资同步调整机制。

检察官的工资制度，根据检察工作特点，由国家另行规定。

第六十条 检察官实行定期增资制度。

经年度考核确定为优秀、称职的，可以按照规定晋升工资档次。

第六十一条 检察官享受国家规定的津贴、补贴、奖金、保险和福利待遇。

第六十二条 检察官因公致残的，享受国家规定的伤残待遇。检察官因公牺牲、因公死亡或者病故的，其亲属享受国家规定的抚恤和优待。

第六十三条 检察官的退休制度，根据检察工作特点，由国家另行规定。

第六十四条 检察官退休后，享受国家规定的养老金和其他待遇。

第六十五条 对于国家机关及其工作人员侵犯本法第十一条规定的检察官权利的行为，检察官有权提出控告。

第六十六条 对检察官处分或者人事处理错误的，应当及时予以纠正；造成名誉损害的，应当恢复名誉、消除影响、赔礼道歉；造成经济损失的，应当赔偿。对打击报复的直接责任人员，应当依法追究其责任。

第八章 附 则

第六十七条 国家对初任检察官实行统一法律职业资格考试制度，由国务院司法行政部门商最高人民检察院等有关部门组织实施。

第六十八条 人民检察院的检察官助理在检察官指导下负责审查案件材料、草拟法律文书等检察辅助事务。

人民检察院应当加强检察官助理队伍建设，为检察官遴选储备人才。

第六十九条 有关检察官的权利、义务和管理制度，本法已有规定的，适用本法的规定；本法未作规定的，适用公务员管理的相关法律法规。

第七十条 本法自 2019 年 10 月 1 日起施行。

（二）立法资料

关于《中华人民共和国检察官法（修订草案）》的说明

——2017年12月22日在第十二届全国人民代表大会常务委员会第三十一次会议上

最高人民检察院检察长　曹建明

委员长、各位副委员长、秘书长、各位委员：

我代表最高人民检察院，作关于《中华人民共和国检察官法（修订草案）》的说明。

一、修改检察官法的重要意义

现行检察官法于1995年2月28日第八届全国人大常委会第十二次会议通过，2001年6月30日第九届全国人大常委会第二十二次会议、2017年9月1日第十二届全国人大常委会第二十九次会议修正。检察官法的立法、修改与施行，对于加强和规范检察官管理，促进检察官队伍正规化、专业化、职业化建设，提升检察队伍素质能力具有十分重要的意义。随着全面依法治国的深入推进，检察工作和检察官队伍建设面临新的形势，对检察官队伍建设和管理体制提出了新的更高要求，修改完善检察官法十分必要。

第一，修改完善检察官法，是贯彻落实党中央重大决策部署，巩固深化司法体制改革成果的必然要求。党的十八大以来，以习近平同志为核心的党中央对深化司法体制改革和保障司法公正作出一系列重大决策部署，检察人员分类管理、员额制、检察官办案责任制等司法改革取得重大成果。修改检察官法，对于及时巩固改革成果，提高司法质量效率和公信力，具有十分重要的意义。

第二，修改完善检察官法，是推进检察官队伍正规化专业化职业化建设的客观需要。党中央对政法队伍建设提出了新的要求。修改检察官法，对于提高检察官队伍专业素养、职业保障和规范化管理水平，保障依法履职，具有十分重要的意义。

第三，修改完善检察官法，是完善中国特色社会主义法律体系的重要内容。近年来，刑事诉讼法、民事诉讼法、行政诉讼法相继修改完善，人民检察院组织法修订已取得阶段性成果。各项法律的修改紧密关联，相辅相成。检察官法的修改作为其中重要的一环，对完善中国特色社会主义法律体系具有十分重要的意义。

二、检察官法修改过程、指导思想及基本原则

（一）修改过程。自检察官法修订列入十二届全国人大常委会立法规划以来，最高人民检察院党组高度重视，专门成立了修改小组。修改小组深入各省区市调研，组织召开法学专家论证会，反复征求各省级检察院意见，并委托部分专家、部分省级院起草专家意见稿和地方建议稿，广泛征求中组部、中央编办、公安部、司法部、财政部、人力资源社会保障部、国务院法制办等中央有关部门意见，并多次与中央政法委、全国人大内司委、全国人大常委会法工委和最高法院沟通协商，反复推敲、修改完善。最高人民检察院党组5次专题研究，形成了目前的检察官法修订草案（以下简称《修订草案》）。

（二）指导思想。深入贯彻党的十八大、十八届历次中央全会和党的十九大精神，以习近平新时代中国特色社会主义思想为指导，以宪法为依据，以现行检察官法为基础，以推进检察官正规化、专业化、职业化为目标，以确保检察权依法独立公正行使为核心，以强化检察官职责、管理和保障为重点，充分吸收司法体制改革成果，借鉴参考有关国家和地区检察官管理经验，力争将检察官法修改成为与党中央要求相适应、与形势相符合、体现检察官职业特点规律的法律制度，为建设公正高效权威的社会主义司法制度、实现中华民族伟大复兴的中国梦提供法律保障。

（三）基本原则。一是坚持一般性与特殊性相结合。检察官性质上仍属于公务员，具有普通公务员管理的共性，在修改中注意吸收《公务员法》一般性规定。检察官作为行使检察权的特殊公务员，又不同于普通公务员。因此《修订草案》又注意遵循司法人员管理和司法权运行一般性规律，体现检察属性特点和检察权运行的特殊性。二是坚持总结吸收司法体制改革经验与推进改革成果法律化相结合。注意总结吸收近年来检察队伍正规化专业化职业化建设的成功经验，充分吸收本轮司法体制改革成果。三是注重与宪法、人民检察院组织法等相衔接。坚持在现行宪法框架范围内进行修改，并注意与正在修改的人民检察院组织法同步对接。四是坚持立足我国国情与借鉴域外经验相结合。始终坚持立足中国实际，坚持党的领导、人民当家作主、依法治国有机统一，坚持从我国基本国情出发，同时又注重研究借鉴域外检察官管理有益经验。

三、需要重点说明的问题

（一）关于总体框架和体例。现行检察官法共17章56条，《修订草案》调整为8章76条，减少了9章，增加了20条。减少章节的主要考虑是，现行检察官法章多条文少，有些章甚至只有两三个法条，导致内容较散，很难突出检察官管理的重点。增加条文主要是把司法体制改革成果吸收进来。目前，《修订草案》按照检察官管理的职责义务和权利、遴选、任免、管理、考核奖励和惩戒、保障等顺序进行，章节更加精简，更加符合司法规律，更具科学性与操作性。

（二）关于检察官的范围及称谓。现行检察官包括“检察长、副检察长、检察委员会委员、检察员和助理检察员”。《修订草案》取消“检察员”和“助理检察员”的称谓，并根据正在修订的《人民检察院组织法（修订草案）》，修改为“其他检察官”。（草案第二条、十八条）

（三）关于检察长统一领导权。根据现行人民检察院组织法规定，检察长统一领导检察院的工作。《修订草案》明确了检察长的统一领导权，规定“检察官在检察长领导下开展工作，检察长对所

属检察官办理案件进行指挥监督，重大办案事项由检察长决定”。(草案第九条)

(四) 关于检察官任职条件

1. 关于学历条件。《修订草案》明确检察官需具备全日制法学类本科以上学历，原则上不再放宽学历条件。主要考虑是随着我国法学教育不断发展，具备大学本科学历的学生，尤其是政法院校毕业生不断增加，提高初任检察官学历条件有了很好的基础，且目前检察官队伍中法学类本科以上学历人员占绝大多数。明确这一规定也与《关于完善国家统一法律职业资格制度的意见》中有关取得法律职业资格的学历要求相符。(草案第十二条)

2. 关于年龄条件。《修订草案》保留了目前关于担任检察官须年满二十三岁的规定。主要考虑是：年龄条件只是担任检察官的条件之一，任职还必须满足能力、经历、学历等其他条件。《公务员法》明确公务员任职年龄为“年满十八周岁”，工作满五年后为二十三岁，符合人才成长规律和实际情况。规定年龄过高，不利于吸收优秀人才充实检察官队伍。特别是，《修订草案》规定检察官需“具有五年以上的法律工作经历”，实际上已经通过工作经历的限制来达到提高任职年龄的目的。(草案第十二条)

3. 关于法律经历条件。根据《法官、检察官单独职务序列改革试点方案》，初任检察官须任检察官助理满五年。《修订草案》吸收了检察官任职法律工作年限条件，明确“从事法律工作满五年”。(草案第十二条)

4. 关于检察长、副检察长和检察委员会委员的任职条件。根据《人民检察院组织法（修订草案)》的修改内容，规定为“人民检察院的检察长应当具有法学专业知识和法律职业经历。副检察长、检察委员会委员应当从检察官中产生”。(草案第十四条)

(五) 关于检察官免除职务、降职的情形。根据《关于严格执行法官检察官遴选标准和程序的通知》精神，《修订草案》增加“办案质量效率连续两年不达标，不能胜任检察官职务的”作为免除检察官职务的法定情形。同时，根据公务员法的相关规定，“一次年度考核不称职”属于公务员降职而非免职的情形。为此，增设检察官降职的规定，即“检察官在年度考核中被确定为不称职的，应予降职。检察官降职，应当降低一个检察官等级”。（草案第二十一、四十一、四十二条）

（六）关于检察官兼职禁止和任职回避

1. 关于检察官兼职禁止。《修订草案》增加检察官不得在“其他营利性组织”兼职、不得兼任“仲裁员和公证员”情形。同时，为贯彻落实中央关于加强法学高等学校和法律实务部门之间相互交流的精神，《修订草案》规定“检察官经过批准可以在高等学校、科研院所兼职从事教学、研究工作”。（草案第二十五条）

2. 关于被开除公职的检察官不得担任诉讼代理人和辩护人。这是根据从严管理司法队伍要求作出的规定。（草案第二十七条）

3. 关于检察官任职回避。《修订草案》规定：“检察官的配偶、子女有下列情形之一的，检察官应当实行任职回避：（一）担任该检察官所任职人民检察院辖区内律师事务所的合伙人或者设立人；（二）在该检察官所任职人民检察院辖区内以律师身份担任诉讼代理人、辩护人，或者为诉讼案件当事人提供其他有偿法律服务的。”（草案第二十八条）

（七）关于检察官员额制。参照《人民检察院组织法（修订草案）》，目前规定“检察官员额根据人民检察院层级、案件数量以及经济社会发展情况、人口数量等因素确定。地方各级人民检察院检察官员额，在省、自治区、直辖市内实行总量控制，动态管理”。（草案第二十九条）

（八）关于检察官单独职务序列等级。为体现检察官单独职务与行政职级脱钩的性质和特点，《修订草案》明确“检察官实行单独职务序列管理”。按照《法官、检察官单独职务序列改革试点方案》要求，明确检察官单独职务序列等级设置“四等十二级”。检察官等级采取按期晋升、择优选升和特别选升的方式晋升。（草案

第三十条至三十三条）

（九）关于检察官惩戒制度。考虑到检察官实行单独职务序列后，与行政职级脱钩，《修定草案》取消了现行检察官法“降级”处分种类。同时，根据中央改革精神和《公务员法》关于惩戒的规定，《修订草案》规定了延期晋升和暂停履行职务的情况。（草案第五十三、五十四、五十六条）

（十）关于检察官的职业保障。根据公务员法和《保护司法人员依法履行法定职责的规定》，《修订草案》规定了检察官履职保障、工资待遇、抚恤优待、退休等制度。（草案第五十八条至六十九条）

《中华人民共和国检察官法（修订草案）》和以上说明是否妥当，请审议。

全国人民代表大会宪法和法律委员会关于《中华人民共和国检察官法（修订草案）》修改情况的汇报

全国人民代表大会常务委员会：

2017 年 12 月，十二届全国人大常委会第三十一次会议对检察官法（修订草案）进行了初次审议。会后，法制工作委员会将修订草案印发各省（区、市）人大常委会、中央有关部门和部分高等院校、研究机构、基层立法联系点等征求意见。在中国人大网全文公布修订草案征求社会公众意见。法制工作委员会还到广东、北京、山西、重庆等地进行调研，了解情况、听取意见，并就修订草案有关问题与最高人民检察院等部门进行沟通。宪法和法律委员会于 12 月 5 日召开会议，根据常委会组成人员的审议意见和各方面意见，对修订草案进行了逐条审议。监察和司法委员会、中央政法委员会、最高人民法院、最高人民检察院有关负责同志列席了会议。12 月 17 日，宪法和法律委员会召开会议，再次进行审议。现就主要问题修改情况汇报如下：

一、有的常委委员、地方、部门和社会公众提出，保护司法人员依法履行职责是司法体制改革的重要内容，近年来社会上侵害检察官合法权益的违法犯罪行为时有发生，建议进一步完善检察官权益保障方面的规定。宪法和法律委员会经研究，建议对修订草案作以下修改完善：一是，在修订草案第一条中增加规定“维护检察官合法权益”的表述。二是，将修订草案第十一条中规定的“依法履行检察职责不受行政机关、社会团体和个人的干涉”调整充实到总则中规定。三是，将修订草案第十一条第四项修改为，履行检察官职责应当享有的职业保障和福利待遇。四是，在修订草案第六十一条中增加规定“检察官的职业尊严和人身安全受法律保护”；细化侵害检察官人身权益的情形。五是，对修订草案第六十三条关于检察官人身安全保护措施的规定作出进一步明确，以增强可操作性。

二、现行检察官法第二条规定，检察官是依法行使国家检察权的检察人员，包括检察长、副检察长、检察委员会委员、检察员和助理检察员。修订草案第二条将上述规定简化为“检察官是依法行使检察权的国家公职人员”，没有使用检察员称谓，删除了有关检察官范围的规定。有的常委委员、地方、部门提出，检察员的称谓是宪法中使用的，今年10月通过的人民检察院组织法对检察院检察人员的组成作了规定，检察官法对检察官具体包括哪些人应当予以明确。宪法和法律委员会经研究，建议依照人民检察院组织法有关规定，将本条修改为：“检察官是依法行使国家检察权的检察人员，包括最高人民检察院、地方各级人民检察院和军事检察院等专门人民检察院的检察长、副检察长、检察委员会委员和检察员。”

三、修订草案第十条关于检察官义务的规定，删去了现行检察官法中规定的“严格遵守宪法和法律”、“不得徇私枉法”等内容。有的常委委员提出，上述规定仍具有针对性和现实意义，不宜删去。宪法和法律委员会经研究，建议恢复现行检察官法的有关规定。同时，建议将该条中检察官“履行职责必须以事实为根据，以法律为准绳”的内容调整充实到总则，作为检察官履职的一项基本原则。

四、修订草案第十二条第一款第二项、第七项分别规定，担任检察官需“年满二十三周岁”、“从事法律工作满五年”。有的常委委员、地方、部门和社会公众提出，按照草案规定的学历条件和从事法律工作的年限，实际上担任检察官的年龄将超过二十三周岁，这也符合检察官职业需要一定社会阅历的要求。因此，草案可不再具体规定“二十三周岁”。同时，为有利于基层人民检察院吸引高层次人才，建议对法学类硕士、博士毕业从事法律工作的年限适当放宽。宪法和法律委员会经研究，建议采纳上述意见。

五、修订草案第二十五条第二款规定：“检察官经过批准可以在高等学校、科研院所兼职从事教学、研究工作。”一些常委委员、地方和部门提出，为从严管理队伍，防止兼职对检察官公正履职的影响，不宜在法律中作上述规定。宪法和法律委员会经研究，建议删去这一规定。

六、修订草案第二十九条对检察官员额数的确定和调整作了原则规定。有的常委委员、地方提出，检察官员额制改革是本轮司法体制改革的一项重要内容，建议进一步充实这方面的内容，将实践中行之有效的改革举措上升为法律规定。宪法和法律委员会经研究，建议在本条中增加规定以下内容：检察官实行员额制管理；检察官员额配置优先考虑基层人民检察院和案件数量多的地方的人民检察院办案需要；检察官员额出现空缺的，应当按照程序及时补充；最高人民检察院检察官员额由最高人民检察院商有关部门确定。

七、修订草案第五十七条对检察官惩戒委员会作了规定。有的地方、部门和社会公众提出，应进一步明确检察官惩戒委员会的职能、人员组成和工作程序，规范其运行。宪法和法律委员会经研究，建议对有关检察官惩戒委员会的规定作出以下修改补充：一是，明确检察官惩戒委员会的职能是从专业角度对是否属于错案、拖延办案作出审查判断。二是，明确检察官惩戒委员会的人员组成。三是，增加有关检察官惩戒委员会工作程序的规定。

八、有的地方、部门和社会公众提出，检察官助理是辅助检察官办案的重要力量，承担着大量具体事务性工作。目前检察官主要还是从检察官助理中遴选，从长远规划和后备人才培养考虑，这支队伍的建设应当进一步加强。宪法和法律委员会经研究，建议增加规定："人民检察院的检察官助理在检察官指导下负责审查案件材料、草拟法律文书等检察辅助事务。人民检察院应当加强检察官助理队伍建设，为检察官遴选储备人才。"

九、有的常委委员、地方和部门提出，本法中有的规定与人民检察院组织法、公务员法重复，建议统盘研究，做好衔接。宪法和法律委员会经研究，建议作出以下处理：一是，人民检察院组织法和检察官法修订草案都作了规定的，对于其中主要属于人民检察院组织领导体制方面的规定，本法可不作规定；有的内容角度不同，在检察官法中作出规定也是必要的，对此可予以保留，并注意与人民检察院组织法的规定相衔接。据此，建议删去修订草案第六条、第二十条、第二十四条，保留修订草案第十四条第二款、第十八条等，并对文字表述作了相应修改。二是，检察官也是公务员，检察官法修订草案中有的内容属于与公务员管理共性的规定，考虑到公务员法已有规定，可以不作重复。据此，删去了有关检察官辞退情形、降职、奖励种类、处分种类和期间计算、人事处理的复核申诉等具体规定。同时，将附则中第七十五条修改为："检察官是实行单独职务序列管理的公务员。有关检察官的权利、义务和管理制度，本法已有规定的，适用本法的规定；本法未作规定的，适用公务员管理的相关法律法规。"

此外，还对修订草案作了一些文字修改。

修订草案二次审议稿已按上述意见作了修改，宪法和法律委员会建议提请本次常委会会议继续审议。

修订草案二次审议稿和以上汇报是否妥当，请审议。

全国人民代表大会宪法和法律委员会
2018年12月23日

全国人民代表大会宪法和法律委员会关于《中华人民共和国检察官法（修订草案）》审议结果的报告

全国人民代表大会常务委员会：

十三届全国人大常委会第七次会议对检察官法（修订草案二次审议稿）进行了审议。会后，法制工作委员会在中国人大网全文公布修订草案，再次征求社会公众意见。宪法和法律委员会、法制工作委员会就有关问题深入研究，与最高人民检察院等部门进行沟通，到河南、江西调研，宪法和法律委员会、监察和司法委员会、法制工作委员会还联合召开座谈会，听取中央有关部门、全国人大代表和有关专家的意见。宪法和法律委员会于3月29日召开会议，根据常委会组成人员的审议意见和各方面意见，对修订草案进行了逐条审议。监察和司法委员会、中央政法委员会、最高人民法院、最高人民检察院有关负责同志列席了会议。4月12日，宪法和法律委员会召开会议，再次进行了审议。宪法和法律委员会认为，草案经过两次审议修改，已经比较成熟。同时，提出以下主要修改意见：

一、修订草案二次审议稿第一条中规定了对检察官队伍建设的要求。有的常委委员和有关方面提出，按照习近平总书记关于"要旗帜鲜明把政治建设放在首位，努力打造一支党中央放心、人民群众满意的高素质政法队伍"和党的十八届四中全会关于"建设高素质法治专门队伍"的要求，建议将相关表述修改为"为了全面推进高素质检察官队伍建设"，这样能更好地体现对检察官队伍政治、业务等各方面素质的全面要求。宪法和法律委员会经研究，建议采纳上述意见。同时，在检察官条件中增加规定"拥护中国共产党领导和社会主义制度"；在检察官培训中增加政治培训。

二、有的常委会组成人员、地方和社会公众提出，应当结合司法责任制改革，进一步加强对检察官履职的监督。宪法和法律委员会经研究，建议补充以下内容：一是，在立法目的中增加对检察官的监督。二是，在检察官应当履行的义务中增加规定，对履行职责中知悉的商业秘密和个人隐私予以保密，相应规定了违反规定的法律责任。

三、有的部门和专家提出，检察官应当客观公正行使职权，特别是检察官在办理刑事案件中要全面客观收集各种证据，联合国《关于检察官作用的准则》也有相应规定。宪法和法律委员会经研究，为进一步贯彻落实党的十八届四中全会提出的“健全落实罪刑法定、疑罪从无、非法证据排除等法律原则的法律制度”，建议增加规定，检察官履行职责秉持客观公正的立场；同时，针对检察官职业特点，增加规定检察官办理刑事案件，应当严格坚持罪刑法定原则，尊重和保障人权，既要追诉犯罪，也要保障无罪的人不受刑事追究。

四、修订草案二次审议稿第七条对检察官的职责作了规定。有的常委会组成人员、部门和社会公众建议有关检察官职责的规定与人民检察院组织法的规定进一步衔接。宪法和法律委员会经研究，建议采纳上述意见，根据人民检察院组织法对人民检察院职权的规定，对检察官职责的表述作相应调整，增加了开展公益诉讼工作等内容。

五、修订草案二次审议稿第十二条、第十四条对担任检察官的任职条件和应当具备法律职业资格条件分别在两条中作了规定。有的地方和专家提出，初任检察官须取得法律职业资格是党的十八大以来司法体制改革推进检察官队伍专业化建设的重要举措，建议将分散在两条中的条件合并规定，以更好地体现改革成果。宪法和法律委员会经研究，建议采纳上述意见，将初任检察官应当通过国家统一法律职业资格考试取得法律职业资格的规定，移入检察官任职条件一条中统一规定，也与人民检察院组织法有关规定相衔接。

六、修订草案二次审议稿第十七条中规定，遴选检察官人选一般在下级人民检察院担任检察官五年以上，并具有遴选职位三年以上相关工作经历；最高人民检察院遴选检察官人选一般在下级人民检察院担任检察官八年以上，并具有遴选职位五年以上相关工作经历。有的常委会组成人员、部门、地方和全国人大代表提出，上述有关逐级遴选的条件可能导致遴选范围窄、周期长，不利于根据不同情况和需要开展遴选工作，建议法律中作原则规定，为相关改革实践留有空间。宪法和法律委员会经研究，建议采纳上述意见，将上述规定修改为，参加上级人民检察院遴选的检察官应当在下级人民检察院担任检察官一定年限，并具有遴选职位相关工作经历。

七、修订后的人民检察院组织法对在特定区域设立派出人民检察院作了规定。有的常委委员和部门提出，派出人民检察院人员如何任免不明确，建议在检察官法中予以明确。宪法和法律委员会经研究，建议增加规定，省级人民检察院和设区的市级人民检察院依法设立作为派出机构的人民检察院的检察长、副检察长、检察委员会委员和检察员，由派出的人民检察院检察长提请本级人民代表大会常务委员会任免。

八、修订草案二次审议稿第二十条对依法免除检察官职务的情形作了规定。有的常委委员、部门提出，对于有的检察官由于自身原因申请免除检察官职务的，应明确为免除检察官职务的一种情形。宪法和法律委员会经研究，建议增加“本人申请免除检察官职务经批准的”规定。

九、有的常委会组成人员、部门提出，检察官到高等学校、科研院所开展教学研究交流工作有利于加强法治人才培养，有关方面实施了高等学校与法律实务部门人员互聘“双千计划”等，建议法律作出相关规定。宪法和法律委员会经同有关方面共同研究，根据习近平总书记在中国政法大学座谈会上的讲话精神，建议增加规定，检察官因工作需要经单位选派或者批准，可以在高等学校、科研院所协助开展实践性教学、研究工作，并遵守国家有关规定。

4 月 11 日，法制工作委员会召开会议，邀请全国人大代表、人民法院和人民检察院工作人员、律师、专家学者等就修订草案中主要制度规范的可行性、法律出台时机、法律实施的社会效果和可能出现的问题等作了评估。与会人员普遍认为，修订草案贯彻落实党中央决策部署，体现司法体制改革成果，对检察官的权利义务、遴选、任免、管理、考核奖惩以及职业保障等作了较为全面的修改完善，适应检察工作规律和需要，已经比较成熟，其主要制度规范是可行的，现在出台是必要的、适时的。同时，有的与会人员还对修订草案提出了一些具体修改意见，宪法和法律委员会进行了认真研究，对有的意见予以采纳。

此外，还对修订草案二次审议稿作了一些文字修改。

修订草案三次审议稿已按上述意见作了修改，宪法和法律委员会建议提请本次常委会会议审议通过。

修订草案三次审议稿和以上报告是否妥当，请审议。

全国人民代表大会宪法和法律委员会
2019年4月20日

全国人民代表大会宪法和法律委员会关于《中华人民共和国检察官法（修订草案三次审议稿）》修改意见的报告

全国人民代表大会常务委员会：

本次常委会会议于4月20日下午对检察官法（修订草案三次审议稿）进行了分组审议，普遍认为，修订草案已经比较成熟，建议进一步修改后，提请本次会议通过。同时，有些常委会组成人员还提出了一些修改意见。宪法和法律委员会于4月21日上午召开会议，逐条研究了常委会组成人员的审议意见，对修订草案进行了审议。监察和司法委员会、中央政法委员会、最高人民法院、最高人民检察院有关负责同志列席了会议。宪法和法律委员会认为，修订草案是可行的，同时，提出以下修改意见：

一、有的提出，检察官是维护社会公平正义的重要力量，建议按照“努力让人民群众在每一个司法案件中感受到公平正义”的要求，在总则中增加关于维护社会公平正义的规定。宪法和法律委员会经研究，建议采纳上述意见，在第三条中增加“维护社会公平正义”的内容。

二、修订草案三次审议稿第十三条中规定，被吊销律师、公证员执业证书的，不得担任检察官。有的常委委员提出，仲裁法规定仲裁员有索贿受贿、枉法仲裁等行为的，由仲裁委员会予以除名，因此，被除名的仲裁员也不能担任检察官。宪法和法律委员会经研究，建议增加规定“被仲裁委员会除名的”，不得担任检察官。

三、修订草案三次审议稿第二十五条规定，检察官的配偶、子女在该检察官所任职人民检察院辖区内律师事务所担任合伙人或者设立人的，检察官应当实行任职回避。有的常委会组成人员建议，在回避情形中增加检察官的父母。宪法和法律委员会经研究，建议采纳上述意见。

四、修订草案三次审议稿第四十七条第一款第二项规定，检察官“隐瞒、伪造、变造或者故意损毁证据的”，应当追究责任。有的常委委员提出，除证据外，对案件材料有上述行为的，也应予以追究。宪法和法律委员会经研究，建议采纳上述意见。

此外，根据常委会组成人员的审议意见，还对修订草案三次审议稿作了一些文字修改。

修订草案建议表决稿已按上述意见作了修改，宪法和法律委员会建议本次常委会会议通过。

修订草案建议表决稿和以上报告是否妥当，请审议。

全国人民代表大会宪法和法律委员会
2019 年 4 月 23 日

（三）参阅资料

十二届全国人大常委会第三十一次会议审议检察官法（修订草案）的意见

2017年12月27日上午，十二届全国人大常委会第三十一次会议对检察官法修订草案（以下简称草案）进行了初次审议。普遍认为，为了进一步巩固本轮司法体制改革成果，推进检察官队伍正规化、专业化、职业化建设，修改检察官法是必要的。同时，对草案提出了一些修改意见。

一、关于总则

草案第一条规定了检察官法的立法目的。有的建议增加维护检察官合法权益的内容，并参照公务员法的表述，将本条修改为“为了建设高素质检察官队伍，规范检察官的管理，维护检察官合法权益，保障检察官依法履行职责，保障人民检察院依法独立行使检察权，根据宪法，制定本法。”

草案第二条取消了检察员的称谓。有的提出，宪法第六十七条规定，全国人大常委会根据最高人民检察院检察长的提请，任免最高人民检察院检察员。在宪法尚未修改的情况下，直接取消了“检察员”的称谓，相互之间应有所衔接。

二、关于检察官的职责、义务和权利

草案第七条规定了检察官的职责。有的建议增加审查案件、诉讼监督等内容，以体现与法官法的区别。有的建议将本条第四项规定的，“依法办理案件并对所办理案件负责”修改为“依法办理案件并在职责范围内对所办理案件负责”，以体现权责相当。

草案第十条规定了检察官的义务。有的建议保留2017年检察官法的相关要求，如遵守宪法、法律；不得徇私枉法；清正廉明，忠于职守，遵守纪律，恪守职业道德等。有的建议增加“依法定程序文明取证，忠于事实真相”的义务。有的提出第六项“以案释法，增强全民法治观念，推进法治社会建设”不属于检察官的个人职责，建议删去。

有的建议增加义务方面的内容，如让人民群众在每一个司法案件中都感受到公平正义，办案终身追责等。

三、关于检察官的遴选

草案第十二条任职条件中规定担任检察官必须“年满二十三周岁”。有的提出，结合草案其他条款，担任检察官还要有五年法律工作经历，建议提高任职年龄，修改为二十七周岁或二十八周岁，或不作明确规定。

草案第十二条第一款第六项对担任检察官的学历条件作出了规定。有的建议提高检察官任职的门槛，删除该项中“或者全日制普通高等学校非法学类本科及以上学历，获得其他相应学位，并具有法律专业知识”的规定。有的建议少数民族地区放宽到法学专科学历。有的提出，该项中的“本科及以上学历”等规定，有要求更高学历的意思，建议均改为“本科或以上学历”。有的提出，该项中“本科以上学历”的规定与法官法修订草案中“本科学历”的规定不一致，两者应统一。

草案第十二条第一款第七项规定担任检察官必须从事法律工作满五年。有的建议，对具备硕士、博士学历的人员，可相应缩短从事法律工作的年限。

草案第十二条第二款对确有困难的地方检察官学历条件放宽至高等学校本科毕业。有的提出，目前已在职的检察官有些也不满足草案对学历的要求，建议明确学历条件等针对“初任检察官”。

草案第十四条第二款规定“人民检察院的检察长应当具有法学专业知识和法律职业经历。副检察长、检察委员会委员应当从检察官中产生”。有的提出，该规定不利于干部交流，建议将“应当”修改为“一般应当”，以拓宽检察长、副检察长、检察委员会委员的选任渠道或删去该款。也有的提出，产生检察长的要求不能降低，应从检察官中产生，同时还应考虑党外干部任用副检察长的情况。

草案第十六条规定设立检察官遴选委员会，负责检察官人选专业能力的审核。有的提出，本条应对遴选委员会的内容规定得更加详细，避免权力寻租，明确检察官遴选委员会的设立机构，规定“由检察长主持检察官遴选委员会”，明确权责。有的提出，审核应不限定专业能力，体现德才兼备，建议删除"审核专业能力"的规定或者作出修改。

草案第十七条第一款规定，初任检察官一般在基层人民检察院任职。有的建议将初任检察官"一般"在基层人民检察院任职的规定修改为"应当"。

四、关于检察官的任免

草案第十八条规定了检察官的任免程序。有的建议，明确检察官的任免程序与遴选程序的关系。

草案第十八条第六款规定，新疆维吾尔自治区生产建设兵团各级人民检察院检察长、副检察长、检察委员会委员和其他检察官，依照全国人民代表大会常务委员会的有关规定任免。有的提出，新疆建设兵团检察院、专门检察院的检察官任免的法律依据宜统一规定在检察官法中，并建议核实建设兵团的表述是否准确。

草案第二十一条第四项规定，"办案质量效率连续两年不达标，无法胜任检察官职务的"，应依法提请免除其检察官职务。有的建议，明确该项中"不达标"的含义。有的建议在该条增加"配偶为外国人"的，应免除检察官职务的规定。

有的建议在本章检察官的任免部分补充检察官候选人公示制度的有关内容。

五、关于检察官的管理

草案第二十五条规定了检察官的兼职。该条第一款规定检察官"不得兼任行政机关、审判机关以及企业、事业单位和其他营利性组织的职务，不得兼任律师、仲裁员和公证员"，第二款规定"检察官经过批准可以在高等学校、科研院所兼职从事教学、研究工作"。有的提出，高等学校、科研院所大部分是事业单位，该条前后两款存在矛盾。有的建议删去本条第一款"营利性"的规定，或在该条第二款明确批准手续，对在高校、科研院所等非营利性组织兼职的出台约束办法，增加"不影响检察官职责"的规定，避免检察官把副业变成主业，影响本职工作。有的提出，任何兼职均会影响司法公正，检察官不应当在其他任何组织兼职，建议删去该条的规定。

草案第二十六条对检察院系统内任职回避作了规定。该条第二项规定，检察官之间有夫妻关系等亲属关系的，不得同时担任"同一人民检察院的检察长、副检察长和其他检察官"。有的提出，检察委员会专职委员也属于院领导序列，也应回避。

草案第二十八条规定了检察官的配偶、子女有法律规定情形的，检察官需要任职回避。有的提出，草案规定的不完全，建议增加“父母、同胞兄弟姐妹”或修改为“夫妻关系、直系血亲关系”。

草案第二十九条对检察官员额问题作了规定。有的提出，员额制改革是正在进行的司法体制改革的重要内容，力度大、内容丰富，草案只规定了员额编制问题，建议进一步研究，在法律中加以体现，如突出检察官主体地位、办案能力和业绩，体现检察官员额向基层和案多人少地方倾斜的精神等。

草案第三十条规定检察官实行单独职务序列，分为十二级。有的建议增加员额制内容，将本条第一款修改为“检察官实行单独序列和员额制管理”，并增加规定“检察官应专职于检察工作，如需转任其他职务，应先免去检察官职务，不再享受检察官待遇。”有的建议明确检察官分为四等十二级。

六、关于检察官的考核、奖励和惩戒

草案第四十七条第二款规定，检察官考核结果作为调整检察官等级、工资以及对检察官奖励、培训、免职、降职、辞退的依据。有的提出，培训应根据工作需要，辞退应根据法律规定，建议删去考核结果作为检察官“培训、辞退”依据的规定。

草案第五十二条第六项规定了对检察官拖延办案，贻误工作的处分和处罚。有的人大代表建议，应综合考虑检察官拖延办案的原因，建议将“拖延办案，贻误工作”修改为“故意拖延办案，贻误工作，造成严重后果”。

有的建议设立检察官惩戒的特别程序，明确惩戒的条件、方式、程序，同时建立和完善检察官的申诉制度。

有的建议在本章增加“少数民族地方能用少数民族语言开展工作并成绩显著的，给予奖励”的相关内容。

七、关于检察官的保障

草案第五十九条规定除法律规定的特定情形外，检察官不得被调离检察业务岗位。有的提出，其中第二项“按规定实行干部交流的”解释空间太大，是否需要本人自愿和集体决定，应该明确，建议规定的更加严谨、明确，以保障检察官依法履职，防止“被交流”。

草案第六十条规定，行政机关、社会团体和个人不得干涉检察官依法办案。有的建议将“行政机关、社会团体和个人”修改为“任何单位、组织和个人”。有的建议增加追究相关单位责任的规定，并完善检察官行使职权的豁免机制，规定“未经任免机关同意，不得对检察官采取拘留、逮捕和其他限制人身自由的措施”的内容。

八、其他意见

有的建议处理好检察官法与人民检察院组织法的关系，有的内容应当在组织法中规定，如检察长的产生等。

有的提出，检察官法的很多修改是司法体制改革的重要内容，建议法律通过后，一是要加强宣传，澄清模糊认识；二是要加强法检部门的培训，增强检察官的使命担当；三是建议尽早完善关于检察官的考核、奖励、惩戒与职业保障方面的配套措施。

有的提出，检察官助理和司法辅助人员在检察官法中没有作出规定，应考虑以适当形式对上述人员的工作予以明确。

有的建议增加省级以下人民检察院人财物统管的内容。

有的建议增加公众参与检察官遴选委员会、惩戒委员会、权益保障委员会的规定。

有的提出，草案第六十九条规定“检察官退休后，享受国家规定的养老金和其他待遇”，员额制改革中出现了既有员额检察官，又有非员额检察官的情况，还有的检察官临近退休时退出了员额，这些不同人员退休的待遇问题，应当作出明确规定。

十三届全国人大常委会第七次会议审议检察官法修订草案二次审议稿的意见

2018年12月29日上午，十三届全国人大常委会第七次会议分组审议了检察官法修订草案二次审议稿（以下简称草案）。普遍认为，草案围绕推进检察官正规化、专业化、职业化建设的总体要求，总结和吸收司法体制改革经验，注意与人民检察院组织法、公务员法的修订相衔接，进一步加强履职保障，细化管理监督，所作的修改更为符合新时代中国特色社会主义法治建设的实际和司法改革的要求，符合检察工作的规律特点，总体赞同。

一、关于总则

草案第一条规定了检察官法的立法目的。有的提出，立法目的宜先强调保障职责，建议调整表述的顺序，有的建议将"正规化"修改为"规范化"。有的建议增加对检察官监督的内容。

草案第三条规定检察官必须忠实执行宪法和法律，全心全意为人民服务。有的建议将"忠实执行宪法和法律"修改为"忠于宪法、忠实执行法律"。

草案第四条、第五条分别规定了检察官的职业道德标准和履职标准。有的建议调换这两条的顺序，先规定检察官的履职标准，再规定职业道德标准。

二、关于检察官的职责、义务和权利

草案第七条规定了检察官的职责。有的建议增加"提起公益诉讼"、"审查起诉、逮捕"等职责，以便与人民检察院组织法中检察院的职权相衔接。有的建议增加"提起民事诉讼、行政诉讼"的职责。有的建议将本条第一款第一项"依法进行法律监督工作"修改为"依法进行刑事检察工作、依法进行民事检察工作、依法进行行政检察工作、依法进行公益诉讼检察工作"。

草案第九条规定检察长可以授权检察官签发法律文书。有的建议修改为"可以授权检察官签发部分法律文书，但法律明确规定由检察长行使的权利，如决定回避、逮捕等，不得授权。"

草案第十条规定了检察官的义务。有的建议将本条第二项"秉公执法，不得徇私枉法"修改为"秉公司法"或"秉公办案"。有的建议将第三项"依法保障诉讼参与人的诉讼权利"修改为"依法保障当事人、诉讼参与人的诉讼权利"。有的提出，第六项接受"人民群众监督"中的"人民群众"不是一个严格的法律概念，建议修改为"社会各界"。

草案第十一条规定了检察官的权利。有的建议增加"接受理论和业务培训"的规定。有的建议增加"申请退出员额检察官、辞职"的规定。

有的提出，新修订的人民检察院组织法规定了上级人民检察院可以统一调用辖区内的检察人员办理案件，建议在检察官法关于“检察官的职责、义务和权利”一章中对该项制度进一步细化。

三、关于检察官的条件和遴选

草案第十二条规定了担任检察官的条件。关于任职年龄，草案删去了一次审议稿中检察官应当年满23周岁的规定。有的建议恢复，规定为25岁、27周岁、28周岁。有的建议，在“具有正常履行职责的身体条件”中增加“心理素质”的规定。有的建议对“具有法律专业知识”予以进一步明确。有的建议进一步对硕士、博士放宽工作年限的要求。本条第二款规定了对困难地方的检察官的学历条件，经最高人民检察院审核确定，可以放宽为高等学校本科毕业。有的建议由“本科毕业”进一步放宽为“专科毕业”。有的建议“少数民族自治地区经省级人民检察院审核确定”。

草案第十四条第一款规定了初任检察官的选拔。有的提出，少数民族地区录用初任检察官，应根据实际情况，设置特殊规定，建议增加“民族自治地方录用初任检察官的有关规定由国家另行规定”。本条第二款规定检察长应当具有法学专业知识和法律职业经历。有的建议对“法律职业经历”增加最低年限3年的规定。

草案第十五条规定可以从律师和法学专家中公开选拔检察官。有的建议将“法学专家”修改为“法学教育、科研人员”。

草案第十六条第四款规定了最高人民检察院检察官遴选委员会。有的建议对最高人民检察院检察官遴选委员会的组成和承担日常工作的内设职能部门予以明确。

草案第十七条第二款对检察官逐级遴选的任职年限和工作经历作了规定。有的提出，应当适当放宽，建议具体年限由“两高”会同有关部门根据实际情况制定，不在立法上作硬性规定。有的建议明确市级以上人民检察院从基层遴选检察官的程序。有的建议将市级以上人民检察院检察官“一般通过逐级遴选方式产生”，修改为“一般通过遴选方式产生”，将最高人民检察院和省级人民检察院可以在“下两级人民检察院”遴选检察官，修改为“下一级或者下两级”。有的建议将初任检察官“一般”在基层人民检察院任职修改为“应当”在基层任职。有的提出，员额制改革后，原来的检察官有的未能入额，也未由原任命机关免去检察员职务，建议对这部分人员的身份问题予以明确。

四、关于检察官的任免

有的提出，修订前的人民检察院组织法规定了派出检察院的设置，并对派出检察院检察人员的任免作了规定，修订后的人民检察院组织法保留了派出检察院的设置，但未对派出检察院检察人员的任免作出规定，如果检察官法也不规定，会导致派出检察院检察官任免于法无据，建议在“检察官的任免”一章中规定派出检察院的检察人员由所派出检察院的本级人大常委会任免。

草案第十九条规定检察官在依照法定程序产生后，就职时应当公开进行宪法宣誓。有的建议删去“检察官在依照法定程序产生后”的规定。

草案第二十条规定了应依法提请免除检察官职务的情形。有的建议增加“具有应当回避情形的”规定。

草案第二十三条删去了一次审议稿中检察官经过批准可以在高等学校、科研院所兼职从事教学、研究工作的规定。有的提出，这一规定是落实中央有关要求，加强法治人才培养的重要途径，建议恢复检察官可以兼职的规定。

有的建议本章中增加“国家支持民族自治地方加强检察官队伍建设，有关办法国家另行规定”。

五、关于检察官的管理

草案第三十条规定检察官的等级设置、确定和晋升的具体办法，由国家另行规定。有的常委委员建议相关事项由本法直接作出规定，“由国家另行规定”主体不明确，并将“等级设置”修改为“等级”。有的建议增加“降级”的规定。

草案第三十五条规定了检察官申请辞职的程序。有的建议将检察官辞职“经批准”的规定修改为“经省级人民检察院批准”。

草案第三十六条规定了辞退检察官的程序。有的建议本条中增加被辞退检察官的救济途径和措施。

六、关于检察官的考核、奖励和惩戒

草案第三十九条规定了检察官考评委员会的组成。有的建议明确检察官考评委员会组成人员的条件及产生方式。

草案第四十一条规定了检察官考核的内容。有的建议增加“思想政治素质”、“廉洁自律”等作为考核内容；增加检察官实行检察官单独考核的规定，与公务员考核脱钩。

草案第四十五条对检察官应当给予奖励的情形作了规定，有的提出，其中“公正司法”的表述过于宽泛，建议予以明确，并增加“依据精神鼓励和物质鼓励相结合的原则”的规定。

草案第四十六条规定了对检察官给予处分、追究刑事责任的情形。有的建议，在其中“故意违反法律法规”一项中增加“过失”，对过失违反法律法规的，也应追究责任。有的建议对“拖延办案，贻误工作”进一步明确或修改为“故意拖延办案，贻误工作”。本条第二款规定检察官的处分按照有关规定办理。有的建议明确检察官的处分包括停止主办案件、暂时调离岗位、退出员额。

草案第四十七条规定对违纪违法，已经被立案调查，不宜继续履行职责的检察官可以暂停职务。有的建议增加“因涉嫌犯罪被立案侦查”的规定。有的建议将该条中“可以”暂停履职修改为“应当”。

草案第四十八条对检察官惩戒委员会作了规定。有的建议增加一款，“未经省级检察官惩戒委员会作出惩戒决定，不得启动对检察官的责任追究”。

七、关于检察官的职业保障

草案第五十三条规定了除法律中列举的情形外，不得将检察官调离检察岗位。有的建议在可以调离的情形中增加“检察官个人申请的”规定。

草案第五十五条规定对侵害检察官及其近亲属的行为人“应当依法从严惩治”。有的建议修改为“应当依法追究法律责任”，或者修改为“从重处罚”。

草案第六十条规定检察官享受国家规定的津贴、补贴、奖金、保险和福利待遇。有的建议增加规定“员额检察官因工作需要调离检察院的，继续享受相对应的职务等级待遇。”

草案第六十五条规定对打击报复检察官的，对“直接责任人员，应当依法追究其责任。”有的提出，该规定与草案第五十五条的规定重复，建议删除。

八、关于附则

草案第六十六条规定国家对初任检察官实行统一法律职业资格考试制度，由国务院司法行政部门商最高人民检察院等有关部门组织实施。有的提出，法官法中规定商最高人民法院，考虑到实际上是同一考试，建议该条与法官法统一表述为“由国务院司法行政部门商最高人民法院、最高人民检察院等有关部门组织实施。”

草案第六十七条对加强检察官助理队伍建设作了规定。有的建议增加“建立检察官助理在符合一定条件下转正为检察官的制度”。

九、其他意见

有的建议，为处理好与公务员法的关系，保持法律完整性，在本法中适当重复公务员法的相关内容，明确检察官的权利、辞退、奖励、处分以及处分的复核申诉等。

有的建议明确员额制检察官的等级待遇与政治待遇挂钩，同时明确保障检察官的退休待遇。

有的建议增加检察官功勋荣誉制度的相关规定。

有的建议对检察官的定期培训和鼓励检察官之间的经验交流作出明确规定。

有的全国人大代表建议增加检察官可以享受职业意外保险的规定。

有的建议增加检察官维权的程序规定。

地方和中央有关部门
对检察官法（修订草案）的意见

十二届全国人大常委会第三十一次会议对检察官法（修订草案）（以下简称草案）进行了初次审议。会后，法制工作委员会将草案印发各省（区、市）和部分较大的市人大常委会，中央有关部门，有关社会团体、高等院校、研究机构及法制工作委员会的基层立法联系点征求意见。各方面普遍认为，草案贯彻党中央决策部署，体现本轮司法体制改革成果，适应了检察工作新的发展变化，符合我国实际情况和司法规律，对于保障检察官依法独立公正行使检察权、进一步推动建设正规化、专业化、职业化的检察官队伍具有重要意义，草案总体可行。同时，提出了一些具体修改意见。

一、关于总则

草案第四条规定“检察官应当勤勉尽责，清正廉洁，恪守职业道德”。有的部门建议，增加“践行社会主义核心价值观”；增加“依法办理案件并对所办理案件负责”。也有的地方、部门提出，该条属于对检察官的伦理要求，不是法律规范，建议删除，或者与第三条规定合并。

草案第六条规定：“最高人民检察院领导地方各级人民检察院和专门人民检察院的工作，上级人民检察院领导下级人民检察院的工作”。有的地方建议，增加省级人民检察院“对人财物实行统一管理”。有一些意见认为，该条应属于检察院组织法规定的内容，建议删去。

二、关于检察官的职责、义务和权利

（一）关于检察官的职责

草案第七条第二项规定检察官“代表国家进行公诉”。有的地方和部门建议增加“依法开展公益诉讼”；增加检察官“依法批准逮捕”；增加检察官“依法对刑事案件进行审查”。

草案第七条第三项规定检察官“对法律规定由人民检察院直接受理的犯罪案件进行侦查”。有一些意见建议做好与监察法，以及刑事诉讼法修改工作的衔接。

草案第七条第四项规定检察官“依法办理案件并对所办理案件负责”。有的地方和部门提出，《关于完善人民检察院司法责任制的若干意见》要求检察官对办案质量终身负责，建议将“负责”修改为“终身负责”。

草案第八条规定“检察长、副检察长、检察委员会委员除履行检察职责外，还应当履行与其职务相适应的职责”。有的地方建议，将“履行检察职责”修改为“履行检察官职责”；将“与其职务相适应的职责”修改为“与其职务相适应的其他职责”。

（二）关于检察官的义务

草案第十条第一项规定检察官应当“秉公司法”。有的地方建议，将“秉公司法”修改为“公正司法”，以与草案第五十条的表述相一致。

草案第十条第三项规定检察官应当“维护国家利益、公共利益，维护自然人、法人和其他组织的合法权益”。有的地方和部门建议，将“维护国家利益”修改为“依法维护国家权益”；将“其他组织”修改为“非法人组织”，以与民法总则的规定相一致；将“自然人”修改为“公民”。

草案第十条第五项规定检察官应当“依法接受法律监督和人民群众监督”。有的地方建议，增加接受“国家机关监督”、“监察机关监察”，或将“法律监督”修改为“接受各级人大、监察机关监督及人民群众监督”。

草案第十条第六项规定检察官应当“以案释法，增强全民法治观念，推进法治社会建设”。有的地方提出，将该项明确规定为检察官的义务不妥当，建议删去；或修改为“加强法治宣传”。有的地方建议，将“全民”改为“公民”。

（三）关于检察官的权利

草案第十一条规定了检察官的各项权利。有的单位提出，该条宜只列举检察官特有的权利，并规定“其他公务员基本权利适用公务员管理的相关法律”作为兜底条款即可。

草案第十一条列举的第一项检察官权利是“履行检察官职责应当具有的职权和工作条件”。有的地方提出，职权和工作条件难以称为权利，建议删去。

草案第十一条第二项规定检察官“依法履行检察职责不受行政机关、社会团体和个人的干涉”。有的地方和部门建议，增加规定“检察官有权拒绝执行任何单位、个人违反法定职责或者法定程序、有碍司法公正的要求或干预”。

草案第十一条第三项规定检察官“非因法定事由、非经法定程序，不被调离、免职、降职、辞退或者处分”。有的地方建议，增加不得“要求停止正在处理的案件”；有的地方提出，除上述措施外，干部管理中还有停职检查、责令辞职等类型的其他组织处理措施，建议增加非因法定事由不得“组织处理”的兜底性规定。

草案第十一条第四项规定检察官享有“获得劳动报酬，享受保险、福利待遇”的权利。有的地方建议与草案第六十六条规定的“检察官享受国家规定的津贴、补贴、奖金、保险和福利待遇”合并考虑。

草案第十一条第六项规定检察官享有“参加培训”的权利。有的地方建议，增加“接受继续教育”和“参与社会活动”的规定。

三、关于检察官的遴选

（一）关于担任检察官的条件

草案第十二条第一款第二项规定检察官必须“年满二十三周岁”。有的地方和部门提出，实践中大多数检察官任职年龄都远超二十三岁，建议适当提高检察官的年龄条件；或者修改为年满二十五周岁、二十八周岁。

草案第十二条第一款第六项规定担任检察官需具备“全日制”普通高等学校的相应学历条件。有的地方提出，该项规定排除了通过自学考试等方式取得高等教育学历的人员，是否合适，是否与高等教育法、国务院《高等教育自学考试暂行条例》等法律、行政法规的规定相衔接，需要再斟酌；有的地方建议删去“全日制”的规定；有的地方建议，对非法学类本科及以上学历，获得其他相应学位的，明确其“具有法律专业知识”的判断标准；还有的地方建议，该项需要明确适用于“初任检察官”，以落实“老人老办法”。

草案第十二条第一款第七项规定担任检察官必须“从事法律工作满五年”。有的地方和单位建议区分学历，对硕士和博士适当缩短工作年限要求。

草案第十二条第二款对确有困难的地方的检察官学历条件放宽至高等学校本科毕业。有的地方提出，应当统筹考虑偏远地区的实际情况，明确老人老办法；也有的地方和单位建议，明确学历条件放宽多长时间。

（二）关于不得担任检察官的情形

草案第十三条第一项规定“曾因犯罪受过刑事处罚的”不得担任检察官。有的地方建议，修改为“曾被司法机关认定为犯罪的”。

草案第十三条第三项规定“曾被吊销律师、公证员职业证书的”不得担任检察官。有的地方建议，被吊销仲裁员职业证书的也不得担任检察官。

（三）关于人民检察院检察长、副检察长等的产生

草案第十四条第二款规定“人民检察院的检察长应当具有法学专业

知识和法律职业经历。副检察长、检察委员会委员应当从检察官中产生”。有的地方和部门提出，《中共中央关于全面推进依法治国若干重大问题的决定》要求“畅通立法、执法、司法部门干部和人才相互之间以及与其他部门具备条件的干部和人才交流渠道”，建议对“副检察长、检察委员会委员应当从检察官中产生”的规定予以慎重研究；副检察长应有一些从立法、执法、其他司法部门干部、律师、法学专家等从事法律职业的人员中产生；有的地方建议，副检察长的产生条件，应和检察长的产生条件一致。也有的地方建议产生标准要从严，对于检察长，应要求一律从法官、检察官中产生；“副检察长应当具备初任检察官条件，检察委员会委员应当从检察官中产生”。

（四）关于公开选拔检察官

草案第十五条规定了从律师、法学专家等中公开选拔检察官。有的地方和部门建议，增加规定律师、法学专家成为检察官的对应级别；应根据检察院的层级，设置需要从事法律相关职业的年限和标准；有的地方建议，将“讲师及以上职称”修改为“中级及以上职称”；将律师“实际执业”修改为“实际专职执业”；有的地方建议，对“从业声誉良好”、“有突出研究能力和优秀研究成果”的规定予以明确；还有的地方建议，明确其他从事法律职业人群的选拔条件。

（五）关于检察官遴选委员会的设置

草案第十六条规定设立检察官遴选委员会，负责检察官人选专业能力的审核。有的地方和院校建议，明确规定遴选委员会的职权、职能、审查程序等内容；有的地方提出，根据司法体制改革的意见，法官和检察官的遴选委员会可以统设也可以分设，法官法草案和检察官法草案分别规定了遴选委员会，是否可以设立统一的法官、检察官遴选委员会，建议予以明确。

草案第十六条第三项规定了省级检察官遴选委员会的组成人员。有的地方建议，将“检察官代表不少于三分之一”的规定修改为“不少于半数”。

草案第十六条第四项规定了省级检察官遴选委员会设立办公机构。有的地方和部门提出，按机构编制规定，除专项法律法规外，法律法规草案不宜就机构编制事项作具体规定。省以下检察院正推进精简机构；

目前未设立办公室，实践中运行也是正常的，建议删去该项规定，或将“设立办公机构”修改为“设立办事机构”。

（六）关于检察官的逐级遴选

草案第十七条第一款规定了初任检察官一般在基层人民检察院任职。有的地方建议，明确需任职满2年；将“一般”改为“应当”。

草案第十七条第二款规定了上级人民检察院遴选检察官人选的条件。有的地方提出，为避免年龄偏大，建议将市级和省级遴选检察官需“具有遴选职位三年以上相关工作经历”的条件删去或放宽；有的地方建议，将最高检察院遴选检察官一般“在下级人民检察院担任检察官八年以上”修改为“在下两级人民检察院担任检察官八年以上”；有的地方建议，明确市级检察官应有一定比例通过逐级遴选产生；有的地方提出，有的地方设有地区，建议将“市级以上”检察院修改为“地市级以上”检察院。

四、关于检察官的任免

（一）关于检察官职务任免的程序

草案第十八条规定了检察官的任免程序。有的地方建议，增加专门人民检察院检察官的任免程序。

有的地方提出，草案第十八条第六款“新疆维吾尔自治区生产建设兵团各级人民检察院”应修改为“新疆生产建设兵团各级人民检察院”。

（二）关于免除检察官职务

草案第二十一条第四项规定“办案质量效率连续两年不达标，不能胜任检察官职务的”应免除检察官职务。有些地方和单位建议，对“办案质量效率连续两年不达标”予以明确。

草案第二十一条第八项规定“因违纪、违法犯罪不能继续任职的”应免除检察官职务。有的地方提出，草案第五十六条、第五十九条也有“违法违纪”的规定，相关规定应一致起来；有的地方建议，将“不能继续任职”修改为“不宜继续任职”。

有的地方建议，增加“法律规定的其他情形”作为兜底。

五、关于检察官的管理

（一）关于检察官兼职

草案第二十五条第一款规定检察官“不得兼任行政机关、审判机关以及企业、事业单位和其他营利性组织的职务，不得兼任律师、仲裁员和公证员”。有些地方和部门建议，增加检察官不得兼任监察机关职务的规定。

草案第二十五条第二款规定“检察官经过批准可以在高等学校、科研院所兼职从事教学、研究工作”。有的地方、部门和院校建议，明确批准主体或规定经过本级人民检察院检察长或上一级检察院检察长批准。有的地方建议，明确为“从事法学教学、研究工作”。也有的院校提出，反对检察官任何形式的社会兼职。

（二）关于检察官离任、被开除后的从业限制

草案第二十七条第一款规定，检察官从人民检察院离任两年内，不得以律师的身份担任诉讼代理人或者辩护人。有的地方建议，将“两年”修改为“三年”，或者“一年”；有的地方建议，修改为“不得以刑事律师身份担任诉讼代理人或者辩护人”；有的地方建议，只规定对担任领导成员的检察官适用该款规定；有的地方提出，离任的检察官作为基层法律工作者也会干涉司法公正，建议删去“以律师的身份”的规定。有的地方提出，应客观对待检察官向律师执业流动的问题，该款规定过于严苛，不利于法律职业共同体内的人员流动，建议删去。

草案第二十七条第二款规定，检察官从人民检察院离任后，不得担任原任职检察院办理案件的诉讼代理人或辩护人。有的地方建议，明确“检察官离任”的情形；明确“原任职检察院”的范围。

（三）关于检察官任职回避

草案第二十八条规定检察官的配偶、子女有法律规定情形的，检察官应当实行任职回避。有的地方和院校建议，将“配偶、子女”修改为“父母、子女与配偶”或“直系亲属与配偶”；有的地方建议，明确专门检察院检察官需要任职回避的内容；有的地方提出，任职回避应考虑到未来设置跨行政区划检察院的可能。

草案第二十八条第一项规定配偶、子女“担任该检察官所任职人民检察院辖区内律师事务所的合伙人或者设立人”的，检察官要任职回避。有的地方提出，担任合伙人或者设立人的律师事务所专门从事非诉业务的，检察官可不回避；有的地方建议只限定检察长、副检察长回避。

草案第二十八条第二项规定配偶、子女“在该检察官所任职人民检察院辖区内以律师身份担任诉讼代理人、辩护人，或者为诉讼案件当事

人提供其他有偿法律服务的"，检察官要任职回避。有的地方建议，对任职辖区予以界定，不然最高人民检察院检察官的亲属在全国范围都不能执业；有的地方建议，该项应以检察长、副检察长为限，其他检察官如果有职责直接冲突的，才需要回避。

（四）关于辞退检察官

草案第三十九条第一项规定检察官"在年度考核中，连续两年确定为不称职的"应予以辞退。有的地方和单位建议，区分检察官退出员额和退出公职的差别；对于符合该项条件的，可以先根据草案第二十一条第四项的规定退出检察官员额，建议删除该项规定。

草案第三十九条第三项规定检察官"因所在机关调整、撤销、合并或者缩减编制员额需要调整工作，本人拒绝合理安排的"应予以辞退。有的地方提出，对"合理安排"的规定应予以明确。

草案第三十九条第五项规定检察官"不履行检察官义务，经教育仍不改正的"应予以辞退。有的部门提出，公务员法的相应规定为："不履行公务员义务，不遵守公务员纪律，经教育仍无转变，不适合继续在机关工作，又不宜给予开除处分的"，两者不完全一致，建议做好衔接。

草案第四十条规定，"辞退检察官应当按照管理权限作出决定。辞退决定应当以书面形式通知被辞退的检察官"。有的院校建议，书面通知应"列明作出决定的理由和依据"；有的地方提出，该条与草案第五十五条关于处分检察官的规定相类似，建议增加"正当程序"的规定。

六、关于检察官的考核、奖励和惩戒

（一）关于检察官考评委员会

草案第四十四条规定"检察官考评委员会的组成人员为五至九人。检察官考评委员会主任由本院检察长担任。"有的地方建议，增加考评委员会"检察官代表不少于二分之一"，以及"检察官考评委员会组成人员是检察官的，在考核其本人时应当回避"的规定；有的地方建议，明确考评委员会的组成人员为单数。

（二）关于奖励检察官的条件

草案第五十条规定了奖励检察官的条件。有的地方提出，该条与草案第四十九条规定的检察官的奖励制度，可以合并为一条。

草案第五十条第四项规定检察官"在办理重大案件、处理突发事件和承担专项重要工作中，做出显著成绩和贡献的”予以奖励。有的地方建议，将“专项重要工作”修改为“重要专项工作”。

草案第五十条第五项规定检察官“提出检察建议被采纳或者开展法制宣传、解决各类纠纷，效果显著的”应予以奖励。有的地方和部门建议，将“提出检察建议”修改为“提出综合性检察建议”；将“法制宣传”修改为“法治宣传”。

有的地方建议，增加“在业务竞赛中表现突出，取得优异成绩的”规定。

（三）关于检察官的处罚

草案第五十二条规定了对检察官的处罚。有的地方和部门建议，参考《关于完善人民检察院司法责任制的若干意见》第三十四条、第三十五条的规定，增加“非法获取证据”、“违反规定剥夺、限制人身自由”、“违法违规侵害当事人财物”的，应当予以处分，构成犯罪的依法追究刑事责任的规定；有的地方建议，增加“营私舞弊”的规定。

草案第五十二条第五项规定检察官“故意违反法律法规，或者因重大过失导致案件错误并造成严重后果”，第六项规定“拖延办案，贻误工作”的，予以处分；构成犯罪的，依法追究刑事责任。有的地方建议对第五项、第六项的内容予以进一步明确；有的地方建议将第六项修改为“拖延办案，贻误工作，造成重大影响”或“造成严重后果”。

草案第五十二条第九项规定，检察官“私自会见当事人及其代理人，接受当事人及其代理人不正当利益输送”的，应当予以处分；构成犯罪的，依法追究刑事责任。有的地方建议，将“不正当利益输送”修改为“利益输送”。

草案第五十二条第十项规定“其他违法违纪行为”，有的地方建议修改为“其他严重违纪违法的行为”。

（四）关于检察官处分期间的待遇

草案第五十四条对检察官处分期间的待遇作了规定。其中第一款规定“检察官在受处分期间不得晋升职务，处分期间不计入职务晋升年限”。有的地方提出，公务员法中没有“处分期间不计入职务晋升年限”的规定，建议统筹考虑，或修改为“处分期间不计入检察官等级晋升年限”。

草案第五十四条第二款规定“检察官受记过、记大过、撤职处分的，不得晋升工资档次，处分期间不计入工资档次晋升年限”。有的部门提出，“处分期间不计入工资档次晋升年限”，目前没有相关规定，建议草案的规定与现行公务员工资制度和工资年限的规定相一致；有的地方提出，应明确解除处分的当年及以后，年度考核不受原处分影响；有的部门提出，根据公务员法，受撤职处分的，应降低级别，建议草案与公务员法的有关规定相衔接。

（五）关于检察官惩戒委员会

草案第五十七条规定了检察官惩戒委员会。有的地方建议，应明确规定检察官惩戒委员会的职权、职能、审查程序等。

草案第五十七条第一款规定检察官惩戒委员会“提出构成故意违反职责、存在重大过失、存在一般过失或者没有违反职责的意见，人民检察院依照有关规定作出惩戒决定，并给予相应处理。”有的地方提出，检察官惩戒委员会提出没有违反职责的意见的，就不应作出惩戒决定，建议对“作出惩戒决定”的表述予以斟酌，或者修改为“作出是否惩戒的决定”；有的地方建议，增加规定检察官对惩戒决定可以申请“听证、提出复议”。

草案第五十七条第二款规定“检察官惩戒委员会由检察官代表和社会其他代表组成，其中检察官代表不少于半数”。有的地方和部门建议，将“社会其他代表”修改为“社会有关代表”，与草案第十六条遴选委员会中的表述相一致；将检察官代表“不少于半数”修改为“不少于三分之二”。

草案第五十七条第三款规定省级检察官惩戒委员会设立办公机构。有的部门提出，根据深化司法体制改革精神，省以下检察院正推进精简机构，建议删去该项规定。

七、关于检察官的保障

（一）关于检察官权益保障委员会

草案第五十八条规定了检察官权益保障委员会。有的地方建议，明确检察官权益保障委员会的组成、权责、设置、工作内容；明确由检察长担任检察官权益保障委员会主任；将惩戒委员会与权益保障委员会合并。

（二）关于不得干涉检察官依法办案

草案第六十条规定行政机关、社会团体和个人不得干涉检察官依法办案。有的地方建议，将“行政机关、社会团体和个人”修改为“任何单位和个人”；或者将“行政机关”修改为“国家机关”；有的地方建议，增加规定“任何单位或者个人不得要求检察官从事超出法定职责范围的事务。人民检察院有权拒绝任何单位或者个人安排检察官从事超出法定职责范围事务的要求”；有的地方建议，增加“不得要求检察官从事招商引资、行政执法、治安巡逻、交通疏导、卫生整治、行风评议等违反法定职责的活动”。

（三）关于检察官保护

草案第六十三条规定，办理案件中，检察官及其近亲属面临人身危险的，应当采取必要的保护措施。有的地方建议，将“在办理案件中”修改为“在办理案件时”；明确具体实施保护措施的单位；明确由检察官权益保障委员会，会同当地公安等有关部门实施保护。

（四）关于检察官实行定期增资制度

草案第六十五条第二款规定“在年度考核中被确定为优秀、称职的，可以按照规定晋升工资档次；有特殊贡献的，可以按照规定提前晋升工资档次。”有的地方和部门提出，“提前晋升工资档次”的规定与改革内容不相符合。建议将草案第六十五条和第六十四条合并修改为“检察官按国家规定执行相应的工资制度和工资标准，依据考核结果正常晋升工资。国家定期调整检察官的工资标准”。

（五）关于检察官对人事处理不服的救济

草案第七十条规定了检察官对人事处理不服的救济。有的地方和部门提出，公务员法第九十条规定“对复核结果不服的，可以自接到复核决定之日起十五日内，按照规定向同级公务员主管部门或者作出该人事处理的机关的上一级机关提出申诉”，建议草案该条的表述与公务员法的规定相一致；有的地方建议，增加规定“检察官对受理申诉的机关的处理决定不服的，可以自收到决定起六十日内向人民法院提起诉讼”。

八、其他意见

1. 有的地方、部门和院校建议明确检察官法和检察院组织法的关系，先对检察院组织法进行修改，避免出现冲突。有的部门建议，检察官法与国家监察法要做好衔接。有的部门建议，关于检察官的处罚，检察官法与公务员法要做好衔接。

2. 有的地方、部门和院校建议增加检察官助理的相关规定，以便与司法体制改革相衔接。

3. 草案第十六条、第五十七条和第五十八条分别规定设立检察官遴选委员会、检察官惩戒委员会和检察官权益保障委员会，有地方和院校建议增加“上述机构的具体设置和工作流程，由最高人民检察院商有关部门另行规定”。

4. 有的部门提出，草案第十六条、第五十七条规定了检察官遴选委员会、检察官惩戒委员会的组成人员包括检察官代表和社会有关代表，以及检察官代表不少于一定比例。建议按照改革文件精神对社会有关代表范围作出指引性规定；或对社会有关代表不少于一定比例予以明确。

5. 有的地方建议，明确检察官实行中央与省两级统管。

6. 有的地方建议，增加检察官异地履职的程序和规定。

检察官法（修订草案）向社会公众征求意见的情况

检察官法（修订草案）自2017年12月29日在中国人大网站向社会公开征求意见以来，社会公众通过网络积极提出意见，截至2018年1月27日，共有七千多名公众提出一万多条意见。

一、关于总则

草案第一条规定了检察官法的立法目的。有的建议，保留现行检察官法中“保障人民检察院实施法律监督”的规定。

草案第二条取消了检察员的称谓。有的提出，宪法第六十七条规定，全国人大常委会根据最高人民检察院检察长的提请，任免最高人民检察院检察员。在宪法尚未修改的情况下，草案直接取消了“检察员”的称谓，没有宪法依据。

草案第三条规定检察官必须忠实执行宪法和法律，全心全意为人民服务。有的建议修改为“检察官必须忠实执行宪法和法律，严格依法办案”。

草案第四条规定检察官应当勤勉尽责，清正廉洁，恪守职业道德。有的建议增加“平等对待各方当事人和诉讼参与人”等内容。

二、关于检察官的职责、义务和权利

草案第七条第三项规定，检察官“对法律规定由人民检察院直接受理的犯罪案件进行侦查”。有的提出，建立监察委员会以后，检察院是否还有直接侦查的职责，需要明确。

有的建议，第四项检察官“依法办理案件并对所办理案件负责”的规定中增加“终身负责”。

有的建议，第七条中增加检察官“代表国家提起公益诉讼”的规定。

三、关于检察官的遴选

草案第十二条第一款第六项规定，担任检察官需具备“全日制”普通高等学校的相应学历条件。许多意见认为，应当删去学历条件中“全日制”的限制。主要的理由有：一是，草案规定与宪法第十九条国家“鼓励自学成才”、高等教育法第十五条“高等教育采用全日制和非全日制教育形式”等规定的精神不一致。二是，按照草案规定，非全日制的法学本科不能担任法官，而非法学类本科的全日制高校毕业生，反而可以担任法官，明显不合理。此外，应充分考虑非全日制高等教育的在读人员和已持有非全日制高等教育学历人员的相关权益。

草案第十三条第一项规定，曾因犯罪受过刑事处罚的不得担任检察官。有的建议修改为“曾因故意犯罪受过刑事处罚的”不得担任检察官。

草案第十四条第二款规定“人民检察院的检察长应当具有法学专业知识和法律职业经历。副检察长、检察委员会委员应当从检察官中产生”。有的建议，副检察长也可以从检察官以外的其他具有法学专业知识和法律职业经历的人员中产生。有的建议修改为，副检察长、检察委员会委员可以从符合检察官条件的人中产生，以扩大干部选择的范围。还有的建议，增加检察官与法官双向交流的规定。

四、关于检察官的任免

草案第二十一条第一款规定“丧失中华人民共和国国籍的”，应当依法提请免除检察官职务。有的建议，取得他国绿卡的也应免除检察官职务。

五、关于检察官的管理

草案第二十五条第二款规定“检察官经过批准可以在高等学校、科研院所兼职从事教学、研究工作”。有的提出，检察官不应在其他任何组织兼职，建议删去该款的规定。有的建议在该款增加“不得领取报酬”的规定。

草案第二十六条第一项规定，检察官之间有夫妻关系等亲属关系的，不得同时担任“同一人民检察院的检察长、副检察长、检察委员会委员”；第二项规定，不得同时担任“同一人民检察院的检察长、副检察长和其他检察官”。有的建议，上述两款予以合并。

草案第二十七条第一款规定，检察官从人民检察院离任两年内，不得以律师身份担任诉讼代理人或者辩护人。有的建议将“两年”修改为“五年”。也有的提出，该款规定过于严苛，不利于法律职业共同体内的人员流动，建议删去。

草案第二十八条规定检察官的配偶、子女有法律规定情形的，检察官应当实行任职回避。有的提出，草案的规定过严，建议恢复原规定，即“检察官的配偶、子女不得担任该检察官所任职检察院办理案件的诉讼代理人或者辩护人”。也有的建议进一步从严，增加“其他有可能影响司法公正或进行利益输送的情形”的规定，作为兜底条款，以避免用他人挂名代理案件，规避任职回避规定，影响司法公正的情况。

草案第二十九条对检察官员额作了规定。有的建议，增加“基层人民检察院的员额比例应当高于上级人民检察院的员额比例”或者“检察官员额比例适当向基层倾斜”的内容。

草案第三十条规定检察官实行单独职务序列，分为十二级。有的提出，应对检察官退出员额时检察官等级与行政级别如何衔接作出规定。

草案第三十四条规定初任检察官实行统一职前培训制度。有的建议将“职前”改为“任前”。

草案第三十八条规定检察官申请辞职，应当由本人提出书面申请。有的建议，将“申请辞职”修改为“申请辞去检察官职务”，以避免与辞去公职产生歧义。

草案第三十九条第五项规定检察官“不履行检察官义务，经教育仍不改正的”，予以辞退。有的建议，在该项中增加“情节严重”的限制条件。

六、关于检察官的考核、奖励和惩戒

草案第四十四条规定检察官考评委员会的组成人员为五至九人。有的提出，应明确规定组成人员为单数。

草案第四十五条规定检察官的考核，应当“全面、客观、公正”。有的建议，增加“公开”的规定。

草案第五十二条第六项规定了对检察官拖延办案，贻误工作的处分和处罚。有的提出，应区分检察官拖延办案的原因，建议将“拖延办案，贻误工作”修改为“故意拖延办案，贻误工作，造成严重后果”。

草案第五十七条规定了检察官惩戒委员会的设立、组成及办公机构。有的建议增加被惩戒检察官有权申请复议、听证的内容。

七、关于检察官的保障

草案第五十九条规定除特定情形外，检察官不得被调离检察业务岗位。有的提出，其中第二项“按规定实行干部交流的”规定中，应增加“经本人申请或者同意”，防止检察官“被交流”。

草案第六十条规定，行政机关、社会团体和个人不得干涉检察官依法办案。有的提出，地方常要求检察官从事超出法定职责范围的工作，如文明创建、招商引资、交通劝导、追赃挽损等，建议对此类情况明确规定检察官有权拒绝。还有的建议，将“行政机关、社会团体和个人”修改为“任何单位和个人”。

草案第六十三条规定，办理案件中，检察官及其近亲属面临人身危险的，应当采取必要的保护措施。有的建议明确“由上级人民检察院督促有关单位负责实施”。

草案第六十六条规定检察官享受国家规定的津贴、补贴、奖金、保险和福利待遇。有的提出，应明确规定检察官退休后待遇予以保留。还有的提出，应规定检察官的待遇向基层倾斜。

草案第六十九条规定了检察官退休后享受的待遇。有的提出，检察官入额以后，已无行政级别，只有检察官等级。员额制改革中出现了既有员额检察官，又有非员额检察官的情况，还有的检察官临近退休时退出了员额，这些不同人员退休的待遇问题，应当作出明确规定。

八、其他意见

有的提出，检察官法的名称应增加“人民”二字，与人民检察院组织法的名称相统一。

有的提出，应增加规定，“军事检察院检察官的等级编制、评定及晋级办法参照本法另行规定”。

有的提出，检察官助理作为检察官队伍的预备人员，应对其权利、义务、保障等方面作出规定。

有的提出，在草案中增加省级以下人民检察院人财物统管的内容。

检察官法（修订草案二次审议稿）向社会征求意见的情况

检察官法（修订草案）二次审议稿自2019年1月4日在中国人大网站向社会公开征求意见以来，社会公众通过网络积极提出意见，截至2019年2月3日，共有四百多名公众提出七百多条意见。

一、关于总则

草案第二条规定了检察官的概念。有的建议明确检察官为员额内的检察人员。

草案第四条规定，检察官应当勤勉尽责，清正廉明，恪守职业道德。有的建议增加“遵守纪律”，修改为“检察官应当勤勉尽责，清正廉明，遵守纪律，恪守职业道德”。

二、关于检察官的职责、义务和权利

草案第七条规定了检察官的职责。有的建议，增加依法提起公益诉讼、对诉讼违法行为依法进行调查核实的内容，将本条修改为“检察官的职责：（一）依法进行法律监督工作；（二）对刑事案件进行审查，代表国家进行公诉；（三）依法提起公益诉讼；（四）对法律规定由人民检察院直接受理的犯罪案件进行侦查；（五）对诉讼违法行为依法进行调查核实；（六）法律规定的其他职责。检察官对其职权范围内就案件作出的决定负责。”

草案第十条第六项规定了检察官依法接受法律监督和人民群众监督的义务。有的提出，为避免出现“法律监督”与检察机关性质混淆的情况，建议将第六项修改为“依法接受监督”。

三、关于检察官的遴选

草案第十二条第一款第五项规定，担任检察官必须“具备普通高等学校法学类本科学历并获得学士及以上学位；或者普通高等学校非法学类本科及以上学历并获得法律硕士、法学硕士及以上学位；或者普通高等学校非法学类本科及以上学历，获得其他相应学位，并具有法律专业知识”。有的建议，去掉“普通”二字，或者加上“老人老办法，新人新办法”的规定。主要理由：一是国家高等教育存在多种形式。根据宪法、高等教育法的规定，自考本科学历与普通高等教育毕业证书具有相同的法律效力。二是按照草案规定，普通高等学校本科即使不是法律专业，也能担任检察官，自考的法律专业却不能担任检察官，明显不合理。三是东西部发展不平衡，在教育发展相对落后的西部地区做不到。四是这一规定有违司法改革的初衷，也不利于检察官队伍质量的提升。

草案第十四条第二款规定，人民检察院的检察长应当具有法学专业知识和法律职业经历。副检察长、检察委员会委员应当从检察官、法官或者其他具备检察官、法官条件的人员中产生。有的建议，明确“法律职业经历”的具体含义，增加监察机关工作经历。有的建议删去“或者其他具备检察官、法官条件的人员”，修改为“副检察长、检察委员会委员应当从检察官、法官中产生”。

四、关于检察官的任免、管理和职业保障

草案第二十三条对检察官不得兼任职务作了规定。有的提出，二次审议稿删去了法官可以兼职的规定，对理论研究或是实践问题的解决都没有推动作用，建议恢复“经过批准，可以兼职”的规定。

草案第三十一条规定了初任检察官实行统一职前培训制度。有的建议，增加在本法实施前已参加相关初任检察官培训的，视为符合检察官的条件的内容。

草案第四十七条规定，检察官违纪违法，已经被立案调查，不宜继续履行职责的，可以按照管理权限和规定的程序暂停其履行职务。有的建议，增加因涉嫌犯罪被立案侦查的内容，修改为“检察官违纪违法，已经被立案调查或者因涉嫌犯罪被立案侦查，不宜继续履行职责的，可以按照管理权限和规定的程序暂停其履行职务”。

宪法法律委、监察司法委、法工委座谈会对检察官法修订草案二次审议稿的意见

2019 年 2 月 21 日，全国人大宪法和法律委员会、全国人大监察和司法委员会、全国人大常委会法制工作委员会联合召开座谈会，听取中央政法委、最高人民法院、最高人民检察院、公安部、司法部、一些全国人大代表和专家学者对检察官法修订草案二次审议稿的意见（以下简称草案）。与会人员认为，草案进一步总结司法体制改革的经验成果，加强对检察官依法履职的保障，细化对检察官的管理，既体现了对现行法的继承性、连续性，也与时俱进，回应了当前检察工作中的一些实际问题，总体上比较成熟，表示赞成。同时，提出了一些具体修改意见。现将主要意见简报如下：

一、关于总则

有的建议在总则中增加相应规定，以体现检察官客观公正行使职权的“守法者”定位，突出检察官职业特色，也呼应联合国《关于检察官作用的准则》中对检察官客观公正义务的要求。

草案第二条规定：“检察官是依法行使国家检察权的检察人员，包括最高人民检察院、地方各级人民检察院和军事检察院等专门人民检察院的检察长、副检察长、检察委员会委员和检察员。”有的提出，实践中存在副检察长不入额的情况，建议明确这部分人员是否还是检察官。

二、关于检察官的职责、义务和权利

有的提出，统一调用检察官办案是落实检察机关上下级领导关系的重要形式。新修订的人民检察院组织法也明确规定“上级人民检察院可以统一调用辖区的检察人员办理案件”。建议增加被调用的检察官可以代表调用检察院出庭公诉等规定。

草案第七条对检察官的职责作了规定。该条第一款第三项规定，检

察官“依法保障当事人和其他诉讼参与人的诉讼权利”。有的建议，依照无罪推定原则，将“犯罪案件”修改为“刑事案件”。有的提出，现行检察官法关于检察官职责的规定，将法律监督职能与侦查、公诉等具体职责并列，逻辑层次不清楚；同时，检察院组织法中有关检察职权的规定有8项，比较细。建议本法在表述上先统一概括为“法律监督职责”，再分项具体列举各项具体职责，修改为：检察官依照法律规定履行下列法律监督职责：（一）对法律规定由人民检察院直接受理的犯罪案件进行侦查；（二）对刑事案件进行审查逮捕、审查起诉，代表国家进行公诉；（三）开展公益诉讼；（四）对刑事、民事、行政诉讼活动进行监督；（五）法律规定的其他职责。

草案第八条规定：“人民检察院检察长、副检察长、检察委员会委员除履行检察职责外，还应当履行与其职务相适应的职责。”有的提出，“与其职务相适应的职责”具体所指不清楚，需要进一步明确。

草案第十条规定了检察官的义务。有的建议修改第四项的表述，在“维护国家利益、社会公共利益，维护个人和组织的合法权益”前增加“依法”，与其他项表述相统一。有的建议将该条第六项中“依法接受法律监督和人民群众监督”修改为“依法接受监督”。

草案第十一条对检察官享有的权利作了规定。有的提出，草案规定的检察官权利与其他公务员没有明显区别，未能充分体现检察官职业的独特性，建议增加享有“尊严权”、“福利权”、“身份保障权”等。

三、关于检察官的条件和遴选

有的建议将第三章章名“检察官的条件和遴选”修改为“检察官的任职条件和遴选”。

有的提出，修改前的人民检察院组织法第二十四条对派出检察院检察官的任免作出了规定。人民检察院组织法修订后，删去了这一规定。为保证现有派出检察院检察官的任免有法律依据，建议在检察官法中增加关于派出检察院检察官任免程序的规定。

草案第十二条对担任检察官的条件作了规定。有的提出，实行国家统一法律职业资格制度是近年来司法体制改革、加强职业化建设的一项重要内容。草案没有将取得法律职业资格作为检察官的一项条件进行规定，而是将其规定为初任检察官的选任条件，建议整合有关内容，将取得统一法律职业资格作为担任检察官的条件加以规定。

草案第十五条规定了检察官可以从律师、法学专家中公开选拔。有的提出，公开选拔检察官的条件与本法第十四条关于初任检察官的选拔条件是否一致，建议明确。

草案第十七条第二款规定："市级人民检察院和省级人民检察院遴选检察官人选一般在下级人民检察院担任检察官五年以上，并具有遴选职位三年以上相关工作经历；最高人民检察院遴选检察官人选一般在下级人民检察院担任检察官八年以上，并具有遴选职位五年以上相关工作经历。"有的提出，条件规定过细不利于发挥遴选制度实际作用，各地情况不同，每次遴选需求也不同，建议法律中不作硬性规定，删去本款。有的提出，逐级遴选的目的是从下级检察院选拔办案能力过硬、经验丰富的优秀检察官。如果遴选职位对有关年限规定的过死，不利于遴选工作的开展，建议保留本款中担任检察官年限的规定，但对本款中遴选职位相应经历年限只作原则性规定，具体由"两高"在实践中把握。

四、关于检察官的任免

草案第二十三条删去了一次审议稿中检察官经过批准可以在高等学校、科研院所兼职从事教学、研究工作的规定。有的提出，根据目前的政策导向和实际需要，建议恢复检察官可以在高等学校、科研院所从事教学、研究工作的规定，或者根据公务员法中规定的公务员符合条件的可以兼职但不得取酬的规定作相应修改完善。

草案第二十五条规定了检察官的任职回避。有的建议，将检察官任职回避的对象由"配偶、子女"扩大到"近亲属"。本条第二项规定检察官的配偶、子女"在该检察官所任职人民检察院辖区内以律师身份担任诉讼代理人、辩护人，或者为诉讼案件当事人提供其他有偿法律服务的"，检察官应当任职回避。有的提出，本项规定过于严格，特别是对最高人民检察院的检察官来说，配偶、子女在全国范围内都不能从事律师等法律职业，法律对个案回避制度已作了规定，本条规定是否还有必要，建议进一步研究。

五、关于检察官的管理

草案第二十六条规定了检察官实行员额制管理。有的建议进一步总结司法实践经验，充实员额制改革方面的内容。

草案第三十一条规定："初任检察官实行统一职前培训制度"。有的建议明确对从律师、法学专家中公开选拔的检察官也实行统一职前培训制度。

草案第三十四条规定了检察官培训机构的任务。有的提出，检察官培训机构应承担更多职责，建议将其修改为"国家检察官学院和其他法律职业培训机构按照有关规定，承担培训检察官和其他法律职业人员的任务"或修改为"检察官培训机构按照有关规定承担培训检察官和其他法律职业人员的任务"。

草案第三十七条第一款规定："检察官从人民检察院离任后二年内，不得以律师身份担任诉讼代理人或者辩护人。"有的提出，这一规定不利于法律职业共同体之间的交流。另外，从实践中的情况看，不少离职的检察官虽不以本人名义，但实际上以各种变通方式从事法律服务活动。这导致其相关活动既不受检察院管理，也不受律协管理，实际上不利于对其监督。建议删去本款规定，或者考虑到离职检察官从事律师需要一年实习期，将"两年内"修改为"一年内"。

六、关于检察官的考核、奖励和惩戒

草案第四十二条第二款规定考核结果作为对检察官奖惩、培训、免职、降职、辞退的依据。有的建议删去其中的"培训"。

草案第四十八条规定了检察官惩戒委员会制度。有的提出，对检察官不正当行为的处理，应该先由惩戒委员会做出审查意见，再由有关部门介入追究刑事责任。同时，建议明确监察委员会和检察官惩戒委员会的职责分工、工作衔接等。

七、关于检察官的职业保障

草案第五十四条第二款规定："行政机关、社会团体和个人不得干涉检察官依法办理案件。"有的建议对"行政机关、社会团体和个人"的范围进一步扩大，以涵盖人大、监察委等单位。

草案第五十五条、第五十六条对检察官及其近亲属的人身保护作了规定。有的建议保护对象扩大到与检察官有特定关系的"其他相关人员"，如养父母等。

八、关于附则

有的建议在草案附则中明确检察人员的分类管理及职能，对检察官、技术检察官、司法警察等作出规定。

草案第六十八条规定检察官是实行单独职务序列管理的公务员。有关检察官的权利、义务和管理制度，检察官法未作规定的，适用公务员管理的有关法律法规。有的提出，检察官是特殊类型的公务员，建议在权利、惩戒等方面进一步明确检察官的特殊性，或者恢复对检察官权利保障的相关内容，做好检察官法修订与公务员法、人民检察院组织法等法律的衔接。

检察官法修订草案
北京、山西、重庆调研简报

为听取对法官法、检察官法修订草案的意见，全国人大常委会法制工作委员会部分同志到北京、山西、重庆调研，听取对法官法、检察官法修订草案的意见。调研中各方面认为，检察官法修订草案将近年来的司法体制改革成果和措施上升为法律规定，符合检察工作实际，对于保障检察官依法履职，维护合法权益，推进队伍正规化、专业化、职业化建设具有重要意义，总体上赞同。

一、关于总则

修订草案第一条规定了检察官法的立法目的。有的建议增加规定“维护检察官的合法权益”。

修订草案第二条规定，检察官是依法行使检察权的国家公职人员。有的提出，该条与现行检察官法第二条相比，没有对检察官的范围作出规定，建议对检察官包括哪些人作出规定；有的建议将“国家公职人员”修改为“国家司法人员”。

修订草案第四条规定，检察官应当勤勉尽责，清正廉洁，恪守职业道德。有的建议进一步充实检察官职业伦理道德的规定，将本条修改为“检察官应当勤勉尽责，恪守忠诚、为民、担当、公正、廉洁的职业道德”。

修订草案第五条规定，检察官依法履行职责，“受法律保护”，有的

建议修改为“受宪法和法律保护”。

修订草案第六条规定：“最高人民检察院领导地方各级人民检察院和专门人民检察院的工作，上级人民检察院领导下级人民检察院的工作”。有的提出，上述规定属于人民检察院组织法的内容，组织法已经作了规定，建议删去。

二、关于检察官的职责、义务和权利

修订草案第七条规定了检察官的职责。有的提出，第四项“依法办理案件并对所办理案件负责”是对检察官履职的要求，并非职责，且“办理案件”与其他项内容重合，建议单独规定；有的提出，检察官的职责与检察院职能要相对应，建议参照人民检察院组织法的规定，增加检察官“依法对刑事案件进行审查”、“依照法律规定提起公益诉讼”等职责。

修订草案第九条规定了检察长对检察官的领导和监督。有的提出，本条与人民检察院组织法第二十九条规定不完全一致，建议作好衔接；有的建议对检察长收取案件的具体情形作出规定，修改为：“具有下列情形的，检察长可以根据办案需要和保障公正的要求，把所属检察官正在办理的案件收取自行办理，或者移交其他所属检察官办理：（一）为统一法律适用，检察长认为必要的；（二）所属检察官对检察长的决定有异议的；（三）有事实表明所属检察官执行职务有违法或不当行为的”；有的建议将本条中“所属检察官”的表述修改为“本院检察官”；有的建议在本条中增加规定：“检察长、副检察长、检察委员会决定的案件，检察长、副检察长或者检察委员会对决定事项负责，承办检察官对事实和证据负责”。

修订草案第十条规定了检察官的义务。有的建议将该条第三项中“公共利益”的表述修改为“社会公共利益”；有的提出，维护国家利益、公共利益的价值对于检察官来说要高于维护诉讼参与人的权利，建议对调第二、三项的顺序；有的提出，第五项“依法接受法律监督和人民群众监督”中的“法律监督”与第七条第一项中的“法律监督”含义不一样，建议本条该项修改为“依法接受监督”。

修订草案第十一条规定了检察官的权利。有的建议简化表述，删去第一款中的“检察官”、第二款中的“检察”；有的建议增加规定“检察官依照书面指令提出指控，有权在法庭上独立发表意见”，以及检察官“定期晋升、交流”的权利。

三、关于检察官的遴选

修订草案第十二条规定了检察官的任职条件。第一款第二项规定担任检察官必须“年满二十三周岁”，有的提出，根据修订草案规定的学历、从业年限要求，以及从实际情况看，二十三周岁不可能担任检察官，建议修改为二十七或者二十八周岁，或者删去年龄规定。第三项规定担任检察官必须“拥护中华人民共和国宪法”，有的建议修改为“忠于宪法和法律”。第六项规定了学历条件，有的建议简化表述，修改为“具备全日制普通高等学校本科以上学历，通过司法考试”，有的建议明确对非法学科班出身要求“具有法律专业知识”的具体范围，有的建议“老人老办法”，对未入额的检察官按照过去的学历要求。第七项规定担任检察官需“从事法律工作满五年”，有的建议对硕士、博士放宽年限，有的建议明确“从事法律工作”具体是从事哪些工作。第二款规定对偏远地区担任检察官的学历条件可放宽到本科，有的建议放宽到专科。

修订草案第十四条第一款中规定，检察官“从通过国家统一法律职业资格考试取得法律职业资格并且具备检察官条件的人员中择优提出人选”，有的建议删去“通过国家统一法律职业资格考试”的表述。第二款对检察长、副检察长和检察委员会委员的产生作了规定，其中规定“人民检察院的检察长应当具有法学专业知识和法律职业经历”，有的建议进一步明确什么是“法律职业经历”，有的建议本款规定与检察院组织法第四十二条的规定相一致。

修订草案第十五条对从律师、法学专家中选拔检察官作了规定，法学专家参加选拔的条件之一是从事教学或者科研“五年以上”。有的提出，为有利于基层检察院选拔人才，建议修改为“三年以上”。

修订草案第十六条对检察官遴选委员会作了规定。有的建议遴选委员会设在省人大或者由省人大牵头组织，人员组成上应当以法官、检察官和社会人士为主，减少官员比例。

四、关于检察官的任免

修订草案第十八条第二款规定：“最高人民检察院检察长由全国人民代表大会选举和罢免，副检察长、检察委员会委员和其他检察官，由最高人民检察院检察长提请全国人民代表大会常务委员会任免。”有的建议删去最后一句话中“最高人民检察院”的表述，与法官法修订草案第十七条第二款的相应表述一致。

修订草案第二十一条对免除检察官职务的情形作了规定，第三项规定：“职务变动不需要保留原检察官职务的”。有的提出，对这种情况免除检察官职务后又因职务变动，需要重新担任检察官的，建议明确不再经过遴选程序。第四项规定：“办案质量效率连续两年不达标，不能胜任检察官职务的”，有的提出，质量效率考核的具体内容不明确，建议本法规定质效考核办法确定的原则和基本要求，有的建议明确该项内容与第三十九条第一项规定的“在年度考核中，连续两年确定为不称职的”予以辞退的关系。第五项规定，“因健康原因长期不能履行职务的”，有的建议明确“长期”的标准；有的建议增加规定“要求转任检察辅助人员或者行政人员的”，作为免除检察官职务的一种情形。

五、关于检察官的管理

修订草案第二十五条规定：“检察官经过批准可以在高等学校、科研院所兼职从事教学、研究工作”。有的建议明确批准主体，对在高等学校、科研院所兼职的人员设立备案制度。

修订草案第二十八条规定，检察官的配偶、子女有法律规定情形的，检察官需要任职回避。有的提出，该条第二款规定配偶、子女“在该检察官所任职人民检察院辖区内以律师身份担任诉讼代理人、辩护人，或者为诉讼案件当事人提供其他有偿法律服务的”，是事后的状态，以此要求检察官任职回避，不好操作，建议恢复现行检察官法关于检察官的配偶、子女执业禁止的规定。

修订草案第二十九条对检察官员额数的确定、调整作了原则规定。有的建议增加规定“检察官实行员额制”，并将本条调整到总则中规定；有的建议该条表述与人民检察院组织法第四十一条相一致。

修订草案第三十二条中规定：“特别优秀或者工作特殊需要的检察官可以特别选升。”有的提出，该规定没有标准，建议删去。

修订草案第三十四条规定：“初任检察官实行统一职前培训制度。”有的建议增加规定：职前培训时间不低于6个月。

修订草案第三十五条对检察官培训作了规定。有的建议增加规定：

每年参加培训的时间不应低于15日。

修订草案第三十九条第三项规定，“因所在机关调整、撤销、合并或者缩减编制员额需要调整工作，本人拒绝合理安排的”可予以辞退，有的建议明确什么是“合理安排”。

修订草案第四十二条第二款规定，“降职的检察官，工作一年以上”，符合条件的可以晋升职务。有的建议与中央有关干部晋升的政策规定一致，将“工作一年以上”改为“工作两年以上”。

六、关于检察官的考核、奖励和惩戒

修订草案第四十七条第二款规定，检察官考核结果作为调整检察官等级、工资以及对检察官奖励、培训、免职、降职、辞退的依据。有的提出，修订草案第二十一条关于检察官免职的规定中没有规定考核的情况，建议删去该条中的“免职”；有的提出，培训是根据工作需要，不应当与考核结果挂钩，建议删去“培训”。

修订草案第五十条第五项规定，“提出检察建议被采纳或者开展法制宣传、解决各类纠纷，效果显著的”，应当给予奖励。有的建议将开展“法制宣传”的表述修改为“法治宣传”。

修订草案第五十二条对检察官处分情形作了规定。第五项规定：“拖延办案，贻误工作”，有的建议修改为“故意拖延办案，贻误工作”。

修订草案第五十五条对处分的权限和程序作了规定。有的建议将本条中“按照规定的权限和程序”和第五十六条“按照规定的程序和管理权限”的表述予以统一。

七、关于检察官的保障

有的建议将本章名称修改为“检察官的职业保障”。

修订草案第五十八条规定人民检察院设立检察官权益保障委员会。有的建议权益保障委员会设在党委或者人大，或者增加一款规定，检察官权益保障委员会的组成、职责、程序等另行规定。

修订草案第六十二条规定，检察官名誉受到损害的，人民检察院应当会同有关部门及时澄清事实，消除不良影响，追究责任。有的建议将“澄清事实”修改为“澄清正名”。

修订草案第六十三条对检察官面临人身危险采取保护措施作了规定。有的建议增加实行“异地任职”作为一种保护措施。

修订草案第七十一条第二款规定：“行政机关、社会团体或者个人干涉检察官依法履行检察职责的，应当依法追究其责任。”有的提出，由谁来追究责任不明确，建议增加规定：“对妨碍、干涉检察官依法履行职责、侵犯检察官合法权益的行为，根据性质和情节，分别移送公安机关、检察机关、纪检监察等机关予以追究，有关机关应当及时处理并反馈结果。”

八、其他意见

1. 有的建议本法对检察官助理的培养、管理、晋升和保障等作出一般性规定，予以体现。

2. 有的建议本法增加关于员额退出的相关规定。有的建议加强检察官员额退出机制建设，盘活检察官队伍，规定：对于年龄超过50周岁，连续担任检察官员额十五年以上的，可申请退出员额，并继续享受员额检察官相关待遇。

3. 有的提出，“检察官管理”章中依次规定了回避、员额、等级、培训、辞职辞退等内容。建议将“回避”移至“培训”和“辞职辞退”之间；有的，建议将检察官管理一章拆分为三章：检察官的回避，检察官的等级、培训和交流，检察官的辞职和辞退，并将“辞职和辞退”放在“考核、奖励、惩戒”一章后。

4. 有的建议在“检察官的保障”章中增加规定：“检察长对办理案件提出的明显违法的决定，检察官可以提出异议。检察长不改变决定，或者要求立即执行的，检察官可以拒绝。”

图书在版编目（CIP）数据

中华人民共和国检察官法解读／王爱立主编. —北京：中国法制出版社，2019.5

ISBN 978-7-5216-0261-6

Ⅰ.①中… Ⅱ.①王… Ⅲ.①检察官法－法律解释－中国 Ⅳ.①D926.305

中国版本图书馆 CIP 数据核字（2019）第 095860 号

责任编辑 王林林　　封面设计 李 宁

中华人民共和国检察官法解读

ZHONGHUA RENMIN GONGHEGUO JIANCHAGUANFA JIEDU

主编/王爱立
经销/新华书店
印刷/三河市紫恒印装有限公司
开本/880 毫米×1230 毫米 32 开　　印张/12.5 字数/313 千
版次/2019 年 5 月第 1 版　　2019 年 5 月第 1 次印刷

中国法制出版社出版
书号 ISBN 978-7-5216-0261-6　　定价：38.00 元

北京西单横二条 2 号
邮政编码 100031　　传真：010-66031119
网址：http：//www.zgfzs.com　　**编辑部电话：010-66067369**
市场营销部电话：010-66033393　　**邮购部电话：010-66033288**

（如有印装质量问题，请与本社印务部联系调换。电话：010-66032926）